António Marques dos Santos
PROFESSOR DA FACULDADE DE DIREITO
DA UNIVERSIDADE DE LISBOA

ESTUDOS
DE
DIREITO INTERNACIONAL PRIVADO
E DE
DIREITO PROCESSUAL CIVIL INTERNACIONAL

LIVRARIA ALMEDINA
COIMBRA — 1998

TÍTULO:	ESTUDOS DE DIREITO INTERNACIONAL PRIVADO E DE DIREITO PROCESSUAL CIVIL INTERNACIONAL
AUTOR	ANTÓNIO MARQUES DOS SANTOS
EDITOR:	LIVRARIA ALMEDINA – COIMBRA
DISTRIBUIDORES:	LIVRARIA ALMEDINA ARCO DE ALMEDINA, 15 TELEF. (039) 4191902 FAX. (039) 4191901 3 000 COIMBRA – PORTUGAL LIVRARIA ALMEDINA – PORTO R. DE CEUTA, 79 TELEF. (02) 319783 FAX. (02) 2026510 4050 PORTO – PORTUGAL EDIÇÕES GLOBO, LDA. R.S. FILIPE NERY, 37-A (AO RATO) TELEF. (01) 3857619 1250 LISBOA – PORTUGAL
EXECUÇÃO GRÁFICA:	G.C. – GRÁFICA DE COIMBRA, LDA.
TIRAGEM:	1000 EX.
	FEVEREIRO, 1998
DEPÓSITO LEGAL:	120555/98
	Toda a reprodução desta obra, por fotocópia ou outro qualquer processo, sem prévia autorização escrita do Editor, é ilícita e passível de procedimento judicial contra o infractor.

NOTA DE APRESENTAÇÃO

A presente colectânea reúne textos de Direito Internacional Privado e de Direito Processual Civil Internacional, de índole muito diversa, que foram sendo editados ao longo de cerca de uma dúzia de anos, em diferentes publicações e com objectivos muito diversificados.

São fundamentalmente três as razões que levaram o autor a proceder à reedição destes estudos.

Em primeiro lugar, os imperativos de ordem pedagógica exigem que se proporcione aos alunos da disciplina de Direito Internacional Privado todos os elementos de estudo disponíveis, no sentido de facilitar a sua preparação nesta área fundamental do saber jurídico, que, para além da importância teórica e formativa que por todos lhe é reconhecida, se reveste de uma relevância prática cada vez maior num país como o nosso, que, após longos anos de auto-marginalização e de alheamento relativamente às questões privadas internacionais, se insere hoje cada vez mais, por força das circunstâncias, nas grandes correntes do tráfico jurídico-privado internacional.

Em segundo lugar, a importância prática crescente destas matérias impõe que os juristas mais voltados para a aplicação do direito possam, eles também, dispor de elementos de consulta e de estudo, que lhes permitam lidar com mais eficácia com os casos reais que vão surgindo dia a dia no mundo do direito.

Finalmente, em terceiro lugar, julgamos ser obrigação daqueles que, como nós, por gosto e por vocação, abraçaram a carreira do ensino universitário, apresentar perante os seus pares, mas também perante o público em geral – que, neste caso, é a comunidade dos juristas –, os resultados do seu trabalho, submetendo-o à apreciação crítica dos leitores.

Alguns dos estudos que agora aqui se reproduzem eram dificilmente acessíveis e, por isso também, esta publicação, ao dar-lhes uma mais ampla divulgação, terá alguma utilidade.

O aparecimento desta colectânea não teria sido possível sem a amável autorização que nos foi dada pelos editores das publicações em que os trabalhos foram primeiramente divulgados para a sua reedição; aqui ficam, pois, os nossos agradecimentos por essa autorização.

Também são devidos agradecimentos ao Sr. Joaquim Machado e à Livraria Almedina, por terem acedido a publicar esta colectânea.

Que o presente trabalho, embora modesto, possa dar um contributo para suscitar um maior interesse pelas matérias do Direito Internacional Privado são os votos do autor.

Dezembro de 1997

I
DIREITO INTERNACIONAL PRIVADO

AS MIGRAÇÕES DE TRABALHADORES E O DIREITO INTERNACIONAL

(As organizações internacionais e a emigração) (*)(**)

INTRODUÇÃO

Neste trabalho serão muito brevemente referidos (I) a acção de algumas organizações internacionais, em particular as convenções internacionais elaboradas sob os seus auspícios, e (II) o problema do direito aplicável em matéria de relações internacionais de trabalho, que é uma questão de Direito Internacional Privado, ou ainda de conflitos de normas de direito público.

(*) Publicado no n.º 1 dos *Cadernos Problemas da Emigração*, da Comissão para o Trabalho entre a Emigração do Partido Comunista Português (1987).

(**) NOTA PRELIMINAR: De entre as organizações internacionais consideradas no trabalho, não consta a Comunidade Económica Europeia, cuja actividade neste domínio mereceria obviamente ser amplamente estudada.

Por um lado, teve-se presente, na elaboração deste trabalho, que a actividade da CEE seria objecto de outras comunicações ao Encontro sobre Problemas da Emigração e procurou-se, por conseguinte, evitar a duplicação.

Por outro lado – tendo o trabalho sido elaborado em Junho de 1985 –, Portugal não era ainda, na altura, um Estado membro da CEE e os instrumentos jurídicos comunitários não vinculavam ainda o nosso país, ao contrário dos outros textos de fonte internacional mencionados neste estudo. Mesmo assim, referiu-se na II Parte [cf. *infra*, II, A)] a *Convenção sobre a Lei Aplicável às Obrigações Contratuais*, assinada pelos Estados Membros da CEE, e aberta à assinatura em Roma em 19.6.1980, a qual, aliás, ainda não está em vigor [a Convenção só entrou em vigor para Portugal em 1.9.1994].

Apesar desta limitação e de outras – resultantes de o trabalho ter sido redigido há cerca de dois anos –, cremos ser de algum interesse proceder à sua publicação. – 8.4.1987.

[*Nota de Dezembro de 1997* – Dez anos volvidos, julgamos útil reproduzir aqui este trabalho].

I

AS ORGANIZAÇÕES INTERNACIONAIS E A EMIGRAÇÃO

Neste ponto serão analisados sucessivamente os textos convencionais editados sob a égide das seguintes organizações internacionais: A) ONU; B) OIT; C) UNESCO; D) Conselho da Europa; E) outras organizações internacionais.

A. ORGANIZAÇÃO DAS NAÇÕES UNIDAS (ONU)

Na breve análise que se fará da actividade da ONU em matéria de migrações internacionais de trabalhadores, referir-se-ão os textos seguintes: *a*) Declaração Universal dos Direitos do Homem; *b*) Pacto Internacional sobre os Direitos Civis e Políticos; *c*) Pacto Internacional sobre os Direitos Económicos, Sociais e Culturais; *d*) Convenção Internacional sobre a Eliminação de Todas as Formas de Discriminação Racial.

a) **Declaração Universal dos Direitos do Homem (DUDH)**

A DUDH, de 10.12.1948 [1], é uma resolução da Assembleia Geral da ONU que, muito embora não se revista de carácter vinculativo, por não ser um texto de Direito Internacional positivo, tem um carácter proclamatório e solene e constitui um ponto de referência de muitos ordenamentos jurídicos nacionais: é assim que o artigo 16.º, 2 da Constituição da República Portuguesa lhe faz expressa referência, ao dispor que «os preceitos constitucionais e legais relativos aos direitos fundamentais devem ser interpretados e integrados de harmonia com a Declaração Universal dos Direitos do Homem».

A DUDH não contém qualquer disposição que se refira especificamente aos trabalhadores migrantes, mas, sendo redigida em termos gerais e abstractos, contém um certo número de preceitos que são aplicáveis aos trabalhadores que buscam trabalho fora das fronteiras do seu Estado nacional ou de origem.

---

[1] Cf. o texto em inglês e respectiva tradução para português, *in Diário da República*, n.º 57, I Série, de 9.3.1978.

Assim, o artigo 2.º da DUDH estabelece que «*todos os seres humanos podem invocar os direitos e as liberdades proclamados na presente Declaração*, sem distinção alguma, nomeadamente de *raça*, de *cor*, de *sexo*, de *língua*, de *religião*, de opinião política ou outra, de *origem nacional ou social*, de fortuna, de nascimento ou de qualquer outra situação» [2].

A livre invocabilidade por «todos os seres humanos» dos direitos e liberdades proclamados na Declaração, bem como a não discriminação, designadamente com base na «raça», na «cor», na «língua», na «religião» e na «origem nacional ou social» são princípios fundamentais que aproveitam directamente aos trabalhadores emigrados.

A 2.ª parte do artigo 2.º vem alargar este princípio básico de não discriminação, ao estabelecer que «(...) não será feita nenhuma distinção fundada no *estatuto político, jurídico ou internacional do país ou do território da naturalidade da pessoa* (...)», o que também inclui o caso dos trabalhadores expatriados, seja qual for o seu Estado nacional ou o Estado da sua naturalidade.

Entre os direitos e liberdades enunciados na DUDH que se referem directa ou indirectamente aos trabalhadores emigrantes, contam-se os referidos no artigo 13.º, 2 («Toda a pessoa tem o direito de abandonar o país em que se encontra, incluindo o seu, e o direito de regressar ao seu país»), que são o *direito à emigração* e o *direito à imigração*.

Embora a DUDH se refira essencialmente aos direitos fundamentais de carácter político, cabe acentuar que no artigo 22.º e seguintes são referidos alguns direitos de carácter económico e social que, embora não concebidos directamente para os trabalhadores migrantes, lhes aproveitam também, à luz dos princípios referidos da *livre invocabilidade* e da *não discriminação* em relação ao gozo e ao exercício dos direitos proclamados na DUDH (cf. artigo 2.º, citado *supra*).

Esses direitos de carácter económico e social vêm consignados nos artigos 22.º a 27.º que, pelo seu interesse, se transcrevem a seguir:

«Artigo 22.º

Toda a pessoa, como membro da sociedade, tem direito à segurança social; e pode legitimamente exigir a satisfação dos direitos

---

[2] Salvo indicação em contrário, neste texto, como nos que se seguem, os sublinhados são do autor.

económicos, sociais e culturais indispensáveis, graças ao esforço nacional e à cooperação internacional, de harmonia com a organização e os recursos de cada país».

«Artigo 23.º

1 – Toda a pessoa tem direito ao trabalho, à livre escolha do trabalho, a condições equitativas e satisfatórias de trabalho e à protecção contra o desemprego.

2 – Todos têm direito, sem discriminação alguma, a salário igual por trabalho igual.

3 – Quem trabalha tem direito a uma remuneração equitativa e satisfatória, que lhe permita e à sua família uma existência conforme com a dignidade humana, e completada, se possível, por todos os outros meios de protecção social.

4 – Toda a pessoa tem o direito de fundar com outras pessoas sindicatos e de se filiar em sindicatos para a defesa dos seus interesses».

«Artigo 24.º

Toda a pessoa tem direito ao repouso e aos lazeres e, especialmente, a uma limitação razoável da duração do trabalho e a férias periódicas pagas».

«Artigo 25.º

1 – Toda a pessoa tem direito a um nível de vida suficiente para lhe assegurar e à sua família a saúde e o bem-estar, principalmente quanto à alimentação, ao vestuário, ao alojamento, à assistência médica e ainda quanto aos serviços sociais necessários, e tem direito à segurança no desemprego, na doença, na invalidez, na viuvez, na velhice ou noutros casos de perda de meios de subsistência por circunstâncias independentes da sua vontade.

2 – A maternidade e a infância têm direito a ajuda e assistência especiais. Todas as crianças, nascidas dentro ou fora do matrimónio, gozam da mesma protecção social».

«Artigo 26.º

1 – Toda a pessoa tem direito à educação. A educação deve ser gratuita, pelo menos a correspondente ao ensino elementar fundamental. O ensino elementar é obrigatório. O ensino técnico e profissional deve ser generalizado; o acesso aos estudos superiores deve estar aberto a todos em plena igualdade, em função do seu mérito.

2 – A educação deve visar à plena expansão da personalidade humana e ao reforço dos direitos do homem e das liberdades fundamentais e deve favorecer a compreensão, a tolerância e a amizade entre todas as nações e todos os grupos raciais ou religiosos, bem como o desenvolvimento das actividades das Nações Unidas para a manutenção da paz.

3 – Aos pais pertence a prioridade do direito de escolher o género de educação a dar aos filhos».

«Artigo 27.º

1 – Toda a pessoa tem o direito de tomar parte livremente na vida cultural da comunidade, de fruir as artes e de participar no progresso científico e nos benefícios que deste resultam.

2 – Todos têm direito à protecção dos interesses morais e materiais ligados a qualquer produção científica, literária ou artística da sua autoria».

Finalmente há que referir o princípio da *efectividade* dos direitos consignados na DUDH, que vem expressamente referido no artigo 28.º: «Toda a pessoa tem direito a que reine, *no plano social e no plano internacional*, uma ordem capaz de tornar *plenamente efectivos* os direitos e as liberdades enunciados na presente Declaração».

Se bem que enunciados em termos gerais e abstractos, num texto desprovido da positividade do Direito Internacional convencional, pode dizer-se que, pelo seu valor proclamatório e programático, os direitos e liberdades enunciados na DUDH se revestem de particular importância, designadamente na sua aplicação aos trabalhadores migrantes.

b) **Pacto Internacional sobre os Direitos Civis e Políticos**

O Pacto Internacional sobre os Direitos Civis e Políticos, aprovado pela Resolução 2200 (XXI) da Assembleia Geral das Nações Unidas, de 16.12.1966, foi aberto à assinatura em Nova Iorque a 19.12.1966 e assinado por Portugal em 7.10.1976 [3].

---

[3] Entrada em vigor: 23.3.1976 (excepto o artigo 41.º, que entrou em vigor a 28.3.1979). Texto anexo à Lei n.º 29/78, de 12 de Junho, que o aprova para ratificação; texto em francês e respectiva tradução para português (*Suplemento* ao *Diário da República*, n.º 133, I Série, de 12.6.1978, rectificado pelo *Diário da República*, n.º 153, I Série, de 6.7.1978). Depósito do instrumento de ratificação por Portugal em

Diferentemente da DUDH, trata-se, neste caso, de um instrumento de Direito Internacional positivo, de carácter convencional, que, entre nós, tem o valor atribuído pelo artigo 8.º, 2 da Constituição da República Portuguesa: as suas normas, após a ratificação ou a aprovação da convenção internacional, vigoram na ordem interna portuguesa após a sua publicação oficial e enquanto vincularem internacionalmente o Estado Português. O mesmo se diga, *mutatis mutandis*, dos restantes Estados que ratificaram ou aprovaram os textos convencionais internacionais.

Entre as disposições deste Pacto que têm relevância relativamente aos trabalhadores migrantes, contam-se os artigos 2.º, 12.º, 13.º e 26.º, que se transcrevem a seguir:

«Artigo 2.º

1 – Cada Estado Parte no presente Pacto compromete-se a respeitar e a garantir a todos os indivíduos que se encontrem nos seus territórios e estejam sujeitos à sua jurisdição os direitos reconhecidos no presente Pacto, sem qualquer distinção, derivada, nomeadamente, de raça, de cor, de sexo, de língua, de religião, de opinião, de origem nacional ou social, de propriedade ou de nascimento, ou de outra situação.

2 – Cada Estado Parte no presente Pacto compromete-se a adoptar, de acordo com os seus processos constitucionais e com as disposições do presente Pacto, as medidas que permitam a adopção de decisões de ordem legislativa ou outra capazes de dar efeito aos direitos reconhecidos no presente Pacto que ainda não estiverem em vigor.

3 – Cada Estado Parte no presente Pacto compromete-se a:

a) Garantir que todas as pessoas cujos direitos e liberdades reconhecidos no presente Pacto forem violados disponham de recurso eficaz, mesmo no caso de a violação ter sido cometida por pessoas agindo no exercício das suas funções oficiais;

b) Garantir que a competente autoridade judiciária, administrativa ou legislativa, ou qualquer outra autoridade competente, segundo a legislação do Estado, estatua sobre os direitos da pessoa que forma o recurso, e desenvolver as possibilidades de recurso jurisdicional;

15.6.1978 (*DR*, n.º 187, I Série, de 16.8.1978). Entrada em vigor para Portugal: 15.9.1978. Ratificado por alguns dos Estados receptores de trabalhadores emigrantes portugueses, designadamente a RFA, o Canadá, a Espanha, a França, os Países Baixos, o Reino Unido, a Suécia, a Venezuela e o Zaire.

c) Garantir que as competentes autoridades façam cumprir os resultados de qualquer recurso que for reconhecido como justificado».

«Artigo 12.º

1 – Todo o indivíduo legalmente no território de um Estado tem o direito de circular livremente e de aí escolher livremente a sua residência.

2 – Todas as pessoas são livres de deixar qualquer país, incluindo o seu.

3 – Os direitos mencionados acima não podem ser objecto de restrições, a não ser que estas estejam previstas na lei e sejam necessárias para proteger a segurança nacional, a ordem pública, a saúde ou a moralidade públicas ou os direitos e liberdades de outrem e sejam compatíveis com os outros direitos reconhecidos pelo presente Pacto.

4 – Ninguém pode ser arbitrariamente privado do direito de entrar no seu próprio país».

«Artigo 13.º

Um estrangeiro que se encontre legalmente no território de um Estado Parte no presente Pacto não pode ser expulso, a não ser em cumprimento de uma decisão tomada em conformidade com a lei e, a menos que razões imperiosas de segurança nacional a isso se oponham, deve ter a possibilidade de fazer valer as razões que militam contra a sua expulsão e de fazer examinar o seu caso pela autoridade competente ou por uma ou várias pessoas especialmente designadas pela dita autoridade, fazendo-se representar para esse fim».

«Artigo 26.º

Todas as pessoas são iguais perante a lei e têm direito, sem discriminação, a igual protecção da lei. A este respeito, a lei deve proibir todas as discriminações e garantir a todas as pessoas protecção igual e eficaz contra toda a espécie de discriminação, nomeadamente por motivos de raça, de cor, de sexo, de língua, de religião, de opinião política ou de qualquer outra opinião, de origem nacional ou social, de propriedade, de nascimento ou de qualquer outra situação».

c) **Pacto Internacional sobre os Direitos Económicos, Sociais e Culturais**

O Pacto Internacional sobre os Direitos Económicos, Sociais e Culturais, aprovado pela Resolução 2200 (XXI) da Assembleia Geral das Nações Unidas, de 16.12.1966, foi aberto à assinatura em Nova Iorque a 19.12.1966 e assinado por Portugal em 7.10.1976 [4].

Valem aqui as considerações tecidas na rubrica anterior quanto ao carácter vinculativo, de Direito Internacional convencional, deste Pacto.

Completando o enunciado dos direitos e liberdades de carácter formal e eminentemente político da DUDH e do Pacto Internacional sobre os Direitos Civis e Políticos, este instrumento internacional põe a tónica nos direitos económicos, sociais e culturais e, deste modo, reveste-se de maior importância em matéria de migrações internacionais de trabalhadores e de direitos dos trabalhadores migrantes.

O artigo 2.º, 2 estabelece o *princípio da não discriminação*, designadamente por motivos de raça, cor, língua, religião, *origem nacional ou social*, nascimento e «qualquer outra situação», quanto aos direitos enunciados no Pacto.

Entre estes direitos – referidos na III Parte, artigos 6.º e seguintes – contam-se o direito ao trabalho (artigo 6.º), o direito a gozar de condições de trabalho justas e fravoráveis (artigo 7.º), os direitos sindicais (artigo 8.º) e o direito à segurança social (artigo 9.º).

Pelo seu interesse específico para os trabalhadores migrantes, transcrevem-se em seguida essas disposições:

«Artigo 6.º

1 – Os Estados Partes no presente Pacto reconhecem o direito ao trabalho, que compreende o direito que têm todas as pessoas de assegurar a possibilidade de ganhar a sua vida por meio de um trabalho livremente escolhido ou aceite, e tomarão medidas apropriadas para salvaguardar esse direito.

2 – As medidas que cada um dos Estados Partes no presente Pacto tomará com vista a assegurar o pleno exercício deste direito

---

[4] Entrada em vigor: 3.1.1976. Texto anexo à Lei n.º 45/78, de 11 de Julho, que o aprova para ratificação; texto em francês e respectiva tradução para português (*Diário da República*, n.º 157, I Série, de 11.7.1978). Depósito do instrumento de ratificação por Portugal em 31.7.1978 (*DR*, n.º 244, I Série, de 23.10.1978). Entrada em vigor para Portugal: 31.10.1978.

Ratificado por alguns dos Estados receptores de trabalhadores emigrantes portugueses, designadamente a RFA, o Canadá, a Espanha, a França, os Países Baixos, o Reino Unido, a Suécia, a Venezuela e o Zaire.

devem incluir programas de orientação técnica e profissional, a elaboração de políticas e de técnicas capazes de garantir um desenvolvimento económico, social e cultural constante e um pleno emprego produtivo em condições que garantam o gozo das liberdades políticas e económicas fundamentais de cada indivíduo».

«Artigo 7.º

Os Estados Partes no presente Pacto reconhecem o direito de todas as pessoas de gozar de condições de trabalho justas e favoráveis, que assegurem em especial:

a) Uma remuneração que proporcione, no mínimo, a todos os trabalhadores:
> i) Um salário equitativo e uma remuneração igual para um trabalho de valor igual, sem nenhuma distinção, devendo, em particular, às mulheres ser garantidas condições de trabalho não inferiores àquelas de que beneficiam os homens, com remuneração igual para trabalho igual;
> ii) Uma existência decente para eles próprios e para as suas famílias, em conformidade com as disposições do presente Pacto;

b) Condições de trabalho seguras e higiénicas;

c) Iguais oportunidades para todos de promoção no seu trabalho à categoria superior apropriada, sujeito a nenhuma outra consideração além da antiguidade de serviço e da aptidão individual;

d) Repouso, lazer e limitação razoável das horas de trabalho e férias periódicas pagas, bem como remuneração nos dias de feriados públicos».

«Artigo 8.º

1 – Os Estados Partes no presente Pacto comprometem-se a assegurar:

a) O direito de todas as pessoas de formarem sindicatos e de se filiarem no sindicato da sua escolha, sujeito somente ao regulamento da organização interessada, com vista a favorecer e proteger os seus interesses económicos e sociais. O exercício deste direito não pode ser objecto de restrições, a não ser daquelas previstas na lei e que sejam necessárias numa sociedade democrática, no interesse da segurança nacional ou da ordem pública, ou para proteger os direitos e liberdades de outrem;

b) O direito dos sindicatos de formar federações ou confederações nacionais e o direito destas de formarem ou de se filiarem às organizações sindicais internacionais;

c) O direito dos sindicatos de exercer livremente a sua actividade, sem outras limitações além das previstas na lei, e que sejam necessárias numa sociedade democrática, no interesse da segurança social ou da ordem pública ou para proteger os direitos e as liberdades de outrem;

d) O direito de greve, sempre que exercido em conformidade com as leis de cada país.

2 – O presente artigo não impede que o exercício desses direitos seja submetido a restrições legais pelos membros das forças armadas, da polícia ou pelas autoridades da administração pública.

3 – Nenhuma disposição do presente artigo autoriza aos Estados Partes na convenção de 1948 da Organização Internacional do Trabalho, relativa à liberdade sindical e à protecção do direito sindical, a adoptar medidas legislativas, que prejudiquem – ou a aplicar a lei de modo a prejudicar – as garantias previstas na dita Convenção».

«Artigo 9.º

Os Estados Partes no presente Pacto reconhecem o direito de todas as pessoas à segurança social, incluindo os seguros sociais».

d) **Convenção Internacional sobre a Eliminação de Todas as Formas de Discriminação Racial**

A Convenção Internacional sobre a Eliminação de Todas as Formas de Discriminação Racial, adoptada pela Assembleia Geral das Nações Unidas em 21.11.1965, foi aberta à assinatura em Nova Iorque a 7.3.1966 [5].

Embora esta Convenção internacional, elaborada sob a égide da ONU, vise em particular o combate à discriminação e à segregação racial e ao *apartheid* (cf. artigo 3.º), algumas das suas disposições não deixam de ter importância relativamente aos trabalhadores migrantes,

---

[5] Texto anexo à Lei n.º 7/82, de 29 de Abril, que aprova a Convenção para adesão; texto em inglês e respectiva tradução para português (*Diário da República*, n.º 99, I Série, de 29.4.1982). Depósito da carta de confirmação e adesão por Portugal em 24.8.1982 (*Diário da República*, n.º 233, I Série, de 8.10.1982).

não só porque a discriminação racial também incide sobre eles, mas também porque tal prática segregacionista tem reflexos quanto ao gozo e exercício de direitos económicos, sociais e culturais, que afectam, com particular intensidade, os trabalhadores expatriados.

Depois de definir, no artigo 1.º, 1, a expressão «discriminação racial», como a que «visa qualquer distinção, exclusão, restrição ou preferência fundada na *raça, cor, ascendência*, na *origem nacional ou étnica*, que tenha como objectivo ou como efeito destruir ou comprometer o *reconhecimento*, o *gozo* ou o *exercício*, em condições de *igualdade*, dos direitos do homem e das liberdades fundamentais nos domínios político, *económico, social* e *cultural* ou em qualquer outro domínio da vida pública», o n.º 2 do mesmo artigo 1.º determina que «a presente Convenção não se aplica às diferenciações, exclusões, restrições ou preferências estabelecidas por um Estado Parte na Convenção *entre súbditos e não súbditos seus»*. Esta restrição ao princípio da não discriminação reporta-se ao domínio do chamado *direito dos estrangeiros* (cf., entre nós, o artigo 15.º da Constituição da República Portuguesa e o artigo 14.º do Código Civil Português) e tem em vista os direitos, de carácter público ou privado, reservados, em cada Estado, aos respectivos nacionais e de que estão excluídos, em princípio, os não nacionais (estrangeiros e apátridas): por exemplo, o direito de voto, o direito de eleger e ser eleito, o direito de acesso às funções públicas, o direito de propriedade de certos tipos de bens (navios ou aeronaves nacionais, imóveis de interesse público, meios de comunicação social, obras de arte, etc.). Só que, pela vaguidade e generalidade da formulação, tal reserva ao princípio da não discriminação pode ser o expediente invocado pelos Estados – nomeadamente os Estados importadores de mão-de-obra – para encobrir autênticas violações às obrigações assumidas pela ratificação ou adesão à Convenção.

No n.º 2 do artigo 2.º enuncia-se um *princípio de discriminação positiva* ou *discriminação compensatória*, que pode, se devidamente posto em prática, ser favorável aos trabalhadores migrantes, como grupo particularmente vulnerável e desfavorecido que é: «Os Estados Partes adoptarão, se as circunstâncias o exigirem, nos domínios *social, económico, cultural* e outros, *medidas especiais e concretas* para assegurar convenientemente o *desenvolvimento ou a protecção* de certos grupos raciais ou de indivíduos pertencentes a esses grupos, a fim de lhes garantir, em condições de igualdade, o pleno exercício dos direitos do homem e das liberdades fundamentais». Com efeito, a discriminação em relação aos trabalhadores expatriados reveste-se muitas vezes das formas próprias da discriminação racial, tal como vem definida no artigo 1.º, 1, da Convenção, pelo que o referido *princípio de discriminação positiva* enunciado no artigo 2.º, 2, pode ser-lhes perfeitamente aplicável, pelo menos em certos casos.

Mas é na alínea e) do artigo 5.º que a Convenção adopta as disposições que mais particularmente poderão aplicar-se aos trabalhadores migrantes. O artigo 5.º determina que «(...) os Estados Partes obrigam-se a proibir e a eliminar a discriminação racial, *sob todas as suas formas*, e a garantir o direito de cada um à igualdade perante a lei sem distinção de raça, de cor ou de *origem nacional ou étnica*, nomeadamente no *gozo* dos seguintes direitos:

«e) Direitos económicos, sociais e culturais, nomeadamente:
  i) Direitos ao trabalho, à livre escolha do trabalho, a condições equitativas e satisfatórias de trabalho, à protecção contra o desemprego, a salário igual para trabalho igual e a uma remuneração equitativa e satisfatória;
  ii) Direito de fundar sindicatos e de se filiar em sindicatos;
  iii) Direito ao alojamento;
  iv) Direito à saúde, aos cuidados médicos, à segurança social e aos serviços sociais;
  v) Direito à educação e à formação profissional;
  vi) Direito de tomar parte, em condições de igualdade, nas actividades culturais».

Cabe ainda referir o artigo 7.º, nos termos do qual os Estados Partes se obrigam «a adoptar medidas imediatas e eficazes, nomeadamente nos domínios do ensino, da educação, da cultura e da informação, para lutar contra os preconceitos que conduzam à discriminação racial, e favorecer a compreensão, a tolerância e a amizade entre nações e grupos raciais ou étnicos, bem como para promover os objectivos e princípios da Carta das Nações Unidas, da Declaração Universal dos Direitos do Homem, da Declaração das Nações Unidas sobre a Eliminação de Todas as Formas de Discriminação Racial e da presente Convenção».

Outros textos das Nações Unidas – resoluções em matéria de emprego, de população, etc. – se poderiam citar, mas, dado o âmbito deste trabalho, cremos ter referido os textos fundamentais elaborados sob os auspícios da ONU, que têm a particularidade de ter sido ratificados por Portugal e por alguns, pelo menos, dos países de destino dos trabalhadores emigrantes portugueses, ou de servirem de ponto obrigatório de referência às políticas legislativas de todos os Estados, designadamente em matéria de emigração e imigração de trabalhadores (caso da Declaração Universal dos Direitos do Homem).

B. ORGANIZAÇÃO INTERNACIONAL DO TRABALHO (OIT)

Neste inventário breve dos principais textos convencionais e das resoluções das principais organizações internacionais que se dedicam aos problemas das migrações internacionais de trabalhadores, não podem deixar de referir-se as convenções e recomendações da OIT, como organização especialmente vocacionada que é, de acordo com a sua Carta, para tratar das questões de trabalho, e designadamente das questões que respeitam aos trabalhadores migrantes.

Mas forçoso é aqui também – dado o âmbito limitado deste trabalho – limitarmo-nos a uma sucinta referência aos principais textos convencionais ratificados por Portugal e igualmente em vigor nos principais Estados de destino dos trabalhadores emigrantes portugueses.

Posto isto, faremos, pois, uma breve referência aos seguintes textos, elaborados sob a égide da OIT: *a)* Convenção n.º 19, aprovada em 1925; *b)* Convenção n.º 97, aprovada em 1949; *c)* Convenção n.º 111, aprovada em 1958; *d)* Convenção n.º 143, aprovada em 1975.

a) **Convenção internacional do trabalho n.º 19 relativa à igualdade de tratamento dos trabalhadores estrangeiros e nacionais em matéria de reparação de desastres no trabalho**, assinada em Genebra em 5.6.1925 [6].

Trata-se, sem dúvida, de um dos primeiros textos convencionais que contempla directamente a situação dos trabalhadores migrantes e

---

[6] Entrada em vigor: 8.9.1926. Carta de confirmação e ratificação, texto em francês e respectiva tradução para português (*Diário do Governo*, I Série, de 6.4.1929). Depósito do instrumento de ratificação por Portugal em 27.3.1929 (*Diário do Governo*, n.º 77, I Série, de 6.4.1929).

Ratificada por alguns dos Estados receptores de trabalhadores emigrantes portugueses, designadamente pela África do Sul, a RFA, a Bélgica, o Brasil, a Espanha, a França, a Grã-Bretanha, os Países Baixos, a Suécia, a Suíça, a Venezuela e o Zaire.

de outros trabalhadores estrangeiros, numa matéria particularmente importante como é a dos acidentes de trabalho.

O artigo 1.º da Convenção estabelece o *princípio de igualdade de tratamento* em matéria de acidentes de trabalho entre trabalhadores estrangeiros e nacionais, «sem condição alguma de residência», isto é, independentemente de o tabalhador estrangeiro ter a sua residência habitual no território do Estado onde ocorreu o acidente: «Todos os Membros da Organização Internacional do Trabalho que ratificarem a presente Convenção obrigam-se a conceder aos nacionais de qualquer outro Membro que a tenha ratificado, quando vítimas de desastres no trabalho ocorridos no respectivo território, ou aos seus sucessores no respectivo direito, um *tratamento igual ao que assegurarem aos seus nacionais* em matéria de reparação de desastres no trabalho».

O artigo 3.º prevê o caso dos Estados que não possuam qualquer sistema de reparação de acidentes de trabalho, os quais «acordam em instituir esse regime no prazo de três anos a contar da data da sua ratificação». Assim se acautela – embora o prazo fixado no artigo 3.º seja bastante longo – o interesse do trabalhador estrangeiro que exerça a sua actividade profissional num desses países.

Por sua vez, o artigo 2.º estabelece uma norma de conflitos de leis, que pode levar – mediante o acordo entre os Estados interessados – à aplicação da lei do Estado da sede social da empresa empregadora, em vez da aplicação da lei do lugar onde ocorreu o acidente, no caso de se tratar de trabalho temporário ou intermitente, realizado no Estado onde teve lugar o acidente, por conta de uma empresa «estabelecida» em outro Estado: «Na reparação dos desastres no trabalho sobrevindos a trabalhadores empregados temporária ou intermitentemente no território de um Membro por conta de qualquer empresa estabelecida em território de outro Membro, pode determinar-se que se aplique a legislação deste último, mediante acordo especial entre os Membros interessados».

Não há aqui, pelo menos explicitamente, uma aplicação do princípio do tratamento mais favorável ao trabalhador *(favor laboratoris)*, mas antes, ao que nos parece, uma aplicação do princípio de justiça formal de Direito Internacional Privado segundo o qual – tratando-se de um trabalho *temporário* ou *intermitente* realizado no estrangeiro – a conexão mais forte existe em relação ao Estado da sede da «empresa» empregadora, que, em geral, será uma sociedade.

Esta Convenção é completada por uma recomendação n.º 25, com o mesmo título e a mesma data, que estabelece certos princípios de aplicação e visa proteger os trabalhadores estrangeiros dos Estados onde não existe ainda um sistema de reparação dos acidentes de trabalho [7].

b) **Convenção n.º 97 – Convenção Relativa aos Trabalhadores Migrantes (revista em 1949)**, aprovada em 1.7.1949 pela Conferência Geral da Organização Internacional do Trabalho [8].

Esta Convenção é extremamente importante e mereceria uma análise pormenorizada, a que não é, no entanto, possível proceder, dado o âmbito deste trabalho. Limitamo-nos, por conseguinte, a pôr em relevo alguns dos seus traços fundamentais.

O artigo 11.º, 1, dá a seguinte definição de *trabalhador migrante*: «Para os fins da presente Convenção, o termo 'trabalhador migrante' designa uma pessoa que emigra de um país para outro com vista a ocupar um emprego que não seja por sua conta própria; inclui todas as pessoas admitidas regularmente na qualidade de trabalhador migrante». O n.º 2 do mesmo artigo exclui a aplicação da Convenção:

«*a)* Aos trabalhadores fronteiriços;

b) À entrada, por um curto período, das pessoas exercendo uma profissão liberal e de artistas;

c) Aos trabalhadores do mar».

Tais trabalhadores não são, pois, considerados como «trabalhadores migrantes», nos termos e para os efeitos da Convenção.

O artigo 1.º estabelece o compromisso, para os Estados que forem Partes na Convenção, de fornecer ao Secretariado Internacional do Trabalho (BIT) informações sobre as migrações (políticas e legislação em matéria de emigração e imigração, movimentos migratórios e condições de trabalho e de vida dos migrantes, acordos gerais ou particulares neste domínio).

---

[7] Cf. *La sécurité sociale des travailleurs migrants*, Genebra, BIT, 1974, pág. 23.

[8] Entrada em vigor: 22.1.1952. Texto anexo à Lei n.º 50/78, de 25 de Julho, que a aprova para ratificação; texto em francês e respectiva tradução para português (*Diário da República*, n.º 169, I Série, de 25.7.1978). Depósito do instrumento de ratificação por Portugal em 12.12.1978 (*Diário da República*, n.º 120, I Série, de 25.5.1979). Ratificada por alguns dos Estados receptores de trabalhadores emigrantes portugueses, designadamente pela RFA, a Bélgica, o Brasil, a Espanha, a França, os Países Baixos e o Reino Unido.

Nos termos do artigo 2.º, os Estados Partes comprometem-se a garantir a existência de «um serviço gratuito apropriado encarregado de ajudar os trabalhadores migrantes», nomeadamente através do fornecimento de informações exactas, e, de acordo com o artigo 3.º, os mesmos Estados assumem o compromisso de lutar, através de «medidas apropriadas», contra «a propaganda enganadora relativa à emigração ou imigração».

No artigo 4.º estabelece-se uma norma programática no sentido de cada Estado, «nos limites da sua competência», tomar medidas «com vista a facilitar a partida, viagem e acolhimento dos trabalhadores migrantes».

O artigo 5.º põe a cargo dos Estados Partes na convenção a obrigação de criar serviços médicos, encarregados de verificar, quer à partida, quer à chegada do trabalhador migrante e da sua família, o seu «estado de saúde satisfatório», bem como de velar por uma «protecção médica suficiente» no momento da partida, durante a viagem e à chegada ao país de destino.

Mas é no n.º 1 do artigo 6.º que se estabelece o *princípio da não discriminação* e da *equiparação* entre os trabalhadores migrantes e os trabalhadores nacionais, em matéria de remuneração, de direitos sindicais, de alojamento e segurança social. Pela sua importância, transcreve-se integralmente essa disposição:

«Artigo 6.º

1 – Os Membros para os quais a presente Convenção esteja em vigor obrigam-se a aplicar, sem discriminação de nacionalidade, de raça, de religião ou de sexo, aos imigrantes que se encontrem legalmente nos limites do seu território *um tratamento que não seja menos favorável que aquele que é aplicado aos seus próprios nacionais* no que diz respeito às seguintes matérias:

    a) Na medida em que estas questões sejam reguladas pela legislação ou dependem das autoridades administrativas:

        i) A remuneração, incluídos os subsídios familiares quando esses subsídios fazem parte da remuneração, a duração do trabalho, as horas extraordinárias, os feriados pagos, as restrições a trabalho feito em casa, a idade de admissão ao trabalho, a aprendizagem e a formação profissional e o trabalho das mulheres e adolescentes;

        ii) A filiação nas organizações sindicais e o gozo das vantagens oferecidas pelas convenções colectivas;

iii) O alojamento;
b) A segurança social (a saber: as disposições legais relativas aos acidentes de trabalho, doenças profissionais, maternidade, doença, velhice e morte, desemprego e encargos de família, assim como qualquer outro risco que, em conformidade com a legislação nacional, for coberto por um sistema de segurança social), sob reserva:
   i) Dos acordos apropriados visando a manutenção dos direitos adquiridos e dos direitos em vias de aquisição;
   ii) Das disposições particulares prescritas pela legislação nacional do país de imigração e visando as prestações ou fracções de prestações pagáveis exclusivamente pelos fundos públicos, assim como os abonos pagos às pessoas que não reúnem as condições de quotização exigidas para a atribuição de uma pensão normal;
c) Os impostos, taxas e contribuições relativas ao trabalho, recebidas na qualidade de trabalhador;
d) As acções judiciais relativas às questões mencionadas na presente Convenção».

O artigo 8.º estabelece um *direito de estadia* ou de *permanência* no país de imigração em favor do trabalhador migrante, em caso de impossibilidade de exercício da profissão por doença ou acidente:

«Artigo 8.º

1 – Um trabalhador migrante que foi admitido a título permanente e os membros da sua família que foram autorizados a acompanhá-lo ou a juntar-se-lhe *não poderão ser reenviados para os seus territórios de origem ou para o território donde emigraram*, salvo se o desejarem ou se os acordos internacionais que obrigam o Membro interessado o previrem, quando, *por motivo de doença ou de acidente*, o trabalhador migrante se encontre na *impossibilidade de exercer a sua profissão*, na condição de a doença ou acidente ter ocorrido após a sua chegada».

O artigo 9.º atribui ao trabalhador migrante o *direito de transferência de ganhos e economias* para o país de origem:

«Artigo 9.º

Os Membros para os quais a presente Convenção esteja em vigor *obrigam-se* a permitir (...) a transferência de parte dos ganhos e das economias do trabalhador migrante que este deseje transferir».

A Convenção contém três anexos relativos ao recrutamento, colocação e condições de trabalho dos trabalhadores migrantes que não são (Anexo I) – ou são (Anexo II) – recrutados em virtude de acordos relativos a migrações colectivas ocorridas sob controle governamental, e sobre a importação dos objectos pessoais, ferramentas e equipamentos dos trabalhadores migrantes (Anexo III), que foram objecto de reservas e excluídos na sua aplicação por alguns Estados Partes na Convenção, nos termos do artigo 14.º, 1, da Convenção. Portugal não formulou qualquer declaração relativa à exclusão de algum dos três referidos Anexos.

Esta Convenção foi completada por uma Recomendação n.º 96, da mesma data e com o mesmo título.

c) **Convenção n.º 111 – Discriminação em matéria de emprego e profissão (1958)**, aprovada pela Conferência Geral da Organização Internacional do Trabalho em 25.6.1958 [9].

Nos termos do artigo 2.º da Convenção, os Estados Partes comprometem-se a definir e a aplicar uma política nacional que tenha por fim promover a igualdade de oportunidades e de tratamento em matéria de emprego e profissão, a fim de eliminar todas as discriminações nesta matéria.

O artigo 1.º define o que deve entender-se por «discriminação»: qualquer distinção, exclusão ou preferência fundada na raça, cor, sexo, religião, opinião política e na ascendência nacional ou na origem social, que tenha por efeito destruir ou alterar a igualdade de oportunidades ou de tratamento em matéria de emprego e profissão [artigo 1.º, *a)*], além de qualquer outra distinção, exclusão ou preferência que possa ser especificada pelo Estado Membro interessado [artigo 1.º, *b)*].

Nos termos do artigo 1.º, 3, «emprego» e «profissão» compreendem o acesso à formação profissional, o acesso ao emprego e às diferentes profissões, bem como as condições de emprego.

Segundo o artigo 3.º, os Estados Membros deverão esforçar-se por obter a colaboração das organizações representativas de patrões e

---

[9] Entrada em vigor: 15.6.1960. Texto anexo ao Decreto-Lei n.º 42.520, de 23.9.1959, que a aprova para ratificação; texto em francês e respectiva tradução para português (*Diário do Governo*, n.º 219, I Série, de 23.9.1959). Registo no BIT em 19.11.1959 dos instrumentos de ratificação por Portugal (*Diário do Governo*, n.º 8, I Série, de 12.1.1960).

trabalhadores e de outros organismos para favorecer a aceitação e a aplicação da política de não discriminação [alínea a)], adoptar medidas legislativas, quer inovatórias quer revogatórias, que vão no mesmo sentido [alíneas b) e c)], aplicar tal política nos empregos ou sectores dependentes de uma autoridade nacional [alíneas d) e e)], bem como indicar, nos seus relatórios anuais sobre a aplicação da Convenção, as medidas tomadas com a finalidade de prossecução da «política nacional» adoptada [alínea f)].

O n.º 2 do artigo 5.º exclui o carácter discriminatório de eventuais medidas de *discriminação positiva*, que asseguram uma protecção ou uma assistência especial a certos grupos, em virtude da idade, do sexo, da invalidez, dos encargos de família ou do nível social ou cultural.

Em termos muito sucintos, é este o conteúdo essencial da Convenção. Ela diz respeito aos trabalhadores migrantes – os quais, aliás, não não expressamente referidos –, na medida em que as providências a tomar, nos termos dos artigos 2.º e 3.º, para combater a discriminação, tal como esta vem definida no artigo 1.º, são susceptíveis de favorecer a sua situação em matéria de emprego e profissão, definidos estes conceitos nos termos do artigo 1.º, 3.

No entanto, a Convenção n.º 143, de 1975 – que adiante será referida –, no décimo segundo parágrafo do preâmbulo, lembrava que a definição do termo «discriminação» na Convenção sobre a discriminação (emprego e profissão), 1958, «não inclui obrigatoriamente *as distinções baseadas na nacionalidade*», o que se tornava necessário corrigir ou completar; com efeito, a «*ascendência* nacional» de que trata o artigo 1.º, alínea *a*), da Convenção n.º 111 não é (forçosamente) o mesmo que a «nacionalidade».

Por outro lado, no parágrafo seguinte do preâmbulo da Convenção n.º 143, considera-se que seria desejável alargar a noção de *igualdade de oportunidades e de tratamento*, de modo a abranger também a segurança social, matéria omissa na Convenção n.º 111.

Finalmente, no último parágrafo do preâmbulo da Convenção n.º 143, considerava-se necessário aprovar uma nova Convenção – justamente a Convenção n.º 143 – que completasse a Convenção n.º 97, de 1949, e a Convenção n.º 111, de 1958.

Por estas referências expressas – feitas no preâmbulo da Convenção n.º 143, de 1975 –, pode concluir-se que a própria Organização Internacional do Trabalho se apercebeu das deficiências e insuficiências da Convenção n.º 111, procurando corrigi-las, mediante a elaboração de uma nova Convenção.

Só que, como se verá a seguir a propósito da Convenção n.º 143, esta última também não está isenta de insuficiências e revela-se, em certos pontos, pelo menos, bastante restritiva.

d) **Convenção n.º 143 – Convenção sobre as Migrações Efectuadas em Condições Abusivas e sobre a Promoção da Igualdade de Oportunidades e de Tratamento dos Trabalhadores Migrantes**, aprovada em 24.6.1975 pela Conferência Geral da Organização Internacional do Trabalho [10].

Esta Convenção foi adoptada num momento de crise económica acentuada, tanto nos países importadores, como nos países exportadores de mão-de-obra, e essa crise surge como pano de fundo nos considerandos desta Convenção, que visa completar as Convenções n.º 97 (1949) e n.º 111 (1958), já referidas.

Nos considerandos refere-se que o preâmbulo da Constituição da OIT confere à organização a incumbência de defender os «interesses dos trabalhadores empregados no estrangeiro» e sublinha-se que «o trabalho não é uma mercadoria». Mas o mais relevante vem referido nos considerandos seguintes:

– reafirmação da «necessidade de evitar o *aumento excessivo e não controlado ou não assistido dos movimentos migratórios*, em virtude das suas *consequências negativas do ponto de vista social e humano*»;

– maior insistência por parte dos «Governos de inúmeros países» na «oportunidade de encorajar as *transferências de capitais e de tecnologias do que nas migrações de trabalhadores* (...)»;

– referência ao facto de que, «devido às *condições do mercado de emprego*», a emigração «deveria ser efectuada *sob a responsabilidade dos organismos oficiais de emprego*»;

– necessidade de tomar medidas contra os *«tráficos ilícitos ou clandestinos de mão-de-obra»*.

---

[10] Texto anexo à Lei n.º 52/78, de 25 de Julho, que a aprova para ratificação; texto em francês e respectiva tradução para português (*Diário da República*, n.º 169, I Série, de 25.7.1978). Depósito do instrumento de ratificação por Portugal em 12.12.1978 (*Diário da República*, n.º 14, I Série, de 17.1.1979).

É, pois, neste contexto fortemente restritivo que esta Convenção foi aprovada em 1975.

A definição de «trabalhador migrante» é dada no artigo 11.º da Convenção:

«Artigo 11.º

1 – Para fins de aplicação do disposto nesta parte II da Convenção, o termo 'trabalhador migrante' designa uma pessoa que emigra ou emigrou de um país para outro com o fim de ocupar um emprego não por conta própria; compreende todo e qualquer indivíduo regularmente admitido como trabalhador migrante».

Do confronto entre esta definição e a que é dada no artigo 11.º da Convenção n.º 97, de 1949 [cf. *supra*, B), *b*)], depreende-se que a presente definição é mais restritiva, visto que as alíneas *d*) e *e*) do n.º 2 do artigo 11.º da Convenção n.º 143 não têm correspondência no artigo 11.º, 2, da Convenção n.º 97:

«Artigo 11.º da Convenção n.º 143

2 – A presente parte II não se aplicará:
(...)

 d) Aos indivíduos vindos especialmente com fins de formação ou de educação;

 e) Aos indivíduos empregados por organizações ou empresas que laboram no território de um país e que tenham sido admitidos temporariamente nesse país, a pedido do seu empregador, a fim de cumprir funções ou executar tarefas específicas durante um período limitado e determinado e que devem abandonar o país logo que sejam dadas por terminadas tais funções ou tarefas».

O artigo 1.º da Convenção obriga os Estados Partes a «comprometer-se a respeitar os direitos fundamentais do homem de todos os trabalhadores migrantes». Em nossa opinião, esta norma contém uma referência, pelo menos implícita, à Declaração Universal dos Direitos do Homem e aos textos convencionais referidos *supra*, A), elaborados sob a égide da ONU, e é à luz desses textos, adoptados pela Organização das Nações Unidas, que tal respeito dos «direitos fundamentais do homem» deve ser entendido.

O artigo 2.º refere a obrigação para os Estados Partes de determinarem, «sistematicamente, se existem *migrantes ilegalmente emprega-*

dos no seu território», ou se existem, «do ou para o seu território», migrações nas quais os migrantes sejam submetidos «a condições contrárias aos instrumentos ou acordos internacionais aplicáveis», multilaterais ou bilaterais, ou ainda às legislações nacionais».

Nos termos do artigo 3.º, os Estados Partes deverão tomar as «medidas necessárias e apropriadas»:

«*a*) A fim de *suprimir as migrações clandestinas e o emprego ilegal de migrantes*;

b) *Contra os organizadores de movimentos ilícitos ou clandestinos de migrantes com fins de emprego*, provenientes do seu território ou que a ele se destinam, assim como os que se efectuam em trânsito por esse mesmo território, bem como *contra aqueles que empregam trabalhadores que tenham imigrado em condições ilegais*, a fim de prevenir e eliminar os abusos citados no artigo 2.º da presente Convenção».

O artigo 4.º prevê contactos e trocas de informações entre os Estados Membros sobre este assunto, a fim de *«processar os autores do tráfico de mão-de-obra»* (artigo 5.º), devendo ser adoptadas, no âmbito das legislações nacionais, disposições tendentes à *«aplicação de sanções administrativas, civis e penais, incluindo penas de prisão»*, no que respeita ao *«emprego ilegal de trabalhadores migrantes»* ou aos abusos referidos no artigo 2.º, bem como à *«assistência prestada conscientemente a tais migrações, com ou sem fins lucrativos»* (artigo 6.º, 1).

O artigo 7.º prevê a *obrigação de consulta*, a cargo dos Estados Membros, das «organizações representativas de empregadores e de trabalhadores», nesta matéria.

O artigo 8.º prevê a manutenção do *direito à residência* no país de imigração:

«Artigo 8.º

1 – Desde que tenha residido legalmente no país com fim de emprego, o trabalhador migrante não poderá ser considerado em situação ilegal ou irregular *pela simples perda do seu emprego*, a qual, por si só, não deverá acarretar a revogação da sua autorização de residência ou, eventualmente, da sua autorização de trabalho».

O artigo 9.º prevê designadamente, «nos casos em que a legislação não tenha sido respeitada» (artigo 9.º, 1), a *«expulsão do trabalhador ou da sua família»* (artigo 9.º, 3), embora não à sua custa; o artigo

9.º, 4, estabelece que «nenhuma disposição da presente Convenção impedirá os Estados Membros de conceder às pessoas que residem ou trabalham ilegalmente no país o direito de nele permanecerem e serem legalmente empregadas», o que deixa aos Estados Partes o poder discricionário de legalizar ou não a situação dos referidos trabalhadores.

É na parte II, relativa à «igualdade de oportunidades e de tratamento», que se contêm as disposições mais importantes da Convenção (artigos 10.º a 14.º).

A este respeito, convém transcrever integralmente o artigo 10.º, que estabelece o *princípio de não discriminação ou de equiparação*, mas só relativamente aos emigrantes ou seus familiares «que se encontram *legalmente* nos seus territórios»: «Os Membros para os quais a presente Convenção esteja em vigor comprometem-se a formular e a aplicar uma política nacional que se proponha promover e garantir, por métodos adaptados às circunstâncias e aos costumes nacionais, a *igualdade de oportunidades e de tratamento* em matéria de emprego e de profissão, de segurança social, de direitos sindicais e culturais e de liberdades individuais e colectivas para aqueles que se encontram *legalmente* nos seus territórios *na qualidade de emigrantes ou de familiares destes*».

O carácter restritivo desta disposição e o desfavor com que são tratados os emigrantes ou familiares *ilegais* são característicos desta Convenção e da época em que foi adoptada pela Conferência Geral da OIT.

No artigo 12.º determina-se que todos os Estados Membros *deverão* tomar medidas tendentes a pôr em prática a política prevista no artigo 10.º: medidas que visem obter a colaboração das organizações de empregadores e de trabalhadores [artigo 12.º, *a*)], medidas legislativas e educativas [artigo 12.º, *b*), *c*) e *d*)]; a alínea *e*) do artigo 12.º parece admitir uma política de *discriminação positiva*, favorável aos trabalhadores migrantes, na medida em que a elaboração e aplicação de uma «política social (...) a fim de que os trabalhadores migrantes e suas famílias possam beneficiar das *mesmas vantagens que os nacionais*» deve ter em conta «*as necessidades especiais* que possam ter *até que a sua adaptação à sociedade do país de emprego seja uma realidade*»; tal *discriminação positiva*, além de *temporária* – como se infere da última frase citada –, é meramente *compensatória* ou *equilibradora*, isto é, visa tão-só colocar os trabalhadores migrantes em condições de *igualdade real* com os trabalhadores nacionais e não favorecê-los em relação a estes últimos. É o que se depreende da parte final da referida alínea *e*): «(...) sem, no entanto, *lesar o princípio da igualdade de oportunidades e de tratamento*».

A alínea *f*) do artigo 12.º visa garantir a preservação da «identidade nacional e étnica» e os «laços culturais» dos trabalhadores migrantes e suas famílias com os países de origem e, *in fine*, refere-se a «possibilidade» a dar às crianças de «beneficiar de um ensino da sua língua materna».

A alínea *g*) do artigo 12.º tem em vista assegurar «a igualdade de tratamento em matéria de condições de trabalho entre todos os trabalhadores migrantes que exerçam a mesma actividade, sejam quais forem as condições específicas dos respectivos empregos», texto este que não está isento de dúvidas quanto à sua interpretação.

O artigo 13.º refere-se ao «reagrupamento familiar» (junção do cônjuge do trabalhador migrante e — quando a seu cargo — dos filhos, pai e mãe); só que a formulação do artigo é insuficiente, visto que as medidas necessárias neste domínio não são consideradas como uma *obrigação* a cargo dos Estados Membros, mas apenas como uma mera *faculdade* ao seu dispor: «Todo o Estado Membro *poderá* tomar as medidas necessárias, dentro da sua competência, e colaborar com outros Estados Membros no sentido de facilitar o *reagrupamento familiar* de todos os trabalhadores migrantes que residam legalmente no seu território» (artigo 13.º, 1).

O mesmo *espírito restritivo*, já mencionado, visível quer nos considerandos do preâmbulo, quer no próprio articulado da Convenção, também se pode detectar nas três alíneas do artigo 14.º:

«Artigo 14.º

Todo o Estado Membro:

a) *Poderá subordinar a livre escolha de emprego*, assegurando, no entanto, o direito à mobilidade geográfica, *à condição de que o trabalhador migrante tenha residido legalmente* no país, com fins de emprego, *durante um período prescrito* que não deverá ultrapassar dois anos ou, caso a legislação exija um contrato de duração determinada inferior a dois anos, que o primeiro contrato de trabalho tenha caducado;

b) Após consulta oportuna às organizações representativas de empregadores e de trabalhadores, *poderá regulamentar as condições de reconhecimento das qualificações profissionais*, incluindo certificados e diplomas obtidos no estrangeiro;

c) *Poderá restringir o acesso a certas categorias* limitadas de emprego e de funções *quando tal for necessário ao interesse do Estado*».

É de salientar ainda que, nos termos do artigo 15.º, os Estados Membros têm a faculdade de firmar acordos multilaterais ou bilaterais tendentes a solucionar os problemas resultantes da aplicação da Convenção.

Esta Convenção foi completada pela Recomendação n.º 151 (*Recomendação relativa aos trabalhadores migrantes*), a qual foi aprovada na mesma data pela Conferência Geral da Organização Internacional do Trabalho.

C. ORGANIZAÇÃO DAS NAÇÕES UNIDAS PARA A EDUCAÇÃO, A CIÊNCIA E A CULTURA (UNESCO)

Quanto à UNESCO, considerar-se-ão sucintamente dois instrumentos convencionais adoptados pela Conferência Geral desta Organização: a) Convenção Relativa à Luta contra a Discriminação no Campo do Ensino, adoptada a 14.12.1960; b) Protocolo que cria uma Comissão de Conciliação e de Bons Ofícios encarregada de encontrar a solução para diferendos que possam surgir entre os Estados Partes na Convenção Contra a Discriminação no Domínio da Educação, adoptado em 10.12.1962 [11].

---

[11] Na tradução oficial do Protocolo (*Diário da República*, n.º 208, I Série, de 10.9.1981, p. 2407), a Convenção Relativa à Luta contra a Discriminação no Campo do Ensino vem referida como Convenção Contra a Discriminação no Domínio da Educação. Apesar da diferença de designação, trata-se obviamente da mesma Convenção, como, aliás, se conclui do texto do Decreto n.º 118/81, de 10 de Setembro, que aprova o Protocolo para ratificação (*ibidem*, p. 2404), onde a designação da Convenção é a que foi primeiramente indicada e que adoptaremos também a seguir. Estas deficiências – usuais – dos serviços do Ministério dos Negócios Estrangeiros não facilitam propriamente o trabalho do intérprete, que não dispõe, além do mais, de uma colectânea oficial das Convenções que vinculam internacionalmente Portugal.

a) **Convenção Relativa à Luta contra a Discriminação no Campo do Ensino**, adoptada pela Conferência Geral da UNESCO na sua 11.ª sessão, Paris, 14 de Dezembro de 1960 [12].

O artigo 1.º da Convenção define como *discriminação* «toda a distinção, exclusão, limitação ou preferência que, com fundamento na *raça, cor*, sexo, *língua, religião*, opinião política ou qualquer outra opinião, *origem nacional ou social*, condição *económica ou de nascimento*» que «tenha a finalidade ou efeito de destruir ou alterar a igualdade de tratamento no domínio da educação e, em especial:

a) Excluir qualquer pessoa ou um grupo de pessoas do acesso a diversos tipos e graus de ensino;

b) Limitar a um nível inferior a educação de uma pessoa ou de um grupo;

c) Sob reserva das provisões do artigo 2 da presente Convenção, instituir ou manter sistemas ou estabelecimentos de ensino separados para as pessoas ou grupos; ou

d) Colocar uma pessoa ou um grupo numa situação incompatível com a dignidade humana».

O artigo 2.º não considera, em princípio, discriminatórias a criação ou a manutenção de sistemas ou estabelecimentos de ensino separados para os alunos dos dois sexos [alínea *a*)], ou por motivos de origem religiosa ou linguística [alínea *b*)], bem como a criação ou manutenção de estabelecimentos de ensino privados [alínea *c*)].

A alínea *e*) do artigo 3.º refere-se explicitamente ao caso dos súbditos estrangeiros, que engloba os trabalhadores migrantes:

«Artigo 3.º

A fim de eliminar e prevenir qualquer discriminação no sentido da palavra na presente Convenção, os Estados Partes comprometem-se a:
(...)
e) Conceder aos súbditos estrangeiros residentes no seu território o *acesso ao ensino nas mesmas condições que os seus próprios nacionais*».

---

[12] Texto anexo ao Decreto n.º 112/80, de 23 de Outubro, que a aprova (para ratificação); texto em francês e respectiva tradução para português (*Diário da República*, n.º 246, I Série, de 23.10.1980). Depósito do instrumento de ratificação por Portugal em 8.1.1981 (*Diário da República*, n.º 72, I Série, de 27.3.1981).

Outras disposições que interessam aos trabalhadores migrantes são as que constam do artigo 5.º, que a seguir se transcrevem por inteiro:

«Artigo 5.º

1 — Os Estados Partes desta Convenção acordam que:
  a) A educação deverá ser orientada para o completo desenvolvimento da personalidade humana e para reforçar o respeito dos direitos humanos e das liberdades fundamentais e que deverá fomentar a compreensão, tolerância e amizade entre todas as nações e todos os grupos raciais ou religiosos e promoverá as actividades das Nações Unidas para a manutenção da paz;
  b) Deverá respeitar a liberdade dos pais ou, se for o caso, dos tutores legais de, 1.º, escolher para os seus filhos estabelecimentos de ensino que não sejam os que são mantidos pelo poder público, mas respeitando as normas mínimas fixadas e aprovadas pelas autoridades competentes e, 2.º, assegurar aos seus filhos, segundo as modalidades de aplicação que determina a legislação de cada Estado, a educação religiosa e moral conforme as suas próprias convicções e que nenhuma pessoa ou grupo de pessoas deverá ser obrigado a receber instrução religiosa incompatível com as suas convicções;
  c) Deverá ser reconhecido aos membros de minorias o direito de exercer actividades docentes que lhes pertençam, entre elas a de manutenção das escolas, e, segundo a política de cada Estado em matéria de educação, utilizar e ensinar a sua própria língua, desde que:
    i) Este direito não seja exercido de modo a impedir os membros de minorias de compreender a cultura e a língua do conjunto da colectividade e de tomar parte nas suas actividades ou que comprometa a soberania nacional;
    ii) O nível de ensino nestas escolas não seja inferior ao nível geral prescrito ou aprovado pelas autoridades competentes; e
    iii) A assistência em tais escolas seja facultativa.

2 – Os Estados Partes da presente Convenção comprometem-se a tomar todas as medidas necessárias para garantir a aplicação dos princípios enunciados no parágrafo 1 deste artigo».

Cabe, por fim, referir que não são admitidas reservas à Convenção (artigo 9.º) e que ela «não terá o efeito de diminuir os direitos que indivíduos ou grupos possam desfrutar em virtude de acordos firmados entre dois ou mais Estados, sempre que esses direitos não sejam contrários à letra e ao espírito da presente Convenção» – o que permite a elaboração de Convenções bilaterais ou multilaterais tendentes a precisar ou a estender o alcance do preceituado na alínea *e*) do artigo 3.º, no que se refere ao caso particular dos trabalhadores migrantes, grupo vulnerável e carecido por excelência, que necessitará muitas vezes – senão sempre – de medidas especiais de discriminação positiva, de carácter compensatório, no sentido de dar um conteúdo real ao princípio de não discriminação contido na referida alínea *e*) do artigo 3.º da Convenção.

b) **Protocolo que cria uma Comissão de Conciliação e Bons Ofícios encarregada de resolver os diferendos que possam surgir entre os Estados Partes na Convenção Relativa à Luta contra a Discriminação no Campo do Ensino**, adoptado em Paris pela Conferência Geral da UNESCO em 10.12.1962 [13].

O presente ınstrumento convencional tem carácter adjectivo e instrumental em relação à Convenção anterior e visa criar um mecanismo institucional – a Comissão de Conciliação e Bons Ofícios (artigo 1.º) – encarregado de «encontrar a solução amigável para diferendos entre os Estados Partes na Convenção» precedente.

Os artigos 2.º a 11.º referem-se à composição, eleição e funcionamento da Comissão, ao passo que o artigo 12.º refere os termos em que cada Estado Membro tem o direito de submeter à Comissão um diferendo com outro Estado Membro (cf. artigo 12.º, 2).

---

[13] Texto anexo ao Decreto n.º 118/81, de 10 de Setembro, que o aprova para ratificação; texto em francês e respectiva tradução para português (*Diário da República*, n.º 208, I Série, de 10.9.1981). Depósito do instrumento de ratificação por Portugal em 11.1.1982 (*Diário da República*, n.º 33, I Série, de 9.2.1982).

O artigo 17.º dispõe que a Comissão «deverá certificar-se dos factos e pôr à disposição dos Estados envolvidos os seus *bons ofícios* a fim de ser encontrada uma *solução amigável* para a questão, na base do respeito pela Convenção» (artigo 17.º, 1).

«Se for encontrada uma solução nos termos do parágrafo 1 deste artigo – determina o artigo 17.º, 3 –, a Comissão limitará o seu relatório a uma breve exposição dos factos e da solução alcançada. Se a solução não tiver sido conseguida, a Comissão deverá elaborar um relatório sobre os factos e indicar as *recomendações* que tenha formulado no sentido de ser conseguida uma conciliação».

Nos termos do artigo 18.º, a Comissão poderá recomendar ao Conselho Executivo ou à Conferência Geral da UNESCO «que solicite ao Tribunal Internacional de Justiça um *parecer consultivo* sobre qualquer *questão jurídica* relacionada com o assunto submetido à Comissão».

O presente Protocolo poderá permitir encontrar uma solução para qualquer diferendo, entre Estados Partes no Protocolo e na Convenção de 14.12.1960 – ou só na Convenção (cf. artigo 13.º do Protocolo) –, relativo, por exemplo, à aplicação do artigo 3.º, alínea *e*), da Convenção de 14.12.1960, no que se refere à não eliminação de qualquer discriminação – no sentido do artigo 1.º da Convenção – em relação aos trabalhadores nacionais do Estado de emigração que trabalhem e residam no país de imigração.

D. CONSELHO DA EUROPA

Nesta rubrica serão rapidamente referidos três instrumentos convencionais extremamente importantes, todos eles ratificados por Portugal: *a*) Protocolo n.º 4 à Convenção Europeia dos Direitos do Homem (Convenção para a Protecção dos Direitos do Homem e das Liberdades Fundamentais), assinado em Estrasburgo em 16.9.1963; *b*) Convenção Europeia de Segurança Social e seu Acordo Complementar, abertos à assinatura em Paris a 14.12.1972; *c*) Convenção Europeia Relativa ao Estatuto Jurídico do Trabalhador Migrante, concluída em Estrasburgo em 24.11.1977.

a) **Protocolo n.º 4 à Convenção Europeia dos Direitos do Homem** (Convenção para a Protecção dos Direitos do Homem e das Liberdades Fundamentais), assinado em Estrasburgo em 16.9.1963 [14].

Mais do que na Convenção Europeia dos Direitos do Homem propriamente dita e nos demais Protocolos Adicionais — ao todo são cinco —, é no Protocolo n.º 4 que se encontram algumas disposições que respeitam, ou podem respeitar, particularmente aos trabalhadores migrantes.

Segundo o artigo 1.º, «ninguém pode ser privado da sua liberdade pela única razão de não poder cumprir uma obrigação contratual».

Nos termos do artigo 2.º,

«1 — Qualquer pessoa que se encontra em situação regular em território de um Estado tem direito a nele circular livremente e escolher livremente a sua residência.

2 — Toda a pessoa é livre de deixar um país qualquer, incluindo o seu próprio.

3 — O exercício destes direitos não pode ser objecto de outras restrições senão as que, previstas pela lei, constituem providências necessárias, numa sociedade democrática, para a segurança nacional, a segurança pública, a manutenção da ordem pública, a prevenção de infracções penais, a protecção da saúde ou da moral ou a salvaguarda dos direitos e liberdades de terceiros.

4 — Os direitos reconhecidos no parágrafo 1 podem igualmente, em certas zonas determinadas, ser objecto de restrições que, previstas pela lei, se justifiquem pelo interesse público numa sociedade democrática».

Por outro lado, o artigo 4.º dispõe que «são proibidas as expulsões colectivas de estrangeiros».

Finalmente, nos termos do artigo 6.º, 2, só é admissível o direito de recurso individual (artigo 25.º da Convenção) ou o reconhecimento

---

[14] Texto anexo à Lei n.º 65/78, de 13 de Outubro, que o aprova para ratificação sem qualquer reserva (artigo 5.º); texto em francês e respectiva tradução para português (*Diário da República*, n.º 236, I Série, de 13.10.1978). Depósito do instrumento de ratificação por Portugal em 9.11.1978 (*Diário da República*, n.º 1, I Série, de 2.1.1979). Este Protocolo foi ratificado por alguns Estados receptores de trabalhadores emigrantes portugueses, designadamente pela RFA, a Bélgica, a Espanha, a França, o Luxemburgo, os Países Baixos, o Reino Unido, a Suécia e a Suíça.

da jurisdição obrigatória do Tribunal Europeu dos Direitos do Homem (artigo 46.º da Convenção), «na medida em que a Alta Parte Contratante tiver declarado reconhecer aquele direito ou aceitar aquela jurisdição para os artigos 1.º a 4.º do Protocolo ou para alguns deles».

b) **Convenção Europeia de Segurança Social e seu Acordo Complementar**, abertos à assinatura em Paris a 14.12.1972 [15].

Não se pretende — nem seria possível, no âmbito deste trabalho — fazer uma análise exaustiva desta Convenção e deste Acordo Complementar, que são textos extremamente complexos, e que são certamente objecto de consideração pormenorizada em outros relatórios submetidos ao Encontro.

Limitar-nos-emos, pois, a referir os pontos seguintes:
— coordenação multilateral das legislações de segurança social (Preâmbulo, terceiro parágrafo);
— regulamentação das «questões relativas à segurança social dos estrangeiros e dos emigrantes, nomeadamente em relação à igualdade de tratamento com os nacionais e à conservação dos direitos adquiridos ou em curso de aquisição» (Preâmbulo, quarto parágrafo);
— afirmação do «princípio de *igualdade de tratamento* dos nacionais das Partes Contratantes, dos refugiados e dos apátridas, quanto à legislação de segurança social de qualquer Parte Contratante» e «manutenção das vantagens decorrentes das legislações de segurança social, apesar das deslocações das pessoas protegidas através dos territórios das Partes Contratantes» (Preâmbulo, quinto parágrafo).

A Convenção tem 81 artigos e 7 anexos e o Acordo Complementar de aplicação da Convenção tem 98 artigos e 7 anexos.

A Convenção tem a seguinte estrutura:
— Título I — Disposições gerais (artigos 1.º a 13.º);
— Título II — Disposições relativas à legislação aplicável (artigos 14.º a 18.º);

---

[15] Texto anexo ao Decreto n.º 117/82, de 19 de Outubro que os aprova para ratificação; texto em francês e respectiva tradução para português (*Suplemento ao Diário da República*, n.º 242, I Série, de 19.10.1982). Depósito do instrumento de ratificação por Portugal em 18.3.1983 (*Diário da República*, n.º 91, I Série, de 20.4.1983). *Anexos – Aviso* tornando públicos os anexos (*Diário da República*, n.º 131, I Série, de 6.10.1984).

— Título III — Disposições particulares para as diferentes categorias de prestações, dividido em vários capítulos e secções:
 — Capítulo 1 — Doença e maternidade (artigos 19.º a 26.º);
 — Capítulo 2 — Invalidez, velhice e morte (pensões):
  — Secção 1 — Disposições comuns (artigos 27.º a 34.º);
  — Secção 2 — Disposições particulares relativas à invalidez (artigos 35.º a 37.º);
 — Capítulo 3 — Acidentes de trabalho e doenças profissionais (artigos 8.º a 48.º);
 — Capítulo 4 — Morte (subsídio) (artigos 49 a 50.º);
 — Capítulo 5 — Desemprego (artigos 51.º a 56.º);
 — Capítulo 6 — Prestações familiares (artigos 57.º e 58.º);
  — Secção 1 — Abono de família (artigos 59.º e 60.º);
  — Secção 2 — Prestações familiares (artigos 61.º a 63.º);
— Título IV — Disposições diversas (artigos 64.º a 73.º);
— Título V — Disposições transitórias e finais (artigos 74.º a 81.º).

Trata-se de um instrumento convencional completo, que abrange a totalidade das prestações de segurança social.

Na impossibilidade de uma análise de pormenor, referir-se-ão somente algumas disposições do Título I.

O artigo 4.º define quem pode beneficiar da Convenção:

«Artigo 4.º

1 — Podem beneficiar das disposições da presente Convenção:
 a) As pessoas que estão ou estiveram abrangidas pela legislação de uma ou de várias Partes Contratantes e que são nacionais de uma Parte Contratante, ou refugiados ou apátridas, residentes no território de uma Parte Contratante, assim como os seus familiares ou os seus sobreviventes;
 b) Os sobreviventes das pessoas que estiverem abrangidas pela legislação de uma ou várias Partes Contratantes, sem ter em conta a sua nacionalidade, desde que estes sobreviventes sejam cidadãos de uma Parte Contratante, ou refugiados ou apátridas que residam no território de uma Parte Contratante;
 c) Sem prejuízo das disposições do parágrafo 4 do artigo 2.º, os funcionários públicos e o pessoal que, de acordo com a legislação da Parte Contratante em causa, lhes é equiparado, na medida em que estejam abrangidos pela legislação desta Parte, à qual a Convenção é aplicável».

Desta disposição pode concluir-se que estão abrangidos pela Convenção os trabalhadores migrantes nacionais de uma Parte Contratante, refugiados ou apátridas, residentes habitualmente no território de outra Parte Contratante, os seus sobreviventes, bem como os sobreviventes, nacionais de uma Parte Contratante, refugiados ou apátridas, residentes habitualmente no território de outra Parte Contratante, de pessoas que estiveram abrangidas pela legislação de uma ou várias Partes Contratantes, qualquer que tenha sido a sua nacionalidade [abstrai-se da alínea c) do n.º 1 do artigo 4.º].

Nos termos do artigo 6.º, 1, as disposições da Convenção «não prejudicam as obrigações que decorram de qualquer convenção adoptada pela Conferência Internacional do Trabalho» e o artigo 7.º, 1 permite que duas ou várias Partes Contratantes possam «concluir entre elas, tanto quanto necessário, convenções de segurança social fundamentadas nos princípios da presente Convenção».

O n.º 1 do artigo 8.º enuncia o princípio fundamental da *não discriminação* e da equiparação entre nacionais das várias Partes Contratantes:

«Artigo 8.º

1 – Salvo se existirem disposições contrárias na presente Convenção, as pessoas que residam no território de uma Parte Contratante e às quais é aplicável a Convenção estão sujeitas às obrigações e podem beneficiar da legislação de qualquer Parte Contratante *nas mesmas condições que os cidadãos desta última Parte*».

O artigo 10.º manda ter em conta as contribuições feitas anteriormente para um sistema de seguro voluntário ou facultativo, garantindo assim a *continuidade*, a *estabilidade* das situações individuais e as *legítimas expectativas* dos beneficiários:

«Artigo 10.º

Se a legislação de uma Parte Contratante subordina a admissão ao seguro voluntário ou facultativo continuado, ao cumprimento de períodos de seguro, a instituição que aplica esta legislação terá em conta para este efeito, na medida necessária, para fins de totalização, os períodos de seguro cumpridos segundo a legislação de qualquer outra Parte Contratante (...)».

Uma outra ilustração do mesmo princípio da continuidade e estabilidade encontra-se no artigo 11.º, 1: «(...) as prestações pecuniárias de invalidez, de velhice ou de sobreviventes, as rendas de acidente de trabalho ou de doença profissional e os subsídios por morte adquiridos ao abrigo da legislação de uma ou várias Partes Contratantes não podem sofrer nenhuma redução, nem modificação, nem suspensão, nem supressão, nem confiscação pelo facto de o beneficiário residir no território de uma Parte Contratante que não seja aquela em cujo território se encontra a instituição devedora».

O artigo 13.º, 1, por seu lado, enuncia o princípio geral da *unidade das prestações de certo tipo* e da *unidade das prestações por certo período de tempo*, excluindo em princípio a cumulação de prestações:

«Artigo 13.º

1 – Salvo no que respeita às prestações de invalidez, de velhice, de sobreviventes ou de doença profissional, que são liquidadas pelas instituições de 2 ou mais Partes Contratantes (...), *a presente Convenção não pode conferir nem manter o direito a beneficiar de várias prestações relativas a um mesmo período de seguro obrigatório*».

c) **Convenção Europeia Relativa ao Estatuto Jurídico do Trabalhador Migrante**, concluída em Estrasburgo a 24.11.1977 [16].

Nos termos do Preâmbulo, por um lado, a Convenção tem em vista assegurar aos trabalhadores migrantes «um tratamento não menos favorável do que aquele de que beneficiam os trabalhadores nacionais do país de acolhimento em tudo o que respeita às condições de vida e de trabalho»; por outro lado, os «direitos e privilégios» atribuídos pelos Estados Membros aos cidadãos dos outros Estados Membros, numa base de *reciprocidade*, «são concedidos em razão da estreita ligação que (...) liga os Estados Membros do Conselho da Europa» *(sic)*.

O artigo 1.º, 1, define o «trabalhador migrante» como «o cidadão de uma Parte Contratante que tenha sido autorizado por uma outra Parte Contratante a permanecer no seu território a fim de aí exercer uma ocupação remunerada». O n.º 2 do mesmo artigo 1.º exclui do

---

[16] Texto anexo ao Decreto n.º 162/78, de 27 de Dezembro, que a aprova para ratificação; texto em francês e respectiva tradução para português (*Diário da República*, n.º 296, I Série, de 27.12.1978). Depósito do instrumento de ratificação por Portugal em 15.3.1979 (*Diário da República*, n.º 106, I Série, de 9.5.1979). A Convenção entrou em vigor para Portugal, Países Baixos, Espanha, Suécia e Turquia em 1.5.1983 (*Diário da República*, n.º 63, I Série, de 17.3.1983). Depósito do instrumento de ratificação pela França em 22.9.1983 (*Diário da República*, n.º 260, I Série, de 11.11.1983). Estes são os países entre os quais vigora a Convenção.

âmbito de aplicação da Convenção os trabalhadores fronteiriços [alínea *a*)], os artistas contratados por um curto prazo de tempo [alínea *b*)], os marítimos [alínea *c*)], os estagiários [alínea *d*)], os trabalhadores temporários [alínea *e*)] e os «trabalhadores originários de uma das Partes Contratantes que efectuem um determinado trabalho no território de outra Parte Contratante *por conta de uma empresa cuja sede social se situe fora do território desta Parte Contratante*» [alínea *f*)].

No que respeita a esta definição de *trabalhador migrante*, por um lado, ela é ainda mais restritiva do que a do artigo 11.º da Convenção 143, de 1975, da OIT, pois a alínea *f*) do n.º 2 do artigo 1.º da presente Convenção não tem paralelo no artigo 11.º, 2, da Convenção 143 da OIT; por outro lado, como já se viu *supra* B), *d*), a definição do artigo 11.º da Convenção 143 da OIT já era mais restritiva do que a do artigo 11.º da Convenção 97, de 1949, da OIT. Há, pois, uma política legislativa deliberada quanto à restrição da definição do conceito de «trabalhador migrante» que se explica, cremos nós, pela profunda crise económica e social que grassa nos países importadores de mão-de-obra.

O artigo 2.º, 1, refere-se às formas de recrutamento (pedido nominal ou pedido anónimo efectuado por intermédio do órgão oficial do país de origem e eventualmente pelo órgão correspondente do país de acolhimento); as despesas administrativas não devem ficar a cargo do trabalhador (artigo 2.º, 2).

O artigo 3.º refere-se ao exame médico e profissional que poderá preceder o recrutamento (artigo 3.º, 1) e, em princípio, as respectivas despesas não ficarão a cargo do trabalhador migrante (artigo 3.º, 3).

O artigo 4.º garante o direito de saída do país de origem e o direito de entrada no país de acolhimento, uma vez obtidos os documentos e a autorização necessários (artigo 4.º, 1), podendo haver restrições por motivos de ordem pública ou de segurança (artigo 4.º, 2); os documentos, em princípio, serão gratuitos (artigo 4.º, 3).

O artigo 5.º determina que o trabalhador recrutado «será portador de um contrato de trabalho ou de uma oferta de emprego concreta» e o artigo 6.º estabelece uma obrigação de informação a cargo das Partes Contratantes em favor dos candidatos à emigração.

O artigo 7.º, 1, prevê a gratuitidade para o trabalhador migrante, no caso de recrutamento colectivo oficial, das despesas de viagem e o artigo 7.º, 3, prevê isenções de direitos e taxas de importação relativamente aos objectos de uso pessoal [alínea *a*)] e às ferramentas do trabalhador migrante [alínea *b*)].

Os artigos 8.º e 9.º estabelecem a obrigação de conceder ao trabalhador migrante, respectivamente, uma autorização de trabalho e de residência, enquanto o artigo 10.º cria uma obrigação de informação, de ajuda e de assistência das Partes Contratantes ao trabalhador migrante, com vista ao seu acolhimento e inserção no país de destino.

O artigo 11.º refere-se à cobrança de importâncias devidas pelo trabalhador migrante no país de origem a título de obrigação alimentar e o artigo 12.º permite, em princípio, o reagrupamento familiar do cônjuge e dos filhos menores, sob a condição de o migrante ter um alojamento «normal» (artigo 12.º, 1), embora os números 2 e 3 do mesmo artigo prevejam casos em que os Estados Contratantes podem «derrogar temporariamente a obrigação» que lhes é imposta pelo n.º 1.

O princípio da equiparação ou do tratamento não menos favorável do que o dos trabalhadores nacionais está enunciado relativamente ao alojamento (artigo 13.º, 1), ao ensino e à formação profissional (artigo 14.º, 1), às condições de trabalho (artigo 16.º, 1), à segurança social (artigo 18.º, 1), à assistência social e médica (artigo 19.º), aos acidentes de trabalho, doenças profissionais e higiene do trabalho (artigo 20.º, 1), bem como ao controle das condições de trabalho (artigo 21.º), ao termo do contrato de trabalho e despedimento (artigo 24.º, 1), ao reemprego (artigo 25.º, 1), ao recurso às autoridades judiciais e administrativas do país de acolhimento (artigo 26.º, 1), ao recurso aos serviços de emprego (artigo 27.º), ao exercício do direito sindical (artigo 28.º) e à participação na vida da empresa (artigo 29.º).

Pelo menos em teoria, e salvas as derrogações previstas em certos casos, a equiparação aos trabalhadores nacionais é concedida em termos muito amplos, o que se pode compreender como contrapartida ao carácter restritivo da definição de «trabalhador migrante», já referido antes, e ao fraco volume das migrações internacionais de trabalhadores na época em que a Convenção foi elaborada e entrou em vigor.

Finalmente, os trabalhadores emigrantes beneficiam de certos *direitos específicos*, de que não gozam os nacionais − *princípio da discriminação positiva ou compensatória*, aqui entendido em sentido lato, e explicável pela própria situação especial destes trabalhadores: direito ao ensino da língua materna do trabalhador migrante (artigo 15.º), direito à transferência de poupanças (transferência da totalidade ou parte dos ganhos e economias) (artigo 17.º, 1), direito ao transporte do corpo para o país de origem, em caso de morte do trabalhador migrante em consequência de um acidente de trabalho (artigo 22.º), direito de não ser duplamente tributado em matéria de rendimentos de trabalho reconhecido ao trabalhador migrante (artigo 23.º, 1 e 2), direito à assistência em caso de retorno definitivo ao país de origem (artigo 30.º, 1).

Por outro lado, cabe referir ainda as importantes disposições dos artigos 31.º e 32.º, que se citam seguidamente na íntegra:

«Artigo 31.º

Nenhuma das disposições da presente Convenção poderá ser interpretada como justificativa de um tratamento menos favorável do que aquele que é concedido a um trabalhador nacional do país de acolhimento e pelos acordos bilaterais e multilaterais dos quais este país é Parte Contratante».

«Artigo 32.º

As disposições da presente Convenção não prevalecem sobre as normas de direito interno e sobre tratados, convenções, nem acordos ou compromissos bilaterais ou multilaterais, nem sobre as medidas tomadas para a sua aplicação que vigorem ou venham a vigorar e que sejam mais favoráveis aos indivíduos protegidos pela presente Convenção».

E. OUTRAS ORGANIZAÇÕES INTERNACIONAIS

Quanto à CEE, deixamo-la de lado, pois cremos que será objecto de estudo em outros temas do Encontro.

Pelo que respeita ao CIME (Comité Intergovernamental para as Migrações Europeias), além de não dispor de informação suficiente sobre esta organização algo obscura, creio não ser muito curial pô-la em pé de igualdade — quanto aos objectivos precisos deste trabalho — com as organizações internacionais anteriormente mencionadas.

Tanto quanto sei, não há convenções nem outros instrumentos de Direito Internacional que tenham sido elaborados sob os auspícios do CIME, organismo que tem um tipo de actividades práticas de «recrutamento» e colocação — aliás, de carácter duvidoso e/ou contestável — de trabalhadores migrantes e/ou de (certos) «refugiados», que estão fora do âmbito deste trabalho, o qual constitui essencialmente uma abordagem *jurídica* dos textos convencionais e outros que têm relevância em matéria de migrações internacionais de trabalhadores.

II
O PROBLEMA DO DIREITO APLICÁVEL

Esta questão põe-se a dois níveis: *A)* Por um lado, trata-se de saber qual é a lei reguladora do contrato de trabalho internacional, que é essencialmente um problema de direito internacional privado; *B)* Por outro lado, trata-se de saber quais as normas de direito público (por exemplo, normas sobre segurança social) que são aplicáveis no caso de migrações internacionaias de trabalhadores. Ambas as questões serão muito sumariamente referidas, à luz de algumas (poucas) convenções internacionais.

A. LEI REGULADORA DO CONTRATO DE TRABALHO INTERNACIONAL [16a]

Em matéria de contratos obrigacionais rege, em princípio, em Direito Internacional Privado o chamado *princípio da autonomia da vontade*, a que se refere o artigo 41.º, 1 do Código Civil Português: «As obrigações provenientes de negócio jurídico, assim como a própria substância dele, são reguladas pela lei que os respectivos sujeitos tiverem designado ou houverem tido em vista».

Assim, também em matéria de contratos de trabalho internacionais, poderia entender-se deverem eles ser regulados pela lei expressa ou tacitamente designada pelos interessados, isto é, pelo empregador e pelo trabalhador.

Só que a doutrina é unânime em considerar inaplicável, neste caso, o princípio da autonomia da vontade em toda a sua latitude, dada a posição de subordinação do trabalhador em relação à entidade patronal, que se traduziria na imposição, por esta última, da aplicação da lei que lhe fosse mais favorável, em detrimento dos interesses do trabalhador.

Por outro lado, uma grande parte da doutrina considera que as leis do Estado em que se efectua a prestação de trabalho são leis chamadas de *aplicação imediata (lois de police)*, que devem prevalecer, seja qual for a lei reguladora do contrato de trabalho.

[16a] *Nota de Dezembro de 1997* – Sobre esta questão, ver hoje, por todos, R.M. MOURA RAMOS, *Da lei aplicável ao contrato de trabalho internacional*, Coimbra, Almedina, 1991.

Também há quem considere que deverá, em princípio, ser aplicável aquela das leis em contacto com a relação jurídica laboral de carácter internacional que for mais favorável à parte mais fraca, isto é, ao trabalhador.

O problema reveste-se de grande interesse prático no caso de trabalhadores recrutados em Portugal por certas entidades — designadamente o CIME — para prestarem trabalho em países do Médio Oriente ou da América Latina, cujas leis laborais são muito menos favoráveis ao trabalhador do que a legislação portuguesa.

A imposição da aplicabilidade das leis desses países pela entidade patronal, nos termos do princípio da autonomia da vontade, ou porque se trata de leis de aplicação imediata, aplicáveis *ex officio* nesses países, qualquer que seja a lei escolhida pelas partes para regular a relação jurídica laboral, põe um problema extremamente grave aos trabalhadores portugueses que emigram para esses países.

A este propósito, cabe referir que a Convenção sobre a Lei Aplicável às Obrigações Contratuais, assinada pelos Estados Membros da CEE e aberta à assinatura em Roma em 19.6.1980, após ter estabelecido no seu artigo 3.º, 1, que «o contrato é regido pela lei escolhida pelas Partes» [17] (princípio da autonomia da vontade em Direito Internacional Privado), determina no seu artigo 6.º, relativo ao *contrato individual de trabalho*:

«Artigo 6.º [17]

1. Não obstante as disposições do artigo 3.º, no contrato de trabalho, *a escolha pelas partes da lei aplicável não pode ter como resultado privar o trabalhador da protecção que lhe é garantida pelas disposições imperativas da lei que seria aplicável, na falta de escolha, em virtude do parágrafo 2 do presente artigo.*

2. Não obstante as disposições do artigo 4.º e na falta de escolha exercida de acordo com o artigo 3.º, o contrato de trabalho é regido:

   a) pela lei do país onde o trabalhador, em execução do contrato, realiza habitualmente o seu trabalho, mesmo se for transferido a título temporário para outro país, ou

---

[17] A tradução, a partir da versão original francesa, é do autor [cf., hoje, a versão oficial portuguesa no *Diário da República*, I Série-A, 3.2.1994, p. 522 ss.].

b) se o trabalhador não realizar habitualmente o seu trabalho num mesmo país, pela lei do país onde se encontra o estabelecimento que empregou o trabalhador, a menos que do conjunto das circunstâncias resulte que o contrato de trabalho apresenta laços mais estreitos com outro país, caso em que a lei deste outro país é aplicável».

Sem querer discutir o alcance desta disposição – o que seria descabido neste trabalho –, saliente-se, no entanto, que, de acordo com esta Convenção, elaborada sob os auspícios da CEE, em matéria de contrato individual de trabalho, a relevância do princípio da autonomia da vontade é fortemente atenuada e cerceada, embora se possa discutir se a lei aplicável por força do artigo 6.º da Convenção de Roma é a mais favorável ao trabalhador.

Mas o essencial, neste contexto, é acentuar que – mesmo nos países membros da CEE – o princípio da autonomia da vontade é posto em causa em matéria de contrato de trabalho internacional.

B. A QUESTÃO DAS LEIS DE DIREITO PÚBLICO
 (POR EXEMPLO, LEGISLAÇÃO SOBRE SEGURANÇA SOCIAL)
 APLICÁVEIS NO CASO DE RELAÇÕES JURÍDICAS
 DE TRABALHO INTERNACIONAIS

Esta questão será abordada muito sucintamente à luz da *Convenção Europeia de Segurança Social*, elaborada pelo Conselho da Europa em 14.12.1972, já acima referida.

Como já se viu *supra*, D), b), o título II desta Convenção (artigos 14.º a 18.º) contém «disposições relativas à legislação aplicável».

Considere-se, por exemplo, a alínea *a*) do artigo 14.º da Convenção:

«Artigo 14.º

Em relação às pessoas abrangidas pelas disposições da presente Convenção, a legislação aplicável é determinada de acordo com as disposições seguintes:

a) Os trabalhadores assalariados empregados no território de uma Parte Contratante estão sujeitos à legislação desta Parte, mesmo se residem no território de outra Parte Contratante ou se a empresa ou entidade patronal que os emprega tem a sua sede ou o seu domicílio no território de uma outra Parte Contratante».

Esta disposição dirime um conflito de normas de direito público relativas à segurança social. Os ordenamentos jurídicos aí considerados são os seguintes:

– Estado onde o trabalhador assalariado está empregado (em princípio, lei do lugar da prestação de trabalho);

– Estado da residência do trabalhador assalariado (lei do país da residência do trabalhador);

– Estado da sede da empresa ou entidade patronal que emprega o trabalhador (lei do país da sede da empresa ou entidade patronal);

– Estado do domicílio da empresa ou entidade patronal que emprega o trabalhador (lei do país do domicílio da empresa ou entidade patronal).

Destas quatro leis, todas elas potencialmente aplicáveis, a alínea *a*) do artigo 14.º da Convenção manda aplicar a primeira, isto é, a lei do lugar da prestação do trabalho.

Deve notar-se que a escolha desta lei, em vez de qualquer outra das três leis acima indicadas, é puramente *formal* e nada parmite dizer que seja essa lei aquela que é mais favorável ao trabalhador em matéria de segurança social [18].

Também neste caso, o problema reveste-se de grande importância para os trabalhadores portugueses recrutados para trabalharem em certos países – por exemplo, do Médio Oriente ou da América Latina –, em que a legislação sobre segurança social é menos avançada do que em Portugal.

Tal como no caso referido na rubrica anterior, há aqui ampla matéria de estudo e reflexão para os países de emigração e de imigração e, mais concretamente, há matéria que justifica amplamente a celebração de convenções bilaterais (ou multilaterais) entre Portugal e os referidos países de imigração do Médio Oriente ou da América Latina, tendentes a salvaguardar os interesses dos trabalhadores portugueses.

---

[18] Cf. também o caso do artigo 2.º da Convenção n.º 19, de 1925, da OIT [*supra* B, *a*)].

CONCLUSÃO

Embora muito resumidamente, procurou-se neste trabalho fazer um levantamento dos instrumentos convencionais de Direito Internacional elaborados pelas principais organizações internacionais de que Portugal é membro (não se considerou a CEE, porque é matéria de outra rubrica do Encontro).

Foi deliberadamente que se procurou fazer um trabalho eminentemente *jurídico*, por se entender que o ponto de vista jurídico deve também ser tido em conta, juntamente com os outros enfoques – de ordem política, económica, sociológica, etc.

Embora implicitamente, cremos poder inferir-se deste trabalho que os instrumentos jurídicos convencionais internacionais traduzem políticas de imigração cada vez mais selectivas e restritivas, embora, por vezes, compensem de certo modo essa maior selectividade, alargando, pelo menos em teoria, a aplicação do princípio da equiparação dos trabalhadores migrantes aos trabalhadores nacionais.

Além das diversas definições de *trabalhador migrante* já referidas, em que tal carácter restritivo se vai acentuando com o decorrer do tempo, convém ainda mencionar outra definição, adoptada num documento da ONU [19]: «Para os fins do presente estudo, a expressão *trabalhadores migrantes* refere-se aos *trabalhadores oficialmente recrutados* para exercer um *emprego temporário* num país estrangeiro e aos membros da *família imediata* (cônjuge e filhos), quer estes permaneçam no seu país de origem quer se juntem ao *assalariado* no estrangeiro. Os *imigrantes ilegais* e os *trabalhadores que emigram para estabelecer o seu domicílio permanente num país estrangeiro* não foram tomados em consideração».

Neste mesmo documento das Nações Unidas chama-se a atenção para o milhão e meio de trabalhadores migrantes forçados a regressar dos países importadores de mão-de-obra da Europa para os seus países de origem – fenómeno referido como «exportação do desemprego» [20] –

---

[19] Cf. *Travailleurs migrants – Dispositions législatives et administratives en vigueur en matière de protection des travailleurs migrants et de leurs familles*, Nations Unies (Département des Affaires Économiques et Sociales Internationales-Centre pour le développement social et les affaires humanitaires), New York, 1983 (Doc. ST/ESA/132; n.º de vente: F. 83.IV.2), p. 2.

[20] *Ibidem*, p. 4.

e sublinha-se a insuficiência dos instrumentos convencionais internacionais de protecção aos trabalhadores migrantes, cuja particular «vulnerabilidade» é também acentuada [21], por um lado.

Por outro lado – e esta ideia parece-nos extremamente importante por ser posta em relevo num documento das Nações Unidas –, refere-se não só a «desigualdade jurídica» como também a «desigualdade prática de tratamento» entre trabalhadores migrantes e trabalhadores nacionais, como factores geradores de «insegurança jurídica» [22].

Saber em que medida os princípios da *igualdade de direitos* ou da *não discriminação* entre trabalhadores migrantes e trabalhadores nacionais, ou mesmo de *discriminação positiva* em favor daqueles – reconhecidos em várias convenções internacionais analisadas neste trabalho – são ou não postos *realmente* em prática é matéria que poderá e deverá servir para outros estudos sobre as migrações internacionais de trabalhadores.

22.6.1985

---

[21] *Ibidem*, pp. 6-7.
[22] *Ibidem*, p. 8.

BREVES CONSIDERAÇÕES SOBRE A ADAPTAÇÃO EM DIREITO INTERNACIONAL PRIVADO (*)

O eminente jurista a cuja memória estas páginas são dedicadas prezava, acima de tudo, a clareza e precisão dos conceitos. Na sua obra fundamental de 1934, o Professor Paulo Cunha escrevia, a propósito da fluidez de certas noções caras à teoria clássica do património, designadamente quanto à questão de saber qual a noção de *personalidade* a que aludia tal doutrina quando referia a característica essencial da *personalidade* (ou *personalismo*) do património [1]: «(...) os enganos são graves: nestes problemas as ideias são cheias de cambiantes, de fugidias subtilezas, que todas são fundamentais para se poder chegar com segurança a noções verdadeiras».

É no seguimento desta directiva fundamental que, no presente trabalho, de modo necessariamente sucinto, vai procurar caracterizar-se a figura da *adaptação* (*adaptation, adjustment, adaptación, adattamento, aggiustamento, Anpassung, Angleichung*) em Direito Internacional Privado, começando por delimitá-la, numa primeira parte (I), em relação a outras figuras que lhe são próximas, e que por vezes aparecem confundidas com ela, para, numa segunda parte (II), lhe precisar algo mais os contornos, indicando os principais casos em que intervém e os problemas e dificuldades fundamentais que suscita.

(*) Separata dos *Estudos em memória do Professor Doutor Paulo Cunha*, Lisboa, Faculdade de Direito, 1988; objecto de uma recensão de S. Sánchez Lorenzo, em *Revista Española de Derecho Internacional*, 1989, pp. 372-374.

[1] *Do Património*, p. 247; cf. também pp. 303 e segs., 389 e segs., 413 e segs.
As indicações das notas de pé de página remetem para as *Referências*, no fim deste trabalho.

I

1. A *adaptação* como problema de *aplicação* do direito não é um problema privativo do Direito Internacional Privado (DIP), mas é antes, a nosso ver, comum a vários ramos de direito, ou mesmo, quiçá, a todos os ramos de direito [2].

O problema da solução das eventuais antinomias legislativas (ou jurídicas) resultantes designadamente das *lacunas de colisão* não parece ser senão um problema de adaptação ao nível do direito material de um dado ordenamento interno [3].

Também o problema geral do concurso de normas, tanto em direito civil como em direito penal – ou em outros ramos do direito –, exige uma solução que cabe, ao que cremos, no âmbito da figura da *adaptação* [4].

---

[2] Neste sentido, cf. J. Schröder, p. 76: «Die Anpassung ist eine Methode der allgemeinen Rechtslehre»; cf. ainda §§ 3-11, pp. 18-32; cf. também *infra*, n. 239, *in fine*.

[3] Sobre as lacunas de colisão, cf. Prof. A. Ferrer Correia, «Considerações...», in *Estudos vários...*, p. 333; Prof. J. Baptista Machado, *Introdução...*, p. 196; K. Engisch, pp. 255-260. Sobre o modo de preenchimento de tais lacunas, e nomeadamente quanto à eventual prevalência de uma das normas em colisão sobre a outra, cf. Prof. J. Baptista Machado, *ibidem*; K. Engisch, p. 257, entende que tais lacunas devem ser colmatadas «segundo os princípios gerais do preenchimento de lacunas».

Parece-nos que a prevalência de uma das normas sobre a outra, nos casos em que se verifique, é um exemplo típico de *adaptação* (cf. *infra*, n.º 15).

Diferentemente, *prima facie*, G. Cansacchi, *Scelta...*, p. 7, não parece admitir contradições normativas, pelo menos em princípio, dentro da mesma ordem jurídica: «uno stesso tipo di fatto o di relazione della vita reale, nel suo materiale accadimento, non puó ricevere, nell'ordinamento statuale in cui assume rilevanza, che un'*unica* valutazione giuridica, evitandosi così duplicità di giudizio in oggetto al *modo di essere* della sua concreta realizzazione» (sublinhado no texto); cf. ainda *ibidem*, p. 11 e n. 3, e, do mesmo autor, *Le choix...*, p. 111. Mas talvez este autor tenha pressuposto já uma actividade, explícita ou implícita, de *adaptação*: cf. *Scelta...*, pp. 6-7, e n. 1 da p. 7; *Le choix...*, p. 111, n. 1.

[4] Neste sentido, cf. G. Kegel, *IPR*, p. 28; L. Raape, p. 498 (cf. *infra*, n. 5); A. Baião do Nascimento, pp. 115-116, criticando Cansacchi. Para este último autor (*Le choix...*, pp. 111-112, 116-117), a adaptação é essencialmente um problema de DIP e não existe em direito material interno. Também J. Schröder, p. 18 e n. 6, não obstante a sua afirmação de que «a adaptação é um método da teoria geral do direito» (cf. *supra*, n. 2), considera não haver adaptação nos casos de «conflito de fontes de direito» *(Rechtsquellen- oder Rangkollision)*, dentro da mesma ordem jurídica, dado que existem normas – escritas ou não escritas – que permitem conciliar entre si disposições concorrentes; cf., quanto a este ponto, Prof. A. Ferrer Correia, «Considerações...», pp. 332-333, que considera que tais normas («secundárias») ou «critérios

Enfim, como salienta L. Raape, há certos casos em que, dentro de um mesmo ordenamento, normas jurídicas de diferentes ramos de direito (*v.g.*, direito privado e direito penal ou direito privado e direito público) «(...) semblent parfois ne pas s'accommoder»[5], sendo necessária, por vezes, uma operação de ajustamento ou adaptação para compatibilizá-las na sua aplicação.

2. Qualquer que seja a importância destes, ou de outros[6], casos de adaptação – e será certamente grande –, não é deles que curaremos neste trabalho, mas do caso particular da teoria geral da adaptação que é a *adaptação em DIP*, isto é, da *adaptação como problema de DIP*[7].

---

formais» não dão resposta a todos os casos de antinomias normativas, podendo mesmo surgir conflitos «entre os próprios critérios para decidir os conflitos». Este último facto deixa de pé a necessidade de adaptação.

O mesmo J. Schröder, pp. 48-54, cita, porém, outros casos de adaptação, além do direito penal, em direito fiscal, em direito administrativo, em direito processual e no direito da segurança social; mas é verdade que se trata aí de casos internacionais (que, aliás, não são rigorosamente casos de adaptação, mas antes de *substituição* – neste sentido, cf. G. van Hecke, p. 501 e n. 9 e 10).

[5] Cf. L. Raape, p. 498; cf. também J. Schröder, p. 21, que se refere às «perturbações de harmonia» *(Harmoniestörungen)* entre várias matérias dentro do mesmo «sistema de produção jurídica», *v.g.*, entre o direito civil e o direito do trabalho; quanto a este último ponto, sobre o carácter híbrido do direito do trabalho, cf. A. Menezes Cordeiro, pp. 8-11 e n. 7-10.

Sobre um problema análogo que se coloca no direito interno, quando um conceito prejudicial é utilizado com conteúdos diversos em direito comercial, em direito penal ou em direito fiscal, cf. Prof. J. Baptista Machado, «Problemas...», p. 341; cf. ainda, na mesma ordem de ideias, A. Marques dos Santos, *Reflexões...*, pp. 95-96, quanto à polissemia do conceito de *nacionalidade*, aplicado às pessoas colectivas, consoante os ramos de direito.

[6] Há outros casos de conflitos de normas dentro de uma mesma ordem jurídica, que podem suscitar problemas de desarmonia *(Harmoniestörung)* e necessitar de um ajustamento ou adaptação *lato sensu*. G. Kegel classifica-os nas seguintes categorias: espaciais (interlocais), pessoais, temporais, de precedência *(Rang)*, materiais (cf. *IPR*, pp. 16-30); J. Schröder, pp. 18-21, segue a classificação de Kegel mas não aceita que os conflitos de precedência *(Rang-Kollisionen)* suscitem problemas autónomos de adaptação (p. 18; cf. *supra*, n. 4).

[7] Se há autores como Cansacchi, para quem a *adaptação é apenas* um problema *de DIP*, visto que não se coloca noutros ramos de direito (cf. *supra*, n. 3 e 4), outros há, como L. Raape, que consideram *não ser a adaptação um problema de DIP*, em virtude de ela surgir num momento em que as normas de conflitos já designaram a lei aplicável: «Ce n'est pas un problème de droit international privé au sens propre de cette branche de droit, car le conflit des lois est déjà résolu; la loi applicable est fixée» (pp. 497-498; cf. também p. 499). Cf. ainda G. Cansacchi, *Le*

A este respeito, convirá, por um lado, distinguir a adaptação de outras figuras que a ela aparecem por vezes associadas, como a *substituição* e a *transposição* (A) e, por outro lado, cumprirá dar uma definição tão precisa quanto possível do conceito, delimitando-o com o devido rigor, nomeadamente em razão de certas posições que tendem a alargar a problemática da adaptação a ponto de nela fazerem caber grande parte da matéria da teoria geral do DIP (*v.g.*, a qualificação, a teoria do elemento de conexão, o reenvio, etc.) (B).

A)

3. No seu curso da Academia de Direito Internacional da Haia de 1934, L. Raape consagrava uma secção à questão da adaptação [8], mas foi H. Lewald quem primeiro teorizou explicitamente a problemática da adaptação como matéria do âmbito do DIP. Embora outros autores tenham anteriormente apresentado casos que podem configurar-se como casos de *adaptação*, nas soluções enunciadas por esses precursores não foi expressamente utilizado este conceito [9].

---

choix..., pp. 116-117, que refuta esta concepção, e J. Maury, *apud* F. Rigaux, *La théorie...*, p. 385, que a aprova. H. Lewald, p. 126, considera a adaptação como um problema de DIP, embora o coloque impropriamente após a «resolução» da «questão de direito internacional privado». Sensivelmente no mesmo sentido, E. Vitta, p. 72, considera que «(...) l'adaptation est *tout de même* un procédé relié au fonctionnement des règles de conflit et, donc, au droit international privé» (subinhado meu).
  Para a Prof.ª I. Magalhães Collaço, *DIP*, II, pp. 442-443, a adaptação não é só um problema de DIP, mas é também um problema de DIP.
  [8] Pp. 496-517. Como se viu na nota anterior, L. Raape considerava que a adaptação não era propriamente um problema de DIP.
  [9] Ph. Heck, pp. 311-312, e M. Wolff, *IPR* pp. 39-40, estudaram o conflito de qualificações entre o estatuto sucessório e o do regime de bens, que provoca, em relação ao cônjuge sobrevivo, uma situação de cúmulo ou de vácuo de normas materiais aplicáveis, embora não tivessem formulado explicitamente a solução em termos de adaptação. Aliás, já Boullenois, no século XVIII, levantara o problema da desarmonia entre o estatuto matrimonial e o estatuto sucessório, no que toca aos direitos do cônjuge sobrevivo, *vexata quaestio* em matéria de adaptação (cf. F. Rigaux, *La théorie...*, p. 386, e N. Bouza Vidal, pp. 96-97). Contemporaneamente em relação a H. Lewald, G. Cansacchi estudou a problemática da adaptação em *Scelta...*, especialmente no capítulo IV, pp. 218-294. Cf. ainda os autores referidos por H. Lewald, p. 136, n. 2, entre os quais avulta E. Zitelmann, que foi o primeiro a mencionar, pp. 141-149, as dificuldades que podem derivar da técnica analítica do DIP, designadamente a falta de coordenação entre o estatuto obrigacional e o estatuto real, referindo-se expressamente, p. 147, ao conflito negativo entre estes dois estatutos.

H. Lewald englobou igualmente na problemática da *adaptação* as questões da *substituição* e da *transposição*.

Na terceira parte das suas *Règles générales des conflits de lois* [10], Hans Lewald menciona três casos de dificuldades quanto à aplicação da lei competente: os casos de *transposição*, os casos de *substituição* e os casos de *adaptação*.

Quanto à adaptação, problema em relação ao qual o autor admite não ter conseguido proceder a uma sistematização das situações que o provocam [11], H. Lewald considera que se trata de uma questão de «desarmonia» ou de «falta de cooperação» entre as «legislações» designadas como aplicáveis pelo direito de conflitos para regular uma questão privada internacional [12].

O objectivo da adaptação parece ser assim, segundo H. Lewald, a supressão da desarmonia entre as várias leis convocadas para regular uma questão privada internacional: deste modo, tratar-se-ia de conseguir a *congruência* [13] lógica ou teleológica na regulamentação, através de várias leis, de uma mesma situação jurídica, nos casos em que o simples mecanismo conflitual do DIP não a permite alcançar.

4. H. Lewald coloca as questões da *transposição* e da *substituição* «na mesma ordem de ideias» [14] que a adaptação.

A transposição, tal como a adaptação, não é propriamente definida. O autor refere vários exemplos de transposição tendo por objecto um *acto jurídico* (*v.g.*, testamento feito por inglês relativo a imóveis sitos em França, sendo a lei francesa a *lex successionis*), ou um *direito subjectivo*, em caso de sucessão de estatutos (direitos reais sobre coisas móveis transportadas de um Estado para outro – *v.g.*, penhor sem posse constituído no Estado *A*, que o admite, sobre uma

---

[10] Pp. 126-145.
[11] P. 137.
[12] Cf. pp. 136-137: «(...) il n'arrive que trop souvent que les législations en cause ne s'harmonisent pas, et même que leur coopération ne s'opère pas sans accroc et se heurte à des difficultés». O autor referia-se aqui em especial aos casos de adaptação suscitados pelo *dépeçage* («décomposition de la question de droit litigieuse»).
[13] De *congruência* falam, entre outros, os seguintes autores: Prof. A. Ferrer Correia, «Considerações...», p. 362; Prof. J. Baptista Machado, «Problemas...», p. 329, n. 2; J. Schröder, p. 103 (relações entre congruência e equivalência), p. 107, etc.; P. H. Neuhaus, p. 352; R. Barsotti, pp. 14, 38,66, 88, n. 104, *in fine*, 89, 118, etc.
[14] Cf. p. 136: «(...) dans cet ordre d'idées (...)».

coisa, posteriormente transportada para o Estado *B*, que só reconhece o penhor com posse).

Segundo H. Lewald, a transposição implica uma «tradução» [15] ou uma busca de «equivalência» [16] entre conceitos e categorias jurídicas próprios de ordens jurídicas diferentes.

5. A mesma busca de equivalência caracteriza a terceira figura que, neste mesmo contexto, H. Lewald definiu – a substituição. Com efeito, para este autor, a substituição «(...) consiste dans la question de savoir si l'on peut substituer à un rapport de droit interne, considéré par la loi interne comme condition préjudicielle d'un effet juridique déterminé, un rapport analogue du droit étranger» [17].

H. Lewald refere vários exemplos para ilustrar a sua noção de substituição e um dos que menciona é o célebre caso *Ponnoucannamalle c. Nadimoutoupoulle*, julgado em 1931 pela *Chambre des Requêtes* da *Cassation* francesa [18].

Em substância, tratava-se de responder à questão seguinte: a *adopção* constituída de acordo com o direito hindu, competente segundo o DIP do foro (DIP francês), e como tal tida por válida em França, *equivalia* à adopção a que se referia o artigo 356.º do Código Civil francês, e que era pressuposto da atribuição de direitos sucessórios ao filho adoptivo? Como a sucessão (questão principal) era regulada pela lei francesa (*lex fori*), o problema consistia, pois,

---

[15] P. 127.

[17] P. 132; cf. Prof. J. Baptista Machado, «Problemas...», p. 339. H. Lewald só considera o caso de a lei reguladora da questão principal, que contém o conceito prejudicial, ser a *lex fori*; mas, a nosso ver, é mais correcta a definição de F. Rigaux, que exige apenas que a lei reguladora da questão principal e a da questão prejudicial sejam leis diferentes, independentemente de qualquer delas ser ou não a *lex fori* (*La théorie...*, pp. 447-448). O que aconteceu é que, na prática, as questões de substituição suscitaram-se quando a questão principal era regida pela *lex fori* (F. Rigaux, *ibidem*).

Está fora do âmbito deste trabalho traçar os limites entre a figura da substituição e a da *questão prévia em DIP*; sobre a orientação tradicional nesta matéria e os novos desenvolvimentos que W. Wengler lhe introduziu, cf., na doutrina portuguesa, Prof. A. Ferrer Correia, *Lições...*, pp. 435-445 e pp. 485-495, e Prof. J. Baptista Machado, *Lições...*, pp. 287-297 e pp. 297-309, respectivamente.

[18] H. Lewald, pp. 135-136; cf. ainda F. Rigaux, *La théorie...*, pp. 451-452, 453-460; Prof. A. Ferrer Correia, *Lições...*, pp. 442-444; Prof. J. Baptista Machado, «Problemas...», pp. 342-343, e *Lições...*, pp. 292-294; H. Batiffol-P. Lagarde, II, pp. 350-351 e n. 17-3; J. Maury, *Règles...*, pp. 554-555.

unicamente, em saber como interpretar na norma de direito material dessa lei o conceito prejudicial de *adopção* e dessa interpretação dependia a atribuição ou não de direitos sucessórios ao filho adoptivo.

A *Chambre des Requêtes* não reconheceu a *equivalência* da adopção do direito hindu e da adopção a que se refere o artigo 356.º do *Code civil*, pois o adoptante, no caso *sub judice*, já tinha filhos legítimos quando adoptou um sobrinho e o artigo 344.º do *Code Napoléon* não admitia a adopção a quem já tivesse filhos legítimos.

Tal como no caso da transposição, H. Lewald afirma expressamente que o que está em causa na substituição é a noção de *equivalência* [19] de relações, situações ou efeitos jurídicos reconhecidos em ordens jurídicas diferentes.

6. As relações entre estas três figuras, que H. Lewald considera conjuntamente como respeitando à «aplicação da lei competente» não são pacificamente consideradas na doutrina.

Há quem distinga nitidamente a adaptação da substituição [20], há quem negue a utilidade do conceito de transposição, reconduzindo-a à figura da substituição [21], que é, por sua vez, expressamente distinguida

---

[19] H. Lewald, pp. 132, 134, 135, 136.
[20] Cf. F. Rigaux, *La théorie...*, pp. 452-453: embora reconheça que há um elemento comum aos dois problemas, que é a aplicação parcial (em vez de integral) de duas leis diferentes a uma dada situação concreta, o autor considera que na substituição há um elemento específico que não permite a confusão com a adaptação e que «é constituído pelo carácter *prévio* ou *prejudicial* da aplicação de uma lei em relação à outra» (sublinhado no texto).
Mas já diferentemente em *Le conflit...*, p. 396, F. Rigaux concebe a substituição e a transposição como «duas hipóteses particulares de adaptação» e, p. 397, precisa que a substituição «tem por objecto a adaptação do conceito prejudicial ao conteúdo da lei, diferente, que rege a *questão principal*» (sublinhado no texto). Entre a publicação de *La théorie...* (1956) e o seu curso na Academia de Direito Internacional (*Le conflit...*, 1966), este autor passou de uma posição de diferenciação das figuras da *adaptação* e da *substituição* a uma posição de integração da segunda figura na primeira. Também Cansacchi, *Le choix...*, p. 151, considera a substituição como uma forma de adaptação.
O Prof. J. Baptista Machado, «Problemas...», p. 339, considera que «o *carácter prejudicial* da aplicação de uma das leis em relação à outra» na substituição afasta «qualquer confusão» desta com a adaptação (sublinhado no texto).
Cf. ainda, para uma distinção entre a adaptação, como problema de *aplicação* do direito, e a substituição, como problema de *interpretação*, J. Kropholler, p. 281 e n. 7.
[21] Cf. G. van Hecke, p. 500; N. Bouza Vidal, p. 87; F. Rigaux *La théorie...*, pp. 463-465, considera o caso *Ferrari* como um caso de *substituição*, ao passo que

da adaptação [22], há, finalmente, quem, de modo mais radical, considere de todo em todo supérflua a figura da transposição, dado o seu carácter «heterogéneo» [23], ou negue mesmo a utilidade da própria noção de substituição [24].

7. Quanto a nós, cremos que a distinção entre *transposição* e *substituição* é, muitas vezes, pouco nítida; embora se acentue, a justo título [25], que na substituição existe como elemento característico um conceito prejudicial, parece-nos que é possível, em grande número de casos apresentados como sendo de transposição – senão em todos [26] –, distinguir igualmente um conceito prejudicial: assim, a separação por mútuo consentimento do direito italiano, não convertível em divórcio,

---

em *Le conflit...*, p. 397, o apresenta como um «exemplo clássico de *transposição*» (sublinhado meu). Tal significa que, em 1956, o autor não distinguia entre substituição e transposição, reconduzindo a segunda à primeira, mas passada uma década já estabelece uma destrinça entre as duas figuras.

O caso *Ferrari*, julgado em 1922 (cf. *infra*, n. 27 e texto correspondente), é considerado por G. Cansacchi, *Le choix...*, p. 140, e por P. Mayer, *DIP*, p. 229, como um caso de adaptação; no mesmo sentido, ao que parece, H. Batiffol, «Conflits....», p. 191. Eis como, a propósito de um mesmo caso, nos surgem, conforme os autores, as três figuras – adaptação, substituição e transposição!

[22] Cf. G. van Hecke, p. 501: «(....) la substitution (à laquelle on peut ramener la transposition) est un problème d'interprétation de la norme applicable quant à ses conditions d'application, tandis que l'adaptation est un problème de coordination de deux normes applicables quant à leurs résultats»; cf., no mesmo sentido, N. Bouza Vidal, pp. 28-29, 87.

[23] Cf. J. Schröder, p. 41; R. Barsotti, p. 69. Schröder, p. 41, aceita a distinção de Lewald entre substituição e adaptação, mas acaba por absorver a primeira figura na segunda, através do conceito que elaborou de «adaptação de subsunção» *(Subsumtionsanpassung)* – cf. pp. 78-86, 99-110, etc. Na p. 79 Schröder admite expressamente que um caso seu de adaptação seria para H. Lewald um caso de substituição; cf. também P. H. Neuhaus, p. 354, que considera a «adaptação de subsunção» de normas materiais como substituição, e F. M. Azevedo Moreira, «Breves...», p. 97, e *Da questão...*, p. 112 e n. 2, o qual, significativamente, considera como de «substituição de subsunção» os casos que J. Schröder, p. 99 e seguintes, designou como casos de *Subsumtionsanpassung*; cf. ainda, em idêntico sentido, R. Barsotti, p. 71, n. 80.

[24] Cf. R. Barsotti, pp. 71-72, para quem nem lógica nem funcionalmente o carácter preliminar ou prejudicial de uma das leis em concurso – que, segundo alguns autores, daria carácter autónomo à substituição – justifica a sua autonomização em relação à adaptação.

[25] Cf. F. Rigaux, *La théorie...*, p. 453; Prof. J. Baptista Machado, «Problemas...», p. 339; G. Cansacchi, *Le choix...*, p. 151; cf. ainda os autores citados por R. Barsotti, p. 71, n. 80.

[26] Cf., no entanto, o que se diz *infra*, n. 181.

será equivalente à separação litigiosa do direito francês (*lex fori*), a qual pode ser convertida em divórcio [27]?

Encarado na perspectiva da lei estrangeira (italiana), o problema cifra-se em *transpor* ou «traduzir» a separação do direito italiano nos quadros do ordenamento francês [28]; mas vista a questão do ângulo deste último ordenamento, tudo está em saber se a separação do direito francês (conceito prejudicial), que pode ser convertida em divórcio (efeito jurídico), tem ou não o seu *equivalente* na separação do direito italiano, e o caso seria de substituição [29-30].

---

[27] Caso *Ferrari, Cass. civ.*, 6.7.1922: a resposta da *Cassation* foi negativa (cf. G. van Hecke, p. 499 e n. 3); cf. ainda os autores citados *supra*, n. 21.

[28] Cf. F. Rigaux, *Le conflit...*, p. 397.

[29] Cf. J.-P. Niboyet, *apud* F. Rigaux, *La théorie...*, p. 464; no mesmo sentido, no DIP português actual, Prof. J. Baptista Machado, *Lições...*, p. 421.

[30] Cf. também o exemplo seguinte, citado por R. Barsotti, pp. 97-100, que, a nosso ver, pode ser considerado como um caso de substituição ou um caso de transposição, conforme o ângulo de visão (para R. Barsotti, o caso é de *adaptação*): o Tribunal Federal suíço, por aresto de 17.2.1926, decretou a separação de dois cônjuges italianos, de acordo com a lei italiana, competente segundo o DIP suíço, mas considerou que – para certos efeitos acessórios (no caso tratava-se da obrigação de alimentos), regulados pela lei suíça, segundo o DIP do foro – a instituição suíça equivalente à separação italiana era o divórcio e não a separação.

Segundo o tribunal, os efeitos acessórios da separação estrangeira «(...) doivent être en harmonie avec l'institution du droit suisse (séparation de corps ou divorce) qui correspond le mieux, en fait, à la nature de la séparation qui est prononcée» (citado por R. Barsotti, p. 100).

Mesmo nos casos, aparentemente mais difíceis, relativos a certos direitos reais desconhecidos numa dada ordem jurídica (*v.g.*, penhor sem posse, *trust for sale* do direito inglês – cf. o caso citado por R. Barsotti, pp. 94-96, relativo à deixa de um *trust for sale* sobre bens imóveis situados na Sardenha), em que avulta a necessidade de traduzir na linguagem do sistema jurídico do foro figuras de sistemas estrangeiros (transposição) é quase sempre possível, partindo da óptica da *lex fori*, descobrir a norma jurídica em que, relativamente a uma instituição jurídica local, encarada como *pressuposto* da produção de certos efeitos jurídicos (conceito prejudicial), se busca o equivalente na instituição jurídica estrangeira (substituição); cf., no entanto, o que se diz *infra*, n. 181.

G. van Hecke, p. 500, considera que, tanto na transposição como na substituição, «(...) il s'agit d'un problème relatif à la signification des éléments qui constituent le concept préjudiciel ou condition d'application *(Tatbestand)* de la norme applicable. Il s'agit de se demander si un concept préjudiciel conçu en fonction du droit interne peut recevoir une interprétation telle qu'il recouvre également une institution étrangère» (sublinhado no texto). Como G. van Hecke salienta, há problemas de *substituição* em outros ramos de direito, para além do DIP: cf. p. 501.

Com G. van Hecke [31], cremos, pois, que é possível reconduzir a figura da transposição à da substituição, considerada, em termos gerais, como problema de *interpretação* de normas de direito material, visando determinar a *equivalência* de instituições de ordenamentos jurídicos diferentes, chamados, a títulos diversos, a regular a mesma questão da vida privada internacional.

8. Enquanto na substituição, assim entendida, é a interpretação de um elemento da *hipótese da norma material* (conceito prejudicial) que está em causa, já na adaptação as coisas se passam diferentemente.

Na adaptação trata-se de obter a *congruência*, ao nível da *aplicação* das normas materiais, da regulamentação da situação privada internacional adjudicada – por força da *aplicação* das normas de conflitos – a ordenamentos jurídicos diferentes; não há aqui qualquer problema relativo à *previsão* das normas materiais, mas antes dificuldades de compatibilização entre elas, no que respeita à sua *estatuição* [32].

9. Em resumo, a *substituição* (incluindo a *transposição*) é um problema relativo à *interpretação* de normas materiais, que se suscita no plano da *hipótese* ou *previsão* normativa, e visa obter a *equivalência* entre conceitos ou institutos jurídicos pertencentes a ordens jurídicas diferentes, ao passo que a *adaptação* é uma questão relativa à *aplicação* das normas materiais – em resultado da *aplicação* das normas de conflitos –, surgida no plano da *tese* ou *estatuição normativa* (*Rechtsfolge*), e busca a *congruência* da solução dada à questão jurídica posta ao órgão de aplicação do direito, mediante a compatibilização das estatuições de normas materiais provenientes de ordens jurídicas distintas, chamadas pelas normas de conflitos [33].

---

[31] Pp. 500-501; cf. também N. Bouza Vidal, p. 87.

[32] Cf. G. van Hecke, *ibidem*; N. Bouza Vidal, pp. 28-29, 87.

[33] Como se disse *supra*, n. 23, ressalta desta acepção restrita de *adaptação* que não consideramos como de adaptação, mas sim de *substituição*, todos os casos chamados por J. Schröder casos de *Subsumtionsanpassung*, em que está em causa a «adaptação» da hipótese de normas materiais; além das referências citadas na n. 23, cf. ainda, no sentido do texto, P. H. Neuhaus, p. 352 e n. 968, que considera – referindo-se expressamente a Schröder – como de substituição os casos que este menciona como exemplos de «adaptação de subsunção».

J. Schröder, pp. 86-90, também admite uma adaptação ao nível da hipótese

(Tatbestand) das normas de conflitos – problema que, quanto a nós, cabe no âmbito da *qualificação* (cf. *infra*, n. 92).

Aliás, na qualificação não existe só um problema de *aplicação* de normas de conflitos, mas também inquestionavelmente um momento de *interpretação* dessas normas (neste sentido, Prof.ª I. Magalhães Collaço, *DIP*, II, p. 124 e seguintes, pp. 135-136, e *Da qualificação...*, pp. 33-34, 40-42, etc.; Prof. A. Ferrer Correia, *Lições...*, p. 269; Prof. J. Baptista Machado, *Lições...*, pp. 111-112; cf. ainda neste sentido o próprio Schröder, p. 90, e G. Kegel, *The Crisis...*, p. 250, e *IPR*, p. 193), ao passo que a adaptação em DIP se reporta à fase de *aplicação* das normas de conflitos: cf. J. Kropholler, p. 286, n. 22, que fala de «dois graus» *(erste und zweite Stufe)*, acrescentando, com uma citação tirada de Schröder, p. 93, que ele aprova: «Primeiro qualifica-se, antes de adaptar» («Zunächst muβ qualifiziert sein, ehe angepaβt wird»).

O próprio Schröder, p. 74, situa a adaptação no «âmbito da aplicação do direito» («Bereich der Rechtsanwendung») e, p. 93, distingue a qualificação da adaptação, dado o carácter «generalizante, classificatório e tipificante» da primeira, face à natureza «individualizante, concretizadora e especializante» da segunda. Este último trecho é citado, aliás, por Kropholler, *ibidem*, que lhe dá o seu assentimento. No entanto, enquanto Schröder, neste passo [mas não p. 90, onde refere a qualificação como um «método de interpretação» («Auslegungsmethode»)], considera a qualificação apenas como um «método de aplicação do direito» *(Rechtsanwendungsmethode)*, Kropholler, significativamente, fala antes de *Vorgang* (processo, método).

Na doutrina portuguesa, a adaptação em DIP é considerada uma questão de *aplicação* das normas de conflitos – cf. Prof.ª I. Magalhães Collaço, *DIP*, II, pp. 436, 443; Prof. A. Ferrer Correia, «Considerações...», pp. 340-341; Prof. J. Baptista Machado, «Problemas...», p. 328 (mas, p. 327, considera-o um «problema de interpretação») –, embora possa incidir sobre as normas de conflitos ou as normas materiais (cf. Prof.ª I. Magalhães Collaço, *ibidem*, *Da qualificação...*, pp. 258, 280, e *Casos práticos...*, pp. 56, 67; Prof. A. Ferrer Correia, *ibidem*, pp. 354-356; quanto ao Prof. J. Baptista Machado, parece que este autor apenas se refere à adaptação que incide sobre normas materiais: cf. *ibidem*, p. 330, e *Lições...*, p. 144). Na doutrina estrangeira, há quem considere a adaptação um problema de aplicação, não só das normas de conflitos, mas também das normas materiais (K. Schurig, p. 237), ou, diferentemente, quem a conceba como uma questão relativa à *interpretação* das normas de conflitos ou das normas materiais: cf. H. Batiffol-P. Lagarde, I, p. 347 (normas de conflitos ou normas materiais); H. Batiffol, *Réflexions...*, pp. 181, 186 («interprétation adaptative du droit interne» – cf. ainda o outro texto citado *infra*, n. 135). Por sua vez, G. Kegel, *IPR*, p. 201, fala, a propósito da *solução conflitual* do problema da adaptação (cf. *infra*, n. 190 e texto correspondente) de «qualificação especial para um fim especial» («besondere Qualifikation für einen besonderen Zweck»), o que parece situar esta questão no âmbito da problemática da qualificação

B)

10. Alguns autores alargam demasiadamente o âmbito da problemática da *adaptação*, nela incluindo questões que lhe são de todo em todo estranhas. Um exemplo típico é constituído por Cansacchi: depois de afirmar que, em DIP, a questão da adaptação só se coloca a propósito da *aplicação* das regras materiais [34], este autor considera, não obstante isso, que a adaptação «(...) se manifeste (...) dans tous les cas où le système de droit international privé du for rattache les différents éléments, composant le rapport litigieux, à une pluralité de systèmes juridiques, nationaux et étrangers» [35].

Haveria assim problemas de adaptação na fase de qualificação [36], na fase da conexão, na fase da «ordem pública territorial», pois em todos estes momentos haveria confronto ou tomada em consideração de normas provenientes de ordenamentos diferentes [37].

[cf. ainda p. 199: «Seiner *Struktur* nach ist es ein *Qualifikationsproblem*» (sublinhado no texto)].

Por seu lado, I. Schwander, p. 34, considera a adaptação como uma «segunda interpretação [das normas de conflitos ou das normas materiais] correctora da primeira interpretação» («eine zweite, die erste Auslegung berichtigende Auslegung»), mas que é diferente da interpretação «tradicional», por ter carácter «aposteriorístico». Cremos que uma tal formulação equivale sensivelmente à nossa.

Sobre a exclusão por Neuhaus e Kropholler do âmbito da *adaptação* de casos que se resolvem ainda por simples *interpretação* ou *integração* de normas de conflitos ou de normas materiais, cf. P. H. Neuhaus, pp. 357-358, e J. Kropholler, pp. 280-282, e *infra*, n.º 26.

Finalmente, no plano do direito material, o Prof. J. Oliveira Ascensão, p. 461, também distingue entre *interpretação* e *aplicação* das normas jurídicas [«(...) a aplicação representa um *a mais* em relação à interpretação» (sublinhado no texto)], acrescentando que a aplicação é por vezes designada como «*adaptação* da lei ao caso concreto» (sublinhado no texto); sobre as relações entre a aplicação e a *qualificação*, cf. pp. 462-463: o autor considera que a qualificação, como «apreciação do caso concreto», não é «substancialmente diversa da aplicação».

[34] *Le choix...*, p. 115.
[35] *Ibidem*, p. 117.
[36] Cf. também J. Offerhaus, citado por R. Barsotti, p. 52, n. 54: «Como segunda forma de aparição da adaptação deve mencionar-se a 'qualificação'» («Als zweite Erscheinungsform der Anpassung ist die 'Qualifikation' zu erwähnen»); cf. igualmente A. V. M. Struycken, na sua recensão a J. Offerhaus, p. 627, 3.º §. Cf. ainda *supra*, n. 33, as referências a Schröder (2.º e 4.º §§) e a Kegel (5.º §, *in fine*).
[37] *Le choix...*, pp. 118-119.

Cansacchi liga ainda a questão da adaptação à problemática do reenvio. Considerando que a regra de conflitos dinamarquesa regula a capacidade pela *lex domicilii*, enquanto a norma de conflitos italiana designa para este efeito a *lex patriae*, a proibição da devolução na ordem jurídica italiana levará a que, contrariamente ao que acontece na Dinamarca, a capacidade de um cidadão dinamarquês domiciliado em Itália seja regulada, neste último país, pela lei dinamarquesa e não pela lei italiana. A atitude negativista do ordenamento italiano face ao reenvio levaria assim à adaptação da norma material dinamarquesa relativa à capacidade, que veria o seu âmbito de aplicação territorial alargado [38].

Outro caso de adaptação, segundo Cansacchi, provém daquilo que o autor considera uma questão de dupla qualificação e consiste na limitação do âmbito de aplicação de uma norma material estrangeira, que se aplica, nas relações privadas internacionais, a um número de destinatários menor do que aquele que abrangeria na ordem jurídica de origem. O autor ilustra o seu pensamento com o exemplo seguinte: o impedimento matrimonial de idade inferior a dezasseis anos que, num dado ordenamento, impedisse as raparigas de casar com uma idade inferior a essa, impediria também os homens de casar com uma mulher de idade inferior a dezasseis anos. Se se tratar de uma relação privada internacional, os varões nacionais desse Estado já poderão casar com uma mulher de idade inferior à idade referida, se a sua lei pessoal não estabelecer esse impedimento [39]. A «adaptação» consistiria aqui na redução do número de destinatários que a norma material estrangeira abrange na ordem jurídica a que pertence.

Cansacchi considera também como de adaptação os casos de «administração pública de direito privado», argumentando deste modo: quando a regra material estrangeira supõe a intervenção de certos órgãos administrativos ou jurisdicionais do Estado de origem (constituição do vínculo de adopção, de tutela, etc.), se a situação jurídica for constituída noutro Estado (*v.g.*, no Estado do foro), tal levará à intervenção de órgãos estaduais do Estado do foro, que são diferentes dos que estão previstos na norma material estrangeira [40].

---

[38] *Ibidem*, pp. 120-121; no sentido do texto, para uma crítica a Cansacchi, cf. J. Schröder, p. 62.
[39] *Le choix...*, pp. 121-122.
[40] *Ibidem*, pp. 124-126.

Cansacchi inclui ainda na adaptação os casos qualificados por H. Lewald como casos de *transposição* [41] ou de *substituição* [42], bem como outros relativos à «fase da determinação do elemento de conexão» — conexões cumulativas, em que, segundo o autor, a jurisprudência, por razões de equidade, modifica as estatuições das duas leis aplicáveis cumulativamente [43] —, ou à «ordem pública territorial», em que pode haver modificação apenas de algumas regras estrangeiras não conformes com a ordem pública [44].

É opinião generalizada na doutrina que a concepção de adaptação de Cansacchi, por demasiado vasta, abarca questões diferenciadas e heterogéneas, acabando por descaracterizar completamente esta figura, que perde a sua autonomia e a sua fisionomia próprias no contexto do DIP [45].

11. A nosso ver, a questão da adaptação propriamente dita distingue-se não só da problemática da substituição (e da transposição), como

---

[41] *Ibidem*, pp. 128-134; cf. também G. Kegel, «Begriffs- und...», p. 283, n. 148, que considera como de «transposição», no sentido de Lewald, o caso do marroquino polígamo naturalizado espanhol [cf. *infra*, II, A), d)]; no mesmo sentido, quanto ao caso *Chemouni*, que é equivalente a este (cf. *infra, ibidem*), H. Batiffol, «Observations...», p. 5: «(...) transposition ne signifie pas reproduction pure et simple, mais implique l'adaptation (...)».

O recurso à figura da transposição nestes casos de conflito móvel explica-se pela ideia de «tradução» de um instituto (o casamento poligâmico) num sistema que o desconhece. Mas, do ponto de vista da *lex fori*, parece-nos que também se poderia evocar, a este propósito, a figura da substituição: com efeito, tanto no caso figurado por Kegel, como no caso *Chemouni*, trata-se de saber se o casamento poligâmico estrangeiro é ou não *equivalente* ao casamento monogâmico do Estado do foro (conceito prejudicial) na norma material que estabelece a obrigação de alimentos entre casados (efeito jurídico).

Mas, segundo F. Rigaux, *Le conflit*..., p. 402, a solução de «petrificação» da norma de conflitos dada a este caso [cf. *infra*, II, A), d)] exclui que haja *transposição* e, quanto a nós, exclui também a *substituição*. Esta observação de Rigaux parece-nos decisiva; cf. *infra*, n. 134, 141, 143 e texto correspondente.

[42] *Ibidem*, pp. 151-155; cf. também o que ficou dito a propósito de Schröder, *supra*, n. 23 e 33.

[43] *Ibidem*, pp. 138-140; cf. também Prof.ª I. Magalhães Collaço, *DIP*, II, p. 442.

[44] *Ibidem*, pp. 140-141; sobre as relações entre a adaptação e a ordem pública, cf. *infra*, II, D).

[45] Cf. F. Rigaux, *La théorie*..., p. 382; R. Barsotti, pp. 20-22 e n. 13 e 15, p. 52 e n. 54; J. Schröder, pp. 43-44, 62; N. Bouza Vidal, pp. 25-26.

se viu [46], mas também se diferencia nitidamente da qualificação, da determinação do elemento de conexão ou da ordem pública internacional.

Quanto à qualificação, trata-se de uma fase de aplicação mas também de interpretação da norma de conflitos de leis; se há questões de adaptação que surgem em razão de problemas de qualificação – caso dos chamados conflitos de qualificações [47] –, trata-se de problemas diferentes, em que a qualificação precede lógica e cronologicamente o problema da adaptação [48].

Quanto à fase da determinação do elemento de conexão e do estabelecimento da conexão da norma de conflitos, se é certo que a conexão cumulativa pode, na prática, suscitar problemas de adaptação, dada a eventual inconciliabilidade das normas materiais das ordens jurídicas declaradas competentes pela norma de conflitos [49], certo é também que o problema da determinação do elemento de conexão e do estabelecimento da conexão – problema de interpretação da norma de conflitos – precede a questão da adaptação, que se coloca ao nível da aplicação das normas materiais designadas como competentes para regular a questão privada internacional.

Pelo que respeita à ordem pública internacional, e contrariamente à opinião de Barsotti [50], se é certo que há analogias entre esta figura e a

---

[46] Cf. *supra*, n.ᵒˢ 7-9.

[47] Cf. Prof.ª I. Magalhães Collaço, *DIP*, II, pp. 185, 205; *Da qualificação...*, pp. 257-260; *Casos práticos...*, pp. 56, 67; Prof. A. Ferrer Correia, *Lições...*, pp. 327, 330; Prof. J. Baptista Machado, *Lições...*, p. 144 e n. 2; «Problemas...», p. 329; R. Moura Ramos, p. 335; F. Rigaux, *La théorie...*, pp. 381-387; J. Schröder, pp. 90-94; N. Bouza Vidal, pp. 70-71.

Aliás, a problemática da adaptação é mais vasta do que a dos conflitos de qualificação; neste sentido, cf. Prof. J. Baptista Machado, «Problemas...», p. 329; F. Rigaux, *La théorie...*, p. 385; N. Bouza Vidal, p. 71.

[48] Cf., neste sentido, J. Schröder, p. 93, e J. Kropholler, p. 286, n. 22 (cf. citação *supra*, n. 33, 3.º §, *in fine*); cf. também Prof. A. Ferrer Correia, *Lições...*, p. 330, onde se diz que os «fenómenos» de conflito de qualificações «(...) suscitam (...) o problema da adaptação».

[49] Cf., neste sentido, Prof.ª I. Magalhães Collaço, *DIP*, II, p. 442, onde se remete para a p. 25 e seguintes (conexões cumulativas); cf. também Prof. J. Baptista Machado, *Lições...*, p. 17, de onde se infere que a conexão cumulativa pode provocar «*antinomias* ou contradições normativas» (sublinhado no texto).

[50] Este autor considera que a questão da ordem pública internacional se coloca na fase *preliminar* à aplicação das normas materiais estrangeiras no ordenamento do foro, na medida em que a intervenção dessa reserva impede a «immissione» dessas

adaptação – desde logo ambas intervêm na fase de aplicação das normas materiais declaradas competentes pelas normas de conflitos –, não é menos certo que elas são nitidamente diferenciáveis, como se tentará demonstrar [51].

12. Cremos, pois, que é útil delimitar com rigor a figura da adaptação, de modo a atribuir-lhe o seu devido lugar na problemática geral do DIP: problema que transcende o DIP [52], mas autêntico problema de DIP [53], que neste ramo de direito assume características particulares, a *adaptação* é a busca da *congruência* entre as estatuições das normas materiais designadas como *aplicáveis* por força das normas de conflitos, pela compatibilização de tais normas materiais, qualquer que seja a via – adaptação de normas de conflitos ou adaptação de normas materiais – a que se recorra para obter essa congruência.

II

13. Delimitada que foi, embora sumariamente, a figura da adaptação em DIP, cabe agora tentar proceder a uma sistematização dos problemas que ela suscita.

Como já indicava H. Lewald [54], é muito difícil, senão impossível, abarcar numa qualquer tipologia todos os casos possíveis de adapta-

---

normas no sistema jurídico considerado: cf. pp. 27-28, 50-52. Tal concepção supõe uma incorporação ou recepção das normas materiais estrangeiras na ordem jurídica do foro, segundo uma doutrina corrente em Itália, à qual, aliás, Barsotti se refere, p. 28, n. 18. Para uma crítica a tal doutrina, cf. Prof. J. Baptista Machado, *Lições...*, pp. 70--74; R. Moura Ramos, pp. 283-285.

[51] Cf. *infra*, II, D).
[52] Cf. Prof.ª I. Magalhães Collaço, *DIP*, II, p. 443: «(...) não será legítimo ver na adaptação um problema que pertence exclusivamente ao Direito Internacional Privado».
[53] Cf. Prof.ª I. Magalhães Collaço, *ibidem*: «(...) quando a necessidade de adaptação nasce do funcionamento das regras de conflitos (...), parece não poder fugir a reconhecer-se que nos achamos perante um *problema próprio do Direito Internacional Privado*» (sublinhado meu).
[54] P. 137; cf. *supra*, n. 11 e texto correspondente.

ção[55]. O que nos propomos fazer nesta parte do trabalho, é (A) distinguir algumas *causas* típicas da necessidade de adaptação, (B) indicar as consequências possíveis do funcionamento das normas de conflitos a que a adaptação visa obviar, (C) mencionar as principais vias de funcionamento da adaptação, (D) distinguir a adaptação da figura da ordem pública internacional, com a qual ela apresenta algumas semelhanças e tem algumas interferências e, finalmente, (E) referir eventuais soluções legislativas do problema da adaptação.

A)

Se atentarmos nas *causas* típicas do surgimento do fenómeno da adaptação, poderemos – sem preocupações de esgotar a questão – considerar os casos seguintes: a) *Dépeçage*; b) Conexão e interrelação de questões jurídicas diferentes; c) Conflito de qualificações; d) Conflito móvel.

---

[55] No mesmo sentido, I. Schwander, p. 33; cf., no entanto, a tentativa exaustiva de J. Schröder, pp. 99-136. Este autor distingue dois grandes tipos de adaptação – *Subsumtionsanpassung* e *Konklusionsanpassung* –, que são, posteriormente, subdivididos num total de onze sub-tipos.

A *Subsumtionsanpassung*, que é, segundo o autor, uma adaptação ao nível da hipótese das normas materiais ou das normas de conflitos, confunde-se, em nosso entender, com a substituição e com a qualificação, respectivamente, e deve ser excluída do âmbito desta problemática; quanto aos casos de *Subsumtionsanpassung* que são casos de substituição – ou de transposição –, cf. *supra*, n. 23 e 33, 1.º §; quanto aos exemplos que se reconduzem à qualificação (cf. *supra*, n. 33, 2.º §), basta citar o caso mencionado por Schröder, pp. 90-91 (legitimação egípcia – cf. *infra*, n. 92).

Para uma crítica da sistematização de Schröder, cf. R. Barsotti, p. 87, n. 104: «(...) esempio particolarmente significativo della crescente complessità e della scarsa utilità funzionale di tali classificazioni (...)».

Sobre outras classificações ou tipologias, cf. I. Schwander, p. 33, n. 4, que refere as de Lewald, Kegel e Vischer; cf. ainda G. Cansacchi, *Scelta...*, p. 218 e segs., *Le choix...*, pp. 117-119; G. van Hecke, pp. 509-513; P. H. Neuhaus, pp. 356-357; J. Kropholler, pp. 282-285; F. Vischer, pp. 125-134; Prof. J. Baptista Machado, «Problemas...», pp. 331-337.

Algumas destas tipologias são referidas neste trabalho, com relevo para as de Lewald (cf. *supra*, n.ºs 3-6), Kegel [cf. *infra*, II, B)], Neuhaus e Kropholler (cf. *infra*, n. 145 e 164).

Por outro lado, do plano deste trabalho infere-se a nossa própria tentativa de sistematização desta complexa problemática, inspirada parcialmente em G. van Hecke, *ibidem*, que distingue, no problema da adaptação, as *causas* da desarmonia, a sua *natureza* e os *métodos* de solução.

a) Adaptação e *dépeçage*

14. O *dépeçage*, ou fraccionamento das questões privadas internacionais, segundo planos ou perspectivas próprios de cada norma de conflitos, é a tradução, ao nível das normas de DIP, da técnica *analítica* deste ramo de direito.

Se uma só questão ou situação jurídica privada internacional pode ser *analiticamente* regulada por várias leis – *v.g.*, tratando-se de um contrato internacional, podem ser diferentes a lei competente em matéria de capacidade de cada uma das partes, a lei reguladora da substância do negócio, a lei reguladora da forma, a lei que rege os efeitos reais do mesmo negócio, etc. [56] –, pode bem acontecer que essas normas materiais, oriundas de ordenamentos jurídicos diferentes, não se casem bem na sua aplicação, como se – para recorrer à conhecida imagem de Wengler [57] – tivesse de montar-se um automóvel com peças de proveniências, tipos e marcas diferentes. Esta operação de «montagem» pressupõe um limar de arestas, um atenuar de discordâncias e disparidades, uma operação de «reconstrução», de «ajustamento», de compatibilização, ou, na expressão de Neuhaus [58], de *síntese*. O DIP recorre à análise, mas não pode funcionar sem a síntese, e esta é tanto mais difícil quanto mais pormenorizada aquela tiver sido [59]; daí decorre que a síntese tenha muitas vezes de ser operada através da adaptação.

Sirva de exemplo desta modalidade de adaptação o caso referido pela Prof.ª I. Magalhães Collaço [60], relativo à compra e venda de um imóvel sito na Alemanha, sendo a *lex contractus*, designada nos termos do artigo 41.º do CC, a lei portuguesa. Como o estatuto real é regulado pelo direito alemão (artigo 46.º do CC) e não existe neste sistema uma norma idêntica à do artigo 408.º, 1, do CC – ou, em

---

[56] Cf. Prof. A. Ferrer Correia, *Lições...*, p. 47 e n. 1; Prof.ª I. Magalhães Collaço, *DIP*, II, pp. 11-12, *Da qualificação...*, pp. 242-243; Prof. J. Baptista Machado, *Lições...*, pp. 17, 57-58, e «Problemas...», p. 328.

[57] «Réflexions...», pp. 682-683; cf. também Prof. J. Baptista Machado, «Problemas...», p. 330; P. H. Neuhaus, p. 355.

[58] P. 355.

[59] P. H. Neuhaus, *ibidem*: «Je weiter im IPR die 'Analyse' getrieben wird (...), desto schwieriger ist nachher die 'Synthese'».

[60] *DIP*, II, pp. 438-440.

particular, à do artigo 879.°, a), do CC –, sendo necessário um acto de carácter real *(Übereignung)* para se dar a transferência de propriedade, é preciso adaptar, isto é, modificar o artigo 879.°, alínea a), do CC, no sentido de esta disposição incluir a obrigação de transferência da propriedade ao comprador [61].

Trata-se de dar conteúdo obrigacional, através desta adaptação, a uma disposição que tem carácter real, de modo a fazê-la incluir na designação da lei portuguesa, operada pelo artigo 41.°, 1, do CC (cf. artigo 15.° do CC).

b) Conexão e interrelação de questões jurídicas diferentes

15. Há situações jurídicas em que é necessário ajustar as normas materiais ou as regras de conflitos, cujo funcionamento, no caso concreto, conduz a resultados insatisfatórios: a designação, como aplicáveis, de certas normas materiais de um sistema jurídico – que foram pensadas, no quadro desse ordenamento, em função da regulamentação ou ausência de regulamentação, na mesma ordem jurídica, de outra questão jurídica conexa (*v.g.*, o direito inglês não contempla a situação do cônjuge sobrevivo em termos de regime de bens, *porque* a regula através de normas sucessórias, enquanto no direito sueco se passa o inverso) [61-a] – não quadra com a aplicação das normas materiais de outro sistema também declarado competente pelas normas de conflitos [exemplo de *conflito positivo* ou de *cúmulo de normas materiais aplicáveis (Normenhäufung)* – *v.g.*, aplicação do regime matrimonial sueco *e* das disposições sucessórias a favor do cônjuge supérstite do direito inglês; se se inverterem os dados da questão, teremos um *conflito negativo*, ou um caso de *falta ou vácuo de normas materiais aplicáveis (Normenmangel)*: *nem* se aplicarão as normas relativas ao regime de bens do casamento do direito sueco, *nem* as normas sucessórias do direito inglês, deixando o cônjuge sobrevivo «de mãos vazias» [62], contrariamente à «intenção» [63] de ambos os legisladores].

---

[61] Neste sentido, Prof.ª I. Magalhães Collaço, *ibidem*, p. 440.
[61-a] Tal ideia já estava presente na obra de E. Zitelmann, p. 144.
[62] Prof. A. Ferrer Correia, *Lições*..., p. 350, e «Considerações...», p. 354.
[63] Cf. J. Schröder, p. 45: (...) nach der Intention beider Rechtsordnungen (...)»; cf. também Prof. A. Ferrer Correia, *Lições*..., pp. 345 e 350, n. 1, e «Conside-

Sirva-nos, pois, de exemplo este célebre «caso sueco» («Schwedenfall») [64], clássico na sua formulação genérica pelo menos desde o século XVIII [65], na apresentação que dele dá o Prof. A. Ferrer Correia [66]. Um casal sueco, casado sem convenção antenupcial, adquiriu a nacionalidade do Reino Unido. De acordo com o direito sueco – aplicável ao regime de bens por força do artigo 53.º, 1, do CC –, por morte de um dos cônjuges, os bens do casal constituem-se numa massa comum, de que o cônjuge supérstite levanta metade, não existindo qualquer comunhão de bens na constância do matrimónio, nem

---

rações...», p. 337 («objectivo idêntico»), 351, 354; Prof.ª I. Magalhães Collaço, *Casos práticos...*, p. 69 (para um caso idêntico); Prof. J. Baptista Machado, «Problemas...», pp. 333-334 (para um caso idêntico).

[64] A expressão é de G. Kegel, «Begriffs- und...», p. 285; cf. também J. Schröder, p. 45.

[65] Cf. *supra*, n. 9. Já Bártolo (1314-1357) se preocupara, no século XIV, com a questão de saber qual o estatuto que devia reger os direitos do marido supérstite relativamente ao dote da mulher pré-morta, pronunciando-se a favor da aplicação do estatuto do domicílio do marido, solução que Saliceto (falecido em 1412) aceitou, mas com a seguinte modificação: em caso de mudança de domicílio dos cônjuges, deve aplicar-se o estatuto do domicílio do marido na altura da morte da mulher (cf. A. Lainé, I, p. 181). Esta última solução de Saliceto foi aceite por Alexandre (1423-1477), mas foi recusada por Dumoulin (1500-1566), que aplicava a lei do primeiro domicílio conjugal, mesmo se ele tivesse mudado (A. Lainé, *ibidem*, pp. 233, 257). Mas a questão parece cingir-se aqui ao estatuto matrimonial.

Outras interferências entre o estatuto matrimonial e o estatuto sucessório são detectáveis no antigo direito. É assim que Dumoulin entendia, quanto ao âmbito de aplicação do costume da Normandia que permitia à mulher revogar, após a morte do marido, a venda da herança que fizera com a sua autorização, que: «cette coutume doit s'appliquer à ses sujets non seulement quant aux biens situés en Normandie, mais pour tous les biens, en quelque lieu qu'ils soient. C'est qu'en effet la raison de cette coutume est que les femmes de la Normandie sont comme des esclaves pour leurs maris, la plupart cupides et trompeurs; il y a présomption de fraude de la part du mari et de crainte légitime de la part de la femme (....). Il en serait autrement de la vente faite par une femme de Paris ou d'un autre lieu où les femmes sont traitées avec plus de douceur; le statut dont il s'agit y serait inapplicable, même pour des biens situés en Normandie, même si le contrat s'était formé dans ce pays, tant parce que la femme de Paris n'est pas soumise à ce statut, que parce que la raison du statut lui est étrangère» (*apud* A. Lainé, I, p. 246). Lainé, I, p. 247, faz notar que Dumoulin se limitou a acentuar o carácter *pessoal* deste estatuto; mas cremos que deste notável passo de Dumoulin pode concluir-se que o autor tinha em mente as relações entre o estatuto sucessório e o do regime de bens.

[66] *Lições...*, p. 343 e segs.

qualquer direito sucessório do cônjuge sobrevivo sobre os bens deixados pelo cônjuge pré-defunto. Por sua vez, o direito inglês – aplicável às sucessões por morte por força dos artigos 62.º, 31.º, 1, e 20.º do CC – consagra um regime de separação de bens, mas atribui ao cônjuge sobrevivente uma parte da herança do cônjuge pré-falecido.

O mero jogo das normas de conflitos do foro levaria à aplicação cumulativa das regras matrimoniais do direito sueco e das disposições sucessórias do direito inglês – cúmulo de normas materiais aplicáveis (*Normenhäufung*) –, o que seria manifestamente inaceitável [67], já que qualquer dos dois sistemas jurídicos em causa contempla a situação do cônjuge sobrevivo através da aplicação de normas de carácter matrimonial (o direito sueco) *ou* de carácter sucessório (o direito inglês), mas não admite a aplicação cumulativa de umas *e* outras normas [68].

Por outras palavras: o direito sueco não contemplou a situação do cônjuge supérstite em termos sucessórios *porque* o fez no plano do direito matrimonial, enquanto no ordenamento inglês sucedeu o inverso, isto é, a ausência de regulamentação em sede de regime de bens só é explicável à luz do direito de carácter sucessório conferido ao cônjuge sobrevivente [69].

Seria tão inaceitável a cumulação das pretensões do cônjuge supérstite no caso presente, como – tratando-se de cidadãos do Reino Unido posteriormente naturalizados suecos – o deixar o cônjuge sobrevivo de mãos vazias (falta ou vácuo de normas materiais aplicáveis, *Normenmangel*), pela simples aplicação dos artigos 53.º e 62.º do CC,

---

[67] Tal aplicação cumulativa não era possível, visto estarmos em presença de um *concurso aparente de normas de conflitos*, na terminologia da Prof.ª I. Magalhães Collaço, *Da qualificação...*, pp. 259-260 (cf. também pp. 242, 245, 252-253).

[68] A *aplicação cumulativa* das normas materiais do direito sueco e do direito inglês, a que *ambos* os sistemas se opõem, constituiria uma «contradição normativa recíproca» (*beiderseitiger Normenwiderspruch*), no sentido de Kegel: cf., deste autor, *IPR*, pp. 201, 203-204, e ainda Prof.ª I. Magalhães Collaço, *ibidem*, p. 252.

[69] Além dos autores citados *supra*, n. 63, cf. W. Wengler, «Réflexions...», p. 672, n. 1: «Parfois des rapports de politique législative et, par conséquent, des liens téléologiques existent également entre deux catégories de règles formant chacune une unité téléologique: Les droits successoraux de l'époux survivant sont en général réglés de telle sorte que le législateur prend en considération les droits qu'il a attribués déjà à l'époux sur le patrimoine de l'autre au moyen des règles concernant le régime des biens (...)»; cf. ainda, do mesmo autor, «Les principes...», 1952, p. 604, n. 1.

pois se é certo que nenhum dos dois sistemas interessados admite a cumulação de pretensões em sede de direito matrimonial e de direito das sucessões [70], também não é menos certo que, *a seu modo*, cada um dos ordenamentos vela pela situação do cônjuge que sobreviveu. Também neste caso, portanto, não faria sentido *a não aplicação simultânea* das normas de ambos os sistemas.

Várias são as soluções apresentadas pela doutrina para este tipo de casos, recorrendo umas à adaptação das normas de conflitos [71], outras à adaptação das normas materiais [72].

---

[70] O que já não seria o caso se ambos os sistemas em presença admitissem a cumulação, como é o caso do direito alemão e do direito português: cf. Prof.ª I. Magalhães Collaço, *Da qualificação...*, pp. 243-245 (*concurso real de normas de conflitos*, na terminologia desta autora); Prof. A. Ferrer Correia, *Lições...*, pp. 342- -343; Prof. J. Baptista Machado, *Lições...*, pp. 141-142.

Na opinião da Prof.ª I. Magalhães Collaço, tal aplicação cumulativa ainda seria possível se só um dos ordenamentos a admitisse, mas não o outro – *v.g.*, caso de dois suecos casados, posteriormente naturalizados alemães: cumulação das disposições suecas sobre a comunhão conjugal *mortis causa* (por força do artigo 53.º, 1, do CC) e das regras de carácter sucessório do ordenamento alemão que atribuem ao cônjuge sobrevivo uma parte da herança do cônjuge falecido (nos termos dos artigos 62.º e 31.º, 1, do CC), se a questão fosse levantada perante tribunais portugueses. O facto de o direito sueco não aceitar a cumulação não deve impedir que ela ocorra, «(...) uma vez que as normas alemãs em causa suportam o concurso com os referidos preceitos suecos e essa solução tão-pouco contraria o espírito geral do direito português» (*Da qualificação...*, p. 256).

A Prof.ª I. Magalhães Collaço defende esta solução apesar de haver aqui uma «contradição normativa unilateral» *(einseitiger Normenwiderspruch)*, no sentido de Kegel, *IPR*, p. 201, porque contraria a «intenção» de apenas uma das leis em presença – a sueca (cf. *supra*, n. 68, e Prof.ª I. Magalhães Collaço, *ibidem*, pp. 252 e 256). A razão, segundo a autora, reside no facto de ser ao direito de conflitos que cabe «(...) decidir em definitivo da possibilidade de aplicação cumulativa dos preceitos materiais em jogo» (*ibidem*, p. 256, n. 15; cf. ainda p. 255, *in fine*).

[71] G. Kegel, «Begriffs- und...», p. 285, e *IPR*, pp. 203-204; F. Rigaux, *La théorie...*, pp. 379-381; G. van Hecke, pp. 512-513; P. H. Neuhaus, pp. 356-357, 359; J. Kropholler, pp. 280, 284. M. Wolff, *PIL*, pp. 165-166, recorre aqui à noção de «qualificação subsidiária» («subsidiary classification») da norma sueca como norma sucessória.

[72] H. Lewald, pp. 144-145; G. Cansacchi, *Scelta...*, pp. 269-270 e n. 2 da p. 269, e *Le choix...*, pp. 146-148; F. Vischer, pp. 127-128; J. Schröder, pp. 95, 111- -112; A. E. von Overbeck, pp. 368-369; H. Batiffol, *Réflexions...*, pp. 178- -180; N. Bouza Vidal, pp. 175, 197 e *passim*.

Na doutrina portuguesa, enquanto a Prof.ª I. Magalhães Collaço adopta uma «solução de direito internacional privado» — *internationalprivatrechtliche Lösung*, no sentido de Kegel [73] —, adaptando as normas de conflitos em presença e fazendo prevalecer sempre a regra de conflitos de leis relativa ao regime de bens (artigo 53.º do CC), em detrimento da outra (artigo 62.º do CC) [74], o Prof. A. Ferrer Correia, na esteira de G. Kegel, distingue as situações, conforme o estatuto regulador do regime de bens estabeleça uma comunhão *mortis causa* — caso em que o autor se pronuncia também pela adaptação das normas de conflitos e pela prevalência da regra de conflitos relativa às sucessões por morte, tanto na hipótese de cúmulo como na de vácuo de normas materiais aplicáveis [75] —, ou estabeleça uma comunhão *inter vivos* [76], em que a solução de adaptação das normas de conflitos seguida pelo autor levará à prevalência da regra de conflitos relativa ao regime de bens e ao afastamento da que respeita às sucessões por morte [77] — e isto tanto no caso de *Normenhäufung* como no de *Normenmangel*.

Parece-nos preferível, em confronto com qualquer solução de adaptação de normas materiais — *materiellprivatrechtliche Lösung*, no

---

[73] *IPR*, pp. 201, 203-205.
[74] *Da qualificação...*, pp. 260-261: a justificação reside no facto de ser nas regras relativas ao regime de bens que se situa «(...) o centro de gravidade de todo o sistema» *(ibidem)*; cf. ainda *Casos práticos...*, p. 69 (em sentido não inteiramente coincidente, segundo cremos).
[75] *Lições...*, pp. 345-346. A justificação desta solução segundo o Prof. A. Ferrer Correia — G. Kegel, *IPR*, p. 204, limita-se a dizer que ela é «a mais simples» e segue a «lei da menor resistência» — reside no facto de a comunhão *mortis causa* do direito sueco ter «objectivos» ou tutelar «interesses análogos àqueles que se propõe uma regulamentação propriamente sucessória», pelo que ela deve ceder face à *lex successionis*, no caso de conflito positivo — porque menos titulada do que ela nesse caso —, ou deve antes ter a prevalência, no caso de conflito negativo, dado o seu carácter *quase sucessório*, que a torna apta a reger, em tal caso, o estatuto sucessório *(ibidem)*.
[76] Seria um caso do tipo seguinte: casal francês naturalizado britânico (cúmulo) ou casal britânico naturalizado francês (vácuo), pois o direito francês estabelece uma comunhão matrimonial *inter vivos* e não atribui, pelo menos em princípio, direitos sucessórios de vulto ao cônjuge sobrevivo (cf. Prof. A. Ferrer Correia, *Lições...*, pp. 344-345; cf. também Prof. J. Baptista Machado, «Problemas...», pp. 333-334).
[77] Cf. Prof. A. Ferrer Correia, *Lições...*, pp. 346-347. G. Kegel, *ibidem*, nada mais acrescenta ao que ficou dito *supra*, n. 75. A justificação do Prof. A. Ferrer Correia, *ibidem*, reside na «(...) consideração de que a aplicação do estatuto matrimonial precede logicamente a do estatuto sucessório».

sentido de Kegel [78] –, que, nestas situações, poderia conduzir muito provavelmente a resultados arbitrários [79], recorrer também, neste tipo de casos, a uma solução de adaptação de normas de conflitos, independentemente de saber qual das duas regras em presença deve prevalecer e qual deve ceder o passo, pois os títulos de aplicação de cada uma delas são praticamente equivalentes [80].

Estando os interessados em contacto com duas ordens jurídicas que contemplam ambas, se bem que em termos diversos, a situação do cônjuge sobrevivo, é razoável pensar que as suas expectativas não serão frustradas pela aplicação – em todos os casos – de uma das duas leis em presença.

A solução dada na doutrina portuguesa pela Prof.ª I. Magalhães Collaço tem a vantagem da certeza, segurança e univocidade na aplicação do direito e generaliza, a todos os casos de conflito entre o regime de bens e o estatuto sucessório, a justificação que o Prof. A. Ferrer Correia dá para um certo tipo dessas situações: aquele em que a lei reguladora do regime de bens estabelece uma comunhão *inter vivos* [81].

---

[78] *IPR*, pp. 201, 205-207.

[79] Para a defesa de soluções materiais, cf. os autores citados *supra*, n. 72; para uma crítica de tais soluções que muitas vezes não são «reais», cf. G. Kegel, *IPR*, p. 204, e, no mesmo sentido, Prof.ª I. Magalhães Collaço, *Da qualificação...*, p. 258; o Prof. A. Ferrer Correia, «Considerações...», p. 340, considera as «soluções materiais *ad hoc*» um «expediente em princípio não recomendável»; cf. ainda J. Kropholler, p. 284, para quem tais soluções parecem «arbitrárias»; A. E. von Overbeck, p. 369, apesar de se inclinar para elas, admite o seu carácter «demasiado esquemático»; R. Barsotti, p. 104, releva, a propósito de tais soluções, o «grave prejuízo para a certeza do direito que delas decorre».

[80] É assim que, enquanto na jurisprudência francesa se deu, em geral, prevalência ao estatuto sucessório, na Alemanha prevaleceu o estatuto do regime de bens: cf. F. Rigaux, *La théorie...*, pp. 376-378; Prof.ª I. Magalhães Collaço, *Da qualificação...*, p. 260.

A propósito da inclinação da jurisprudência francesa para favorecer a aplicação da *lex successionis*, N. Bouza Vidal, p. 108, explica-a, no entanto, pela tendência dos tribunais franceses para a maximização da aplicação da lei do foro, isto é, pela preocupação de «(...) acogerse a la comodidad que supone para ellos poder aplicar la *lex fori*»; cf. também F. Rigaux, *ibidem*, p. 377: «Les juges (...) ont entendu appliquer la loi successorale française, comme ils l'auraient appliquée, si les conventions matrimoniales des époux avaient également été soumises à la loi française».

[81] Note-se, no entanto, que, nestes casos, o Prof. A. Ferrer Correia, *Lições...*, p. 348, admite a opção do cônjuge sobrevivo [caso que seria qualificado de *concurso ideal de normas de conflitos*, na terminologia da Prof.ª I. Magalhães Collaço (cf. *Da qualificação...*, p. 242)].

Embora este caso seja por vezes apresentado como um exemplo típico de conflito de qualificações [82] — ou de concurso aparente de normas de conflitos [83] —, cremos, por nossa parte, que o que nele avulta sobremaneira é a interrelação de questões jurídicas diferentes, mas intimamente ligadas, tanto no plano do direito como na perspectiva meramente sociológica. Assim sendo, procuraremos, na rubrica seguinte, apresentar outros exemplos mais nítidos de conflitos de qualificações [84].

c) Adaptação e conflito de qualificações

16. Segundo alguns autores, a adopção da tese da qualificação *lege causae* provoca mais problemas de adaptação, derivados do *cúmulo* ou do *vácuo* de normas materiais aplicáveis, do que a aceitação da teoria da qualificação *lege fori* [85]. Seria assim que um autor como Martin Wolff, partidário da qualificação *lege causae*, teria sido levado em 1933 a formular, ainda que implicitamente, a problemática da adaptação em DIP, justamente a propósito das situações de *Normenhäufung* e de *Normenmangel*, nos casos do tipo do «Schwedenfall» [86].

No entanto, mesmo para os autores que adoptam a tese da qualificação *lege fori*, sempre haverá casos de cúmulo ou de vácuo de normas materiais aplicáveis, desde que a caracterização dessas normas

---

[82] Cf. Prof. A. Ferrer Correia, *Lições*..., p. 342 e segs.; Prof. J. Baptista Machado, *Lições*..., pp. 136, 141-142. Aliás o caso *Veuve Bartholo*, Argel, 24.12.1889, analisado por E. Bartin em 1897 (caso dos esposos anglo-malteses) é comummente apresentado como um exemplo de conflito entre a qualificação sucessória e a qualificação regime de bens: cf. H. Batiffol-P. Lagarde, I, pp. 367-368; P. Mayer, *DIP*, pp. 131, 134-135.

[83] Cf. *supra*, n. 67 e texto correspondente.

[84] O Prof. J. Baptista Machado, *Lições*..., p. 136, afirma com razão que entre a qualificação regime de bens e regime sucessório «(...) não haveria propriamente conflito», visto que os dois estatutos «(...) são de aplicação sucessiva (...)». Por seu lado, o Prof. A. Ferrer Correia, «Considerações...», p. 336, também coloca o «Schwedenfall» numa categoria diferente do conflito de qualificações (p. 335).

[85] Neste sentido, cf. G. Cansacchi, *Scelta*..., pp. 84-86, n. 1-2 da p. 85 e n. 1-2 da p. 86; F. Rigaux, *La théorie*..., pp. 133, 383; H. Batiffol-P. Lagarde, I, pp. 373-375 e n. 14 da p. 374; J. H. C. Morris, p. 484; G. Kegel, *IPR*, p. 190.

[86] Cf. M. Wolff, *IPR*, pp. 39-40.

seja efectuada *lege causae*, isto é, no quadro do ordenamento jurídico em que se inserem, tal como é defendido pela esmagadora maioria da doutrina [87]. A menos que se defenda uma qualificação primária estritamente *lege fori* e uma qualificação secundária nos termos em que o faz R. Ago [88], a qual, embora formalmente seja feita *lege causae*, descaracteriza totalmente o conteúdo e a função das normas materiais na ordem jurídica a que pertencem, serão sempre inevitáveis casos de *Normenhäufung* e de *Normenmangel* [89].

Como quer que seja, é certo que os chamados conflitos de qualificações levam muitas vezes à necessidade de adaptar, quer as normas de conflitos, quer as normas materiais, com vista a obter a *congruência lógica ou teleológica* na regulamentação material da questão privada internacional.

Com isto não se quer dizer, com J. Offerhaus, que «como segunda forma de aparição da adaptação deve mencionar-se a 'qualificação'» [90], nem que a problemática ligada à interpretação do conceito-quadro *(Rahmenbegriff)* da norma de conflitos de leis e à indispensabilidade do

---

[87] Cf. Prof. A. Ferrer Correia, *Lições...*, pp. 297-298 (em análise à concepção de Robertson); G. Cansacchi, *Scelta...*, pp. 68-81; F. Rigaux, *La théorie...*, p. 133; H. Batiffol-P. Lagarde, I, pp. 371-373.

[88] Cf. R. Ago, p. 313 e seguintes, e em particular p. 318, onde o autor afirma designadamente que a norma de conflitos de leis «(...) entend (...) comprendre (...) tout cet ensemble de rapports qui trouveraient leur règlement juridique, s'ils n'avaient la particularité d'être étrangers à la vie réelle nationale, dans les règles substantielles qui donnent aux faits envisagés par elles la qualification indiquée par la règle de rattachement».

Para uma desenvolvida e contundente crítica às concepções de R. Ago em matéria de qualificação, cf. Prof.ª I. Magalhães Collaço, *Da qualificação...*, pp. 113--138; cf. ainda Prof. A. Ferrer Correia, *Lições...*, pp. 304-308, 329; Prof. J. Baptista Machado, *Lições...*, pp. 117-118, p. 135, n. 1; H. Batiffol-P. Lagarde, I, p. 373, n. 12.

[89] No sentido de que, qualquer que seja o método de qualificação seguido, haverá sempre conflitos de qualificações, cf. Prof. A. Ferrer Correia, *Lições...*, p. 239: «tais situações serão fenómenos inevitáveis, enquanto o direito de conflitos continuar a servir-se (...) do processo ou técnica da especialização»; cf. também Prof.ª I. Magalhães Collaço, *Da qualificação...*, pp. 237-238; J. Schröder, pp. 88-89, que, no entanto, admite que «quantitativamente a qualificação *lege causae* pode na verdade conduzir mais frequentemente a questões de adaptação» [«Quantitativ mag zwar die lex causae-Qualifikation häufiger zu Anpassungsfragen führen (...)»]; cf. ainda os autores citados por F. Rigaux, *La théorie...*, p. 133.

[90] Cf. *supra*, n. 36.

seu alargamento em termos adequados, de modo a abranger conteúdos jurídicos estrangeiros, eventualmente desconhecidos na ordem jurídico-material do Estado do foro – que se situa no primeiro momento da qualificação, segundo a opinião unânime da doutrina portuguesa [91] –, tem algo a ver com a adaptação, sob a forma de «adaptação de subsunção de normas de conflitos» *(Subsumtionsanpassung kollisionsrechtlicher Normen)*, tal como a concebe J. Schröder [92].

---

[91] Cf. Prof.ª I. Magalhães Collaço, *Da qualificação...*, pp. 210-214; Prof. A. Ferrer Correia, *Lições...*, pp. 275-279; Prof. J. Baptista Machado, *Lições...*, pp. 111-115.

[92] Cf. *supra*, n. 33, 2.º e 4.º §§, e n. 55, 2.º §; cf. também a posição de G. Kegel, n. 33, 5.º §.

J. Schröder, pp. 78, 79-80, 90-91, menciona o caso da legitimação do direito egípcio como um exemplo de adaptação da hipótese de uma norma de conflitos do foro (*i.e.*, alemã) – artigo 22.º da EGBGB, antes da entrada em vigor da Lei de 25.7.1986 relativa à reforma do Direito Internacional Privado da República Federal Alemã (observação que vale para todas as disposições de DIP alemão citadas neste trabalho).

Os pormenores do caso vêm referidos em G. Kegel, *IPR*, pp. 181-183, 207, e podem ser sinteticamente resumidos do modo seguinte: uma alemã teve um filho fora do casamento e posteriormente casou com um egípcio, que, na altura do casamento, fez, perante o funcionário do registo civil, uma declaração de reconhecimento da paternidade em relação ao menor, filho do cônjuge. Posteriormente o menor intentou uma acção perante o *Kammergericht*, em 1940, com o pedido de que fosse reconhecida a sua não filiação em relação ao egípcio, marido da mãe, pedido que o tribunal atendeu.

A norma de conflitos alemã que estava em causa era o artigo 22.º da EGBGB, relativa à legitimação e à adopção, que levava, por bilateralização do preceito unilateral do n.º 1, à aplicação da lei nacional do pai, isto é, do direito egípcio. O artigo 22.º, 2, da EGBGB estabelecia uma limitação de direito material à aplicação da lei competente, nos termos do n.º 1, relativamente à legitimação ou adopção feita por um estrangeiro, se o menor *(das Kind)* tivesse a nacionalidade alemã, como acontecia no caso *sub judice*: a legitimação ou adopção só produziria efeitos na Alemanha com o consentimento do menor, ou de terceiro, a quem o menor estivesse ligado por um vínculo familiar, nos termos exigidos pelo direito material alemão (cf., no mesmo sentido, o artigo 61.º do CC).

O direito material alemão, na altura, não exigia qualquer consentimento no caso de legitimação *per subsequens matrimonium*, mas exigia o consentimento do menor, através do seu representante legal, e o da mãe (§§ 1726 e 1728, 2, do BGB, na versão de então; cf. actualmente os §§ 1726 e 1729 do BGB), em caso de reconhecimento de paternidade legítima a requerimento do pai *(Ehelicherklärung auf Antrag des Vaters)*, bem como em caso de adopção (§§ 1747, 1750 e 1751 do BGB, na versão de então; cf. actualmente os §§ 1746, 1747 e 1752 do BGB).

O tribunal alemão aplicou o artigo 350.º do *Code du statut personnel et des successions d'après le rite hanefite*, que, em substância, admitia que um homem podia

É, pois, numa fase posterior à solução do problema de qualificação propriamente dito – e na ausência de uma tomada de posição

reconhecer um menor de ascendência desconhecida como filho, com efeitos equivalentes aos da «filiação natural» (*natürliche Kindschaft*, cf. G. Kegel, *IPR*, p. 182), designadamente em matéria de direito da família e sucessões, sem necessidade de consentimento do menor. O menor tornava-se filho legítimo do declarante, sem que fosse possível a prova de que outro que não ele era o verdadeiro pai.

O artigo 350.º não exigia o casamento e não respeitava, portanto, a uma legitimação pelo casamento subsequente; por outro lado, não havendo qualquer intervenção de um órgão estadual, tal preceito também não se reportava a uma declaração de paternidade legítima (reconhecimento do filho). Tratava-se de uma instituição desconhecida do direito alemão – tanto do direito material como do DIP –, que não era nem uma legitimação nem uma adopção, mas uma figura *sui generis* (*ein Gebilde eigener Art* – cf. G. Kegel, *IPR*, p. 183).

O tribunal alemão decidiu que se tratava de um «caso análogo à adopção» (*adoptionsähnlicher Vorgang* – cf. G. Kegel, *IPR*, pp. 182-183) e atendeu o pedido do menor, por não ter sido dado o seu consentimento nem o da mãe, que eram necessários em caso de adopção, segundo o direito material alemão.

G. Kegel, *IPR*, p. 183, considera que o instituto do direito egípcio cabe no âmbito do artigo 22.º da EGBGB, cujo conceito-quadro é *legitimação e adopção*, e concorda com a necessidade do consentimento do menor ou dos familiares deste, que é exigido pelo n.º 2 deste artigo, quando o menor for de nacionalidade alemã.

Em sede de *qualificação*, G. Kegel, *ibidem*, p. 183, entendeu que a norma material egípcia é subsumível ao conceito-quadro do artigo 22.º da EGBGB, por alargamento ou «extensão» (*Ausdehnung*) deste.

Em sede de *adaptação*, o mesmo autor (*ibidem*, p. 207) considera ser necessária uma *materiellprivatrechtliche Lösung*, relativamente às normas sobre o consentimento do menor e da mãe. Como se trata de uma *contradição unilateral* (cf. *supra*, n. 70, 3.º §) em relação ao direito alemão, porque o ordenamento egípcio não exige tal consentimento, recorre-se ao direito material alemão, do qual se deriva uma «norma de conflitos material» (*sachliche Kollisionsnorm* – sobre esta noção, cf. *supra*, n. 6, e G. Kegel, *IPR*, pp. 28, 198, 199), segundo a qual são de aplicar, para superar a antinomia normativa, as regras alemãs relativas à necessidade do consentimento, no caso do reconhecimento da paternidade legítima feito a requerimento do pai, que é o instituto alemão mais próximo do instituto do direito egípcio.

J. Schröder, criticando a solução de Kegel (p. 80), considera (p. 78) que há uma «mera adaptação da hipótese de uma norma de conflitos alemã» («angepaßt wird lediglich der Tatbestand einer deutschen Kollisionsnorm»), no caso o artigo 22.º da EGBGB; não havendo, nesta circunstância, uma norma de conflitos alemã a cujo conceito-quadro seja subsumível o instituto jurídico estrangeiro (p. 90, *in fine*), este autor entende que a solução de Kegel «nada tem a ver com a qualificação» (pp. 90--91) e que «se trata antes simplesmente da criação *ad hoc* de uma exigência do consentimento através da adaptação» («Vielmehr handelt es sich einfach um die ad hoc-Schaffung eines Zustimmungserfordernisses im Wege der Anpassung») (p. 91).

Por nossa parte, concordamos no essencial com a solução de Kegel e discordamos da solução de Schröder. O conceito-quadro do artigo 22.º, 1, da EGBGB é «legitimação e adopção»; a subsunção das normas materiais egípcias no conceito-

do legislador em matéria de conflitos de qualificações [93] –, que eventualmente pode surgir a necessidade de adaptar, para corrigir os resultados defeituosos ou insatisfatórios a que se tiver chegado através do processo de qualificação.

Entre os numerosos exemplos que se poderiam citar a este propósito, sirva-nos um, apresentado na doutrina portuguesa, embora solucionado de maneira diferente pelos diversos autores.

A, solteiro, cidadão do Reino Unido, morre intestado com domicílio em Portugal, deixando aqui bens imóveis. A lei reguladora da

---

quadro desta norma de conflitos, mediante o seu alargamento (*Ausdehnung*, segundo Kegel) é uma questão de qualificação: o conceito-quadro da norma de conflitos, uma vez interpretado autonomamente *lege formalis fori* (cf. Prof. A. Ferrer Correia, *Lições*..., p. 275; Prof.ª I. Magalhães Collaço, *DIP*, II, p. 179, e *Da qualificação*..., pp. 210-214; Prof. J. Baptista Machado, *Lições*..., p. 115), e tendo-se procedido à caracterização *lege causae* das normas materiais do ordenamento designado como competente pela norma de conflitos (Prof. A. Ferrer Correia, *Lições*..., pp. 290-292; Prof.ª I. Magalhães Collaço, *DIP*, II, p. 179, e *Da qualificação*..., p. 235; Prof. J. Baptista Machado, *Lições*..., pp. 119-127), procede-se à subsunção e, como sublinha a Prof.ª I. Magalhães Collaço, *DIP*, II, p. 179, «é à norma de conflitos do foro que pertence em última análise decidir qual a qualificação que deve caber às normas materiais».

Por outro lado, o artigo 22.º, 2, da EGBGB estabelece, através de uma *norma de direito material*, uma limitação ao reconhecimento, na ordem jurídica do foro, do instituto de direito estrangeiro, se não se verificar o consentimento dos interessados, que é exigido pelo direito material alemão.

Mesmo que se sustente que o artigo 22.º, 2, da EGBGB é uma norma de conflitos que declara competente a lei pessoal do perfilhando ou adoptando para o consentimento deste relativamente à perfilhação ou adopção (cf. o artigo 61.º, 1, do CC), criando-se assim uma conexão cumulativa limitativa, por combinação dos n.ºs 1 e 2 do artigo 22.º da EGBGB, a pretensa «adaptação» de que fala Schröder não seria da *hipótese*, mas sim da *estatuição* da norma de conflitos, isto é, da *conexão*.

Seja como for, como o consentimento do menor e da mãe não era exigido pelo direito egípcio, a sentença do *Kammergericht*, que decidiu serem aplicáveis as normas materiais alemãs relativas ao consentimento, procedeu, a nosso ver, a uma adaptação de normas materiais do Estado do foro, preenchendo um *vácuo* de normas materiais aplicáveis (cf. G. Kegel, *IPR*, p. 207).

Cremos, pois, que não se trata aqui – ao contrário do que pretende Schröder – de uma adaptação da hipótese da norma de conflitos, porque o artigo 22.º, 2, da EGBGB apenas estabelece, a nosso ver, um *limite material extrínseco* à estatuição contida no artigo 22.º, 1, da EGBGB ou, mesmo que se entenda que o referido artigo 22.º, 2, tem carácter conflitual, em todo o caso ele reportar-se-ia sempre à conexão da norma de conflitos e não à sua previsão.

[93] A qual seria prematura ou mesmo impossível na hora presente, se se tiver em conta que esta questão é objecto de uma acesa discussão doutrinal e não se encontra suficientemente «decantada» para o legislador sobre ela se poder pronunciar. Neste sentido, cf. Prof. A. Ferrer Correia, *Lições*..., p. 325.

sucessão é a lei inglesa (artigos 62.º, 31.º, 1, e 20.º do CC), a qual considera que o *de cujus* não deixou parentes sucessíveis.

O direito de apropriação *(right to escheat)* dos *bona vacantia*, reconhecido à Coroa britânica pela regra da sec. 46.1.VI do *Administration of Estates Act* de 1925, não tem carácter nem conteúdo sucessório, sendo antes concebido como um direito público, de tipo feudal, assimilável *grosso modo* a um direito real, e não abrange os bens situados fora de Inglaterra (autolimitação espacial das normas materiais inglesas) [93-a].

O direito do Estado às heranças vagas, reconhecido nos termos dos artigos 2133.º 1, alínea e), e 2152.º a 2155.º do CC, tem, no ordenamento jurídico português, pelo seu conteúdo e pela função que aí lhe cabe (cf. artigo 15.º do CC), carácter inquestionavelmente sucessório.

No presente caso, a lei portuguesa não seria aplicável, visto a sucessão não ser regulada por ela, mas sim pela lei inglesa, e esta última também não poderia ser aplicada, em virtude de as normas materiais inglesas não terem carácter sucessório (cf. artigo 15.º do CC) e serem espacialmente autolimitadas aos bens sitos na Inglaterra.

Estamos perante um caso de vácuo de normas materiais aplicáveis *(Normenmangel)* ou de conflito negativo de qualificações e, *prima facie*, os bens deixados pelo *de cujus* situados em Portugal tornar-se-iam *res nullius* [94].

Como acentua a Prof.ª I. Magalhães Collaço [95], «(...) este resultado seria, no entanto, contrário ao espírito de ambos os sistemas em presença», pelo que é necessário, por conseguinte, proceder à *adaptação*.

A não aceitar-se, neste caso, a aplicabilidade – *ex vi* artigo 46.º do CC – do artigo 1345.º do CC, com a atribuição directa dos bens (imóveis) ao Estado português, prevenindo-se assim – dado o estabelecido no artigo 15.º do CC, e tendo em conta que o artigo 1345.º é uma norma de carácter real – o vácuo de normas materiais aplicáveis [96], a *adaptação* parece ser efectivamente inevitável neste caso. Resta saber em que termos ela se fará.

[93-a] Expressamente neste sentido, cf. Prof. A. Ferrer Correia, «Le principe...», p. 145, n. 76, e «O Direito...», *RLJ*, n.º 3758, Setembro de 1987, pp. 133-134, n. 2, 2.º §.

[94] Cf. Prof.ª I. Magalhães Collaço, *Casos práticos...*, pp. 55-56; Prof. A. Ferrer Correia, *Lições...*, pp. 351-352; Prof. J. Baptista Machado, *Lições...*, pp. 143-144.

[95] *Ibidem*, p. 56; cf. *supra*, n. 63 e texto correspondente.

[96] Cf. A. Marques dos Santos, *Sumários...*, p. 226.

Segundo a Prof.ª I. Magalhães Collaço, é necessário proceder à adaptação da norma de conflitos do artigo 62.º e 31.º, 1, do CC, por mudança do elemento de conexão, isto é, aplicando a *lex rei sitae* em vez da *lex patriae* em matéria do âmbito do estatuto sucessório: o elemento de conexão do artigo 62.º e 31.º, 1, do CC deixaria, neste caso, de ser a nacionalidade, para ser substituído *ad hoc* pelo lugar da situação da coisa [97].

O Prof. A. Ferrer Correia [98] parece preferir, neste tipo de casos, uma adaptação de normas materiais. Com efeito, o ilustre autor considera que o vácuo ou lacuna resultante da solução do problema da qualificação deverá ser preenchido «(...) *por integração da lei da situação dos bens*, mediante *criação de uma norma* que habilite o Estado da situação (o Estado português) a apoderar-se de todas as heranças existentes no seu território, sempre que segundo a lei da sucessão o *de cujus* não tenha deixado sucessores» [99, 99-a].

Também o Prof. J. Baptista Machado [100] parece propugnar, em casos destes, uma adaptação da norma material do artigo 2152.º do CC, ao considerar que se impõe «(...) *determinar, por integração do direito português, uma norma* que habilite o nosso Estado a assenhorear-se das

---

[97] Esta é a nossa interpretação do seguinte passo da Prof.ª I. Magalhães Collaço, *Casos práticos...*, p. 56: «Impõe-se, portanto, uma *adaptação* da norma de conflitos, submetendo-se a sucessão à lei portuguesa e, nessa base, chamando o Estado português, na qualidade de sucessor, à titularidade dos bens deixados, por aquele súbdito britânico, em Portugal» (sublinhado no texto).

No seu livro *Da qualificação...*, pp. 304-306, a ilustre autora chegava à mesma solução, mas por uma via diversa, isto é – em nossa opinião –, através da adaptação da *norma material* do preceito correspondente – no Código de Seabra – ao artigo 2152.º do CC. No mesmo sentido, quanto a este último ponto, cf. Prof. J. Baptista Machado, *Lições...*, p. 144 e n. 1.

[98] Cf. *Lições...*, pp. 351-352, e «Considerações...», pp. 364-366 e também p. 358, onde se escreve: «(...) a forma mais conhecida e importante da adaptação é seguramente aquela em que esta se verifica na esfera dos preceitos jurídico-materiais».

[99] *Lições...*, p. 352 (sublinhado meu); cf. também «Considerações...», p. 366, e o passo citado na n. anterior; a ser assim, não haveria aqui adaptação, segundo Neuhaus e Kropholler: cf. *infra*, n. 271-272.

[99-a] Por último, em «Le principe...», p. 145, n. 76, o Prof. A. Ferrer Correia exprime assim o seu pensamento: «(...) la seule solution possible [consiste] à faire jouer la règle de conflit de l'article 46, 1. Le droit portugais *(lex rei sitae)* sera, donc, applicable et (après qu'une adaptation de ce droit ait eu lieu) c'est à l'Etat portugais que les *bona vacantia* reviendront» (sublinhado no texto); cf. também o último lugar citado *supra*, n. 93-a, penúltimo §.

[100] *Lições...*, pp. 143-144.

heranças deixadas no seu território, sempre que, segundo o estatuto sucessório, ninguém possa habilitar-se como herdeiro» [101]. Até aqui tratava-se, como na solução do Prof. A. Ferrer Correia, de criar uma norma material para integrar uma lacuna. Mas o autor parece decidir-se a favor da extensão – ou da aplicação analógica – de uma norma já existente – o artigo 2152.º do CC: «Deverá porventura considerar-se que o nosso legislador não previu este tipo de hipóteses e que a melhor solução estará em *alargar a esfera de aplicação do artigo 2152.º do nosso Código*, atribuindo a herança ao Estado português, tal como se da herança de um português se tratasse (...)» [102].

Quanto a nós, não estando em causa o sentido unânime da solução da doutrina portuguesa, isto é, a atribuição dos bens ao Estado português – a que também se chegaria se se aplicasse, no caso em análise, o artigo 1345.º do CC [103] –, parece-nos preferível adoptar a «solução de DIP» (*internationalprivatrechtliche Lösung*, no sentido de Kegel), que consiste em adaptar a norma de conflitos dos artigos 62.º e 31.º, 1, do CC, mudando-lhe, para o efeito, o elemento de conexão: sendo aplicável assim a *lex rei sitae* neste caso para regular a sucessão por morte, a aplicação da norma material do artigo 2152.º do CC seria, por conseguinte, uma aplicação *directa*, conforme o preceituado no artigo 15.º do CC, pois a norma do artigo 2152.º corresponderia ao «(...) regime do instituto visado na regra de conflitos» contida nos artigos 62.º e 31.º, 1, do CC, previamente adaptada nos termos descritos.

Concordamos, pois, neste caso, com a última solução proposta pela Prof.ª I. Magalhães Collaço, por mais certa, mais segura, e mais cómoda e prática do que a adaptação das normas materiais.

Seja, porém, através da adaptação das normas de conflitos, seja mediante a adaptação das normas materiais que se encontre a solução [104],

---

[101] *Ibidem*, p. 143 (sublinhado meu).
[102] *Ibidem*, pp. 143-144 (sublinhado meu); cf. a observação feita *supra*, n. 99, *in fine*.
[103] Cf. *supra*, n. 96 e texto correspondente.
[104] Uma outra via de solução é a conclusão de tratados ou convenções internacionais. Veja-se, sobre o ponto de que nos ocupamos, o acordo, por troca de notas, de 12.7.1882 e de 5.5.1884, celebrado entre Portugal e a França, para que as heranças jacentes de cidadãos franceses, abertas em Portugal, possam ser declaradas vagas a favor do Estado português, e, reciprocamente, as heranças jacentes de súbditos portugueses, abertas em França, possam reverter ao Tesouro da República Francesa, aplicando-se a umas e outras o-disposto nos artigos 2006.º do Código Civil Português [de 1867] e 768.º do Código Civil Francês: cf. A. Marques dos Santos, *Sumários...*, pp. 55-56.

ficou demonstrado, ao que julgamos, que o conflito de qualificações é uma das *causas* ou *fontes* do surgimento de problemas de adaptação. Cabe, no entanto, acentuar aqui que, como se verá [105], a adaptação transcende largamente esta questão dos conflitos de qualificações, na medida em que há casos incontroversos de adaptação que não têm na sua base qualquer problema que resulte de um conflito de qualificações.

d) Adaptação e conflito móvel

17. O conflito móvel, que, na construção de H. Lewald, é causa de muitos casos de *transposição* [106], na medida em que suscita problemas de sucessão de estatutos – isto é, de sucessão no tempo de ordenamentos jurídicos aplicáveis à mesma questão em razão da alteração do conteúdo concreto do elemento de conexão –, pode levantar também frequentemente questões de adaptação.

Sirva-nos de exemplo – entre muitos outros possíveis [107] – o caso *Chemouni*, submetido aos tribunais franceses em 1958, 1960 e 1963 [108].

---

[105] Cf., *infra*, n. 163 e texto correspondente; cf. também *supra*, n. 47, 2.º §, e texto correspondente.

[106] Cf. H. Lewald, p. 128; G. Cansacchi, «Le choix...», pp. 128-129; F. Rigaux, *Le conflit...*, p. 397; G. van Hecke, p. 499.

[107] *V.g.*, as dificuldades do «Schwedenfall», analisado *supra*, n.º 15, também resultam de um conflito móvel: a alteração da nacionalidade dos cônjuges levou a que a sucessão por morte passasse a ser regida por uma nova lei (cf. artigos 62.º e 31.º, 1, do CC), enquanto o estatuto matrimonial (cf. artigo 53.º, 1, do CC), regulado por uma conexão fixa – ou imobilizada no tempo –, permaneceu inalterado. Introduziu-se assim, nesta hipótese, uma descoordenação entre a lei reguladora do regime de bens do casal e a lei aplicável à sucessão do cônjuge pré-morto, a qual não existia quando ambas as questões jurídicas estavam sujeitas à mesma lei. Também o caso referido *infra*, n. 271, é um caso de sucessão de estatutos.

Para outros casos de problemas de adaptação, derivados da sucessão de estatutos, cf. Prof. A. Ferrer Correia, «Considerações...», pp. 338, 362-363; Prof. J. Baptista Machado, «Problemas...», p. 335; H. Lewald, pp. 137-142; G. Cansacchi, *Scelta...*, pp. 141-152, e *Le choix..*, pp. 131-132; J. Schröder, pp. 118-122; F. Rigaux, *Le conflit...*, pp. 395-397; H. Batiffol, *Réflexions...*, p. 187, «Conflits...», pp. 191-195, e «Observations...», p. 4 e segs.; G. van Hecke, pp. 509-510; G. Kegel, *IPR*, p. 200.

[108] *Cass. civ., 1ère Section*, 28.1.1958 – *Rev. crit.*, 1958, p. 110 e segs., nota R. Jambu-Merlin; *Tribunal de grande instance de Versailles (2ème Chambre)*, 2.2.1960 – *Rev. crit.*, 1960, p. 370 e segs., alegações do Procurador da República Adjunto M. Lemant e nota Ph. Francescakis; *Cass. civ., 1ère Section*, 19.2.1963 – *Rev. crit.*, p. 559 e segs., nota G. H. [G. Holleaux]; *Clunet*, 1963, p. 986 e segs., nota A. Ponsard.

O problema subjacente ao caso *Chemouni*, como hipótese de escola, tinha sido formulado por G. Kegel [109], mas, no dizer de H. Batiffol, «(...) ceux qui reprocheront à M. Kegel d'avoir imaginé un exemple d'école, et impossible en fait (...), devront reconnaître que la réalité dépasse la fiction» [110].

F. Chemouni, tunisino, de estatuto pessoal israelita, bígamo, como lhe permitia a sua lei pessoal [111], que fixou residência habitual em França com ambas as esposas e os filhos havidos de cada uma delas, e posteriormente se naturalizou francês – o que fez mudar a lei designada pelo DIP do foro (DIP francês) para regular as relações entre os cônjuges (cf., entre nós, o artigo 52.º do CC) –, viu-se confrontado com um pedido de pensão alimentar, perante tribunais franceses, formulado pela segunda mulher – também israelita tunisina –, de quem se separara após a sua chegada a França.

Os tribunais franceses satisfizeram a pretensão da segunda mulher de Chemouni, mas suscitam-se problemas teóricos relativamente à fundamentação da decisão.

O primeiro aresto da *Cour de cassation* [112], proferido em recurso de uma decisão do Tribunal do Sena, de 30.3.1955 – o qual rejeitara o pedido de alimentos da segunda esposa de Chemouni, com fundamento na ofensa à ordem pública, em razão da poligamia [113] –, cassou

---

[109] Cf. G. Kegel, *IPR*, p. 203, mas já em 1953, do mesmo autor, «Begriffsund...», pp. 283-284; J. Schröder, p. 126; H. Batiffol, *Réflexions...*, pp. 183-184. No exemplo de Kegel tratava-se de um marroquino polígamo, de acordo com a sua lei pessoal – que admite a poligamia –, que fixa residência habitual em Espanha e posteriormente vem a adquirir a nacionalidade espanhola, de modo que as relações entre os cônjuges passam a ser reguladas pela lei material espanhola, que ignora – ou não admite e até reprime – o casamento poligâmico.

[110] H. Batiffol, *Réflexions...*, p. 185.

[111] Também a este propósito, o caso *Chemouni* é uma curiosidade jurídica, pois os casos de israelitas submetidos à lei mosaica e bígamos eram já extremamente raros na Tunísia por altura da celebração do primeiro casamento – 1940, tendo o segundo sido celebrado em 1945 –, representando menos de 1% do número total dos casamentos da comunidade israelita, e tinham já desaparecido completamente nessa mesma comunidade em grande parte do mundo: cf. R. Jambu-Merlin, pp. 111-112, que, aliás, considera este caso significativamente «une affaire peu banale» (p. 111).

[112] *Cass. civ.*, 1ère Section, 28.1.1958, *Rev. crit.*, 1958, p. 110 e segs., nota R. Jambu-Merlin.

[113] Cf. H. Batiffol, «Conflits...», p. 189; M. Lemant, *Rev. crit.*, 1960, p. 371.

a decisão da primeira instância, com o fundamento de que «(...) la réaction à l'encontre d'une disposition contraire à l'ordre public n'est pas la même suivant qu'elle met obstacle à l'acquisition d'un droit en France ou suivant qu'il s'agit de laisser se produire en France les effets d'un droit acquis sans fraude à l'étranger et en conformité avec la loi ayant compétence en vertu du droit international privé français» [114].

Trata-se aqui, a nosso ver, do *efeito atenuado da ordem pública internacional*, a qual actua de modo diferenciado, segundo se trate de situações constituídas no estrangeiro e a reconhecer no Estado do foro, ou de situações a constituir directamente no Estado do foro, sendo que o grau de tolerância em relação à aplicação – ou à tomada em consideração – da lei estrangeira é mais forte no primeiro tipo de situações do que no segundo [115].

Sendo assim, embora o segundo casamento (poligâmico) não pudesse ser celebrado em França, tal não impedia que ele pudesse produzir certos efeitos neste país, designadamente em matéria de direito a alimentos.

A decisão proferida a 2.2.1960 pelo Tribunal de Versalhes, ao qual a *Cour de cassation* fizera baixar o pedido da segunda mulher de Chemouni, após ter cassado a sentença do Tribunal do Sena de 1955, ocorreu após a naturalização francesa de Chemouni em 1956, facto que não pudera ser tomado em consideração pela *Cour de cassation* em 1958.

O Tribunal de Versalhes atendeu a pretensão da segunda esposa de Chemouni, não obstante a mudança de lei aplicável às relações entre os cônjuges [116], seguindo estritamente as notáveis alegações do

---

[114] *Rev. crit.*, 1958, p. 110.

[115] Sobre o efeito atenuado da ordem pública internacional, cf., entre nós, Prof. A. Ferrer Correia, *Lições...*, pp. 570-574; Prof.ª I. Magalhães Collaço, *DIP*, II, p. 428; e sobretudo Prof. J. Baptista Machado, *Lições...*, pp. 265-269. Sobre a tolerância em relação ao reconhecimento de certos efeitos do casamento poligâmico, designadamente quanto ao direito a alimentos, cf. Prof. A. Ferrer Correia, *ibidem*, p. 571.

A interpretação dada no texto é a dominante na doutrina francesa: cf. R. Jambu-Merlin, p. 114; M. Flamant, p. 375; Ph. Francescakis, p. 384; G. H[olleaux], pp. 563, 567; H. Batiffol, *Réflexions...*, p. 185, e «Conflits..», p. 189; A. Ponsard, p. 992. Para uma solução deste caso com base na aplicação da teoria da *questão prévia* à *ordem pública internacional*, cf. P. Lagarde, p. 81, n. 120.

[116] Sendo o marido francês e a segunda mulher tunisina, e tendo ambos residência habitual e domicílio em França, a regra de conflitos francesa passou a

Procurador da República adjunto Flamant. Este invocara «(....) un ordre public qui unit les nations au lieu de les opposer, qui ne varie pas d'une frontière à l'autre (...), [qui] est appelé par les auteurs 'international', et je l'appellerai plus modestement 'européen' ou 'occidental' (...)» [117]. No fundo, segundo o Procurador da República, tratava-se, no caso *sub judice*, de «(...) *un droit naturel, commun à toutes les nations, le droit de l'enfant à l'aide et à la protection de ses parents* (...)», que deriva de «(...) un certain nombre de *lois* que l'on appelle *naturelles*, aussi vieilles que l'humanité (...)» [118].

Com efeito, na sua sentença, o Tribunal de Versalhes salientou que «(...) la notion d'ordre public n'a pas la même extension suivant qu'il s'agit de l'acquisition de droits en France ou de l'effet en France de droits acquis sans fraude à l'étranger» [119], mas acentuou sobretudo «(...) qu'en l'espèce *il ne saurait être contraire à l'ordre public français d'imposer en France l'exécution d'une obligation aussi naturelle et élémentaire, aussi conforme au droit des gens et aux notions de morale communément admises par toutes les nations civilisées*, que celle pour un mari de contribuer à l'entretien du ménage régulièrement et légalement créé par lui suivant sa loi nationale» [120].

Esta importante decisão gira ainda, a nosso ver, à volta da noção de ordem pública, mais do que de considerações de carácter técnico relativas à aplicação distributiva – ou sucessiva – da lei do anterior estatuto (a tunisina, face à qual o casamento tinha sido regularmente constituído) e da lei do novo estatuto (a francesa, que, após a

---

designar, a partir da naturalização de Chemouni, a lei material francesa, a título de lei do domicílio – ou da residência habitual – comum para reger a obrigação de alimentos e não já a lei tunisina (israelita mosaica), como antes, a título de lei nacional comum dos cônjuges (cf., entre nós, o artigo 52.º, 1 e 2, 1.ª parte, do CC); daí o *conflito móvel* ou *sucessão de estatutos*: cf. H. Batiffol, *Réflexions*..., p. 185, «Conflits...», p. 195 e segs., e «Observations...», p. 5; Prof. A. Ferrer Correia, «Considerações...», pp. 338-339; Ph. Francescakis, p. 385; F. Rigaux, *Le conflit*..., pp. 398-399; G. H[olleaux], pp. 568-569; A. Ponsard. p. 994.

[117] M. Flamant, p. 379.
[118] *Ibidem* (sublinhado meu).
[119] *Rev. crit.*, 1960, p. 383. Até aqui trata-se apenas do efeito atenuado da ordem pública internacional, como no aresto precedente da *Cour de cassation*.
[120] *Ibidem* (sublinhado meu).

naturalização de Chemouni, tinha passado a reger a obrigação de alimentos entre os esposos) [121].

Como uma parte da doutrina salientou [122], o Tribunal de Versalhes seguiu o Procurador da República nas suas conclusões acerca da necessidade de definir, pela positiva, uma *ordem pública verdadeiramente internacional*, constituída por princípios de direito natural, que são património comum da humanidade, ou, pelo menos, que estão presentes e actuantes em todos os Estados civilizados [122-a].

Cremos, pois, que se o Tribunal de Versalhes ultrapassou aqui a visão tradicional do efeito atenuado da ordem pública internacional (negativa), não deixou por isso de situar-se no terreno deste instituto, entendido agora de maneira universalista, aberta e tolerante, de forma a evitar situações que colidam de modo flagrante com a justiça e a equidade.

Quanto ao segundo acórdão da *Cour de cassation*, de 19.2.1963, que rejeitou o recurso intentado por Chemouni contra a sentença do Tribunal de Versalhes, cremos, agora sim, que as *rationes decidendi* têm carácter predominantemente técnico e situam a questão posta no terreno da resolução do conflito móvel.

Com efeito, o aresto afirma designadamente «(...) que (...) c'est très justement que les juges du fond [*i.e.*, o Tribunal de Versalhes] ont décidé que nonobstant la naturalisation française de Chemouni, la créance alimentaire de dame Krieff [trata-se da segunda esposa de Chemouni] qui, tant au regard de la loi commune des époux avant août 1956 [data da naturalização de Chemouni], que de la loi française régissant depuis cette date les effets du mariage d'époux de nationalité différente domiciliés tous deux en France, découlait directement pour elle de sa qualité d'épouse légitime, définitivement acquise par un mariage valablement contracté à l'étranger conformément à la loi compétente au fond comme en la forme suivant le droit international

---

[121] Esta última parece ser a opinião de F. Rigaux, *Le conflit...*, p. 399 e n. 15; cf. também Prof. A. Ferrer Correia, «Considerações...», p. 357; H. Batiffol, *Réflexions...*, pp. 185-186, e «Conflits...», pp. 195-196.

[122] Cf. Ph. Francescakis, pp. 386-387, que aprova a posição do Tribunal de Versalhes; G. H[olleaux], p. 569, que, no entanto, minimiza este aspecto da questão; H. Batiffol, «Conflits...», pp. 197-198, que não aprova totalmente o apelo do Procurador da República Flamant ao «direito natural», mas situa a fundamentação da sentença no terreno da ordem pública internacional.

[122-a] Sobre este ponto, e para uma crítica, cf. J.-P. Niboyet, III, p. 513.

privé français, devait être reconnue en France, et devait y être exécutée par application des lois françaises tant de procédure, dès avant 1956, qu'également de fond depuis cette date» [123].

A decisão da *Cour de cassation* de 19.2.1963, que aprovou a sentença do Tribunal de Versalhes, suscitou diversos comentários e interpretações não coincidentes.

Ph. Francescakis [124] entendeu que o Tribunal de Versalhes dera a este conflito móvel uma solução não conforme com a doutrina dominante – a qual, por aplicação do direito transitório do sistema *novo* (francês) levaria a aplicar imediatamente a lei nova em matéria não contratual e a ignorar, para o futuro, os efeitos do segundo casamento ou mesmo de ambos, já que o primeiro também padecia do vício de poligamia, na medida em que a sua celebração admitia (ou implicava) a possibilidade de um segundo casamento [125]. Segundo este autor, a referência do tribunal à doutrina dos direitos adquiridos «(...) rend ici un son authentique de justice» [126].

Ao mesmo tempo que formulou reservas relativamente à solução tradicionalmente dada em França ao conflito móvel [127], Ph. Francescakis referiu a necessidade de *adaptação* das leis aplicáveis à sucessão de estatutos, a qual implicava a adopção de «mecanismos de correcção» destinados a temperar a rigidez dos resultados a que conduz o recurso puro e simples ao direito transitório *interno* para solucionar o conflito móvel [128].

No seu comentário à decisão da *Cour de cassation* de 19.2.1963, G. H[olleaux] [129], embora admitindo com reservas a solução tradicional em França em matéria de resolução do conflito móvel por recurso às regras do direito transitório *interno* [130], acentua que a lei

---

[123] *Rev. crit.*, 1963, p. 561.

[124] *Rev. crit.*, 1960, p. 385.

[125] Tal ideia parece corresponder à concepção do direito inglês do *potentially polygamous marriage*: cf. J. H. C. Morris, p. 176.

[126] *Rev. crit.*, 1960, p. 385.

[127] *Ibidem*, pp. 385-386.

[128] *Ibidem*, p. 386. A *adaptação* a que este autor se refere parece reportar-se às normas materiais de ambas as leis interessadas em caso de sucessão de estatutos.

[129] *Rev. crit.*, 1963, pp. 569-570 e n. 1 da p. 570 (a anotação da sentença vem assinada G. H.).

[130] G. H[olleaux], *ibidem*, refere-se ao direito transitório da *lex fori*, enquanto Ph. Fancescakis (cf. o texto a que se reportam as n. 126 e 128) parece referir-se ora ao

nova não pode atingir a validade intrínseca da situação jurídica criada de acordo com o direito estrangeiro, declarado competente pelo DIP francês, nem os seus efeitos passados, pelo que, neste caso, a situação da segunda esposa de Chemouni como «mulher casada» era indelével [131]. Assim sendo, a naturalização francesa de Chemouni em 1956 e a submissão das relações entre os cônjuges à lei francesa – a título de lei do seu domicílio comum –, a partir dessa data, em nada vinha prejudicar os direitos da mulher a alimentos, antes pelo contrário vinha reforçar tais direitos: «Il ne s'agit plus, comme avant 1956, de droits exercés en France en vertu d'une loi étrangère, mais bien de droits exercés désormais – toujours sur la base de la qualité de femme mariée – *en vertu du droit français lui-même*» [132].

Se bem compreendemos a posição deste autor, não é necessário, segundo ele, recorrer à figura da *adaptação* para explicar a sentença do Tribunal de Versalhes e o aresto da *Cour de cassation*, pois esses tribunais nada mais fizeram do que delimitar com precisão o âmbito de aplicação espácio-temporal respectivo da lei antiga (tunisina) e da lei nova (francesa), tudo se tendo passado, deste modo, em sede de solução do conflito móvel. O reconhecimento do «carácter abstracto» da qualidade de «mulher legítima» da segunda esposa de Chemouni – estado considerado «*em si*» [133] – por aplicação da lei antiga (tunisina) em nada colidia com a aplicação para o futuro da lei francesa, que estabelece a obrigação de alimentos entre marido e mulher. Dito de outro modo: a qualidade de esposa legítima segundo o direito tunisino era *equivalente* à de cônjuge na norma francesa relativa à obrigação alimentar [134].

---

direito transitório do *novo* estatuto, ora ao direito transitório *interno*. No caso em análise, tratava-se, em ambas as hipóteses, do direito transitório francês.

[131] *Ibidem*, p. 570.

[132] *Ibidem*, p. 570 (sublinhado no texto). *Contra* esta solução, cf. F. Rigaux, *Le conflit...*, p. 402, com o argumento de que a eventual disposição do marido para retomar a vida em comum com a segunda mulher não produziria efeitos em França, por ser contrária à ordem pública internacional do Estado francês. Cf. ainda *supra*, n. 41, 3.º §.

[133] *Ibidem*, pp. 570-571 (sublinhado no texto).

[134] Vista deste ângulo, a questão parece ser de *substituição*, ou, na perspectiva da lei estrangeira (tunisina), de *transposição*: cf. *supra*, n. 41, 1.º e 2.º §§ e a crítica de F. Rigaux, *ibidem*, 3.º §. A. Ponsard, pp. 992 e 994, por seu lado, expõe este caso em termos de *questão prévia*.

O Prof. H. Batiffol, no seu comentário à sentença do Tribunal de Versalhes e ao acórdão da *Cour de cassation* de 19.2.1963, inclina-se para a adaptação das normas materiais internas [135]: a obrigação alimentar prevista pelo direito francês aplica-se não só a um casamento monogâmico mas também − e é aqui que intervém a «interprétation adaptative» − a um casamento poligâmico válido de acordo com a lei estrangeira competente, segundo as regras de DIP do foro (francês) [136, 136-a].

O autor recorre igualmente à ideia de que o pagamento de uma pensão alimentar pelo marido a duas mulheres não é desconhecido no direito francês, pois, em caso de divórcio, o marido pode também ter que pagar uma pensão alimentar à primeira mulher. Esta equiparação do divórcio à «poligamia sucessiva» [137] é referida pelo autor para afastar a aplicação da reserva de ordem pública internacional relativamente ao reconhecimento em França do segundo casamento de Chemouni.

---

[135] Cf. *Réflexions*..., p. 186: «(...) il y a bien eu dans le fond interprétation adaptative du droit interne» (cf. *supra*, n. 33, 5.º §); cf. ainda *ibidem*, p. 187: «(...) il y a lieu d'adapter l'interprétation des lois internes en vue de leur application à des rapports internationaux».

Note-se que o autor, contrariamente ao que sustentámos *supra*, n.º 9, n. 23 e n. 33, 1.º §, parece conceber a adaptação das normas materiais como um problema de *interpretação*.

[136] Cf. *Réflexions*..., p. 186; noutro lugar, o ilustre autor fala, a propósito deste caso, de *transposição*: cf. *supra*, n. 41 e, do mesmo autor, «Observations...», p. 5, onde o Prof. H. Batiffol considera a solução do caso Chemouni como «(...) une solution hardie qui consiste à donner au concept de *mariage une signification différente dans les relations internationales* pour admettre l'articulation de la loi applicable à la conclusion de l'union et celle qui régit ses effets» (sublinhado meu).

[136-a] A. Ponsard, p. 994, refere a necessidade de adaptar a lei material francesa, «(...) que mais não fosse, para tomar em consideração o facto de que a pluralidade de uniões restringe os recursos disponíveis do marido».

[137] *Ibidem*; cf. também «Conflits...», p. 197. Como o próprio Prof. H. Batiffol salienta, este argumento foi primeiramente utilizado por R. Jambu-Merlin (*Rev. crit.*, 1958, p. 114), tendo sido em seguida retomado nomeadamente pelo Procurador da República adjunto Flamant (*Rev. crit.*, 1960, p. 378), por G. H[olleaux] (*Rev. crit.*, 1963, p. 571), além do próprio Prof. H. Batiffol.

Finalmente, em relação a este mesmo caso Chemouni, os Professores A. Ferrer Correia [138], G. Kegel [139] e F. Rigaux [140] preferem falar de adaptação ao nível das normas de conflitos: as relações entre os cônjuges serão, neste caso, reguladas pela lei nacional comum dos cônjuges *à data do casamento*, imobilizando-se no tempo o elemento de conexão, criando assim um estatuto fixo em vez de um estatuto móvel, resolvendo-se, por conseguinte, o caso *sub judice* pela supressão pura e simples do conflito móvel [141].

Embora todos os autores referidos concordem com a solução dada pela jurisprudência francesa ao caso Chemouni, divergindo apenas quanto à justificação da solução, parece-nos que a *internationalprivatrechtliche Lösung* dada pelos Professores A. Ferrer Correia, G. Kegel e F. Rigaux é a solução preferível, não tanto porque não existam no direito francês regras materiais aplicáveis ao caso [142], mas porque parece mais correcto que a obrigação alimentar entre casados, neste caso *sui generis* de casamento poligâmico, deve continuar a ser regida pelo estatuto originário das relações entre os cônjuges, que é, além do mais, a lei à sombra da qual a situação jurídica de que deriva a obrigação alimentar se constituiu validamente a seu tempo [143].

---

[138] «Considerações...», pp. 357-358.

[139] *IPR*, p. 203 (solução já defendida pelo autor em 1953: cf. «Begriffs- und...», p. 286, onde defendia expressamente a *internationalprivatrechtliche Lösung)*; cf. também as referências ao Prof. G. Kegel em Prof. A. Ferrer Correia, «Considerações...», p. 357, n. 4, e em J. Schröder, p. 126.

[140] *Le conflit...*, pp. 401-402, que fala de «petrificação» do antigo estatuto.
Sobre outro caso de «petrificação», cf. A. Marques dos Santos, *Reflexões...*, p. 52, n. 111, 2.º §.

[141] Cf. Prof. A. Ferrer Correia, *ibidem*. Isto elimina do mesmo passo qualquer questão de *transposição* ou de *substituição*. Neste sentido, cf. F. Rigaux, citado *supra*, n. 41, último §.

[142] Como pensa G. Kegel, *IPR*, p. 203, e já em 1953 em «Begriffs- und...» pp. 283-284. Tanto na solução de H. Batiffol, como nas de Ph. Francescakis, A. Ponsard ou de G. H[olleaux], as normas materiais francesas consideradas aplicáveis são as que se referem à obrigação alimentar do marido em relação à mulher.

[143] Cf., sensivelmente no mesmo sentido, F. Rigaux, *Le conflit...*, p. 402.

B)

18. O mero jogo das normas de conflitos de leis para solucionar situações jurídicas plurilocalizadas pode ter como consequência a criação de *contradições lógicas* ou de *contradições teleológicas* entre normas materiais provenientes de ordens jurídicas diferentes, convocadas todas elas para regular a questão privada internacional.

O Prof. G. Kegel [144] estabeleceu, a este propósito, uma distinção fundamental entre os casos «assim não *pode* ser» («so *kann* es nicht sein», «Seinswidersprüche», contradições *lógicas*) e os casos «assim não *deve* ser» («so *soll* es nicht sein», «Sollenswidersprüche», contradições *teleológicas*), a que nos referiremos sucintamente a seguir [145].

a) Contradições lógicas

19. Nestes casos, a *justaposição defeituosa* ou a *mútua exclusão* [146] das normas materiais de proveniências diferentes, chamadas pelo direito de conflitos para regular uma questão privada internacional, gera situações de incompatibilidade no plano da lógica formal, a que urge pôr cobro para se obter uma solução formalmente coerente da situação *sub judice*.

Sirvam-nos de exemplo os casos, já referidos [147], da compra e venda de um imóvel sito na Alemanha, sendo a *lex contractus* a lei portuguesa, e o do nacional do Reino Unido que morre intestado e sem parentes sucessíveis, deixando bens imóveis em Portugal.

---

[144] Cf. G. Kegel, *IPR*, pp. 199-201.

[145] J. Kropholler, p. 280, fala, respectivamente, de contradições abertas ou «patentes» (casos «assim não pode ser») e de contradições escondidas ou «latentes» (casos «assim não deve ser»). Este autor, *ibidem*, e P. H. Neuhaus, p. 357, acrescentam uma terceira categoria − a das «discrepâncias normativas qualitativas», que constituem, no entanto, ao que parece, uma categoria particular dos casos «assim não pode ser», no sentido de Kegel (cf. *infra*, n. 164).

[146] Cf. N. Bouza Vidal, p. 32: «(...) cuando la solución a la que nos conducen las normas materiales declaradas aplicables se excluyan mutuamente o se yuxtapongan (...)» (*sic*).

[147] Cf. *supra*, n.os 14 e 16.

No primeiro caso, como o estatuto obrigacional é regido pela lei portuguesa, nos termos do artigo 879.º do CC o vendedor é obrigado a entregar a coisa [alínea *b*)] e o comprador é obrigado a pagar o preço [alínea *c*)]. Mas, como, por um lado, por força do artigo 15.º do CC, a alínea *a*) do artigo 879.º não é aplicável porque – dado o seu conteúdo e a função que desempenha no ordenamento jurídico português – não integra o regime do instituto visado na regra de conflitos do artigo 41.º do CC, que remete para a lei portuguesa, mas sim o do artigo 46.º do CC, o qual não considera competente a lei portuguesa mas sim a lei alemã, e, por outro lado, no direito alemão a transferência de propriedade não se dá por mero efeito do contrato mas carece de um acto real *(Übereignung)*, temos como resultado que, pelo simples funcionamento das normas de conflitos dos artigos 41.º e 46.º do CC, enquanto o comprador é obrigado a pagar o preço, nem por isso lhe é assegurada a transferência da propriedade da coisa comprada e paga. Tal resultado é *logicamente* insustentável e necessita, pois, de modo gritante, de adaptação, que, como se viu *supra*, n.º 14, deverá incidir sobre a alínea *a*) do artigo 879.º do CC.

No segundo caso, nem a Coroa britânica nem o Estado português teriam direito aos bens deixados pelo *de cujus*; do mero jogo das normas de conflitos dos artigos 46.º, por um lado, e 62.º e 31.º, 1, por outro, resultaria – tendo igualmente em conta o artigo 15.º do CC – que nem as normas materiais do direito inglês relativas ao *right to escheat* seriam aplicáveis a bens deixados por um súbdito britânico em Portugal, nem os artigos 2152.º a 2155.º do CC poderiam aplicar-se aos bens deixados em Portugal por um indivíduo de nacionalidade estrangeira. A solução de considerar os imóveis *res nullius*, além de contrária ao espírito de ambos os sistemas jurídicos interessados [148], seria também *logicamente* insuportável, pelo que daí decorria a necessidade inexorável de adaptação, nos termos referidos *supra*, n.º 16.

Os dois casos apresentados são exemplos de «exclusão mútua» ou de vácuo de normas materiais aplicáveis *(Normenmangel)*.

Um caso de «justaposição defeituosa» ou de cúmulo dessas normas *(Normenhäufung)* é o exemplo referido por G. Kegel [149]: se uma alemã e um polaco tiverem um filho ilegítimo e este tiver sido

---

[148] Cf. Prof.ª I. Magalhães Collaço, *Casos práticos*..., p. 56.
[149] Cf. G. Kegel, *IPR*, pp. 78, 199, 206.

reconhecido pelo pai com o acordo da mãe, segundo o DIP alemão [150], o direito material alemão (§ 1705 do BGB) atribuirá o poder paternal unicamente à mãe, enquanto o direito polaco (artigos 72.º, 77.º e 93.º do Código da Família e da Tutela de 25.2.1964) o conferirá ao pai e à mãe conjuntamente, de tal modo que, no dizer de Kegel [151], o pai terá «meio» poder paternal.

A aplicação, neste caso, das normas materiais alemãs e polacas provoca o aparecimento de uma contradição lógica – não é possível a mãe ter o poder paternal *sozinha* e *conjuntamente com o pai* –, que Kegel soluciona, adaptando as normas materiais alemãs, mais «elásticas» do que as polacas, de modo a que o poder paternal da mãe seja limitado e esta o exerça conjuntamente com o pai [152].

No caso inverso a este – filho ilegítimo de mãe polaca e pai alemão – haveria um vácuo de normas materiais, pois o pai não teria o poder paternal, segundo o direito alemão aplicável, e a mãe exercê-lo--ia em conjunto com o pai, de acordo com a lei polaca, o que constituía uma impossibilidade *lógica*; Kegel adapta, neste caso, as normas materiais polacas, atribuindo o poder paternal unicamente à mãe, solução que, aliás, o próprio direito polaco prevê, em caso de morte ou impedimento do pai [153].

b) Contradições teleológicas

20. Nos casos deste tipo não há qualquer impossibilidade, no plano da lógica formal, de levar a cabo as soluções ditadas pela

---

[150] O DIP alemão regula as relações entre os filhos ilegítimos e a mãe pela lei nacional desta (bilateralização da norma unilateral do artigo 20.º, 1.ª parte, da EGBGB – cf. G. Kegel, *IPR*, p. 565). Quanto às relações entre o pai e os filhos ilegítimos, há uma «norma de conflitos não escrita que remete para o estatuto pessoal do pai» («ungeschriebene Kollisionsnorm, die an das Personalstatut des Vaters anknüpft» – G. Kegel, *ibidem*, p. 569; cf. também p. 567, *in fine*). Cf. o que se disse *supra*, n. 92, 2.º §, *in fine*.

[151] *Ibidem*, p. 199: «(...) nach polnischem Recht hat der Vater (halbe) elterliche Sorge».

[152] *Ibidem*, p. 206; cf., em sentido concordante, Prof. A. Ferrer Correia, «Considerações...», pp. 359-360 e n.1 da p. 360.

[153] Sobre este exemplo, cf. G. Kegel, *ibidem*, pp. 29, 78, 198-199, 205-206; o Prof. A. Ferrer Correia, *ibidem*, pp. 358-359, concorda com a solução.

aplicação das normas materiais dos sistemas jurídicos declarados competentes pelas normas de conflitos; as dificuldades resultam da inaceitabilidade dessas soluções, atentos os interesses em jogo no caso *sub judice*, bem como o espírito das ordens jurídicas em presença [154].

A solução que decorre do funcionamento puro e simples das regras de conflitos é inaceitável, não porque seja ilógica, mas por ser flagrantemente injusta e lesiva para os interessados ou para terceiros [155], ponderadas as circunstâncias do caso, e daí decorre a necessidade da adaptação.

Tomemos como exemplo o «Schwedenfall» («caso sueco») [156], quer na sua vertente de cúmulo de normas materiais aplicáveis, quer na de vácuo de normas materiais aplicáveis. É perfeitamente aceitável, no estrito plano lógico [157], que o cônjuge sobrevivo – pela mera aplicação das regras de conflitos dos artigos 53.º, por um lado, e 62.º e 31.º, 1, do CC, por outro – cumule as pretensões do estatuto sucessório inglês e do estatuto matrimonial sueco, ou, pelo contrário, nada receba e fique de mãos vazias, privado quer do direito que, como herdeiro, a lei inglesa lhe reconhece, quer do direito de participar na comunhão conjugal *mortis causa*, estabelecida pelo direito sueco.

Mas tal solução colide com o espírito de ambos os ordenamentos interessados [158], havendo neste caso uma «contradição normativa recíproca», no sentido de Kegel [159]. Por outro lado, bem pode dizer-se

---

[154] Cf. Prof. A. Ferrer Correia, *ibidem*, p. 353, a propósito do «Schwedenfall»: «Dar acolhimento às duas pretensões (...) seria por certo ofender no seu espírito ambas as leis», de onde se infere que a incompatibilidade não é lógica, mas teleológica. Isto mesmo afirma J. Schröder, p. 45, relativamente ao mesmo «caso sueco»: «Logicamente isto é na verdade pensável, teleologicamente não [o] deve ser, de acordo com a intenção de ambas as ordens jurídicas» («Logisch ist dies zwar denkbar, teleologisch soll [es] nach der Intention beider Rechtsordnungen nicht sein»). Cf. ainda G. Kegel, *ibidem*, pp. 200-201.

[155] Cf. N. Bouza Vidal, p. 32: «La aplicación conjunta de las normas materiales *no debe tener lugar*, como ha señalado Kegel, cuando el resultado contradictorio es manifiestamente injusto en relación con las partes interesadas, terceros o el propio sistema del foro (...)» (sublinhado no texto).

[156] Cf. *supra*, n.º 15.

[157] Cf. J. Schröder, *supra*, n. 154.

[158] Cf. os autores citados *supra*, n. 154.

[159] Cf. *supra*, n. 68; sobre as «contradições normativas unilaterais», no sentido de Kegel, cf. *supra*, n. 70, 3.º §, e ainda n. 92, 11.º §, onde se dá outro exemplo.

que a primeira solução *(Normenhäufung)* prejudicaria os interesses de terceiros, neste caso, dos (demais) herdeiros do cônjuge pré-defunto, ao passo que a segunda *(Normenmangel)* prejudicaria gravemente o próprio cônjuge supérstite [160].

Daí resulta a indispensabilidade do recurso à adaptação, a que se procede nos termos referidos *supra*, n.º 15.

Sirva ainda de exemplo o seguinte caso, referido por vários autores [161]: segundo a lei do país *A*, os filhos adoptivos são chamados à sucessão dos pais adoptantes e excluídos da sucessão dos pais naturais, ao passo que, nos termos da lei do país *B*, os filhos adoptivos são chamados à sucessão dos pais naturais e excluídos da sucessão dos pais adoptivos.

Se um filho de um nacional do Estado *A* for adoptado por um cidadão do Estado *B*, ele nada receberá a título sucessório (cf. artigos 62.º e 31.º, 1, do CC), pois será excluído da sucessão dos pais naturais pela lei de *A* e da sucessão dos pais adoptantes pela lei de *B* (vácuo de normas materiais aplicáveis); se for um filho de um nacional do Estado *B* que é adoptado por um cidadão do Estado *A*, haverá uma cumulação de direitos sucessórios, pois ele herdará do pai adoptivo, segundo a lei de *A*, e do pai natural, de acordo com a lei do país *B* (cúmulo de normas materiais aplicáveis).

Este caso, que se assemelha ao «Schwedenfall», na medida em que também aqui há uma conexão ou interrelação de questões jurídicas [162] – em cada um dos ordenamentos em presença *os filhos adoptivos são contemplados numa das sucessões* (do pai adoptivo *ou* do pai natural) *porque são excluídos da outra e vice-versa* –, distingue-se, no entanto, dele, porque aqui não se trata de questões jurídicas diferentes, mas da mesma questão jurídica – *a sucessão por morte*. A única regra de conflitos cuja aplicação suscita neste caso problemas

---

[160] Cf. N. Bouza Vidal, *supra*, n. 155.

[161] Cf. Prof.ª I. Magalhães Collaço, *DIP*, II, pp. 440-441; Prof. A. Ferrer Correia, «Considerações...», pp. 361-362; G. Cansacchi, *Le choix...*, pp. 148-149; R. de Nova, «Considerazioni...», pp. 596-597, o qual cita ainda outros autores na n. 46 da p. 596.

[162] No mesmo sentido, cf. Prof. A. Ferrer Correia, *ibidem*, pp. 360-361. Em rigor há uma única questão jurídica neste caso, a sucessão por morte, mas ela é regulada por duas leis diferentes. Cf. a n. seguinte.

de adaptação é a dos artigos 62.º e 31.º, 1, do CC [163]. Este caso constitui uma prova flagrante de que nem sempre a adaptação deriva de um conflito de qualificações, e de que a adaptação se reporta, por conseguinte, a uma problemática mais vasta do que a do conflito de qualificações [164].

É claro que a necessidade de adaptação se faz sentir neste caso, porque se, por um lado, é inadmissível que os filhos adoptivos sejam privados do seu direito de suceder a seus pais – que está contemplado em ambas as ordens jurídicas *A* e *B* –, também não é menos inaceitável a cumulação de direitos sucessórios na pessoa dos adoptados, que os ordenamentos A e *B* quiseram expressamente afastar e tiveram o cuidado de excluir. Portanto, qualquer dessas soluções, embora seja logicamente congruente – não há qualquer ilogismo em excluir alguém da sucessão ou em contemplá-lo duas vezes –, é *teleologicamente* inaceitável porque contrária ao espírito de ambos os sistemas jurídicos em presença [165].

---

[163] É óbvio que há interferências da *adopção* na questão da sucessão por morte – o adoptado só tinha um pai e passa a ter dois –, e é dessas interferências que resulta o cúmulo – ou o vácuo – de normas materiais aplicáveis e a necessidade de adaptação. Mas a adopção é aqui um simples conceito prejudicial que, na hipótese das normas materiais dos ordenamentos *A* e *B*, é pressuposto do chamamento – ou do não chamamento – à *sucessão*, respectivamente. A única questão jurídica que aqui se coloca é, pois, a da sucessão, que é regulada por uma *única norma de conflitos*, e é por isto que, neste caso, não há conflito de qualificações.
No sentido de que o problema de adaptação pode surgir da aplicação *sucessiva* da mesma norma de conflitos, cf. Prof.ª I. Magalhães Collaço, *DIP*, II, p. 442; Prof. A. Ferrer Correia, «Considerações...», p. 334, n. 1 (ao que julgamos), e P. H. Neuhaus, p. 354.

[164] Cf. *supra*, n. 47, 2.º §. Também no caso referido *supra*, n.ᵒˢ 14 e 19, nos parece que não há conflito de qualificações, embora nos pareça existir aí um caso de vácuo jurídico (cf. *supra*, n.º 19); mas a necessidade de adaptação é inegável, pois a contradição normativa é patente.
Também não nos parece que este caso possa ser incluído nas «discrepâncias normativas qualitativas» («qualitative Normendiskrepanzen»), a que se referem P. H. Neuhaus, pp. 357, 359, e J. Kropholler, pp. 280, 285, na medida em que, nestes casos de contradições normativas *patentes*, não há nem cúmulo nem vácuo de normas materiais aplicáveis (na tipologia destes autores, as «discrepâncias normativas qualitativas» parecem ser um *tertium genus*) e o caso em análise é, a nosso ver, um caso de vácuo. As *qualitative Normendiskrepanzen* são, ao que parece, um caso particular das *Seinswidersprüche*, no sentido de Kegel (cf. *supra*, n.º 18).

[165] Neste sentido, Prof.ª I. Magalhães Collaço, *DIP*, II, p. 440; Prof. A. Ferrer Correia, «Considerações...», p. 362; G. Cansacchi, *Le choix...*, p. 148.

Como proceder à adaptação nestas circunstâncias? Neste caso, a adaptação das normas de conflitos parece estar excluída, porque apenas está em causa a regra de conflitos relativa à sucessão por morte (artigos 62.º e 31.º, 1, do CC), pelo que se impõe, pois, necessariamente a adaptação das normas materiais de um dos ordenamentos interessados – *A* ou *B* [166].

Mas qual deles deve ser adaptado? De acordo com R. de Nova [167] e o Prof. A. Ferrer Correia [168], devem adaptar-se as normas materiais da lei reguladora da segunda sucessão, pois, no momento em que se abre a primeira sucessão, «(...) não se pode saber com segurança que lei virá a ser chamada a regular a segunda» [169], já que a lei designada pelos artigos 62.º e 31.º, 1, do CC constitui um *estatuto suspenso*, podendo assim variar a lei aplicável à segunda sucessão entre a abertura da primeira e a abertura da segunda, por mudança de nacionalidade do autor desta última.

Esta solução, que nos parece de acolher, é utilizável para resolver quer o *cúmulo*, quer o *vácuo* de normas materiais aplicáveis; no primeiro caso, a adaptação consistirá em não considerar as normas materiais do ordenamento chamado a regular a segunda sucessão que contemplam o filho adoptivo (ou natural), porque ele já foi chamado à sucessão como filho natural (ou adoptivo); no segundo caso, a adaptação cifrar-se-á em estender ao filho adoptivo (ou natural) as normas materiais que, no segundo ordenamento, contemplam o filho adoptivo (ou natural), em virtude de, na primeira sucessão, o adoptado ter sido excluído da sucessão do pai adoptivo (ou natural).

Referidos os casos de contradições normativas que a adaptação visa solucionar, cabe agora mencionar as vias de funcionamento da adaptação, considerada como técnica.

---

[166] Neste sentido, Prof.ª I. Magalhães Collaço, *ibidem*, p. 441; Prof. A. Ferrer Correia, *ibidem*, p. 358, 2.º § e p. 362; G. Cansacchi, *ibidem*, pp. 148-149; A. Baião do Nascimento, p. 118.
[167] «Considerazioni...», pp. 596-597.
[168] «Considerações...», p. 362.
[169] Prof. A. Ferrer Correia, *ibidem*, p. 362; cf., no mesmo sentido, R. de Nova, *ibidem*, p. 597: no momento da abertura da primeira sucessão poderia haver «(...) mancanza (...) di dati sicuri e non meramente ipotetici».

C)

21. Embora, em última análise, a adaptação vise corrigir o resultado da aplicação das *normas materiais* ao caso concreto [170], tal correcção pode operar-se por duas vias.

A adaptação pode assim incidir directamente sobre normas materiais, quer estrangeiras, quer do foro *(materiellprivatrechtliche Lösung*, no sentido de Kegel) [171], ou agir directamente sobre as próprias normas de conflitos *(internationalprivatrechtliche Lösung*, no sentido de Kegel) [172-173], embora se trate, em ambos os casos, de obter ou construir uma solução congruente ao nível da aplicação das normas materiais dos ordenamentos convocados pelas normas de conflitos [174].

---

[170] E não corrigi-las como tais. Cf. J. Kropholler, p. 279: «Die Anpassung korrigiert nicht Normen als solche, *sondern das Ergebnis ihrer Anwendung im Einzelfall*» (sublinhado meu).

[171] Cf. G. Kegel, *IPR*, pp. 201, 205-207; cf. ainda *supra*, n. 78 e texto correspondente.

[172] Cf. G. Kegel, *IPR*, pp. 201, 203-205; cf. ainda *supra*, n. 73 e texto correspondente.

[173] J. Kropholler, p. 279, n. 3, chama a atenção para o facto de estas designações serem utilizadas *brevitatis causa* («verkürzend»).

[174] N. Bouza Vidal, pp. 16, 34-35, distingue a adaptação *directa* (adaptação das normas materiais) da adaptação *indirecta* (adaptação das normas de conflitos).

Em sentido diferente, J. Schröder, pp. 61-65, estabelece uma distinção entre adaptação *interna* e *externa* (*«interne» und «externe» Anpassung)*: a adaptação interna (pp. 61-62) é a que incide sobre o direito declarado aplicável pelo direito do foro: «Angepaβt werden nur die Rechtsnormen, welche (...) das jeweilige Forumsrecht zur Anwendung beruft». Essa é a adaptação em sentido corrente, que incide sobre as normas de conflitos do foro, sobre as normas de conflitos estrangeiras «chamadas» pelas normas de conflitos do foro e sobre as normas materiais internas ou estrangeiras. Nesta adaptação «interna», Schröder abarca assim, como se vê, as duas vias de adaptação referidas no presente n.º.

Por adaptação «externa» entende o autor (p. 63) o «tomar em consideração, como um facto», a «existência de direito estrangeiro não aplicável» por força do DIP do foro, na aplicação do direito «chamado», *i.e.*, declarado competente: «Wie es (...) möglich und üblich ist das Vorhandensein von Tatsachen bei der Anwendung von Rechtssätzen zu berücksichtigen, so kann man (...) auch das Vorhandensein – an sich nicht anwendbaren – ausländischen Rechts bei der Anwendung des berufenen Rechts berücksichtigen. Das nenne ich *externe Anpassung*» (sublinhado meu).

J. Schröder considera que tal norma de direito estrangeiro considerada como um «facto» há-de reportar-se à hipótese de uma norma material aplicável por força do DIP

A questão que se pode colocar é a de saber qual destas modalidades de adaptação tem precedência sobre a outra.

Em primeiro lugar, existem certamente casos em que o recurso à adaptação das normas de conflitos está excluído ou é dificilmente concebível. Assim, no caso referido *supra*, n.º 20 (direitos sucessórios dos filhos adoptivos), estando em causa a aplicação apenas de uma norma de conflitos — a dos artigos 62.º e 31.º, 1, do CC —, não parece possível recorrer à *internationalprivatrechtliche Lösung*, adaptando a regra de conflitos [175].

---

alemão. Trata-se de um caso de «Tatbestandsanpassung» («adaptação da previsão») (p. 65) que é, no fundo, a nosso ver, mais um caso de «adaptação de subsunção», além dos outros que são mencionados pelo autor (cf. *supra*, n. 23, 33, 1.º § e 55).

Schröder dá o seguinte exemplo: o Tribunal Federal alemão (BGH) decidiu em 1958 que um acto, contrário à Lei alemã contra a concorrência desleal *(Gesetz gegen den unlauteren Wettbewerb — UWG)*, praticado por um alemão, num país estrangeiro que o considera lícito, não entra na previsão do § 1 da UWG e não é considerado «contrário à concorrência» («wettbewerbswidrig») para efeitos da aplicação da estatuição dessa norma material (p. 64, n. 1).

A concepção de Schröder relativa à adaptação «externa» postula a consideração do direito estrangeiro como um «facto». Para além de ser controversa, mesmo na Alemanha, a concepção do direito estrangeiro como um facto (cf., aliás, a crítica de E. Steindorff a Schröder, p. 64, n. 1), é incontroverso, entre nós, que o direito estrangeiro é considerado como autêntico direito: cf. artigo 348.º, 1, 2.ª parte, e 2, do CC e artigo 721.º, 3, do CPC; na doutrina, cf. Prof.ª I. Magalhães Collaço, *DIP*, II, pp. 449-450; Prof. A. Ferrer Correia, *Lições*..., p. 589; Prof. J. Baptista Machado, *Lições*..., p. 248.

Mas poderá dizer-se que Schröder se refere ao direito estrangeiro não «convocado» pelo DIP do foro e que, pelo menos em certos casos — entre os quais figuraria o exemplo citado —, essa questão poderá ser satisfatoriamente resolvida, em termos equiparáveis aos deste autor, através da teoria das *normas de aplicação imediata estrangeiras*, matéria de que não podemos ocupar-nos aqui, por estar fora do âmbito deste trabalho; sobre essa questão, cf., por todos, P. Mayer, «Les lois...».

Seja como for, cremos que esta nova extensão da figura da adaptação proposta por J. Schröder não é de aceitar e consideramos o exemplo dado pelo autor como um caso de *substituição* (cf. *supra*, n.º 9); *contra*, Prof.ª I. Magalhães Collaço, *DIP*, II, p. 442, *in fine*.

[175] Como adaptar a norma de conflitos *a si própria?* — pergunta A. Baião do Nascimento, p. 118. Poderia pensar-se, talvez, em *petrificar* (cf. F. Rigaux, *supra*, n. 140) a lei reguladora do estatuto sucessório, regulando, por exemplo, a sucessão por morte pela lei pessoal do progenitor natural (ou adoptivo) *no momento da adopção*. Mas, para além de a necessidade de adaptação, neste caso, ser apenas eventual, dado tratar-se de um *estatuto suspenso* e, por conseguinte, só ser possível aferir da necessidade de adaptação no momento da abertura da segunda sucessão

Outro tipo de hipóteses em que, em princípio, está excluída a adaptação das normas de conflitos é o caso qualificado por P. H. Neuhaus [176] e J. Kropholler [177] como *contradição normativa qualitativa* [178]. Pode servir-nos de ilustração o exemplo referido por estes autores: por abertura da sucessão de um cidadão do Reino Unido regida pelo direito inglês, o herdeiro adquire um direito de *trust* sobre um imóvel sito em Itália. Como tal direito é desconhecido na ordem jurídica italiana [179], há uma discrepância normativa qualitativa, que se traduz numa contradição normativa patente – um caso «assim não pode ser», segundo Kegel –, que só pode ser solucionada através das normas materiais inglesas, e não das normas materiais italianas, dado o princípio do *numerus clausus* em matéria de direitos reais vigente em Itália; assim ao herdeiro caberá um direito «análogo» ao direito de *trust* (um direito de propriedade plena, com limitações do direito de disposição correspondentes às do *trust* inglês) [180-181].

(cf. *supra*, n.º 20), há ainda outra consideração que milita contra tal solução: como sublinha o Prof. A. Ferrer Correia, «Considerações...», p. 361, os direitos sucessórios atribuídos pela lei pessoal dos pais adoptivos (ou naturais) ao filho adoptivo dependem da própria configuração do instituto da adopção no respectivo ordenamento; a atribuição de direitos sucessórios ao filho adoptivo pode implicar a extinção das relações familiares entre este e os pais naturais, bem como a não atribuição de tais direitos pode estar ligada a uma não ruptura dos laços entre o adoptado e a família de origem.

Assim sendo, não se vêem razões *a priori* para favorecer a aplicação da lei pessoal dos pais naturais – ou dos pais adoptivos –, resultado a que conduziria a adaptação da norma de conflitos.

Neste exemplo, embora se trate de um caso de cúmulo ou de vácuo de normas materiais aplicáveis, a solução de DIP (no sentido de Kegel) estaria assim excluída, muito embora J. Kropholler, p. 285, considere que, em tais casos, de um modo geral, são possíveis quer a solução conflitual quer a solução material.

[176] P. H. Neuhaus, pp. 357, 359.
[177] J. Kropholler, pp. 280, 285.
[178] Cf. *supra*, n. 164, 2.º §.
[179] E não alemã – isto é, no direito da *lex fori* –, como diz Kropholler, p. 280; cf. Neuhaus, p. 357, que considera que a discrepância normativa qualitativa é entre o estatuto sucessório e o estatuto real (Nehuhaus situa o imóvel em Espanha e Kropholler em Itália).
[180] P. H. Neuhaus, p. 359; J. Kropholler, p. 285.
[181] Sobre este exemplo, cf. o caso referido por R. Barsotti, *supra*, n. 30, 3.º §.

Na medida em que se trata de «traduzir», em termos de direito material italiano, um instituto do direito inglês, que lhe é desconhecido, parece *prima facie* que

Mas, fora os casos referidos, parece que, em princípio, é admissível, em tese geral, quer a solução de adaptação das regras de conflitos, quer a solução de adaptação das normas materiais.

J. Kropholler [182] considera que, em geral, nos casos de *Normenhäufung* ou de *Normenmangel* são apresentadas soluções conflituais *(kollisionsrechtliche Lösungen)*, isto é, casos de adaptação de normas de conflitos, ao passo que nas «discrepâncias normativas qualitativas» se recorre «em regra» às soluções materiais, isto é, à adaptação das normas materiais aplicáveis. Tal não exclui, segundo cremos, que nos casos do primeiro tipo seja possível – ou eventualmente mesmo preferível – uma adaptação das normas materiais, ao passo que nos casos do segundo tipo não se vislumbra facilmente que seja possível uma adaptação ao nível das normas de conflitos.

Como quer que seja, já ficaram documentadas neste trabalho tanto a adaptação de normas de conflitos [183], como a adaptação de normas materiais, quer do foro [184], quer estrangeiras [185].

---

nos encontramos perante um caso de «transposição», no sentido de H. Lewald, ou, como ficou dito *supra*, n.º 7 e n. 30, 3.º §, perante um caso de «substituição»; do ponto de vista do direito inglês, trata-se de «transpor» ou «traduzir» o direito de *trust* para os quadros, ou para a «língua» do direito italiano; do ponto de vista deste último, trata-se de saber se um direito de propriedade com limitações equivale ao instituto inglês do *trust*. A questão seria, portanto, de *equivalência* e não de *congruência*, como na *adaptação*.

É, no entanto, duvidoso que possa falar-se de *substituição* neste caso, pois não há aqui qualquer conceito prejudicial, como é típico dessa figura; estamos na fase de *aplicação* do direito e não já na fase de *interpretação*. Este exemplo tenderia assim a dar razão àqueles que, como H. Lewald, distinguem a substituição da transposição e colocam estas duas figuras «na mesma ordem de ideias» (H. Lewald, p. 136) (cf. *supra*, n. 14) da adaptação. No exemplo em análise, tratar-se-ia, pois, de um caso que podia ser considerado como de *transposição* (ideia de equivalência, de tradução de um instituto noutra língua jurídica), ou de *adaptação* [na medida em que há, na fase de aplicação do direito material, um afastamento das normas materiais inglesas, ou, como diz Kropholler (p. 285), «gewisse Abweichungen vom englischen Erbstatut»]. Mas, em rigor, deve notar-se que as normas materiais inglesas *em si mesmas* não são corrigidas ou «adaptadas». A ser assim, haveria neste caso uma transposição *sui generis* e não adaptação.

[182] P. 285.
[183] Cf. *supra*, n.ºˢ 15, 16, 17.
[184] Cf. *supra*, n.ºˢ 14, 19, 20.
[185] Cf. *supra*, n.ºˢ 19, 20.

Admitindo que, em princípio, é possível recorrer quer a um quer a outro método de adaptação, qual deles é preferível em tese geral: a adaptação das regras de conflitos ou a adaptação das normas materiais?

G. Kegel defendeu em 1953 que a «solução de DIP» era, em princípio, de acolher, «(...) porque a perturbação (aplicação de partes de diferentes ordens jurídicas) é causada pelo DIP»[186]. Mas, como acentua com razão Schröder[187], com o apoio de Kropholler[188], «(...) não se trata tanto de saber de onde provêm os conflitos mas sim como podem eles ser resolvidos da melhor maneira».

Mais de três décadas passadas, em 1985, na 5.ª edição do seu Manual, Kegel parece ter inflectido um tanto esta sua anterior posição[189]. O autor considera que a solução de DIP, que tem uma função de «prevenção», através da remoção das fronteiras entre duas regras de conflitos ou da construção de uma nova norma de conflitos, impede que sejam aplicados diferentes direitos materiais, cujas normas entram em contradição entre si[190].

Ao lado desta adaptação *preventiva*, Kegel considera como adaptação *curativa* o ajustamento que, ao nível das normas materiais, «torce» aquelas das quais deriva a contradição normativa, deixando intocadas as normas de conflitos.

---

[186] G. Kegel, «Begriffs- und...», p. 285: «(...) weil die *Störung* (Anwendung von Teilen verschiedener Rechtsordnungen) durch das IPR verursacht ist» (sublinhado no texto). No mesmo sentido, P. H. Neuhaus, p. 358.
No seu curso da Academia de Direito Internacional, em 1964, G. Kegel defendeu a «solução conflitual», mas deu uma fundamentação diferente, que se manteve até hoje: no «(...) problem of *'adjustment'*, the interest of order in a 'real' decision requires that the search for a *conflicts solution* be given priority» (*The Crisis...*, p. 246; sublinhado no texto).
[187] J. Schröder, p. 76: «M. E. kommt es gar nicht so sehr darauf an, woher die Konflikte rühren, als vielmehr darauf, wie sie am besten zu beseitigen sind».
[188] J. Kropholler, p. 286, n. 21.
[189] *IPR*, pp. 201-202.
[190] *Ibidem*, p. 201. O autor fala de uma «qualificação especial para um fim especial, designadamente para a prevenção da contradição normativa» (cf. *supra*, n. 33, 5.º §). Como deixámos dito *supra*, n.º 16 e n. 92, a adaptação distingue-se da qualificação, pois enquanto esta tem um momento inicial de interpretação da norma de conflitos, aquela reporta-se unicamente à fase final de aplicação das normas materiais por força das normas de conflitos; logo, qualifica-se antes de adaptar (cf. Schröder, citação *supra*, n. 33, 3.º §, *in fine*).

Quanto a saber qual das duas vias é a mais correcta, o autor limita-se a dizer que tal depende da ponderação de interesses em cada caso concreto, dando como directiva geral a «lei da mínima resistência», isto é, a necessidade de sacrificar os «interesses mais fracos», para proteger os «interesses mais fortes» [191].

Os interesses em jogo, segundo o autor, são os interesses servidos pela regra de conflitos e que conduziram à contradição normativa. Há ainda o «interesae de ordem» da *harmonia jurídica interna*, designadamente a necessidade de prevenir contradições normativas e, finalmente, o «interesse de ordem» de uma solução «real», isto é, de uma decisão que corresponda às prescrições de uma ordem jurídica e que não seja inteiramente «construída» pelo órgão de aplicação do direito [192].

Kegel chama a atenção para o facto de a manipulação excessiva das normas materiais – para eliminar a contradição normativa – pôr em causa o interesse na obtenção de uma solução «real» e adverte para a necessidade de ponderar se se deve ir até uma solução «irreal» em vez de partir da regra de conflitos [193].

O autor considera que, no caso de se optar pela adaptação das normas materiais, é ainda necessário determinar em qual dos ordenamentos jurídico-materiais deve intervir o ajustamento, de acordo ainda com a «lei da mínima resistência»: a intervenção adaptativa deve ter lugar na ordem jurídica em que ela seja mais «fácil», de modo a garantir que a decisão final seja o mais «real» possível [194].

Se bem interpretamos o pensamento do Professor G. Kegel, parece-nos que o autor – sem abandonar a sua preferência de longa data pela solução de DIP – alterou, no entanto, a fundamentação que dera em 1953 de que tal preferência se justificava pelo facto de as contradições normativas serem provocadas pelas normas de conflitos, justificação que, na verdade, parece assaz formal e pouco satisfatória.

---

[191] *Ibidem*, p. 201: «Welcher Weg der richtige ist, ergibt die Interessenabwägung im Einzelfall. Grundsätzlich muβ man nach dem *Gesetz des geringsten Widerstands* vorgehen: die schwächsten Interessen sind zu opfern, die stärksten zu schützen» (sublinhado no texto).

[192] *Ibidem*, pp. 201-202; cf. também W. Wengler, «Les principes...». p. 604 e n. 1.

[193] *Ibidem*, p. 202; no mesmo sentido, cf. Prof.ª I. Magalhães Collaço, *Da qualificação...*, p. 258; Prof. A. Ferrer Correia, «Considerações...», pp. 340-342.

[194] *Ibidem*, p. 202.

O acentuar da necessidade da obtenção de uma solução «real» e a recusa de uma decisão «irreal», em nome do interesse de ordem, autorizam, porém, a supor que, em princípio, o autor mantém a sua preferência pela adaptação das normas de conflitos [195].

Kropholler é da mesma opinião, não porque a «perturbação» («Störung) seja causada pelo DIP, mas apenas porque, por um lado, é mais simples proceder a «correcções» nas normas de conflitos, e, por outro lado, porque é mais fácil fundamentar o recurso a duas ordens jurídicas existentes do que proceder à construção de novas soluções materiais [196].

Na doutrina portuguesa, tanto a Prof.ª I. Magalhães Collaço como o Prof. A. Ferrer Correia defendem a preeminência da solução conflitual para o problema da adaptação.

A Prof.ª I. Magalhães Collaço [197] entende, por um lado, que tal solução é a «(...) mais conforme com a própria natureza do direito de conflitos, que por essência se traduz num processo de regulamentação indirecta da vida privada internacional», salientando, por outro lado, os riscos de soluções «irreais» (no sentido de Kegel) que a «solução material» faz correr.

O Prof. A. Ferrer Correia [198] prefere a adaptação das regras de conflitos por três razões fundamentais: *a)* das «soluções materiais *ad hoc*» decorrem riscos para a certeza, a previsibilidade e a segurança do direito; *b)* do «princípio universal de direito» de não aplicar às situações jurídicas normas com as quais os interessados não possam contar resulta igualmente a exclusão das soluções *ad hoc*, bem como a recusa em aplicar regras jurídicas «emanadas de uma lei estranha»; *c)* a «solução conflitual» do problema da adaptação favorece sobremaneira a harmonia internacional de decisões, na medida em que está mais talhada para a generalização do que o método concorrente de ajustamento das normas materiais; no fundo trata-se aqui, segundo o ilustre autor, de «(...) elaborar novas regras de conflitos: regras de *segundo grau* ou de *segundo escalão*, que venham resolver as

---

[195] Esta referência à necessidade de uma solução «real» mostra, a nosso ver, que o autor continua a propender a favor de uma solução confitual; cf. *supra*, n. 186, 2.º §, o passo citado do curso dado pelo Professor G. Kegel na Haia em 1964.
[196] J. Kropholler, p. 285.
[197] *Da qualificação...*, p. 258; cf. também *DIP*, II, pp. 441-443.
[198] «Considerações...». pp. 340-342.

situações de *impasse* geradas pelo jogar mecânico das normas primárias»[199] e tenham potencialidades bastantes para se tornarem «(...) princípios de um direito comum aos diversos Estados»[200].

A «solução material» da questão conta, no entanto, igualmente com adeptos ilustres. Por exemplo, W. Wengler considera que, em caso de conflito de deveres, «(...) a necessária correcção não deve operar-se só, ou não deve operar-se tanto, nas normas de conflitos, mas sobretudo no próprio direito material»[201].

J. Schröder também é um acérrimo defensor da adaptação das normas materiais de preferência ao ajustamento das normas de conflitos, na medida em que – segundo ele – esta última via de solução «fecha prematuramente as portas» a um «ajustamento jurídico-material equilibrado»[202].

A. E. von Overbeck[203] é outro autor que se inclina para a adaptação das normas materiais – ou, pelo menos, para uma solução material –, em detrimento da via de solução conflitual, ao menos em certos casos. Em relação ao famoso «Schwedenfall», este autor, após ter dado o seu acordo de princípio, embora sem grande convicção, à solução «conflitual» de Kegel[204], faz, porém, notar que o sistema da EGBGB (e diga-se de passagem que o mesmo poderia ser dito pelo autor em relação aos artigos 53.º e 62.º e 31.º, 1, do CC), «(...) ao ligar a sucessão à lei nacional no momento da morte e o regime matrimonial à lei nacional no momento do casamento, é defeituoso», pois «(...) a liquidação do regime matrimonial e a repartição da sucessão após a morte de um dos esposos formam um conjunto»[205].

A. von Overbeck admite, em princípio, a adaptação das normas materiais do foro pelo juiz do foro[206], mas prefere, «(...) si l'on veut

---

[199] *Ibidem*, p. 341 (sublinhado no texto).
[200] *Ibidem*, p. 342.
[201] W. Wengler, «Die Beachtlichkeit...», p. 73: «Ich selbst bin der Auffassung, daβ die angesichts eines aktuellen Pflichtenkonflikts notwendige Korrektur nicht nur, bzw. nicht so sehr an der Kollisionsnorm, sondern vor allem am materiellen Recht selbst erfolgen muβ».
[202] J. Schröder, p. 95: «Man schlägt sich (...) durch die kollisionsrechtliche Lösung die Türen zu einem materiellrechtlichen Ausgleich vorzeitig zu».
[203] Pp. 366-370.
[204] P. 367.
[205] *Ibidem*.
[206] P. 368. Mas o autor parece não admitir a adaptação de normas materiais estrangeiras: «(...) peut-on appeler du droit suédois *une règle nouvelle élaborée par*

donner une solution matérielle, (...) parler carrément d'une *règle de droit international privé matériel*» [207], a qual, em vez de adaptar as normas materiais em presença, «réglerait directement la situation du conjoint survivant dans un cas intéressant les deux pays» [208]. Tal norma material de DIP «(...) ferait en quelque sorte la moyenne entre les législations des deux pays» [209], podendo o cônjuge sobrevivo obter a média dos montantes que receberia se o regime matrimonial e a sucessão fossem regulados inteiramente pela mesma lei [210]. Mas admitindo o carácter «demasiado esquemático» desta solução, A. von Overbeck acaba por completar a solução «conflitual» de Kegel com a «elaboração de regras materiais complementares» que tivessem em conta, designadamente, a vontade das partes, no caso de o regime matrimonial ter carácter convencional [211].

---

un juge étranger?» (*ibidem*, sublinhado meu). A este respeito cabe acentuar de novo, com J. Kropholler, p. 279, que «a adaptação não corrige as normas como tais, mas sim o resultado da sua aplicação no caso concreto» (*supra*, n. 170).

Por outro lado, e contrariamente ao que afirma G. Cansacchi, (*Scelta...*, pp. 12-
-19; *Le choix...*, pp. 115-116), a adaptação de normas materiais estrangeiras não prova de modo algum a «recepção» ou «incorporação» dessas normas no ordenamento jurídico do foro, por força das regras de conflitos; cf., no mesmo sentido que Cansacchi, R. Barsotti, p. 13: «immissione nel foro di norme materiali straniere» – (cf. também *supra*, n. 50). Não admira que estes autores recorram frequentemente à aplicação da *lex fori* para resolver dificuldades de adaptação: cf. G. Cansacchi, *Scelta...*, pp. 264, 267; *Le choix...*, pp. 142-143, 145-146; R. Barsotti, p. 104 (em todo o caso, Cansacchi é mais moderado do que Barsotti).

Pode dizer-se, em relação a estes autores, que a sua concepção das normas de conflitos como veículos de inserção de direito material estrangeiro no ordenamento do foro (unilateralismo extroverso) condiciona decisivamente a sua visão da figura da adaptação, nos termos da qual se privilegia o ajustamento das normas materiais. Para uma crítica de Cansacchi, cf. J. Schröder, p. 68.

Finalmente, cf. a resposta de E. Rabel, citado por Schröder, p. 68, à questão de von Overbeck relativa à admissibilidade da adaptação do direito estrangeiro: «After all, why can the foreign rule not simply come into court without crutches? Is it not sufficient that the court's own conflicts rule orders application?».

[207] P. 368 (sublinhado meu).
[208] *Ibidem*.
[209] *Ibidem*.
[210] P. 369; para outras soluções materiais deste tipo, cf. J. Kropholler, p. 284 e n. 14 a 18.
[211] P. 369.

N. Bouza Vidal é outra autora que defende a supremacia das soluções materiais face às soluções conflituais em matéria de adaptação [212]. Com efeito, na sua tese de doutoramento sobre este tema, a autora entende que a adaptação «respeitosa para com a técnica conflitual», nos casos do tipo do «Schwedenfall», leva os tribunais, por «tendência congénita», a maximizarem o âmbito de aplicação da lei do foro. Daí que ela proponha, de preferência, a adaptação de normas materiais, numa linha que, cremos nós, se filia em A. von Overbeck.

Tendo passado em revista as opiniões dos principais autores que se debruçaram sobre esta questão, que posição deveremos nós tomar em relação a ela?

Em primeiro lugar, cabe referir que, em certos casos, estando excluída a adaptação das normas de conflitos, só uma solução material é possível. Mas nos outros casos, em que são admissíveis, em tese geral, tanto uma solução de DIP como uma solução de direito material, qual delas deve ter a primazia?

O dizer-se, como Kegel disse em tempos [213], que a solução conflitual é preferível, porque a desarmonia ou a antinomia normativa são causadas pelo direito de conflitos, não nos parece convincente, pois do que se trata obviamente é de encontrar a melhor solução para o problema que se coloca ao órgão de aplicação do direito, independentemente de saber como surgiu tal problema [214].

A nossa propensão de princípio, para recorrer, nestes casos, à solução conflitual deve-se antes a uma consideração da sua maior praticabilidade e exequibilidade, à ideia de que ela garante uma solução *unitária*, com base numa das ordens jurídicas em presença [215], e se aproxima portanto bastante mais do objectivo de obter uma solução «real» [216] do que as vias de solução material que pecam ainda, como aliás o próprio

---

[212] N. Bouza Vidal, pp. 34-35, 175, 197-198.

[213] Cf. *supra*, n. 186 e texto correspondente.

[214] J. Schröder, p. 76; J. Kropholler, p. 286, n. 21; cf. *supra*, n. 187 e 188 e texto correspondente.

[215] Cf. *supra*, n. 198 a 200 e texto correspondente, a importância desta circunstância para o Prof. A. Ferrer Correia; cf. ainda, no mesmo sentido, J. Kropholler, p. 285; N. Bouza Vidal, pp. 174-175, embora reconheça este facto, não vê nele razão suficiente para abandonar a sua preferência pelas soluções de «adaptación mediante la creación [en manos del juez] de una norma material *ad hoc*» (p. 175).

[216] G. Kegel, *IPR*, pp. 201-202 (cf. *supra*, n. 192 a 195 e texto correspondente); cf. também J. Kropholler, p. 285, *in fine*. A solução é «real», por oposição a «irreal», ou «construída», *i.e.*, que não corresponde a nenhum dos sistemas jurídicos em presença.

von Overbeck reconhece [217], pelo seu casuísmo, com a consequente incerteza e insegurança do direito que acarretam, sem acrescentarem nada — talvez antes pelo contrário — em matéria de *harmonia internacional de decisões*. Este último objectivo, de cunho autenticamente internacionalprivatista, é particularmente acentuado na argumentação do Prof. A. Ferrer Correia em prol da solução conflitual, e não pode deixar de impressionar [218].

Resta acrescentar que, nos casos de adaptação de normas materiais — ou porque está excluída a solução conflitual ou porque, ponderadas as circunstâncias do caso, a solução pela via «material» é preferível —, esta pode incidir quer sobre as normas materiais do foro [219], quer sobre as normas materiais estrangeiras [220], porque tal é comandado pelo princípio da *paridade de tratamento* entre a lei do foro e a lei estrangeira [221].

Assim são de rejeitar sem qualquer hesitação tanto as opiniões dos autores que apenas aceitam a adaptação de normas materiais do foro [222], como aquelas vozes que apenas admitem a adaptação de normas materiais estrangeiras [223].

Descritas sucintamente as vias de funcionamento da adaptação, cabe agora confrontar esta figura com a da ordem pública internacional.

---

[217] Pp. 369-370.
[218] «Considerações...», pp. 340-342; cf. supra, n. 198 a 200 e texto correspondente.
[219] Cf. supra, n. 184 e texto correspondente.
[220] Cf. supra, n. 185 e texto correspondente.
[221] Neste sentido, cf. J. Schröder, p. 66: «Wendet man überhaupt ausländisches und deutsches Recht nebeneinander an, so haben sie hinsichtlich der grundsätzlichen Möglichkeit einer Anpassung als *gleichberechtigt* zu gelten» (sublinhado meu); cf. também J. Kropholler, p. 287 e n. 26; G. Kegel, IPR, pp. 205-207.
[222] Cf. A. von Overbeck, supra, n. 206 e texto correspondente.
[223] Cf. G. Broggini, citado por J. Schröder, p. 66, que fala acerca «(...) der Anpassung, d. h. der notwendigen Modifizierung der *ausländischen materiellen Norm* vor ihrer inländischen Anwendung» (sublinhado meu); cf. também supra, n. 206, 2.º e 3.º §§, as observações acerca de G. Cansacchi e R. Barsotti.
O Prof. J. Baptista Machado, no seu trabalho «Problemas na aplicação do direito estrangeiro — Adaptação e substituição», tanto pelo título como por alguns passos do estudo (*v.g.*, pp. 330-331: «Esta actividade requer, por parte do juiz, um bom conhecimento do *direito estrangeiro a adaptar*, e o interesse da segurança jurídica pede que se limite ao mínimo a *alteração introduzida no conteúdo da lei estrangeira*» — sublinhados meus) poderia aparentemente ser incluído entre os autores que só admitem a adaptação das normas materiais estrangeiras. Mas julgamos que não é assim, pois o ilustre autor, a propósito de um caso decidido pelo Tribunal de Veneza em 1932, admite expressamente a adaptação do direito material italiano, isto é, das normas materiais da *lex fori* (*ibidem*, pp. 335-336).

D)

22. As figuras da adaptação e da ordem pública internacional apresentam incontestavelmente certas semelhanças [a)], mas não é menos certo que as diferenças entre elas [b)] permitem distingui-las com nitidez.

a) Semelhanças entre a adaptação e a ordem pública internacional

23. Das semelhanças entre a adaptação e a ordem pública internacional, cabe referir, designadamente, as seguintes:

i) Ambas as figuras se reportam à fase de aplicação do direito material, após o funcionamento das normas de conflitos de leis, e visam esta aplicação, não em termos gerais, mas em função do caso concreto [224].

ii) Quer uma quer outra dirigem-se, portanto, não contra certas regras materiais como tais, mas «contra o resultado concreto da sua aplicação no caso singular» [225].

iii) Tanto a adaptação como a ordem pública têm carácter excepcional [226]; na concepção savigniana de ordem pública internacional, plasmada, v.g., no artigo 22.º do CC, o carácter de reserva, limite ou excepção da ordem pública à aplicação da lei estrangeira normalmente competente não oferece dúvidas [227]; quanto à adaptação, a sua intervenção, na fase de aplicação do direito material – qualquer que seja o processo técnico de que ela se socorra, isto é, quer se trate da solução de DIP quer da solução material –, tem carácter excepcional, pois, na maior parte dos casos, a conjugação das normas materiais aplicáveis, por força das regras de conflitos, a uma situação jurídica plurilocalizada, não oferece grandes dificuldades, no que toca à compatibilidade e à congruência das soluções materiais.

---

[224] Cf. J. Kropholler, p. 286 e n. 22, que acrescenta que ambas as figuras pertencem a uma segunda fase do processo de «descoberta do direito» («Rechtsfindung»), após a qualificação, a qual pertence à primeira fase.
[225] J. Kropholler, p. 287.
[226] Cf. Prof.ª I. Magalhães Collaço, *DIP*, II, pp. 435-436; J. Kropholler, p. 286.
[227] Cf. Prof.ª I. Magalhães Collaço, *DIP*, II, pp. 418-422, 435; Prof. A. Ferrer Correia, *Lições...*, pp. 559-560; Prof. J. Baptista Machado, *Lições...*, pp. 258-259.

iv) Tanto na adaptação como na ordem pública internacional há um momento irredutivelmente subjectivo, decisionista, por parte do órgão de aplicação do direito. Na ordem pública é inquestionável o seu carácter casuístico, a sua intervenção em função de um juízo de valor, referido ao caso concreto, sobre a inaceitabilidade *hic et nunc* da aplicação da lei estrangeira normalmente competente [228]. Mas também na adaptação a decisão sobre qual a solução que em concreto será dada ao problema da incongruência lógica ou teleológica entre normas materiais de ordens jurídicas diferentes é uma «decisão valorativa» («Wertentscheidung»), de tal modo que é «inegável» a existência de um «momento subjectivo, decisionista» [229].

Resta acrescentar que, a nosso ver, este juízo de valor emitido, num caso e no outro, pelo órgão de aplicação do direito não significa, de modo algum, que ele faça prevalecer as suas concepções pessoais, subjectivas, acerca do funcionamento da reserva de ordem pública internacional ou da solução do problema da adaptação, no caso concreto. O momento irredutivelmente subjectivo ou decisionista consiste em atribuir ao órgão de aplicação do direito a responsabilidade de, *por si*, definir qual a solução que melhor corresponde aos valores objectivados na própria ordem jurídica [230].

v) Tanto na adaptação como na ordem pública internacional, embora em termos diferentes, é inquestionável a intervenção de consi-

---

[228] Cf. Prof.ª I. Magalhães Collaço, *ibidem*, pp. 419-420; Prof. A. Ferrer Correia, *ibidem*, p. 560; Prof. J. Baptista Machado, *ibidem*, p. 265.

[229] Cf. J. Kropholler, p. 283; cf. também I. Schwander, p. 34, que refere a «muito grande liberdade do juiz na adaptação» («die sehr grosse richterliche Freiheit bei der Anpassung»); N. Bouza Vidal, pp. 32-33.

[230] Sobre os limites ao subjectivismo e ao decisionismo em sede de adaptação, cf. J. Kropholler, p. 283, o qual entende que, tanto quanto possível, a decisão adaptativa deve ser extraída de uma das duas ordens jurídicas em presença e não de um terceiro sistema e não deve consistir na construção de uma solução inteiramente nova. Também em relação à ordem pública se pode dizer que o órgão de aplicação do direito deve estar atento, para balizar a sua própria decisão, não só às soluções legislativas recentes, mas também às correntes jurisprudenciais e doutrinais dominantes.

Tais precauções, num caso e no outro, embora de natureza diferente, são postuladas «pela vinculação do juiz à lei, bem como pelas exigências da segurança jurídica» (J. Kropholler p. 283); cf. também N. Bouza Vidal, pp. 32-34, que entende que a lei do foro, mais do que o «pessoal sentimento de justiça e equidade do juiz» deve ser o guia para a decisão.

derações de justiça material, para temperar os resultados pouco satisfatórios a que, em certos casos concretos, conduz a justiça predominantemente formal do DIP [231].

A neutralidade de princípio das normas de conflitos de leis, a sua indiferença, na generalidade dos casos, ao conteúdo das normas materiais aplicáveis, ao resultado (material) que decorre da sua aplicação, é uma consequência inevitável do postulado fundamental da justiça de DIP, que consiste, em princípio, em escolher a lei formalmente mais adequada e não aquela que garanta uma solução materialmente mais justa da situação privada internacional.

Os limites que, a título excepcional, tanto a adaptação como a ordem pública introduzem a esta mecânica formal, em princípio «cega ao resultado», representam não só intromissões e temperamentos da justiça material no DIP, mas também «mecanismos correctivos» [232] indispensáveis ao funcionamento deste ramo de direito.

vi) Por último, pode dizer-se ainda que, tanto na adaptação como na ordem pública internacional, o recurso à *lex fori* como «Ersatzrecht» [233] constitui a *ultima ratio*, na falta de soluções mais adequadas ao caso concreto. Se tal é inquestionável em relação à ordem pública internacional, na falta de normas materiais apropriadas da ordem jurídica competente que substituam as que foram afastadas *in concreto* [234], já em relação à adaptação cabe referir que os exemplos de recurso à *lex fori* são, em princípio, menos frequentes ou menos justificados [235] do

---

[231] Cf. Prof.ª I. Magalhães Collaço, *DIP*, I, pp. 31-33; Prof. A. Ferrer Correia, «Considerações...», pp. 341, 356 e segs.

[232] Cf. J. Kropholler, p. 286, que fala de «Korrektur»; cf. também A. von Overbeck, p. 368, e W. Wengler, texto citado *supra*, n. 201.

[233] Cf. J. Kropholler, p. 287.

[234] Cf., entre nós, o artigo 22.º, 2, *in fine,* do CC; cf. igualmente Prof. A. Ferrer Correia, *Lições...*, p. 580; Prof. J. Baptista Machado, *Lições...*, p. 272; em sentido diferente, cf. Prof.ª I. Magalhães Collaço, *DIP*, II, pp. 430-431.

[235] Cf. J. Kropholler, p. 287; J. Schröder, p. 44, em referência a Cansacchi. Cf. também os autores citados *supra*, n. 206, 2.º §. Desses autores, G. Cansacchi é cauteloso na aplicação da *lex fori* [cf. *Scelta...*, p. 264 (recurso à lei do foro em caso de lacuna provocada pela elisão recíproca de duas leis estrangeiras), p. 267 (competência substitutiva da *lex fori*); cf. igualmente *Le choix...*, p. 142], enquanto para R. Barsotti tal recurso à lei do foro é uma solução muito frequente para resolver os problemas da adaptação [p. 104 e n. 125 (recurso à *lex fori como critério geral* e total exclusão das leis estrangeiras em contradição)].

que em relação à ordem pública, salvo os casos em que – não sendo possível recorrer nem à adaptação de normas de conflitos nem à adaptação de normas materiais [236] – seja necessário elaborar normas materiais de DIP do foro para solucionar o problema de adaptação [237].

b) Diferenças entre a adaptação e a ordem pública internacional

24. Expostas as semelhanças entre as duas figuras, cabe agora referir as diferenças que permitem distingui-las com nitidez.

i) A ordem pública internacional limita a aplicação, em concreto, das normas materiais estrangeiras, enquanto a adaptação pode incidir sobre as regras materiais da *lex fori* [238].

ii) A ordem pública internacional só respeita directamente à aplicação de regras materiais, enquanto a adaptação pode incidir sobre as regras de conflitos [239], embora se deva acentuar que a «solução confli-

---

[236] Cf. G. Kegel, *IPR*, p. 202.
[237] Cf. *infra*, II, E). Cf. também G. Kegel, *IPR*, pp. 207-208, e A. von Overbeck, p. 368 e segs. Note-se que, no entanto, estas normas materiais da *lex fori* são expressamente destinadas a regular as relações privadas internacionais; por isso se fala de «normas materiais de DIP»: cf. G. Kegel, *The Crisis...*, p. 250; Prof. A. Ferrer Correia, «Considerações...», p. 356; R. Moura Ramos, pp. 338-343; cf. ainda E. Steindorff, *passim* e especialmente pp. 26-30; A. Bucher, pp. 57-61; *contra*, J. Schröder, p. 96, para quem a elaboração de tais normas é inaceitável ou desnecessária.
[238] Cf. *supra*, n. 184 e texto correspondente.
[239] Cf. *supra*, n. 183 e texto correspondente. De «normas de conflitos do foro» («das eigene Kollisionsrecht») fala J. Kropholler, p. 287. Será talvez por isso que a Prof.ª, I. Magalhães Collaço (*DIP*, I, p. 32, e II, pp. 442-443; *Da qualificação...*, pp. 258-259) considera que a adaptação é, em rigor, um problema de aplicação do direito de conflitos e não uma questão de aplicação do direito (material) estrangeiro, como poderia depreender-se de uma leitura desprevenida do estudo do Prof. J. Baptista Machado, «Problemas...» (mas, cf. o que, a este propósito, se diz *supra*, n. 223, 2.º §). A adaptação como já se viu, não é *só* um problema de DIP, mas é *também* um problema de DIP (cf. *supra*, n.os 1 e 2). Problema da teoria geral do direito, ele surge também no DIP, com a sua fisionomia particular e a sua especificidade e, assim sendo, tanto vale dizer que se trata quer de um problema de direito de conflitos quer de um problema de direito material, como afirmar, com J. Schröder, p. 76, que o problema não é nem de DIP, nem de direito material: «Die Anpassung gehört weder 'ins' IPR noch 'ins' materielle Recht (...). Als (...) Mittel, als Methode, wird sie in allen Rechtsgebieten angewendet» (cf. ainda o passo do mesmo autor, citado *supra*, n. 2).

tual» (adaptação de normas de conflitos) visa corrigir os resultados incongruentes a que chegam as normas materiais, aplicáveis, no caso concreto, por força das regras de conflitos de leis [240].

iii) Na ordem pública internacional está em causa a defesa dos valores de justiça material do ordenamento jurídico do foro, enquanto na adaptação se trata de uma falta de coordenação sistemática entre as normas materiais aplicáveis – da *lex fori* ou da lei estrangeira –, não havendo qualquer referência particular aos valores de justiça material próprios da *lex fori*, mas sim à justiça material *tout court*, que deve reinar igualmente nas relações jurídico-privadas internacionais [241].

iv) A ordem pública internacional implica uma «rejeição», no caso concreto, da aplicação da lei estrangeira normalmente competente, dada a desconformidade do resultado a que, nesse caso, conduzia tal aplicação em relação a uma decisão que respeitasse os valores ético-jurídicos fundamentais, inderrogáveis, do ordenamento do foro [242]; tal ideia de «rejeição» *hoc sensu*, no caso da aplicabilidade em concreto de normas materiais estrangeiras não existe na adaptação [243].

v) Assim sendo, os pressupostos de actuação da ordem pública são mais rigorosos do que os da adaptação [244], o que leva a que haja, na prática, pelo menos em princípio, mais casos de adaptação do que de intervenção da reserva de ordem pública internacional, na medida em que a adaptação não é só admissível nos casos em que estão reunidos os pressupostos de funcionamento da excepção de ordem

---

[240] Cf. *supra*, n.º 21, *in initio*.
[241] Isto significa que o *carácter nacional* (e tendencialmente *nacionalista*) da ordem pública internacional está ausente na problemática da adaptação.
[242] Cf. J. Kropholler, pp. 286-287.
[243] Cf. I. Schwander, p. 34, que afirma que a adaptação intervém quando o resultado da aplicação das normas materiais designadas é «insustentável», ainda que não haja ofensa a princípios fundamentais da *lex fori*: «Das Resultat wäre nach einem Werturteil unhaltbar, auch wenn es im übrigen keineswegs gegen Prinzipien der einheimischen Rechtsordnung verstossen muss».
[244] Cf. J. Kropholler, pp. 286-287: a ordem pública internacional exige uma conexão com a ordem jurídica do foro («Inlandsbeziehung») que não é necessária na adaptação, limita-se a «contradições valorativas fundamentais» («grundlegende Wertungswidersprüche») e reclama um grau considerável de «rejeição» («Ablehnung») da lei estrangeira, na sua aplicação ao caso concreto, o que não acontece em relação à adaptação.

pública internacional, mas antes é indispensável em todos os casos em que seja necessário remover uma qualquer contradição normativa [245].

vi) Quanto à questão de saber se a intervenção da adaptação precede a – ou é posterior à – intervenção da reserva de ordem pública internacional, contrariamente ao que afirmámos noutro lugar [246], entendemos, com J. Kropholler, que, «em regra», a adaptação é lógica e cronologicamente anterior à actuação da excepção de ordem pública [247]. Mas isto não quer dizer que, em certos casos de lacunas abertas pela intervenção da ordem pública, não possa haver, num momento posterior, problemas de adaptação do ordenamento jurídico-material estrangeiro competente (princípio do mínimo dano à lei estrangeira) [248].

---

[245] Cf. J. Kropholler, p. 287, a quem se devem estas últimas precisões; cf. também I. Schwander, p. 34 (cf. *supra*, n. 243).

[246] A. Marques dos Santos, *Sumários*..., p. 239.

[247] J. Kropholler, p. 288; C. E. Dubler, *Les clauses*..., p. 157; *contra*, G. Cansacchi, *Le choix*..., p. 115; N. Bouza Vidal, p. 34; R. Barsotti (cf. *supra*, n. 50).

Como acentua J. Kropholler, esta precedência é evidente quando a contradição normativa se produz entre normas materiais provenientes de duas ordens jurídicas estrangeiras, mas não deixa de existir quando tal contradição se suscita entre a *lex fori* e uma lei estrangeira. J. Kropholler salienta que, neste caso, o resultado «livre de contradições» («widerspruchsfrei») da aplicação da lei estrangeira – em consequência da adaptação, segundo cremos – deve subsistir antes de se determinar a sua compatibilidade *in concreto* com a ordem pública internacional do Estado do foro. O autor pressupõe, neste caso, ao que julgamos, que a adaptação incidiu sobre as normas materiais *estrangeiras*. Mas o mesmo poderia dizer-se – *a pari* ou mesmo *a fortiori* – se a adaptação tivesse incidido sobre as regras materiais do foro, caso em que não se colocava, em relação a essas normas, qualquer problema de ordem pública internacional.

[248] Cf. o artigo 22.º, 2, 1.ª parte, do CC; cf. ainda os Profs. I. Magalhães Collaço, *DIP*, II, pp. 433-434; A. Ferrer Correia, «Considerações...», pp. 339-340; J. Baptista Machado, *Lições*..., p. 272, e «Problemas...», pp. 336-337; G. Cansacchi, *Le choix*..., p. 143; G. Kegel, *IPR*, pp. 311-312. Foi apenas este caso particular que tivemos em vista nos *Sumários*, p. 239. Esta hipótese não deve ser absolutizada, na medida em que pode induzir a pensar que a adaptação só incide sobre normas materiais (e não sobre regras de conflitos), sobre normas materiais estrangeiras (e não sobre regras materiais do foro) e pode não esclarecer devidamente a diferente raiz da adaptação e da ordem pública internacional (cf. os nossos *Sumários*, pp. 236--237). Note-se, no entanto, que o Prof. J. Baptista Machado, que a ele se refere, salienta que «(...) o problema [tem] aqui uma *configuração específica*» («Problemas...», p. 336, sublinhado meu).

Sobre outro tipo de relações entre a ordem pública internacional e a adaptação – esta pode ser reclamada por aquela –, cf. F. M. Azevedo Moreira, *Da questão*..., p. 331, n. 1.

E)

25. O problema da adaptação foi até agora encarado na perspectiva da Ciência do Direito e as soluções preconizadas ou apontadas são propostas doutrinais, formuladas no plano *de lege ferenda*. Cabe agora tecer algumas breves considerações sobre as eventuais soluções legislativas ou para-legislativas ao problema da adaptação.

A adaptação é uma matéria que não está ainda suficientemente clarificada [249], para que o legislador se possa aventurar na sua consagração legislativa. De qualquer modo, a supressão ou resolução das contradições normativas que tornam necessária a adaptação é um «dever» para o órgão de aplicação do direito, que é geralmente reconhecido [250].

A necessidade de proceder à adaptação sem norma expressa que o autorize [251] decorre da inaceitabilidade das contradições normativas, dos cúmulos ou vácuos de normas materiais aplicáveis, por força do funcionamento circunstancial das regras de conflitos de leis [252].

Tal como acontece nas relações puramente internas, o órgão de aplicação do direito — a quem é reconhecida neste domínio uma «faculdade quase-legislativa» [253] — tem o dever de preencher as lacunas, sejam elas lacunas próprias ou antes lacunas de colisão.

Deixar passivamente funcionar os meros mecanismos conflituais equivaleria muitas vezes a uma denegação de justiça, especialmente nos casos em que as normas de conflitos provocam um vácuo jurídico, contra o espírito e a própria letra expressa de ambos os sistemas jurídicos interessados.

---

[249] Cf. Prof.ª I. Magalhães Collaço, *DIP*, II, p. 443; Prof. J. Baptista Machado, «Problemas...», pp. 329, 331; H. Lewald, p. 137 (cf. *supra*, n. 11 e texto correspondente); J. Kropholler, p. 289.

[250] Cf. Prof. A. Ferrer Correia, «Considerações...», p. 332; Prof. J. Baptista Machado, «Problemas...», p. 338; J. Schröder, pp. 32-36; I. Schwander, p. 34; J. Kropholler, p. 289.

[251] Cf. R. Moura Ramos, pp. 335-336.

[252] Cf. Prof. A. Ferrer Correia, «Considerações...», p. 332; Prof.ª I. Magalhães Collaço, *DIP*, II, p. 443; Prof. J. Baptista Machado, «Problemas...», p. 330; G. Cansacchi, *Scelta...*, pp. 11-12; J. Schröder, pp. 32-33; I. Schwander, p. 34; J. Kropholler, p. 289.

[253] Prof. J. Baptista Machado, «Problemas...», p. 330.

As contradições normativas – no DIP ou em outros ramos de direito – devem ser resolvidas «através de critérios jurídicos» [254] que preservem a unidade e a coerência do sistema e a adaptação é um deles.

Apesar de este entendimento ser pacífico, mesmo assim há certos casos de resolução por via legislativa de eventuais questões de adaptação.

Na discussão que faz acerca das vias de funcionamento da adaptação, Kegel considera que há casos que são insusceptíveis de resolução, quer pela adaptação das normas de conflitos, quer pela adaptação das normas materiais, pelo que a única solução que então resta é a elaboração de *normas materiais de DIP* [255].

Um dos casos que Kegel refere a esse propósito [256] é o das presunções inconciliáveis de sobrevivência. O autor cita, como exemplo, o caso seguinte: um pai, de nacionalidade francesa, e uma filha, de lei pessoal inglesa, morrem ambos num acidente de avião. Suscitando-se a questão da sucessão de pai e filha, é aplicável, para regular tal questão, a lei pessoal de cada um deles, ou seja, respectivamente, a lei francesa e a lei inglesa (cf., entre nós, o artigo 62.º e 31.º, 1, do CC). Mas a resolução da questão sucessória depende de saber qual dos dois – pai ou filha – sobreviveu ao outro. Relativamente às presunções de sobrevivência rege também a lei pessoal do interessado, isto é, em relação ao pai a lei francesa e relativamente à filha a lei inglesa (cf., entre nós, os artigos 26.º, 1, e 31.º, 1, do CC). De acordo com a lei francesa, presume-se que a filha sobreviveu, enquanto, segundo o direito inglês, a presunção é no sentido da sobrevivência do pai. Tal contradição normativa é lógica, do tipo «assim não pode ser», na distinção de Kegel.

Kegel considera que não é possível nesta «situação de equilíbrio» ajustar as normas de conflitos – sobre as sucessões ou sobre as presunções de morte ou de sobrevivência – e que seria «irreal» tentar qualquer adaptação das normas materiais. A única solução, segundo o autor, é a de criar uma *norma material de DIP*, baseada no § 11 da *Verschollenheitsgesetz* [Lei da ausência], que estabeleça a presunção de que pai e filha faleceram ao mesmo tempo.

---

[254] Cf. Prof. A. Ferrer Correia, «Considerações...», p. 333.
[255] Cf. G. Kegel, *IPR*, p. 202, e *The Crisis...*, p. 250; no mesmo sentido, cf. A. von Overbeck, p. 368 e segs.; *contra*, J. Schröder, p. 96.
[256] Cf. G. Kegel, *IPR*, p. 208.

Esta solução, defendida desde há muito por Kegel [257], que poderia ser aceite por Cansacchi [258], e foi adoptada por Fragistas [259] – embora com uma fundamentação diferente – e por Bauer [260], foi vivamente combatida por Schröder, que considera, em substância, que a adaptação que incida sobre normas materiais dos ordenamentos interessados só pode criar direito material que pertença a essas mesmas ordens jurídicas e não pode, por conseguinte, criar novas normas materiais no próprio DIP do foro [261]. Uma coisa – diz Schröder – são os «princípios fundamentais» (de solução) da adaptação que é necessário ir buscar ao DIP, porque é este que cria o problema da contradição normativa entre as normas materiais pertencentes a ordenamentos jurídicos distintos, outra coisa muito diferente – e inaceitável – é elevar tais «princípios» à dignidade de «normas materiais do direito de conflitos» («Sachnormen im Kollisionsrecht») [262].

Esta posição algo conceitualista e apriorística de Schröder – que, aliás, não contestava a justeza das soluções materiais de DIP propostas por Kegel, sem, no entanto, aceitar a respectiva fundamentação [263] – foi posta em causa pelo legislador do CC português, que, no artigo 26.º, 2, consagrou – através de uma remissão para uma norma material do foro, como preconizava Kegel [264] – uma solução para um problema

---

[257] Cf. J. Schröder, p. 46, que se lhe refere já em 1961.

[258] Como diz J. Schröder, p. 46, na medida em que Cansacchi aplicaria a lei do foro (§ 11 da *Verschollenheitsgesetz*; cf., entre nós, o artigo 68.º, 2, do CC) no caso de «elisão recíproca» das duas leis estrangeiras, o que é exacto: cf. *supra*, a citação de Cansacchi, n. 235.

Cf. também R. de Nova, «La commorienza...», pp. 534-535, que se pronuncia pela aplicação da *lex fori* «(...) come sempre quando non riescono a funzionare le norme di diritto internazionale privato», para evitar o «groviglio» («confusão»).

[259] *Apud* J. Schröder, p. 46.

[260] H. Bauer, pp. 542-543.

[261] Cf. J. Schröder, p. 96.

[262] J. Schröder, p. 129, aceita, no fundamental, a solução de Cansacchi («neutralização» de ambas as normas materiais por «elisão recíproca» das duas leis estrangeiras, se a herança não cair «no vazio», e, em última análise, recurso à *lex fori*).

[263] J. Schröder, pp. 96, 129; cf. a nota anterior.

[264] § 11 da *Verschollenheitsgesetz*: cf. G. Kegel, *IPR*, p. 208; J. Schröder, p. 46 (solução que, aliás, este autor aceita em última instância, p. 129); cf. também G. Cansacchi, *supra*, n. 235 e 258, e H. Bauer, pp. 542-543.

específico de adaptação, por meio de uma regra que é inquestionavelmente uma *norma material de DIP* [265].

Fora este e outros eventuais casos pontuais de regulamentação legislativa de problemas de adaptação, não cremos que exista uma qualquer disposição de carácter geral que regulamente esta questão [266].

Pela complexidade dos problemas que a adaptação suscita, não parece ser, por enquanto, possível a qualquer legislador consagrar numa fórmula geral a sua relevância em DIP.

---

[265] Neste sentido, E. Jayme-H. Haack, pp. 90-91, que, no entanto, não concordam com a solução do artigo 26.º, 2, CC, porque as presunções respeitam ao ónus da prova e devem por isso ser submetidas à *lex causae* e não à *lex fori*.

Cf., para outros exemplos de normas materiais de DIP no sistema jurídico português, Prof. A. Ferrer Correia, «Considerações...», p. 371; quanto ao artigo 26.º, 2, do CC, cf., do mesmo autor, *Aditamentos – Nacionalidade...*, p. 161, n. 1.

Sobre as soluções materiais ad hoc (e tal norma do artigo 26.º, 2, do CC parece derivar, como julgamos ter demonstrado, de uma solução desse tipo) escreve o ilustre autor («Considerações...», p. 330): «Não se conclua (...) que em nosso modo de ver a tendência para a adopção de soluções materiais *ad hoc* seja de condenar absoluta e inapelavelmente. Tal não é o caso. Bem sabemos que por vezes é esse o único recurso que se oferece ao órgão aplicador do direito. Simplesmente (...), entendemos que essa via deve ser efectivamente reservada para casos excepcionais».

Para outro caso de adaptação, análogo ao do artigo 26.º, 2, do CC, cf. Prof. J. Baptista Machado, *Lições...*, p. 427.

E. Langen preconiza, por seu lado, um recurso à adaptação, para a criação de um «direito comercial transnacional» *(transnationales Handelsrecht)*, através da elaboração de soluções materiais *ad hoc*, resultantes da combinação do direito do foro e do direito estrangeiro, «na medida em que a liberdade contratual o permite e para os fins do contrato» (pp. 2232-2233).

[266] O projecto apresentado por H. P. Dietzi, no seguimento de uma proposta de F. Vischer relativa a uma *cláusula geral de excepção* que abrangesse a *adaptação* e a *ordem pública internacional* não foi acolhida nem no artigo 14.º nem no artigo 16.º do projecto suíço de Lei Federal sobre o DIP, que se prevê dever entrar em vigor brevemente [cf. *infra, Recensão bibliográfica*, p. 203 ss. da presente colectânea – *Dezembro de 1997*].

O projecto de Dietzi determinava o seguinte, na parte que ora interessa: «Ausnahmsweise kann anstelle des von der Kollisionsnorm berufenen ein anderes Recht angewendet werden, wenn (...) *die Vermeidung widersprüchlicher Ergebnisse dies dringend erheischen* sowie wenn das Ergebnis gegen grundlegende Prinzipien des einheimischen Rechts verstößt» [«Excepcionalmente pode ser aplicado outro direito em vez do direito designado pela norma de conflitos, se (...) *tal for imperativamente exigido para evitar resultados contraditórios*, bem como se o resultado infringir princípios fundamentais do direito nacional» (sublinhado meu)]. Sobre este texto, cf. P. H. Neuhaus, p. 377; J. Kropholler, p. 289, n. 30.

Será em função dos desenvolvimentos jurisprudenciais e doutrinais nesta matéria que as soluções se decantarão até alcançar o grau de «condensação» que permita formular uma solução legislativa de carácter geral.

Até lá, cabe aos órgãos de aplicação do direito proceder às «decisões valorativas» que a adaptação exige [267].

CONCLUSÃO

26. Ao longo deste trabalho, procurou-se, através de um diálogo com os principais autores que se debruçaram sobre o tema, delimitar a figura da *adaptação* em DIP – tarefa árdua, dado o carácter multiforme do fenómeno num ramo de direito que, por definição, tem por missão combinar harmoniosamente normas materiais provenientes de sistemas jurídicos diferentes.

A figura da adaptação foi por nós distinguida de outras questões, às quais aparece por vezes associada, como a *qualificação*, a *transposição*, a *substituição* e a *ordem pública internacional*. Mas há, como se viu [268], casos-limite, em que a delimitação é problemática ou duvidosa.

Problema que surge na fase de *aplicação* das normas materiais das leis declaradas competentes pelo direito de conflitos, a adaptação distingue-se nomeadamente da qualificação, da substituição e da transposição que, a nosso ver, se situam, parcial ou totalmente, na fase de *interpretação* das regras de conflitos ou das normas materiais.

É tendo em conta esta delimitação que concordamos com P. H. Neuhaus [269] e com J. Kropholler [270] quanto à exclusão do âmbito da adaptação de questões jurídicas que podem ser solucionadas pela via da

---

[267] Cf. J. Kropholler, p. 289.
[268] Cf., v.g., *supra*, n. 181.
[269] Cf. P. H. Neuhaus, pp. 357-358.
[270] Cf. J. Kropholler, pp. 280-282.

interpretação (ou da integração) de normas materiais [271] ou de regras de conflitos [272].

---

[271] Um exemplo muito divulgado na doutrina e ao qual J. Kropholler alude (p. 281, n. 8, *in fine*) é o caso – julgado pelo Tribunal de Veneza em 1932 – da viúva suíça que casa em segundas núpcias com um italiano, tendo filhos do primeiro casamento. Os interesses dos filhos são protegidos, segundo a lei suíça, *depois* da celebração do segundo casamento (quando já é aplicável a lei italiana, segundo o DIP do foro) e *antes* do casamento, de acordo com a lei italiana (quando é ainda aplicável a lei suíça, segundo o DIP do foro). Não tendo a viúva podido tomar as medidas exigidas pela lei suíça, antes do casamento, nem as que o direito italiano prescrevia depois do casamento, terá ela perdido o poder paternal?
  A solução geralmente adoptada pela doutrina é a adaptação das normas materiais do direito italiano, de modo que as medidas de protecção dos filhos que a lei italiana prevê para antes do casamento possam ser tomadas *depois* da sua celebração (cf. Prof. A. Ferrer Correia, «Considerações...», pp. 362-363; Prof. J. Baptista Machado, «Problemas...», pp. 335-336; H. Lewald, pp. 137-140; F. Vischer, pp. 131--132; G. Cansacchi, *Le choix...*, pp. 131-132).
  J. Schröder, pp. 22-24 (cf. também pp. 94-95, 118, 122) tem outra solução: a suíça naturalizada italiana pelo casamento perderia, em princípio, o poder paternal, podendo, no entanto, o tribunal italiano decidir posteriormente, de modo definitivo, sobre a manutenção ou perda desse poder, o qual poderia ser mantido, não sendo necessário para tal alterar o direito italiano. Segundo J. Schröder, p. 24, não haveria aqui *adaptação*, ideia que J. Kropholler, *ibidem*, acolhe.
  J. Kropholler fala de «mera interpretação» («bloβe Auslegung») do direito italiano, sendo desnecessária a adaptação.
  Quanto a nós, parece-nos que se trata antes de uma *lacuna* provocada pela sucessão de estatutos e que é por *integração* de tal lacuna que é possível encontrar uma solução para o caso em análise, sem necessidade de recorrer à adaptação. Tal lacuna deve ser integrada na ordem jurídica do novo estatuto, isto é, na lei italiana, que era também a *lex fori*. O passo seguinte de J. Schröder, p. 122, dá um certo apoio a esta ideia: «A *lacuna* nasceu do facto de as medidas correctivas do direito suíço já não serem aplicáveis e de as medidas preventivas do direito italiano ainda não serem aplicáveis» (sublinhado meu) [«Die *Lücke* entstand dadurch, daβ die korrektiven Maβnahmen des Schweizer Rechts nicht mehr, die präventiven Maβnahmen des italienischen Rechts noch nicht anwendbar waren»].
  Igualmente no sentido de que se trata de uma lacuna no direito italiano, cf. R. Quadri, p. 179.
  [272] Para um caso de integração de lacunas numa norma de conflitos, de modo a evitar a adaptação, cf. J. Kropholler, p. 282.
  Seja como for, concordamos com este autor, quando afirma, p. 281, que a *adaptação* deve ser distinguida da *interpretação* e da *integração de lacunas* no direito de conflitos ou no direito material, pelo que, no caso da viúva suíça que casa com um italiano, pensamos que não há adaptação.

Também estamos de acordo com estes autores quando excluem da problemática da adaptação as contradições normativas meramente eventuais, potenciais ou «hipotéticas», isto é, as contradições não actuais [273].

*
* *

Tal como começámos, seja-nos permitido invocar, no final deste trabalho, a lição do Mestre a cuja memória são dedicadas estas páginas, transpondo para a *adaptação* o que ele escreveu acerca do *património*: «O problema parece complexo quando se avista de longe: logo que dele nos acercamos a complexidade depara-se sensivelmente maior» [274].

Cremos que este trabalho — se outro mérito não tiver — permitiu, pelo menos, comprovar a verdade de tal asserção quanto à adaptação em Direito Internacional Privado.

Maio de 1987

---

[273] Cf. P. H. Neuhaus, p. 358, e J. Kropholler, p. 280, que dão o seguinte exemplo: não há adaptação no caso de dois irmãos de nacionalidades diferentes, um dos quais é obrigado a prestar alimentos ao outro pela sua *lex patriae*, ao contrário do que acontece com este último, cuja lei nacional não estabelece essa obrigação. Não há adaptação, diz Neuhaus, p. 358, porque a contradição é «hipotética» e não *«in concreto»*; Kropholler, p. 279, justifica a solução de não adaptação, porque esta visa corrigir, não as normas materiais, mas sim o resultado da sua aplicação (cf. *supra*, n. 170); *contra*, J. Schröder, p. 116, que considera tais casos, que ele denomina «latente Gleichgewichtsstörungen» («perturbações latentes do equilíbrio»), como merecedores de adaptação; tal como Schröder, A. Baião do Nascimento, p. 116, também considera que tais casos são susceptíveis de adaptação.

[274] Prof. Paulo Cunha, *Do Património*, p. XII.

PRINCIPAIS ABREVIATURAS

BGB	*Bürgerliches Gesetzbuch* (Código Civil Alemão)
BGH	*Bundesgerichtshof* (Tribunal Federal Alemão)
CC	Código Civil
Clunet	*Journal du droit international*
CPC	Código de Processo Civil
DIP	Direito Internacional Privado, Droit international privé
EGBGB	*Einführungsgesetz zum Bürgerlichen Gesetzbuche* (Lei de Introdução ao Código Civil Alemão)
IPR	*Internationales Privatrecht* (Direito Internacional Privado)
n.	nota, notas
NJW	*Neue Juristische Wochenschrift*
PIL	*Private International Law* (Direito Internacional Privado)
RCADI	*Recueil des Cours de l'Académie de Droit International*
Rev. crit.	*Revue critique de droit international privé*
RLJ	*Revista de Legislação e de Jurisprudência*
segs.	seguintes
ZVglRWiss	*Zeitschrift für Vergleichende Rechtswissenschaft einschließlich des Rechts der Entwicklungsländer und der ethnologischen Rechtsforschung*

REFERÊNCIAS

AGO, R. – *Règles générales des conflits de lois*, RCADI, t. 58, 1936-IV, pp. 243--469.

AZEVEDO MOREIRA, F. M. – «Breves considerações sobre os limites da substituição», *in Revista de Direito e de Estudos Sociais*, 1967, pp. 85-105.

AZEVEDO MOREIRA, F. M. – *Da questão prévia em Direito Internacional Privado*, Coimbra, Centro de Direito Comparado da Faculdade de Direito, 1968.

BAIÃO DO NASCIMENTO, A. – *Do concurso de normas*, Lisboa, Centro de Estudos Fiscais, 1971 (*Cadernos de Ciência e Técnica Fiscal*, n.º 97).

BAPTISTA MACHADO, J. – «Problemas na aplicação do direito estrangeiro – Adaptação e substituição», *in Boletim da Faculdade de Direito de Coimbra*, vol. XXXVI, 1960, pp. 327-351.

BAPTISTA MACHADO, J. – *Lições de Direito Internacional Privado*, Coimbra, Almedina, 2.ª edição, 1982.

BAPTISTA MACHADO, J. – *Introdução ao Direito e ao Discurso Legitimador*, Coimbra, Almedina, 1983.

BARSOTTI, R. – *Confronto e collegamento* in foro *di norme materiali straniere*, Pádua, CEDAM, 1974.

BATIFFOL, H. – *Réflexions sur la coordination des systèmes nationaux*, RCADI, t. 120, 1967-I, pp. 165-190.

BATIFFOL, H. – «Conflits mobiles et droit transitoire», *in Choix d'articles rassemblés par ses amis*, Paris, LGDJ, 1976, pp. 189-198.

BATIFFOL, H. – «Observations sur certaines transpositions en droit international privé», *in Festschrift für Karl Firsching zum 70. Geburtstag*, Munique, C. H. Beck, 1985, pp. 1-8.

BATIFFOL, H.-LAGARDE, P. – *Droit international privé*, t. I, Paris, LGDJ, 6.ª edição, 1974; t. II, 6.ª edição, 1976.

BAUER, H. – «Les traités et les règles de droit international privé matériel», *in Rev. crit.*, 1966, pp. 537-574.

BOUZA VIDAL, N. – *Problemas de adaptación en derecho internacional privado e interregional*, Madrid, Tecnos, 1977.

BUCHER, A. – *Grundfragen der Anknüpfungsgerechtigkeit im internationalen Privatrecht (aus kontinentaleuropäischer Sicht)*, Basileia/Estugarda, Helbing & Lichtenhahn, 1975.

CANSACCHI, G. – *Scelta e adattamento delle norme straniere richiamate*, Turim, Istituto Giuridico della R. Università, 1939.

CANSACCHI, G. – *Le choix et l'adaptation de la règle étrangère dans le conflit de lois*, RCADI, t. 83, 1953-II, pp. 79-162.

CUNHA, Paulo A. V. – *Do Património*, I, Lisboa, Minerva, 1934.

DUBLER, C. E. – *Les clauses d'exception en droit international privé*, Genebra, Georg – Librairie de l'Université, 1983.

ENGISCH, K. – *Introdução ao pensamento jurídico*, Lisboa, Fundação Calouste Gulbenkian, 3.ª edição, 1977.

FERRER CORREIA, A. – *Lições de Direito Internacional Privado*, Coimbra, 1973, copiograf.

FERRER CORREIA, A. – *Lições de Direito Internacional Privado – Aditamentos – I Nacionalidade – doutrina geral e direito português; – II Lei reguladora do estatuto pessoal*, Coimbra, 1975, copiograf.

FERRER CORREIA, A. – «Considerações sobre o Método do Direito Internacional Privado», in *Estudos vários de direito*, Coimbra, 1982, pp. 309-398.

FERRER CORREIA, A. – «Le principe de l'autonomie du droit international privé dans le système juridique portugais», in *Festschrift für Gerhard Kegel zum 75. Geburtstag 26. Juni 1987*, Estugarda, Verlag W. Kohlhammer, 1987, pp. 119-146.

FERRER CORREIA, A. – «O Direito Internacional Privado Português e o princípio da Igualdade», in *RLJ*, n.º 3755, Junho de 1987, pp. 33-35; n.º 3756, Julho de 1987, pp. 65-68; n.º 3758, Setembro de 1987, pp. 129-135; n.º 3760, Novembro de 1987, pp. 193-195; n.º 3762, Janeiro de 1988, pp. 265-270; cf. também em *Temas de Direito Comercial e Direito Internacional Privado*, Coimbra, Almedina, 1989, pp. 413-450.

FRANCESCAKIS, Ph. – Anotação a *Tribunal de grande instance de Versailles (2e Chambre)*, 2.2.1960, in *Rev. crit.*, 1960, pp. 384-387.

HECK, Ph. – «Buchbesprechung» [Recensão da 2.ª edição da *Theorie und Praxis des internationalen Privatrechts*, de L. von Bar, Hannover, 1889], in *Zeitschrift für Handelsrecht*, vol. XXXVIII, 1891, pp. 305-319.

van HECKE, G. – *Principes et méthodes de solution des conflits de lois*, RCADI, t. 126, 1969-I, pp. 399-569.

H[OLLEAUX], G. – Anotação a *Cour de cassation (Ch. civ., 1ère Sect.)*, 19.2.1963, in *Rev. crit.*, 1963, pp. 562-573 [A anotação vem assinada G. H.].

JAMBU-MERLIN, R. – Anotação a *Cour de cassation (Ch. civ., 1ère Sect.)*, 28.1.1958, in *Rev. crit.*, 1958, pp. 111-116.

JAYME, E.-HAACK, H. – «Die Kommorientenvermutung im internationalen Erbrecht bei verschiedener Staatsangehörigkeit der Verstorbenen», in *ZVglRWiss*, 1985, pp. 80-96.

KEGEL, G. – «Begriffs- und Interessenjurisprudenz im internationalen Privatrecht», *in Festschrift Hans Lewald*, Basileia, Verlag Helbing & Lichtenhahn, 1953, pp. 259-288.

KEGEL, G. – *The Crisis of Conflit of Laws*, RCADI, t. 112, 1964-II, pp. 91-268.

KEGEL, G. – *Internationales Privatrecht*, Munique, Verlag C. H. Beck, 5.ª edição, 1985 [citado *IPR*].

KROPHOLLER, J. – «Die Anpassung im Kollisionsrecht», *in Festschrift für Murad Ferid zum 70. Geburtstag*, Munique, C. H. Beck, 1978, pp. 279-289.

LAGARDE, P. – *Recherches sur l'ordre public en droit international privé*, Paris, LGDJ, 1959.

LAINÉ, A. – *Introduction au droit international privé*, I, Paris, Librairie Cotillon, 1888.

LANGEN, E. – «Transnationales Handelsrecht», *NJW*, 1969, pp. 2229-2233.

LEMANT, M. – Alegações perante o *Tribunal de grande instance de Versailles (2e Chambre)*, 2.2.1960, *in Rev. crit.*, 1960, pp. 371-381.

LEWALD, H. – *Règles générales des conflits de lois*, RCADI, t. 69, 1939-III, pp. 1-147.

MAGALHÃES COLLAÇO, I. – *Direito Internacional Privado*, I, reedição, Lisboa, 1966, copiograf. [citado *DIP*, I]; II, Lisboa, 1959, copiograf. [citado *DIP*, II].

MAGALHÃES COLLAÇO, I. – *Da qualificação em Direito Internacional Privado*, Lisboa, 1964.

MAGALHÃES COLLAÇO, I. – *Direito Internacional Privado – Casos práticos de devolução e qualificação*, Lisboa, 1983, copiograf. [citado *Casos práticos...*].

MARQUES DOS SANTOS, A. – *Algumas reflexões sobre a nacionalidade das sociedades em Direito Internacional Privado e em Direito Internacional Público*, Coimbra, 1985.

MARQUES DOS SANTOS, A. – *Direito Internacional Privado – Sumários*, Lisboa, 1985, copiograf. [citado *Sumários*].

MAURY, J. – *Règles générales des conflits de lois*, RCADI, t. 57, 1936-III, pp. 325-567.

MAYER, P. – *Droit international privé*, Paris, Montchrestien, 2.ª edição, 1983 [citado *DIP*].

MAYER, P. – «Les lois de police étrangères», *in Clunet*, 1981, pp. 277-345.

MENEZES CORDEIRO, A. – *Da situação jurídica laboral; perspectivas dogmáticas do Direito do Trabalho*, Lisboa, Ordem dos Advogados, 1982.

MORRIS, J. H. C. – *The Conflict of Laws*, Londres, Stevens and Sons, 3.ª edição, 1984.

MOURA RAMOS, R. M. – *Direito Internacional Privado e Constituição*, in Boletim da Faculdade de Direito de Coimbra, Suplemento XX, Coimbra, 1973 [publicado em 1979], pp. 267-526.

NEUHAUS, P. H. – *Die Grundbegriffe des Internationalen Privatrechts*, Tübingen, J. C. B. Mohr (Paul Siebeck), 2.ª edição, 1976.

NIBOYET, J.-P. – *Traité de droit international privé français*, t. III, Paris, Sirey, 1944.

DE NOVA, R. – «La commorienza in diritto internazionale privato», *in Scritti di Diritto Internazionale Privato*, Pádua, CEDAM, 1977, pp. 523-535.

DE NOVA, R. – «Considerazioni comparative sull'adozione in diritto internazionale privato», *ibidem*, pp. 577-617.

OLIVEIRA ASCENSÃO. J. – *O Direito – Introdução e teoria geral*, Lisboa, Fundação Calouste Gulbenkian, 1978.

von OVERBECK, A. E. – «Les règles de droit international privé matériel», in *De Conflictu Legum – Mélanges offerts à R. D. Kollewijn et J. Offerhaus*, Leyde, A. W. Sijthoff, 1962, pp. 362-379.

PONSARD, A. – Anotação a *Cour de cassation (Ch. civ.-1ère Sect.)*, 19.2.1963, in *Clunet*, 1963, pp. 992-995.

QUADRI, R. – *Lezioni di diritto internazionale privato*, Nápoles, Liguori Editore, 5.ª edição, 1969.

RAAPE, L. – *Les rapports juridiques entre parents et enfants*, RCADI, t. 50, 1934-IV, pp. 401-538.

RIGAUX, F. – *La théorie des qualifications en droit international privé*, Paris, LGDJ, 1956.

RIGAUX, F. – *Le conflit mobile en droit international privé*, RCADI, t. 117, 1966-I, pp. 329-444.

SCHRÖDER, J. – *Die Anpassung von Kollisions- und Sachnormen*, Berlim, W. de Gruyter, 1961.

SCHURIG, K. – *Kollisionsnorm und Sachrecht*, Berlim, Duncker & Humblot, 1981.

SCHWANDER, I. – *Lois d'application immédiate, Sonderanknüpfung, IPR-Sachnormen und andere Ausnahmen von der gewöhnlichen Anknüpfung im internationalen Privatrecht*, Zurique, Schulthess Verlag, 1975.

STEINDORFF, E. – *Sachnormen im internationalen Privatrecht*, Francfort, V. Klostermann, 1958.

STRUYCKEN, A. V. M. – Recensão do livro de J. Offerhaus *Aanpassing in het Internationaal Privaatrecht*, Amsterdão, 1963, in *Rev. crit.*, 1964, pp. 627-628.

VISCHER, F. – *Die rechtsvergleichenden Tatbestände im internationalen Privatrecht*, Basileia, Helbing & Lichtenhahn, 1953.

VITTA, E. – *Cours général de droit international privé*, RCADI, t. 162, 1979-I, pp. 9-243.

WENGLER, W. – «Les principes généraux du droit international privé et leurs conflits», in *Rev. crit.*, 1952, pp. 595-622.

WENGLER, W. – «Réflexions sur la technique des qualifications en droit international privé», in *Rev. crit.*, 1954, pp. 661-691.

WENGLER, W. – «Die Beachtlichkeit des fremden Kollisionsrechts», in *Internationales Recht und Diplomatie*, 1956, pp. 56-74.

WOLFF, M. – *Internationales Privatrecht*, Berlim, J. Springer, 1933 [citado *IPR*].

WOLFF, M. – *Private International Law*, Oxford, Clarendon Press, 2.ª edição, 1950 [citado *PIL*].

ZITELMANN, E. – *Internationales Privatrecht*, I volume, Leipzig, Verlag Dunker & Humblot, 1897.

LES RÈGLES D'APPLICATION IMMÉDIATE DANS LE DROIT INTERNATIONAL PRIVÉ PORTUGAIS (*)

INTRODUCTION

En 1868 – voilà plus de cent-vingt ans –, Lucas Fernandes Falcão présentait sa thèse de doctorat à la Faculté de Droit de l'Université de Coïmbre sous le titre générique *Do Direito Internacional Privado* [1], introduisant ainsi dans la langue portugaise la désignation que J. Story avait proposée en 1834 pour le *Conflict of Laws* [2]. La même année, dans le premier numéro de la *Revista de Legislação e de Jurisprudência* – aujourd'hui la plus ancienne revue juridique portugaise –, dont il fut l'un des fondateurs, il recommandait vivement aux juristes ses concitoyens «l'étude des conflits de lois

---

(*) Publicado em *Droit International et Droit Communautaire – Actes du Colloque – Paris, 5 et 6 avril 1990*, Paris, Fondation Calouste Gulbenkian – Centre Culturel Portugais, 1991, pp. 187-211; também está publicado em separata.

[1] Cf. Lucas Fernandes Falcão, *Do Direito Internacional Privado, dissertação inaugural para o acto de conclusões magnas na Faculdade de Direito da Universidade de Coimbra*, Coïmbre, 1868.

[2] Cf. J. Story, *Commentaries on the Conflict of Laws, Foreign and Domestic, in regard to Contracts, Rights and Remedies, and especially in regard to Marriages, Divorces, Wills, Successions, and Judgments*, 2ᵉ édition, Londres, 1841, pp. 11-12; «This branch of public law may (...) be fitly denominated *private international law*, since it is chiefly seen and felt in its application to the common business of private persons, and rarely rises to the dignity of national negotiations, or of national controversies» (souligné par moi).

internationales auxquels on donne actuellement le nom de *droit international privé*» [3] et il y commençait la publication de l'un des chapitres de sa dissertation [4].

Si nous avons fait référence à Lucas Falcão, la raison en est que, dans sa thèse de 1868, il discute et adopte la catégorie savignienne des «Gesetze von streng positiver, zwingender Natur» [5], ou, selon la traduction qu'en a donnée Ch. Guénoux, des «lois d'une nature positive rigoureusement obligatoires» [6], qui sont, à notre avis, les ancêtres des *règles d'application immédiate*, dont on ne cesse de parler depuis la parution, en 1958, de *La théorie du renvoi* de M. Ph. Francescakis [7].

En effet, suivant l'enseignement de F. C. von Savigny, Lucas Falcão estimait qu'en ce qui concerne «(...) les lois absolues ou rigoureusement obligatoires, qui se fondent sur des motifs *moraux*, *politiques* et *économiques*, l'intérêt public des nations qu'elles ont pour but d'assurer, ne consent pas que leur exécution puisse subir la moindre atteinte par l'application de n'importe quelles lois étrangères» [8]; dans le domaine des contrats, l'auteur en donne des exemples en matière de contrebande, de loteries, de jeux de hasard, d'usure et d'esclavage [9].

Dix ans après, en 1878, dans une autre thèse présentée à l'Université de Coïmbre – *Introdução ao estudo do Direito Privado Internacional*, désignation inversée adoptée à dessein [10] –, A. L. Gui-

---

[3] Cf. Lucas Fernandes Falcão, «Direito Internacional Privado», *Revista de Legislação e de Jurisprudência*, 1re année, n.º 1, 1.5.1868, p. 6 (souligné dans l'original).

[4] Cf. Lucas Fernandes Falcão, «Dos principios geraes do Direito Internacional Privado», *ibidem*, p. 6 et suiv.

[5] Cf. F. C. von Savigny, *System des heutigen Römischen Rechts*, vol. 8, Berlin, 1849, p. 33 et suiv.

[6] Cf. F. C. de Savigny, *Traité de droit romain*, t. 8, traduit de l'allemand par Ch. Guénoux, Paris, 1851, p. 35 et suiv.

[7] Cf. Ph. Francescakis, *La théorie du renvoi et les confits de systèmes en Droit international privé*, Paris, 1958, p. 11 et suiv.

[8] Cf. Lucas Fernandes Falcão, *Do Direito...*, (n. 1), p. 65 (souligné dans l'original).

[9] *Ibidem*, p. 327 et suiv.

[10] Cf. A. L. Guimarães Pedroza, *Introducção ao estudo do Direito Privado Internacional, dissertação inaugural para o acto de conclusões em Direito*, Coïmbre, 1878, p. 3, n. 1: la désignation *Direito Privado Internacional* a été préférée à celle de *Direito Internacional Privado* «(...) pour mettre l'idée d'individu avant celle de nation (...)».

marães Pedrosa faisait, lui-aussi, une brève référence aux «lois positives expresses rigoureusement obligatoires», qu'il identifiait aux lois de droit public et aux lois d'ordre public, conçues comme telles *a priori*, de façon positive, mais, en même temps, considérées comme des exceptions à l'application des lois étrangères [11].

En 1921, enfin, A. Machado Villela, professeur à l'Université de Coïmbre, dans le premier tome de son grand traité de droit international privé, faisait à nouveau référence, à plusieurs reprises, à la catégorie des «lois d'une nature positive rigoureusement obligatoires», qu'il identifiait aux lois d'ordre public. Cet auteur fondait dans un concept unique de lois d'ordre public les conceptions de P.-S. Mancini, de G. Fusinato et de P. Fiore – qui mettaient l'accent, respectivement, sur les intérêts supérieurs de l'État, sur l'antinomie du contenu de la loi étrangère par rapport à celui de la loi du for et sur le caractère particulièrement impératif de ces lois [12].

Selon A. Machado Villela, la loi d'ordre public doit par conséquent être en rapport avec une condition d'existence de l'État, elle doit avoir un contenu essentiellement divergent de celui de la loi étrangère normalement compétente pour régler le rapport juridique en cause et elle doit être absolument impérative; l'auteur ajoutait, d'ailleurs, que tout cela était déjà implicite dans la théorie de F. C. von Savigny [13].

De cette vision synthétique, mais en même temps syncrétique, découlait le caractère *a priori* des lois d'ordre public du for, en même temps que leur caractéristique d'exception ou limite à l'application de la loi étrangère normalement compétente, ce qui ne paraît pas actuellement très facilement conciliable; contre A. Pillet – dont il s'inspirait largement par ailleurs –, l'auteur portugais soutenait le caractère territorial des lois d'ordre public et l'impossibilité pour le juge d'appliquer ou de tenir compte des lois d'ordre public étrangères [14]; à l'opposé du professeur français, il se refusait en outre à considérer les lois sur la propriété comme appartenant aux lois d'ordre

---

[11] Cf. A. L. Guimarães Pedroza, *ibidem*, pp. 247-248.
[12] Cf. A. C. Machado Villela, *Tratado elementar (teórico e prático) de Direito Internacional Privado, Livro I - Princípios gerais*, Coïmbre, 1921, pp. 562, 565.
[13] *Ibidem*, p. 565.
[14] *Ibidem*, pp. 584-585.

public [15] et soutenait la distinction entre ordre public interne et international, que A. Pillet refusait avec véhémence [16].

Bien qu'il y ait dans ces constructions un mélange de deux problématiques différentes — celle des *règles d'application immédiate* et celle de l'*ordre public* —, on voit que l'ancienne doctrine portugaise n'a pas été insensible aux développements les plus récents de la doctrine étrangère de son temps en ce qui concerne les «lois d'une nature positive rigoureusement impératives» ou les lois d'ordre public, concepts précurseurs, dans la doctrine germanique et dans la doctrine latine, des *règles d'application immédiate* de nos jours.

C'est à la lumière de l'enseignement de ces illustres représentants du droit international privé au Portugal de la deuxième moitié du 19ᵉ siècle et du premier quart du 20ᵉ siècle, que nous nous proposons maintenant d'esquisser un bref aperçu du droit international privé portugais en matière de règles d'application immédiate, en abordant successivement les positions de la *doctrine* portugaise contemporaine (I), celles du *législateur* (II) et, enfin, celles de la *jurisprudence* (III).

I

LA DOCTRINE PORTUGAISE CONTEMPORAINE ET LES RÈGLES D'APPLICATION IMMÉDIATE

Il faut distinguer tout d'abord, en ce qui concerne la position de la doctrine portugaise, les *règles d'application immédiate du for* (1) et celles *d'un ordre juridique étranger* (2); on verra que, comme cela arrive partout, les idées sont beaucoup plus arrêtées pour ce qui a trait au premier problème qu'au second.

---

[15] *Ibidem*, pp. 574-575, 578, 583, *in fine*, 584.
[16] *Ibidem*, pp. 567-571; A. Pillet a toujours rejeté la distinction: cf. «De l'ordre public en droit international privé», in *Mélanges Antoine Pillet*, vol. I, Paris, 1929, p. 438 et suiv. (article publié pour la première fois en 1890); *Principes de droit international privé*, Paris/Grenoble, 1903, pp. 372-373; *Traité pratique de droit international privé*, vol. I, Grenoble/Paris, 1923, pp. 118-119.

1. RÈGLES D'APPLICATION IMMÉDIATE DU FOR

Alors que beaucoup d'auteurs étrangers – et non des moindres – restent souvent dans le vague en cette matière, ou alors ramènent les règles d'application immédiate aux règles de conflit, ou confondent les *normes autolimitées* avec les *règles d'application immédiate*, la doctrine portugaise conçoit celles-ci comme des *règles matérielles* (A), *autolimitées*, au moyen d'une règle de conflit unilatérale *ad hoc*, expresse ou implicite (B), mais fait remarquer qu'elles ne se confondent pas avec les normes autolimitées, car il existe des règles de cette catégorie qui ne sont pas des règles d'application immédiate (C).

A. *Les règles d'application immédiate en tant que règles matérielles*

Dès 1954, dans sa thèse de doctorat, le Professeur I. Magalhães Collaço attirait l'attention sur l'existence de règles matérielles impératives, souvent de droit public, qui reflètent l'interventionnisme de l'État en matière économique, établissent des restrictions à la liberté contractuelle et ont, par conséquent, des répercussions sur les rapports privés de caractère international. Il s'agissait, entre autres, d'interdictions d'exportation, de prohibitions du commerce avec l'ennemi, de la fixation de prix imposés, de l'abrogation des clauses-or [17].

De même, les Professeurs A. Ferrer Correia et J. Baptista Machado – récemment disparu et qui devait être parmi nous aujourd'hui –, s'en rapportant directement au Professeur Ph. Francescakis, conçoivent les règles d'application immédiate comme des règles de droit matériel qui correspondent à un intérêt fondamental de l'organisation politique, sociale ou économique de l'État, et donnent comme exemples les normes – en général prohibitives – en matière économique, financière et sociale, telles que celles qui ont pour but de préserver la concurrence, de défendre le crédit public, la solidité de la monnaie nationale, ainsi que – comme c'est le cas en France, et en

---

[17] Cf. I. Magalhães Collaço, *Da compra e venda em Direito Internacional Privado – Aspectos fundamentais*, vol. I, Lisbonne, 1954, p. 311 et suiv.

accord avec l'arrêt *Boll* de la Cour internationale de Justice — les lois sur l'assistance éducative ou la protection à l'enfance en danger [18].

Aucun doute n'est donc permis sur le fait que, pour la doctrine portugaise contemporaine, les règles d'application immédiate sont des normes matérielles impératives (*jus cogens*) — souvent de nature prohibitive — et non des règles de conflit, y compris, parmi celles-ci, les «règles d'extension» dont nous parlerons par la suite.

B. *Les règles d'application immédiate en tant que normes autolimitées*

La doctrine portugaise considère que les règles d'application immédiate sont pourvues d'une «règle d'extension» (*Ausdehnungsnorm*, selon la terminologie de F. Kahn, par opposition à la *Grenznorm*, c'est-à-dire, à la règle de conflit bilatérale) [19]; cette «règle d'extension» est en réalité une règle de conflit unilatérale *ad hoc*, laquelle a pour fonction de fixer de façon autonome, à l'écart du système général des règles de conflit — *maxime* de caractère bilatéral —, le domaine d'application spatial de la règle matérielle (ou de l'ensemble des règles matérielles) à laquelle (auquel) elle est attachée. On pourrait même parler, à leur égard, de *règles d'accompagnement*, et elles peuvent être expresses ou, le plus souvent, simplement déductibles à partir de la considération du but de la norme matérielle ou de la volonté du législateur.

Comme le soulignait le Professeur I. Magalhães Collaço dès 1954, la règle impérative du for ne connaît d'autres limites à son action que celles qu'elle établit elle-même, de façon directe et autonome, ou qui, d'après l'interprétation du juge, correspondent à la volonté du législateur; à la même époque, l'auteur ajoutait qu'«(...) à vrai dire, on est en dehors du plan des conflits de lois» [20].

---

[18] Cf. J. Baptista Machado, *Âmbito de eficácia e âmbito de competência das leis (Limites das leis e conflitos de leis)*, Coïmbre, 1970, p. 277 et suiv.; A. Ferrer Correia, *Lições de Direito Internacional Privado*, Coïmbre, 1973, p. 24 et suiv.

[19] Cf. J. Baptista Machado, *Âmbito...* (n. 18), pp. 277-278; A. Ferrer Correia, «O método conflitual em Direito Internacional Privado e as soluções alternativas», *Revista de Direito Comparado Luso-Brasileiro*, n.º 1, juillet 1982, p. 19; sur la distinction entre *Ausdehnungsnormen* et *Grenznormen*, cf. F. Kahn, *Abhandlungen zum internationalen Privatrecht*, vol. I, Munich/Leipzig, 1928, pp. 161-162; I. Magalhães Collaço, *loc. cit. infra*, n. 21.

[20] Cf. I. Magalhães Collaço, *Da compra...* (n. 17), p. 324.

En 1960, à la suite de la publication de l'ouvrage du Professeur Ph. Francescakis, Madame I. Magalhães Collaço mettait à nouveau l'accent sur le fait que l'autonomie des limites spatiales d'application que les règles d'application immédiate se fixent elles-mêmes ne signifiait aucunement une prétention d'application absolue et universelle de ces règles; des limites spatiales autonomes certes, mais des limites tout de même [21].

Le Professeur A. Ferrer Correia souligne, de son côté, qu'il est nécessaire et suffisant pour que les règles d'application immédiate soient appliquées qu'il y ait, entre les faits de la cause et la loi du for, le rattachement *ad hoc*, différent de celui de la règle de conflit générale, que la règle d'application immédiate elle-même prévoit, de façon expresse ou implicite [22].

Le Professeur J. Baptista Machado, pour sa part, soutient que les règles d'application immédiate, en même temps qu'elles impliquent une extension du domaine d'application dans l'espace de la loi du for, entraînent, du même coup, une restriction de ce domaine, dans la mesure où elles ne peuvent pas être appliquées à l'appel de la règle de conflit générale si le rattachement *ad hoc* que leur règle d'extension établit ne se vérifie pas dans le cas d'espèce [23].

Pour donner un exemple tiré du droit portugais, si l'on admet que, comme nous le pensons, l'article 1682-A, n.º 2, du Code civil portugais — qui fait dépendre de l'accord des deux conjoints l'aliénation, la constitution de charges réelles, la location ou la constitution d'autres droits personnels de jouissance sur le logement familial, quel que soit le régime matrimonial des époux — est une règle d'application immédiate dont le rattachement est la localisation du logement en territoire portugais [24], cela implique que cette règle s'appliquera à des époux étrangers dont le logement familial se trouve

---

[21] Cf. I. Magalhães Collaço, préface à M. Cortes Rosa, *Da questão incidental em Direito Internacional Privado*, Lisbonne, 1960, p. XXII.

[22] Cf. A. Ferrer Correia, *Lições*..., (n. 18), pp. 24-25; «O método ...» (n. 19), p. 19.

[23] Cf. J. Baptista Machado, *Âmbito* ... (n. 18), p. 279.

[24] Tel est l'avis de la doctrine française pour ce qui est de la disposition homologue de l'article 215, al. 3 du Code civil: cf. I. Fadlallah, *La famille légitime en droit international privé*, Paris, 1977, pp. 145, 148; H. Batiffol-P. Lagarde, *Droit international privé*, t. II, 7ᵉ édition, Paris, 1983, pp. 379-380; P. Mayer, *Droit international privé*, 2ᵉ édition, Paris, 1983, p. 617; J. Héron, «L'application dans le temps des règles de conflit», *Rev. crit. dr. internat. privé*, 1987, pp. 342-343.

au Portugal, même si la loi appelée par l'article 52, n.º 1, du Code civil portugais – règle de conflit qui désigne, en premier lieu, la *lex patriae communis* des époux en matière d'effets du mariage – ne connaît pas une règle identique, et dans ce cas il y aura une extension du domaine d'application spatial de la loi du for [25]; inversement, un couple de travailleurs portugais vivant à l'étranger, dont la loi portugaise règle les effets du mariage en vertu du même article 52, n.º 1, du Code civil, ne sera pas concerné par l'application de l'article 1682-A, n.º 2, du même Code, et il y aura, par conséquent, une restriction du champ d'application dans l'espace de la loi matérielle portugaise [26].

Cela signifie à l'évidence que la doctrine portugaise rejette la distinction de certains auteurs entre le domaine d'application *nécessaire* et le domaine d'application *possible* des règles d'application immédiate [27] et que leur champ d'application maximum, aussi bien que minimum, est fixé en toute autonomie par la règle d'extension *ad hoc* de la règle d'application immédiate elle-même et non pas par la règle de conflit générale.

Mais s'il est vrai que, dans la mesure où elle fixe elle-même son domaine d'application dans l'espace, la règle d'application immédiate est une *norme autolimitée*, il n'en reste pas moins vrai qu'il n'y a pas coïncidence entre ces deux catégories de règles.

C. *Les règles d'application immédiate en tant qu'espèce du genre normes autolimitées*

Selon la doctrine portugaise, il y a des règles autolimitées qui ne sont pas des règles d'application immédiate: il s'agit de certaines

---

[25] Dans ce sens, en ce qui concerne l'article 215, al. 3 du Code civil, cf. I. Fadlallah, *La famille* ... (n. 24), p. 148; H. Batiffol-P. Lagarde, *Droit* ... (n. 24), p. 380.

[26] *Contra*, en ce qui concerne l'article 215, al. 3 du Code civil – mais sans raison, à notre avis –, cf. les auteurs et les lieux cités dans la note précédente.

[27] Dans le sens de l'applicabilité des règles d'application immédiate en dehors de leur domaine d'application nécessaire, par le truchement du système général de règles de conflit, cf. – outre les auteurs cités dans la note précédente – A. Malintoppi, «I rapporti di lavoro nel diritto internazionale privato italiano», *Il Diritto dell'Economia*, 1958, p. 682, n. 24; «Norme di applicazione necessaria e norme di diritto internazionale privato in materia di rapporti di lavoro», *Rivista di diritto internazionale*, 1962, pp. 279-280; *contra*, cf. G. van Hecke, *Principes et méthodes de solution des conflits de lois, Recueil des Cours de l'Académie de Droit International (RCADI)*, t. 126, 1969-I, pp. 454-455.

règles substantielles qui déterminent elles-mêmes leur domaine d'application spatial, de façon expresse ou implicite, mais sans réclamer un champ d'application exorbitant, au-delà des limites tracées par la règle de conflit générale de la *lex fori*; autrement dit, cela signifie que de telles règles autolimitées qui ne sont pas des règles d'application immédiate présupposent la désignation par la règle de conflit du for de la loi matérielle du for elle-même [28].

À la suite du Professeur R. De Nova, les Professeurs J. Baptista Machado [29] et A. Ferrer Correia [30] ont donné comme exemple l'affaire américaine *Kaufman v. American Youth Hostels, Inc.* [31], jugée en dernier ressort en 1959 para la *Court of Appeals of New York*: une jeune fille, domiciliée à New York, a été tuée pendant une excursion organisée par une institution charitable du même État dans l'État de l'Oregon. Dans l'action en dommages-intérêts, la *charity* a invoqué l'immunité que la loi de l'Oregon accordait aux institutions charitables dans de telles circonstances, quant aux dommages provoqués du fait de leurs préposés, règle qui avait déjà été abrogée à New York. La Cour suprême new-yorkaise a donné raison à l'institution défenderesse par application de la loi de l'Oregon, en tant que *lex loci delicti commissi*. Or, on peut penser qu'en appliquant la loi de ce dernier État, on doit tenir compte de l'autolimitation spatiale implicite de la règle substantielle de l'Oregon qui n'exonère de responsabilité délictuelle que les *charities* ayant leur siège dans l'Oregon, ce qui n'était pas le cas en l'espèce. Autrement dit, dans l'application du droit substantiel de l'Oregon, la Cour de New York aurait dû tenir compte du fait que la règle d'immunité des institutions charitables ne comprenait pas dans son domaine d'application spatial l'affaire concernant une de ces institutions dont le siège n'était pas situé dans l'Oregon; en d'autres termes, cette règle matérielle «ne voulait pas» être appliquée.

Mutatis mutandis, on pourrait en dire autant du *guest statute* de la province d'Ontario, dont il a été question dans la célèbre affaire

---

[28] Cf. J. Baptista Machado, *Âmbito* ... (n. 18), pp. 274-275; A. Ferrer Correia, *Direito Internacional Privado – Alguns problemas*, Coïmbre, 1985, pp. 60-61.
[29] Cf. J. Baptista Machado, *Âmbito* ... (n. 18), p. 275.
[30] Cf. A. Ferrer Correia, «O método ...» (n. 19), p. 23; *Direito* ... (n. 28), p. 64 s.
[31] *Supreme Court [de New York], Appellate Division, Second Department*, 8.7.1958 (177 N. Y. S. 2d 587); *Court of Appeals of New York*, 12.3.1959 (5 N. Y. 2d 1016, 185 N.Y. S. 2d 268).

Babcock v. Jackson, jugée par la même *New York Court of Appeals* en 1963 [32].

Pour donner un autre exemple, tiré celui-ci du droit portugais et signalé par MM. A. Ferrer Correia [33] et R. Moura Ramos [34], on mentionnera l'article 36 du décret-loi 248/86, du 25 août, qui crée en droit portugais l'établissement commercial individuel à responsabilité limitée; cet article détermine que le décret-loi en question s'applique aux établissements constitués au Portugal et ayant leur siège principal et effectif en territoire portugais, fixant ainsi par une règle de conflit unilatérale le champ d'application spatial du décret-loi.

Or il découle de l'article 3, n.º 1, du Code des Sociétés Commerciales (décret-loi 262/86, du 2 septembre) [35], ainsi que de l'article 33, n.º 1, du Code civil, que le statut personnel des sociétés commerciales, ainsi que celui des personnes morales de droit privé en général, est soumis à la loi du siège principal et effectif de la personne morale. Si l'on admet, avec les Professeurs A. Ferrer Correia [36] et J. Baptista Machado [37], que ces dispositions – ou l'une d'entre elles – devraient s'appliquer par analogie à l'établissement commercial individuel à responsabilité limitée, malgré la circonstance que celui-ci n'ait pas la personnalité morale, l'article 36 du décret-loi 248/86 vient restreindre l'application spatiale du décret-loi dont il fait partie, dans la mesure où il exige cumulativement, pour l'application de ce texte, la localisation du siège social de l'établissement en territoire portugais *et* la constitution de celui-ci au Portugal; le législateur a ainsi probablement voulu assurer, par l'exigence de ce deuxième facteur de rattachement, un contrôle strict sur la création de tels établissements. Toujours est-il

---

[32] 191 N. E. 2d 279, 9.5.1963; dans ce sens, cf. A. Ferrer Correia, *Direito ...* (n. 28), pp. 66-67.

[33] Cf. A. Ferrer Correia, «O Direito Internacional Privado português e o princípio da igualdade», in *Temas de Direito Comercial e Direito Internacional Privado*, Coïmbre, 1989, pp. 449-450, n. 78.

[34] Cf. R. M. Moura Ramos, «Aspects récents du droit international privé au Portugal», *Rev. crit. dr. internat. privé*, 1988, pp. 487-488; cf. la version française, par le même auteur, de l'article 36 du décret-loi n.º 248/86, du 25.8.1986, *ibid.*, p. 633.

[35] Cf. la version française de cet article par R. M. Moura Ramos, *Rev. crit. dr. internat. privé*, 1988, p. 633, *in fine*.

[36] Cf. A. Ferrer Correia, *Lições ...* (n. 18), pp. 128-129.

[37] Cf. J. Baptista Machado, *Lições de Direito Internacional Privado*, 2ᵉ édition, Coïmbre, 1982, pp. 346-347.

que, en vertu de l'article 36 susmentionné, les règles substantielles qui constituent le décret-loi sont des normes autolimitées qui ne sont pas des règles d'application immédiate: pour qu'elles soient appliquées, il faut que la règle de conflit générale désigne la loi portugaise et il est indispensable, en plus, que l'établissement ait été constitué au Portugal, ce qui exclut de leur domaine d'application les éventuels établissements du même genre qui pourraient avoir leur siège au Portugal, mais qui n'auraient pas été créés dans le pays même, selon les prescriptions de la loi portugaise.

Un autre exemple issu du droit portugais est plus curieux; il s'agit, à notre avis, d'un cas de normes autolimitées d'un type particulier, qui ne sont pas des règles d'application immédiate, mais qui n'en sont pas moins des «normes d'intervention», des *Eingriffsnormen*, au sens de la doctrine allemande [38].

Il s'agit du décret-loi 119/82, du 20 avril [39], qui suspend le droit à la résolution unilatérale de contrats d'un certain montant par les co-contractants d'entreprises portugaises publiques ou privées, ayant été déclarées en situation économique difficile, et qui se fonde sur la non exécution, dans les délais convenus, d'une certaine prestation à laquelle ces entreprises s'étaient engagées.

Ce décret-loi, qui a fait beaucoup de bruit et qui a été à la base de l'affaire *Settebello Ltd. v. Banco Totta & Açores*, jugée par la *Court of Appeal* anglaise en 1985 [40], énonce dans son article 6 que le texte du décret-loi ne peut être invoqué au titre de l'article 22 du Code civil portugais (exception d'ordre public international), lorsque la *lex contractus* est une loi étrangère, compétente selon les articles 41 ou 42 du même Code [loi régissant les obligations issues de *negócios jurídicos* (*Rechtsgeschäfte*), y compris les contrats].

Cette disposition peu habituelle, que l'on pourrait rapprocher des *self-denying statutes*, dont parlent *Dicey and Morris on the Conflict of Laws* [41], entraîne inéluctablement la conséquence suivante: le décret-loi en cause ne pouvant pas être invoqué, *au titre de l'exception*

---

[38] Cf., *v.g.*, U. Drobnig, *RabelsZ*, 1988, p. 380 et suiv.
[39] *Diário da República*, 1ʳᵉ série, n.° 91, 20.4.1982, p. 933 et suiv.
[40] *Court of Appeal, Civil Division*, Sir John Donaldson MR, Neill LJ and Sir John Megaw, 10, 11, 19 June 1985: [1985] 2 All E. R. 1025.
[41] Vol. I, 11ᵉ édition, Londres, 1987, p. 25 et suiv.

d'ordre public, lorsque le statut contractuel est, d'après le droit international privé portugais, soumis à une loi étrangère, cela veut dire qu'il ne sera applicable que lorsque la *lex contractus* est la loi portugaise. Il ne s'agit pas d'une règle d'application immédiate, parce que le décret-loi ne réclame pas une application exorbitante, au-delà du champ d'application de la loi du for, selon les règles de conflit générales du for; d'ailleurs, sous un autre angle, si le décret-loi ne peut être invoqué au titre de la réserve d'ordre public, il ne peut *a fortiori* être considéré comme un ensemble de règles d'application immédiate, ce qui aurait supposé une autodétermination de son champ d'application spécial *en dehors des règles de conflit générales du for*, ce que l'article 6 du décret-loi exclut expressément, car il mentionne l'application de ces mêmes règles de rattachement.

On peut cependant, croyons-nous, considérer ce texte comme une règle autolimitée, dans la mesure où l'article 6 précise que le décret-loi ne sera applicable que dans le cadre de la compétence «normale» de la loi portugaise, en tant que *lex contractus*. Nous convenons qu'il s'agira tout de même d'une norme autolimitée quelque peu spéciale, car elle ne restreint pas son domaine d'application dans l'espace au sein de la compétence «normale» de la loi du for, mais elle fait coïncider son propre domaine d'application avec celui de la loi du for: c'est-à-dire que, lorsque la loi portugaise est applicable, les règles matérielles du décret-loi peuvent être appliquées, le cas échéant; le champ d'application minimum et maximum coïncide ainsi avec celui de la loi portugaise en tant que *lex contractus*.

On peut se demander quelle est l'utilité d'une disposition telle que l'article 6 du décret-loi 119/82: à notre avis, cet article a pour but d'empêcher l'application du décret-loi à titre d'invocation de l'exception d'ordre public et *a fortiori* il entend préciser que le décret-loi ne réclame pas son application en tant que règle d'application immédiate, lorsque la règle de conflit générale désigne une loi étrangère; c'est là que réside son caractère de *self-denying statute*, mais c'est aussi dans cette mesure, à notre avis, que l'on peut considérer que le décret-loi contient des règles autolimitées, dont la particularité est que leur champ d'application spatial n'est pas moindre, mais égal, à celui de la loi du for, alors que dans les exemples précédents ce domaine était plus restreint que celui de la *lex fori*.

Le caractère de *Eingriffsnorm* de ce texte n'a pas besoin d'être démontré.

Après avoir énoncé les conceptions de la doctrine portugaise en ce qui concerne les règles d'application immédiate du for, il est temps de dire quelques mots sur les règles d'application immédiate étrangères.

2. RÈGLES D'APPLICATION IMMÉDIATE ÉTRANGÈRES

Les positions de la doctrine portugaise sur ce difficile problème sont beaucoup moins nettes.

Madame I. Magalhães Collaço, dans sa thèse de 1954 [42], accepte l'application des règles d'application immédiate de la *lex causae* étrangère en matière contractuelle, c'est-à-dire, adopte ce qu'on appelle en Allemagne la *Schuldstatuttheorie* [43], et cela même si les règles d'application immédiate étrangères sont des règles de droit public, ce qui est actuellement admis, de façon expresse, par l'article 13 de la Loi fédérale suisse de droit internationel privé, du 18 décembre 1987 (LDIP); mais l'auteur émet des doutes sur la théorie du *rattachement spécial (Sonderanknüpfung)* des règles d'application immédiate étrangères d'États tiers, formulée en 1941 par le Professeur W. Wengler [44], et qui vise, avant tout, à obtenir l'uniformité des décisions. En effet, Madame I. Magalhães Collaço estime qu'il est difficile de définir un *rattachement spécial général* pour les règles d'application immédiate de ce type, sauf peut-être en ce qui concerne les obligations pécuniaires [45].

Le Professeur J. Baptista Machado [46], pour sa part, croyait que s'il était douteux qu'il faille tenir compte de l'*extension* du champ d'application de la règle d'application immédiate étrangère – étant donné le caractère *conflictuel* de son rattachement spécifique –, il en

---

[42] Cf. I. Magalhães Collaço, *Da compra* ... (n. 17), p. 314 et suiv.
[43] Cf. K. Kreuzer, *Ausländisches Wirtschaftsrecht vor deutschen Gerichten – zum Einfluß fremdstaatlichen Eingriffsnormen auf private Rechtsgeschäfte*, Heidelberg, 1986, p. 55 et suiv.
[44] Cf. W. Wengler, «Die Anknüpfung des zwingenden Schuldrechts im internationalen Privatrecht – Eine rechtsvergleichende Studie», *Zeitschrift für vergleichende Rechtswissenschaft*, 1941, pp. 185 et suiv., 211 et suiv.
[45] Cf. I. Magalhães Collaço, *Da compra* ... (n. 17), p. 327 et suiv.
[46] Cf. J. Baptista Machado, *Âmbito* ... (n. 18), p. 280.

était tout autrement de la *restriction* du même champ d'application, au sens indiqué ci-dessus, dont la nature était, selon lui, *matérielle*; mais il ne donnait pas d'autres précisions.

Le Professeur A. Ferrer Correia [47], quant à lui, admet l'application des règles d'application immédiate étrangères de la *lex causae*, sauf l'intervention éventuelle de la réserve d'ordre public du for, et mentionne, pour ce qui est des règles d'application immédiate d'États tiers, les solutions des articles 7, 1, de la Convention de Rome du 19 juin 1980 sur la foi applicable aux obligations contractuelles et 19 de la LDIP suisse susmentionnée.

Il fait allusion, en outre, aux positions les plus récentes du Professeur W. Wengler [48] sur cette question et paraît se prononcer dernièrement en faveur d'une bilatéralisation des règles d'application immédiate du for, c'est-à-dire, pour une transposition aux règles d'application immédiate étrangères des critères d'autolimitation spatiale des règles homologues de la *lex fori* (cf. II ci-dessous).

On peut dire, en conclusion sur ce premier point de notre exposé, avant de passer à l'examen de la législation, que si la doctrine portugaise contemporaine a des positions bien arrêtées sur les règles d'application immédiate du for, il n'en est pas de même en ce qui concerne les règles d'application immédiate étrangères. Mais on peut en dire autant de la doctrine des autres pays.

II
LE LÉGISLATEUR PORTUGAIS ET LES RÈGLES D'APPLICATION IMMÉDIATE

Nous nous bornerons à mentionner quelques exemples de textes législatifs récents qui démontrent le recours, par le législateur portugais, au procédé des règles d'application immédiate.

Ainsi l'article 2, n.º 2, du décret-loi 422/83, du 3 décembre (*Loi sur la défense de la concurrence*) [49], prescrit que, sous réserve des

---

[47] Cf. A. Ferrer Correia, «O método ...» (n. 19), pp. 19-21.

[48] Cf. W. Wengler, *Internationales Privatrecht*, vol. I, Berlin/New York, 1981, p. 86 et suiv.

[49] Cf. la version française de cet article par R. M. Moura Ramos, *Rev. crit. dr. internat. privé*, 1988, pp. 631-632.

obligations internationales de l'État portugais, le décret-loi s'applique aux pratiques restrictives de la concurrence qui auraient lieu sur le territoire portugais ou qui y auraient – ou pourraient avoir – des effets.

En déterminant de façon unilatérale le champ d'application de la loi portugaise sur la défense de la concurrence en ayant recours au double critère alternatif de la localisation sur le territoire portugais, soit des pratiques restrictives de la concurrence, soit de leurs effets, l'article 2, n.º 2, confère au décret-loi le caractère d'un ensemble de règles matérielles autolimitées.

Mais, en même temps, en postulant l'application nécessaire de la loi matérielle portugaise à l'intérieur de ces limites, quelle que soit par ailleurs la loi compétente selon les règles de conflit générales du droit international privé portugais pour régir les situations juridiques dont découlent les pratiques restrictives de la concurrence ou leurs effets, l'article 2, n.º 2, du décret-loi 422/83 les transforme en règles d'application immédiate [50].

L'exemple d'une telle réglementation est loin d'être inédit dans les pays développés à économie de marché et le législateur portugais s'en est assurément inspiré.

Un autre exemple de règles d'application immédiate peut être trouvé dans l'article 33 du décret-loi 446/85, du 25 octobre, sur les conditions générales des contrats [51].

Cet article dispose en substance que le texte du décret-loi s'applique aux contrats régis par la loi portugaise [alinéa a)] et aux contrats célébrés à partir de propositions ou de démarches faites au public au Portugal, lorsque l'adhérent y réside habituellement et y a émis sa déclaration de volonté [alinéa b)].

L'alinéa a) de l'article 33 a une fonction simplement confirmative, dans la mesure où l'on devrait admettre en tout état de cause, même en l'absence de cette précision, que, si la *lex contractus* indiquée par les articles 41 ou 42 du Code civil est la loi portugaise, les dispositions du décret-loi devraient être appliquées. Le législateur a sans doute estimé que si cela va sans dire, cela va mieux en le disant [52].

---

[50] Cf., dans ce sens, R. M. Moura Ramos, «Aspects ...» (n. 34), p. 479.

[51] Cf. la version française de cet article par R. M. Moura Ramos, *Rev. crit. dr. internat. privé*, 1988, p. 632.

[52] Cf., dans ce sens, M. J. de Almeida Costa - A. Menezes Cordeiro, *Cláusulas contratuais gerais – Anotação ao Decreto-Lei n.º 446/85, de 25 de Outubro*, Coïmbre, 1986, p. 67; en y réfléchissant mieux, il semble, cependant, que cette disposition vise

C'est donc l'alinéa b) qui attribue au décret-loi le caractère d'ensemble de règles d'application immédiate, dans la mesure où la loi portugaise en matière de conditions générales des contrats impose, par le biais de cette disposition, son application nécessaire dans les limites précises qu'elle fixe expressément, quel que soit, par ailleurs, le contenu de la *lex contractus* étrangère [53].

Cette disposition s'explique par le souci du législateur portugais de protéger la partie la plus faible dans les contrats d'adhésion et il a considéré que la protection la plus efficace est assurée par l'application de la loi du for et pas seulement par sa prise en considération («Berücksichtigung»), comme c'est le cas du § 12 de l'*AGB-Gesetz* (*Gesetz zur Regelung des Rechts der Allgemeinen Geschäftsbedingungen*) allemande, du 9 décembre 1976, texte qui a manifestement servi de modèle au législateur portugais, comme le fait remarquer M. R. Moura Ramos [54].

À notre avis, la formulation de l'alinéa a) de l'article 33 du décret-loi 446/85 n'enlève en rien à l'alinéa b) le caractère de norme d'extension du dispositif du décret-loi en question qui permet de lui conférer les caractéristiques des règles d'application immédiate: en réalité, il n'est nullement besoin, à notre avis, d'appliquer la règle de conflit (article 41 ou 42 du Code civil) pour déterminer si la loi portugaise est applicable et, du même coup, appliquer le texte du décret-loi, car, lorsque les présupposés indiqués dans l'alinéa b) se vérifient, le décret-loi est applicable, quelle que soit la *lex contractus*, et notamment même si celle-ci est une loi étrangère.

Un nouvel exemple de règles d'application immédiate est donné par le décret-loi 238/86, du 19 août [55], qui oblige les fournisseurs de biens et de services offerts sur le marché portugais à rédiger en langue portugaise tous les renseignements concernant ces biens et services; l'article 3 du décret-loi prescrit que tous les contrats ayant pour objet

---

à l'élargissement du domaine d'application de la loi portugaise, en y ajoutant un champ d'application possible en plus du champ d'application nécessaire, selon une conception que nous avons critiquée ci-dessus (cf. *supra*, n. 26-27 et le texte qui s'y rapporte); pour une interprétation de la disposition en cause qui semble assez proche de celle-ci, cf. R. M. Moura Ramos, «Aspects ...» (n. 34), p. 482, n. 27.

[53] Cf., dans ce sens, R. M. Moura Ramos, «Aspects ...» (n. 34), p. 481.
[54] *Ibidem*, p. 481, n. 26.
[55] *Diário da República*, 1re série, n.º 189, 19.8.1986, p. 2080.

la vente de biens ou produits ou la prestation de services sur le marché intérieur doivent être écrits en portugais, ainsi que les factures ou reçus, indépendamment d'autres versions en langue étrangère.

On peut penser que, comme en France – où la Cour de cassation l'a déclaré expressément pour la loi 75-1349, du 31 décembre 1975 [56] –, il s'agit là d'une règle d'application immédiate, les contrats mentionnés devant être rédigés en portugais même si la *lex contractus* est une loi étrangère.

Par ailleurs, on peut citer un autre cas d'un texte législatif portugais, dont on peut soutenir, à notre avis, qu'il a, au moins en partie, les caractères des règles d'application immédiate, même si l'on peut convenir que la question est controversée.

Il s'agit du décret-loi 178/86, du 3 juillet, qui réglemente le contrat d'agence ou de représentation commerciale, dont l'article 38 [57] détermine que, pour ce qui est de la cessation des contrats qui déploient leurs effets de façon exclusive ou prépondérante en territoire portugais, on n'appliquera une loi étrangère que lorsque celle-ci accorde un traitement plus favorable à l'agent.

Sans vouloir mettre en cause qu'il s'agit, en la matière, d'une application de la loi la plus favorable à la partie considérée la plus faible dans le rapport contractuel, nous estimons que la loi portugaise fonctionne en tant que règle d'application immédiate – pour ce qui est de la cessation du contrat –, si la *lex contractus* est une loi étrangère, *dans la mesure où celle-ci est moins favorable ou aussi favorable à l'agent que la loi portugaise*. En effet, dans cette hypothèse, tout se passe comme si cette dernière loi réclamait son application inconditionnelle dans les limites spatiales fixées par l'article 38, indépendamment des prescriptions de la *lex contractus*: on pourrait désigner, de ce point de vue, cette loi comme comprenant un ensemble de règles d'application immédiate sous condition; mais on doit bien admettre que, dans ce cas, il faut tout d'abord appliquer la règle de conflit générale, déterminer si la loi qui régit le contrat est une loi étrangère et s'enquérir sur le contenu de celle-ci en matière de cessa-

---

[56] Cass. (Ch. soc.), 19.3.1986, *Rev. crit. dr. internat. privé*, 1987, p. 554, note Y. Lequette.
[57] Cf. la version française de cet article par R. M. Moura Ramos, *Rev. crit. dr. internat. privé*, 1988, pp. 632-633.

tion du contrat; ce n'est qu'après, *a posteriori*, donc, que la loi portugaise serait, le cas échéant, appliquée; mais ce *modus faciendi*, qui n'est pas habituel pour les règles d'application immédiate – qui interviennent *ex ante* et non *ex post* –, nous en convenons, n'est pas à nos yeux suffisant pour enlever aux dispositions en cause le caractère de règles d'application immédiate, dans la stricte mesure que nous avons indiquée [58].

C'est à propos des deux derniers textes cités (article 33 du décret-loi 446/85 et article 38 du décret-loi 178/86) que le Professeur A. Ferrer Correia [59] s'est récemment prononcé en faveur de leur bilatéralisation, car, dans leur formulation actuelle, ils mettent en cause le principe d'égalité entre la *lex fori* et la loi étrangère, en favorisant l'extension du champ d'application spatial de la loi portugaise. Ceci est évidemment vrai, mais il s'agit justement là d'une des caractéristiques des règles d'application immédiate.

Après avoir mentionné brièvement quelques développements récents en matière de textes législatifs portugais qui ont eu recours au procédé des règles d'application immédiate, il faut maintenant faire un rapide survol de la jurisprudence portugaise en ce domaine, qui n'est pas, d'ailleurs, très abondante.

---

[58] Cf., dans ce sens, Maria Helena Brito, «O contrato de agência», in *Novas perspectivas do Direito Comercial*, Coïmbre, 1988, pp. 134-135; *contra*, R. M. Moura Ramos, «Aspects ...» (n. 34), p. 477.

Dans le sens d'une conception des règles d'application immédiate qui inclut des cas de ce genre, cf. G. Sperduti, «L'ordine pubblico in diritto internazionale privato», *Rivista di diritto internazionale*, 1976, pp. 672-673; «Norme di applicazione necessaria e ordine pubblico», *Rivista di diritto internazionale privato e processuale*, 1976, pp. 487-488; P. Mengozzi, *Diritto Internazionale Privato Italiano*, Turin, 1983, pp. 15-17; *contra*, F. Pocar, *La protection de la partie faible en droit international privé*, RCADI, t. 188, 1984-V, p. 400.

[59] Cf. A. Ferrer Correia, «O Direito Internacional Privado português ...» (n. 33), pp. 448-449, n. 78.

III

LA JURISPRUDENCE PORTUGAISE ET LES RÈGLES D'APPLICATION IMMÉDIATE

Nous distinguerons les décisions en rapport avec les règles d'application immédiate du for (1) de celles qui ont trait aux règles d'application immédiate étrangères (2), malgré le fait que l'un des arrêts cités se réfère en réalité aux deux catégories.

1. RÈGLES D'APPLICATION IMMÉDIATE DU FOR

Il faut mentionner tout d'abord l'arrêt – rendu en séance plénière et ayant force obligatoire générale (*Assento*) – de la Cour Suprême de Justice (*Supremo Tribunal de Justiça*), du 9.7.1965 [60], qui a déterminé que l'*exequatur* doit être refusé à la décision étrangère qui a décrété le divorce de nationaux ou d'étrangers mariés canoniquement sous le régime du Concordat entre le Portugal et le Saint-Siège, du 7 mai 1940.

Confrontée à des arrêts contradictoires de la Cour Suprême elle-même, l'Assemblée plénière du *Supremo Tribunal de Justiça* a considéré l'article XXIV du Concordat – qui prescrivait que la célébration du mariage canonique impliquait la renonciation au droit de demander le divorce – comme une disposition d'ordre public international, qui s'appliquait non seulement aux conjoints portugais mariés canoniquement au Portugal ou à l'étranger [61], mais aussi aux étrangers mariés au Portugal [62], ou aux couples mixtes dont l'un des conjoints était portugais, mariés canoniquement au Portugal [63] ou à l'étranger [64]. En vertu de l'alinéa f) de l'article 1096 du Code de Procédure civile (exception d'ordre public en matière d'*exequatur*), la Cour Suprême a refusé, en même temps, de reconnaître le jugement de divorce prononcé en Allemagne, relatif à deux conjoints allemands –

---

[60] *Diário do Governo*, 1re série, n.º 171, 2.8.1965, p. 1068 et suiv.
[61] *Ibidem*, pp. 1068, 1069.
[62] *Ibidem*, pp. 1068-1069.
[63] *Ibidem*, p. 1069.
[64] *Ibidem*, p. 1069.

l'épouse étant, au moment du mariage, citoyenne portugaise d'origine – et dont le mariage canonique avait été célébré au Portugal [65].

Malgré la circonstance que la Cour Suprême ait invoqué l'ordre public international, le fait d'avoir qualifié l'article XXIV du Concordat comme une *loi d'ordre public international* «qu'il faut respecter (...) même au préjudice du statut personnel [des étrangers]» [66] nous conduit à penser qu'il est possible de soutenir que la disposition en cause a été en réalité conçue comme réclamant son application inconditionnelle dans le domaine spatial que la Cour Suprême lui a assigné; ce champ d'application était de nature *personnelle*, d'une part – comprenant le mariage canonique de Portugais (y compris avec un étranger), quel que soit le lieu de célébration –, et de nature *territoriale*, d'autre part, comprenant le mariage canonique entre étrangers célébré au Portugal. Seuls restaient en dehors du champ d'application de la règle d'application immédiate les mariages canoniques célébrés à l'étranger entre étrangers; le domaine d'application de cette règle matérielle du for ainsi interprétée était manifestement exorbitant et donc incompatible avec le principe d'égalité entre la loi du for et la loi étrangère.

Cet *assento* de la Cour Suprême a fixé le droit en vigueur en matière de dissolution par le divorce des mariages canoniques jusqu'en 1975, lorsque l'ancien article 1790 du Code civil de 1966 – qui en avait repris la substance – a été abrogé, à la suite d'un accord intervenu entre l'État portugais et le Saint-Siège.

En matière de droit du travail, on peut indiquer deux arrêts récents de la Cour d'appel (*Tribunal da Relação*) de Lisbonne, du 24.11.1980 [67] et du 18.11.1987 [68], respectivement.

---

[65] *Ibidem*, p. 1070.

[66] *Ibidem*, p. 1069; sur la jurisprudence homologue en Italie et en Espagne en matière d'indissolubilité du mariage catholique, envisagée dans la perspective des règles d'application immédiate, cf., respectivement, G. Sperduti, «Ordine pubblico e divorzio», in *Scritti giuridici in onore di Francesco Carnelutti*, vol. IV, Padoue, 1950, p. 311 et suiv.; J. D. González Campos, «Nota [à l'arrêt du *Tribunal Supremo* du 5.4.1966, 'Benedicto c. Barquero']», *Revista Española de Derecho Internacional*, 1967, pp. 305 et suiv., 307 et suiv.

[67] *Colectânea de Jurisprudência*, 5ᵉ année, 1980, p. 56 et suiv.

[68] Arrêt inédit, mais dont nous avons pu consulter le texte; cf. le sommaire de cet arrêt in *Boletim do Ministério da Justiça*, n.º 371, décembre 1987, p. 534.

Dans le premier de ces arrêts, la Cour a estimé que, en raison de son caractère particulièrement impératif, la législation du travail s'intègre dans l'ordre public et ajoute: «La souveraineté nationale ne permet pas qu'aux rapports de travail qui se déploient sur le territoire national soit appliquée une loi autre que la loi portugaise» [69].

Mais comme il s'agissait, en l'espèce, d'une demande en paiement d'heures supplémentaires présentée par un travailleur de la Compagnie du Chemin de Fer de Benguela (Angola), la Cour a bilatéralisé le critère qu'elle avait défini et a considéré applicable «le système législatif de l'Angola» [70]; il est donc possible de présenter également cet arrêt dans la rubrique consacrée aux règles d'application immédiate étrangères.

Dans l'arrêt inédit du 18.11.1987, la Cour d'appel de Lisbonne a considéré — à propos d'un contrat de travail à terme, renouvelable, célébré entre une société portugaise et un travaileur portugais, pour être exécuté en Arabie Saoudite, et résilié avant terme par l'entreprise — que les clauses de résolution inscrites dans le contrat, et prétendûment conformes au droit saoudien, heurtaient la législation portugaise et notamment l'article 1er, n.º 1, du décret-loi 781/76, du 28 octobre [71], lequel, en conformité avec le principe de la sécurité de l'emploi reconnu par l'article 53 de la Constitution de la République Portugaise, interdisait les contrats de travail à terme incertain.

Le contrat de travail était régi par ses propres dispositions et supplétivement par la loi de l'Arabie Saoudite et la société défenderesse prétendait — sans que cela ait été démontré [72] — que la loi saoudienne admettait la résiliation anticipée du contrat à terme. La Cour a accepté le principe de l'application de la loi saoudienne comme *lex contractus*, aux termes de l'article 41 du Code civil (autonomie de la volonté), mais elle a fait siennes les conclusions du représentant du Ministère public qui estimait que l'article 1er, n.º 1, du décret-loi 781//76 était une règle qui découlait «de principes d'intérêt et d'ordre public» consacrés par la Constitution en matière de «droits, libertés et garanties des travailleurs», notamment pour ce qui était de «la sécurité

---

[69] *Loc. cit. supra*, n. 67, p. 57.
[70] *Ibidem*.
[71] *Diário da República*, 1re série, nº 253, 28.10.1976, p. 2460.
[72] Cf. copie de l'arrêt inédit, *folio 3, verso*.

et la stabilité de l'emploi», consacrées par l'article 53 de la loi fondamentale [73].

Bien que la Cour ait invoqué l'article 22 du Code civil (exception d'ordre public international) pour évincer la loi étrangère normalement compétente et lui substituer la loi portugaise (en l'espèce, le décret-loi 781/76 sur le contrat de travail à terme), le fait, reconnu par la Cour, qu'il n'ait pas été démontré que la loi saoudienne admettait la résiliation du contrat avant le terme prouve, à notre avis, que la loi portugaise, considérée comme étant d'ordre public, a été appliquée *a priori*, indépendamment du contenu de la loi saoudienne, qui n'était pas connu. Il n'y a donc pas eu, à vrai dire, d'éviction de la loi normalement compétente, pour reprendre la formule de J. Maury [74], mais plutôt une application d'une règle de droit portugais en tant que règle d'application immédiate.

À notre avis, il n'y a pas de doute que, dans les deux affaires mentionnées, la *Relação* de Lisbonne a considéré la législation du travail relative à la rémunération des heures supplémentaires et celle qui a trait à la résolution du contrat de travail comme étant des règles d'application immédiate; dans la deuxième affaire, la Cour a imposé l'application de la *lex fori* à un contrat de travail, soumis à une loi étrangère, et devant être exécuté à l'étranger; dans le premier arrêt, cependant, la Cour a transposé sa conception des règles d'application immédiate du for au droit d'un État étranger, en les bilatéralisant; mais il faut garder présent à l'esprit qu'au moment des faits l'Angola n'était pas encore un État indépendant, la Cour ayant estimé que le Portugal constituait alors un système plurilégislatif, dont les conflits de lois locales devaient être réglés par le recours aux règles de conflit du droit international privé.

En sens contraire à la décision précédente, un autre arrêt de la Cour d'appel de Lisbonne, en date du 26.10.1988 [75], concernant un contrat de travail à exécuter en Libye par un travailleur portugais, au service d'une société portugaise, a estimé que les règles de la convention collective de travail du bâtiment – homologuées par un décret-loi – ne s'appliquaient qu'au travail exécuté au Portugal (leur reconnais-

---

[73] *Ibidem, folio* 3, *recto*.
[74] Cf. J. Maury, *L'éviction de la loi normalement compétente: l'ordre public et la fraude à la loi*, Valladolid, 1952.
[75] *Colectânea de Jurisprudência*, 13ᵉ année, t. 4, 1988, p. 166 et suiv.

sant donc le caractère de règles autolimitées), et que, par conséquent, elles ne sauraient être appliquées à un contrat de travail exécuté en Libye, au surplus régi par le droit libyen, conformément à l'article 41 du Code civil; à notre avis, cela n'exclut pas que ces règles puissent être applicables, si le contrat de travail, soumis à une loi étrangère, est exécuté au Portugal; dans une pareille hypothèse, ces règles seraient des règles d'application immédiate, *mais seulement dans les limites de leur autolimitation spatiale.*

En matière de droit de la famille, on peut indiquer deux autres décisions: l'arrêt du *Supremo Tribunal de Justiça* du 5.11.1981 [76] et le jugement du 5.ᵉ Tribunal civil (*5.º Juízo Cível*) de Lisbonne du 13.5.1988 [77].

L'arrêt de la Cour suprême a considéré comme applicable à tous les mariages entre Portugais – célébrés au Portugal ou à l'étranger, sans les publications préalables requises par la loi portugaise – l'article 175 du Code de l'État civil (*Código do Registo Civil*) de 1958, qui établissait comme sanction pour de tels mariages le régime matrimonial impératif de la séparation de biens; aussi deux Portugais mariés au Vénézuela en 1965 sans les publications préalables ont-ils été déclarés mariés impérativement sous le régime de séparation.

La Cour suprême a ainsi estimé que les publications préalables au mariage exigées par la loi portugaise s'appliquent aux mariages entre Portugais où qu'ils aient lieu et même si la *lex loci celebrationis* étrangère, compétente en matière de forme de l'acte, n'impose pas de telles publications. Il s'agit donc non seulement d'une règle matérielle de droit international privé mais d'une véritable règle d'application immédiate; actuellement, l'article 51, n.º 2, du Code civil portugais consacre la même exigence des publications avant mariage pour les unions matrimoniales entre Portugais, ou entre Portugais et étranger, qui seraient célébrées à l'étranger.

Le jugement du 5ᵉ Tribunal civil de Lisbonne du 13.5.1988, prononcé en matière de recherche de paternité d'un enfant apparemment de nationalité portugaise, à l'égard d'un citoyen suisse, résidant en Suisse, a déclaré compétent le droit suisse, par l'application combinée des articles 56, n.º 1 [la constitution de la filiation est régie par la loi

---

[76] *Boletim do Ministério da Justiça*, n.º 311, décembre 1981, p. 388 et suiv.
[77] *Colectânea de Jurisprudência*, 13.ᵉ année, t. 3, 1988, p. 341 et suiv.

personnelle du progéniteur à la date de l'établissement du rapport], et 31, n.º 1 [la loi personnelle est celle de la nationalité de l'individu], du Code civil; la loi suisse se considère compétente selon l'article 8, 3 de la Loi fédérale sur les rapports de droit civil des citoyens établis ou en séjour, du 25.6.1891. Comme le droit suisse ne connaît pas – selon le tribunal – l'action en recherche de paternité intentée *ex officio* par le Ministère public, contrairement au droit portugais, le tribunal estime que cette action (prévue par l'article 1865 du Code civil portugais) correspond à un «intérêt spécifique de l'État portugais, qui est un véritable intérêt public, dans la recherche de la progéniture, immédiatement après la naissance» [78]; comme le droit suisse ignore cette action, cet intérêt de l'État ne peut devenir effectif qu'au moyen d'une action intentée auprès des tribunaux portugais, dans le délai prévu par l'article 1866 du Code civil (deux ans après la date de la naissance de l'enfant), délai qui, dans le cas d'espèce, s'était déjà écoulé, le défendeur étant par conséquent acquitté.

Ce jugement est intéressant à plus d'un titre; d'abord, parce qu'il évoque – probablement par coïncidence – des doctrines récentes de l'*American conflicts revolution*, en particulier celle de B. Currie, le champion de la *governmental interest analysis* [79], dont on trouve ici des résonances inattendues.

Ensuite, l'application de la loi matérielle portugaise (articles 1865 et 1866 du Code civil) n'a été déterminée qu'après la constatation que la loi suisse normalement compétente ne connaissait pas l'action en recherche de paternité intentée par le Ministère public; en rigueur, le tribunal n'a pas eu recours à la technique des règles d'application immédiate mais a fait intervenir l'exception d'ordre public international de l'État portugais, bien que l'article 22 du Code civil n'ait pas été cité.

Enfin, la poursuite de «l'intérêt public de l'État portugais» a rendu internationalement compétents les tribunaux portugais, aux termes de l'article 65, n.º 1, alinéa d), du Code de Procédure civile, à

---

[78] *Ibidem*, p. 342.
[79] Cf. B. Currie, *Selected Essays on the Conflict of Laws*, Durham, N. C., 1963, *passim*; sur B. Currie, cf. les deux éditions spéciales de la *Mercer Law Review* (1983, 1984) qui lui ont été consacrées; cf. encore, dernièrement, A. K. Schnyder, «Interessenabwägung im Kollisionsrecht – Zu Brainerd Curries 'governmental-interest analysis'», *Zeitschrift für Schweizerisches Recht*, N. F. 105 (1986), I, p. 101 et suiv.

titre de for de nécessité [compétence internationale des tribunaux portugais si le droit ne peut être rendu effectif qu'au moyen d'une action intentée en tribunal portugais, à condition qu'il existe entre l'action et le territoire portugais un élément pondéreux de connexité personnelle ou réelle].

Quant à ce dernier aspect du jugement, on peut le rapprocher de certaines décisions suisses relatives aux *clauses d'exception* [cf., *v.g.*, l'arrêt du Tribunal fédéral ATF 85 II 153 (1959) [80]: for de nécessité (*Notgerichtsstand*) en matière de modification d'un jugement étranger de divorce en ce qui concerne l'attribution de la puissance paternelle à une citoyenne suisse, résidant en Suisse, ex-épouse d'un national iranien, car le droit iranien ne connaît pas une telle action, admise, par contre, par le droit helvétique; le Tribunal fédéral invoque à ce propos l'ordre public suisse]; mais la clause d'exception interviendrait dans cette affaire portugaise, comme elle est intervenue dans celle qui a été décidée par l'arrêt du Tribunal fédéral suisse, pour des raisons de *justice matérielle*, ce qui n'est pas admis, en général, ni par la doctrine helvétique [81] ni par l'article 15 de la LDIP suisse, du 18.12.1987.

Cette intervention de la justice matérielle (*materiellprivatrechtliche Gerechtigkeit*, par opposition à l'*internationalprivatrechtliche Gerechtigkeit*, selon la distinction du Professeur G. Kegel [82]) pour rendre compétents les tribunaux et, par entraînement, la loi substantielle du for, au nom de «l'intérêt public de l'État», si elle ne relève pas, à proprement parler, du procédé des règles d'application immédiate, n'en vise pas moins, en fait, l'obtention des mêmes objectifs.

Ayant examiné quelques décisions jurisprudentielles portugaises en rapport avec les règles d'application immédiate du for, il convient maintenant d'en mentionner quelques-unes qui ont trait, de près ou de loin, à la problématique beaucoup plus compliquée des règles d'application immédiate étrangères.

---

[80] Publié *in* M. Keller - C. Schulze - K. Schütz *et alii*, *Die Rechtsprechung des Bundesgerichts im Internationalen Privatrecht*, vol. I, Zurich, 1976, p. 232 et suiv.

[81] Cf. C. E. Dubler, *Les clauses d'exception en droit international privé*, Genève, 1983, p. 98 et suiv.

[82] Cf. G. Kegel, «Begriffs- und Interessenjurisprudenz im internationalen Privatrecht», in *Festschrift Hans Lewald*, Bâle, 1953, p. 270 et suiv.

2. RÈGLES D'APPLICATION IMMÉDIATE ÉTRANGÈRES

Mis à part l'arrêt de la *Relação* de Lisbonne du 24.11.1980, mentionné ci-dessus [83], on peut indiquer, sous cette rubrique, un arrêt de la même Cour de Lisbonne, en date du 25.1.1967 [84], et trois arrêts du *Supremo Tribunal de Justiça*, des 11.6.1981 [85], 25.6.1981 [86] et 7.6.1983 [87], respectivement.

Dans l'arrêt de la Cour d'appel de Lisbonne du 25.1.1967, il s'agissait de la demande d'*exequatur* d'une décision d'un tribunal de Jersey: celui-ci avait déclaré nul et non avenu un transfert d'actions d'une société ayant son siège en Angola, effectué en 1940, par un actionnaire résidant en Allemagne, en application de la législation britannique qui prohibait le commerce avec l'ennemi.

La *Relação* de Lisbonne a refusé l'*exequatur*, sur la base de l'article 1096, alinéa f), du Code de Procédure civile (atteinte à l'ordre public portugais), car – l'Allemagne n'étant pas à l'époque en guerre contre le Portugal – la reconnaissance du jugement du tribunal de Jersey impliquerait la prise en considération d'une «loi de droit public» et d'«ordre public étranger», en raison de sa nature de «loi politique et économique», ce qui serait contraire à l'ordre public portugais, car elle heurtait le «principe de la liberté du commerce» [88].

Dans cette affaire, la Cour de Lisbonne a refusé donc – bien que de façon médiate – de donner effet à une règle d'application immédiate étrangère, pour contrariété à l'ordre public du for, apprécié au moment où l'arrêt de refus de l'*exequatur* est prononcé, c'est-à-dire, comme l'affirme la Cour, en tenant compte de l'*actualité* de l'ordre public.

L'arrêt du *Supremo Tribunal de Justiça* du 11.6.1981 a trait à une demande de restitution d'un dépôt bancaire – effectué en 1973 dans la délégation de Luanda d'une banque portugaise – et des intérêts respectifs; la Cour suprême ne mentionne nullement la situation créée

---

[83] Cf. *supra*, le texte qui se rapporte à la n. 67.
[84] Cf. I. Magalhães Collaço *et alii*, Direito Internacional Privado – *Textos de Apoio*, Lisbonne, 1978 (C - Jurisprudência, p. 64 et suiv.).
[85] *Boletim do Ministério da Justiça*, n.º 308, juillet 1981, p. 260 et suiv.
[86] *Ibidem*, p. 230 et suiv.
[87] *Boletim do Ministério da Justiça*, n.º 328, septembre 1983, p. 447 et suiv.
[88] Cf. I. Magalhães Collaço *et alii*, Direito ... (n. 84), pp. 68-70.

par la nationalisation de la banque à la suite de l'indépendance de l'Angola en 1975 et se borne simplement à refuser de satisfaire la demande, en conseillant au demandeur de s'adresser aux tribunaux angolais; dans cette affaire il n'y a eu aucune mention de la problématique des règles d'application immédiate étrangères, si ce n'est qu'une référence voilée au fait que la banque portugaise était dans l'impossibilité d'établir des contacts avec son ancienne délégation à Luanda.

Dans une autre affaire analogue à la précédente, l'arrêt de la Cour suprême du 25.6.1981, par contre, mentionne expressément l'«acte de souveraineté du gouvernement de l'Angola», comme étant indépendant de la volonté de la banque et ayant rendu impossible le paiement des intérêts, par extinction de l'obligation respective, aux termes de l'article 790, n.º 1, du Code civil [extinction de l'obligation en raison de l'impossibilité de la prestation, pour un motif non imputable au débiteur] [89].

Il y a dans cet arrêt, contrairement au précédent, une prise en considération d'une règle d'application immédiate étrangère – en vertu de laquelle la délégation angolaise de la banque portugaise a été intégrée dans le système bancaire du nouvel État –, *comme un fait justificatif de l'impossibilité* de l'exécution de l'obligation, selon la loi portugaise, qui est ici manifestement la *lex contractus*, même si la Cour n'en parle pas; à notre avis, ceci correspond à la doctrine que l'on désigne en Allemagne comme *Schuldstatuttheorie*, aujourd'hui minoritaire et représentée actuellement surtout dans la doctrine suisse [90].

Enfin, dans l'affaire décidée par l'arrêt du *Supremo Tribunal de Justiça* du 7.6.1983, il s'agissait d'un contrat de travail à terme, célébré au Portugal entre une société portugaise et un ingénieur portugais, pour être exécuté en Arabie Saoudite, auquel l'entreprise a mis fin au bout d'une période de trois mois; la Cour a considéré applicable la loi portugaise, en tant que statut contractuel, à défaut de choix de la loi compétente par les parties, aux termes de l'article 42, n.º 1, du Code civil [loi de la résidence habituelle commune des par-

---

[89] Cf. *Boletim do Ministério da Justiça*, nº 308, juillet 1981, pp. 235-236.
[90] Cf. K. Kreuzer, *Ausländisches* ... (n. 43), pp. 57-58; cf., déjà en 1941, W. Wengler, «Die Anknüpfung ...» (n. 44), p. 202 et suiv.; cf. aussi I. Magalhães Collaço, *Da compra* ... (n. 17), pp. 319-320.

ties, c'est-à-dire, de la résidence du travailleur et du siège de la société], et a appliqué l'article 8, n.º 2, du décret-loi 781/76, du 28 octobre, déjà mentionné [91], qui considère que la durée du contrat de travail à terme est de six mois, à moins qu'il y ait une justification suffisante pour un contrat d'une durée inférieure, ce qui n'était pas le cas en l'espèce.

Ce qui nous intéresse ici, en particulier, c'est que la Cour suprême – opérant apparemment un dépeçage du contrat – a considéré parfaitement compatible avec l'«application générique de la loi portugaise» comme *lex contractus*, la référence contenue dans les clauses du contrat à la loi et aux usages saoudiens en matière d'hygiène et de sécurité, d'horaires de travail, de périodes de repos, d'activités politiques ou religieuses, de secret professionnel concernant des travaux de caractère militaire ou de sécurité et encore en ce qui concerne le respect des lois, usages et coutumes locales, car il s'agit là de «points spécifiques inhérents au travail accompli en territoire de ce pays, ou même parce qu'ils s'imposent pour des raisons de souveraineté» [92].

Il y a eu donc une reconnaissance directe des règles d'application immédiate étrangères d'un État dont la loi n'est pas la *lex contractus*, mais sans que cela soit considéré incompatible avec l'application de la loi du for comme statut du contrat; la loi saoudienne étant celle du lieu d'exécution du travail, on peut penser que la présente décision de la Cour suprême portugaise n'est pas très éloignée de la théorie du «rattachement spécial» (*Sonderanknüpfung*), proposée pour la première fois, comme on l'a déjà dit, par le Professeur W. Wengler en 1941 [93].

CONCLUSION

En conclusion, on peut dire que la problématique des règles d'application immédiate est connue de la doctrine portugaise de droit international privé depuis plusieurs décennies et que le «procédé des règles d'application immédiate» – au sens où M. Ph. Francescakis en a

---

[91] Cf. *supra*, n. 71 et le texte qui s'y rapporte.
[92] Cf. *Boletim do Ministério da Justiça*, n.º 328, septembre 1983, p. 449.
[93] Cf. *supra*, n. 44 et le texte qui s'y rapporte.

parlé [94] — a été récemment adopté avec une certaine ampleur par le législateur portugais, à des fins de politique économique ou sociale, ou pour la régulation d'aspects fondamentaux de la vie en société; pour ce qui est de la jurisprudence, malgré le nombre quelque peu limité des décisions — reflet de la situation périphérique du pays, placé à l'écart des grands courants du commerce juridique international jusqu'à une époque récente —, on peut dire qu'elle est tout de même suffisamment significative d'une prise de conscience du phénomène des règles d'application immédiate: même si le *mot* ne figure pas dans les décisions des tribunaux portugais, nous croyons que la *chose* y est néanmoins présente; or, comme l'affirmait A. A. Ehrenzweig, «*What I have tried to show is not (...) what courts ought to do, but what they have always done*» [95].

Lisbonne, février 1990.

---

[94] Cf. Ph. Francescakis, compte-rendu de H. Batiffol, *Droit international privé*, 4ᵉ édition, *Rev. crit. dr. internat. privé*, 1967, p. 436.
[95] Cf. A. A. Ehrenzweig, *Specific Principles of Private Transnational Law*, Recueil des Cours de l'Académie de Droit International, t. 124, 1968-II, pp. 215-216 (souligné dans l'original).

SUR UNE PROPOSITION ITALIENNE D'ÉLABORATION D'UN CODE EUROPÉEN DES CONTRATS (ET DES OBLIGATIONS)

(Texte adressé au Professeur Giuseppe Gandolfi,
de l'Université de Pavie) (*)

Lisbonne, le 21 janvier 1991

Monsieur le Professeur,

Monsieur le Professeur José de Oliveira Ascensão, Président du Conseil scientifique de la Faculté de Droit de Lisbonne, m'a fait parvenir vos lettres des 17.7.1989 et 21.5.1990, adressées à Monsieur le Professeur Ruy de Albuquerque, ainsi que le texte de votre communication «Una proposta di rilettura del quarto libro del codice civile nella prospettiva di una codificazione europea» [1] et une traduction en français, et m'a demandé de vous transmettre mon opinion personnelle à propos de votre suggestion concernant l'élaboration d'un Code européen des contrats (et des obligations), en prenant éventuellement pour base le Livre IV du Code civil italien de 1942, en particulier ses deux premiers titres.

Étant plutôt spécialiste de droit international privé, je ne pourrai pas omettre, dans mes brèves considérations sur votre proposition, le

---

(*) Publicado em *Documentação e Direito Comparado*, n.º duplo 45/46, 1991, pp. 275-285; também está publicado em separata.

[1] *Rivista Trimestrale di Diritto e Procedura Civile*, 1989, pp. 217-222.

point de vue propre à cette discipline: j'essaierai, donc, tout d'abord (I), d'avancer quelques idées très générales sur l'unification du droit matériel (*Rechtsvereinheitlichung*), en tant que méthode tendant à résoudre (ou à supprimer) les difficultés propres au commerce juridique privé international, qui découlent de la multiplicité des systèmes de droit matériel existant dans un univers donné – dans le cas présent, les Communautés européennes –, et ensuite (II) de donner une vision d'ensemble, quoique très sommaire, sur la réglementation des contrats (et des obligations) dans le Code civil portugais de 1966, en procédant à quelques brefs rapprochements avec la discipline correspondante dans le Code civil italien.

I

Il est bien connu que l'identité des règles de droit matériel à l'intérieur d'une certaine communauté d'États tendrait idéalement à supprimer la réglementation typique des situations privées internationales qui est propre au droit international privé, c'est-à-dire, le recours à la méthode des règles de rattachement ou règles de conflit de lois.

En effet, si tous les pays du monde – ou, tout au moins, un groupement donné d'entre eux – adoptaient des normes substantielles identiques en matière d'obligations et si partout les mêmes règles d'interprétation et de comblement des lacunes étaient admises – ce qui supposerait l'existence d'un organe judiciaire supérieur commun, susceptible d'unifier la jurisprudence au niveau de l'ensemble des États concernés –, le problème qui est à la base du droit international privé et sa véritable raison d'être (la diversité de la réglementation substantielle selon les pays) disparaîtrait, étant donné qu'une réglementation matérielle commune (le droit uniforme) serait acceptée à l'intérieur de cet ensemble d'États: comme l'ont souligné les Professeurs K. Zweigert et U. Drobnig, «[o]hne Rechtskollisionen, kein Kollisionsrecht» [2].

---

[2] K. Zweigert-U. Drobnig, «Einheitliches Kaufgesetz und Internationales Privatrecht», *Rabels Zeitschrift für ausländisches und internationales Privatrecht*, 1965, p. 147.

Encore faut-il souligner que la non existence d'un organe central d'unification de la jurisprudence rend inévitables les divergences d'interprétation de textes législatifs formellement identiques.

On peut à cet égard mentionner l'exemple bien connu de l'article 970 du Code civil français, sur le testament olographe [«Le testament olographe ne serait point valable, s'il n'est écrit en entier, daté et signé de la main du testateur: il n'est assujetti à aucune autre forme»], interprété et appliqué de façon différente en France et en Belgique, malgré l'identité du texte légal dans les deux pays: en effet, en cas d'erreur de date, il est réputé nul en France et valable en Belgique [3].

Dans le domaine des obligations, l'arrêt *Hocke c. Schubel* de la Cour de cassation française (Chambre civile, Section commerciale), du 4.3.1963 [4], a consacré, de façon éclatante, la divergence entre l'interprétation suivie en Allemagne et en France de l'article 31, alinéa 4, de la Loi uniforme sur les lettres de change et les billets à ordre, adoptée par la Convention de Genève du 7.6.1930, en vigueur dans les deux pays: la présomption selon laquelle, à défaut d'indication, l'aval est réputé donné pour le tireur a été considérée comme irréfragable en France, tandis qu'elle admet la preuve contraire en Allemagne.

De même, la Cour constitutionnelle italienne, dans son arrêt n.º 132, du 6.5.1985 [5], a déclaré la non conformité à la Constitution italienne de l'article 1er de la Loi du 19.5.1932, n.º 841, et de l'article 2 de la Loi du 7.12.1962, n.º 1832, qui donnent exécution, dans l'ordre juridique italien, respectivement à la Convention de Varsovie du 12.10.1929 sur le transport aérien international et au Protocole de La Haye du 28.9.1955, en raison de la limitation de la responsabilité du transporteur envers chaque voyageur en cas de mort ou de lésion – admise dans ces deux règles le droit matériel uniforme d'origine conventionnelle –, considérée par la Cour constitutionnelle italienne comme étant contraire au droit fondamental à l'intégrité de la personne, reconnu dans l'article 2 de la Constitution italienne.

---

[3] Voir, en sens, J. Baptista Machado, *Lições de Direito Internacional Privado*, 2ème édition, Coimbra, Almedina, 1982, pp. 245-246; J. J. Gonçalves de Proença, *Direito Internacional Privado (Parte Geral)*, Lisboa, Universidade Lusíada, 1990, pp. 291-292.

[4] *Journal du Droit International*, 1964, p. 806 ss., avec une note de B. Goldman.

[5] *Revue critique de droit international privé*, 1986, p. 477 ss., avec une note de T. Ballarino.

S'il est en effet communément admis que c'est en matière d'obligations qu'il est le plus aisé de procéder à l'unification des règles de droit matériel, il ne faut pas sous-estimer les limites d'une telle procédure d'uniformisation.

C'est ainsi que la tentative d'unification franco-italienne en matière d'obligations, qui a abouti à l'élaboration du Projet franco-italien de Code des obligations et des contrats du 31.10.1927, a finalement échoué, et cela malgré la circonstance décisive qu'il n'y avait que deux pays concernés et que, comme vous le soulignez à juste titre, il y a un «rapport génétique» entre le droit italien et le droit français en ce domaine.

Dans le même ordre d'idées, les Conventions de Genève des 7.6.1930 et 19.3.1931 portant Loi uniforme en matière de lettres de change et de billets à ordre et de chèques, respectivement, non seulement n'ont pas été adoptées par tous les pays qui sont actuellement membres des Communautés européennes (l'Espagne, l'Irlande et le Royaume-Uni n'en font pas partie), mais elles n'ont pas non plus supprimé les règles de conflit de lois – étant doublées de conventions d'unification du droit international privé –, en raison du caractère partiel de la codification substantielle entreprise, d'une part, et du faible nombre des pays adhérents, d'autre part.

En outre, le droit matériel uniforme a été – comme on l'a déjà vu – interprété différemment dans les États parties à ces conventions; on peut encore signaler qu'au Portugal des textes législatifs internes récents ont mis en cause le taux des intérêts moratoires établi par les articles 48-49 et 45-46 des deux Lois uniformes sus-mentionnées, provoquant un certain désarroi et des divisions dans la doctrine et la jurisprudence, partagées sur le point de savoir si un texte législatif interne peut déroger à un texte adopté par une convention internationale, le Portugal étant en effet partie aux Conventions de Genève de 1930 et 1931 [6].

Les avatars subis par la Convention sur la vente internationale des objets mobiliers corporels, signée à la Haye le 1er juillet 1964, contenant une Loi uniforme sur la vente internationale des objets mobiliers corporels, avec leur prétention de supprimer totalement les règles de conflit de lois, ont été à l'origine de l'élaboration, sous l'égide de la Commission des Nations Unies pour le Droit du Com-

---

[6] Cf. J. M. Antunes Varela, *Das Obrigações em geral*, 5ème édition, Coimbra, Almedina, 1986, pp. 828-832.

merce International, de la Convention des Nations Unies sur les Contrats de Vente Internationale de Marchandises, signée à Vienne le 11.4.1980, beaucoup plus réaliste à cet égard (cf. les articles 1er et 2 de la Loi uniforme de 1964 avec l'article 1er de la Convention de 1980) [7].

Il faut donc garder présent à l'esprit qu'une éventuelle codification du droit matériel en matière de contrats (et obligations) au niveau des Communautés européennes ne supprimerait nullement le problème de l'unification des règles de droit international privé, le droit substantiel européen unifié n'étant pas, par définition, le seul droit existant au niveau mondial.

Il faut souligner à ce propos que les Communautés européennes ont envisagé tout d'abord l'unification du droit international privé en matière d'obligations *contractuelles* (après l'abandon de l'avant-projet de 1973 d'unifier également les règles de conflit en matière d'obligations non contractuelles), par la signature à Rome, le 19.6.1980, de la Convention sur la loi applicable aux obligations contractuelles, mais que, après plus d'une décennie d'intense réflexion sur la portée de cette Convention, elle n'est pas encore entrée en vigueur [8], et que le mécanisme des réserves, auquel ont eu recours certains États membres des Communautés, videra, en certains cas, la Convention de quelques-unes de ses dispositions fondamentales, comme l'article 7, 1, sur les règles impératives (lois de police) étrangères [9].

La question que l'on peut se poser à cet égard est la suivante: certes, l'unification des règles de conflit de lois en matière d'obligations contractuelles n'empêche pas, en stricte logique, l'unification des normes substantielles en ce domaine; mais si, jusqu'à présent, la Convention de Rome n'est pas encore entrée en vigueur [10], peut-on songer d'ores et déjà à l'unification du droit matériel dans le cadre des Communautés?

---

[7] Cf. A. Ferrer Correia, «Considerações sobre o método do Direito Internacional Privado», in *Estudos vários de Direito*, Coimbra, Almedina, 1982, pp. 375-376.

[8] La Convention est finalement entrée en vigueur le 1er avril 1991: cf. H. Lesguillons, «Loi applicable aux obligations contractuelles: entrée en vigueur de la Convention de Rome du 19 juin 1980», *Revue de Droit des Affaires Internationales*, 1991, p. 268.

[9] Cf., *v.g.*, K. Siehr, «Ausländische Eingriffsnormen im inländischen Wirtschaftskollisionsrecht», *Rabels Zeitschrift für ausländisches und internationales Privatrecht*, 1988, p. 73, n. 160 et p. 96.

[10] Cf. *supra*, note 8.

Il faut encore ajouter que la pratique du commerce international, en raison du manque d'uniformité internationale en matière de contrats (et d'obligations en général), a même développé un système parallèle, quoique partiel et lacunaire – la *lex mercatoria* ou *New Law Merchant* –, dont on ne peut pas ne pas tenir compte dans l'élaboration future (et éventuelle) d'un Code européen des contrats (et des obligations).

II

Votre proposition d'élaboration d'un tel Code prend pour base le Livre IV du Code civil italien de 1942 (*Delle obbligazioni*), en particulier les Titres Ier (*Delle obbligazioni in generale*) et II (*Dei Contratti in generale*); vous soulignez, à cet égard, d'une part, l'influence du Code Napoléon et du *Bürgerliches Gesetzbuch (BGB)* allemand sur le *Codice civile*, lequel, d'autre part, aurait des traits communs avec le droit anglais en matière d'interprétation des contrats (cf. Chap. IV du Titre II du Livre IV, article 1362 ss. du Code civil italien).

Je me bornerai, dans ce contexte, à mettre en relief certains traits très généraux – mais essentiels – du Code civil portugais de 1966, avant d'énoncer mon opinion relativement à votre proposition.

Contrairement au Code civil italien et suivant le modèle du *BGB*, le Code civil portugais a une partie générale (Livre Ier), avant le droit des obligations (Livre II), les droits réels (Livre III), le droit de la famille (Livre IV) et le droit des successions (Livre V).

Il s'ensuit nécessairement qu'une partie des matières contenues dans le Titre II du Livre IV du *Codice civile* sont réglées dans le Sous-titre III (*Dos factos jurídicos*) du Titre II (*Das relações jurídicas*) du Livre Ier du *Código Civil* portugais (*Parte Geral*), en particulier dans le Chapitre Ier (*Negócio jurídico*) (article 217 ss.), à un niveau de généralité plus élevé que celui du Titre II du Livre IV du Code civil italien, tandis qu'une autre partie se trouve insérée dans le Livre II (*Direito das Obrigações*), Titre Ier (*Das obrigações em geral*), en particulier dans la Sous-section Ière (*Disposições gerais*), de la Section Ière (*Contratos*), du Chapitre II (*Fontes das obrigações*), à un niveau de généralité équivalent à celui du Titre II du Livre IV du Code civil italien [11].

---

[11] Cf. J. M. Antunes Varela, *op. cit. supra*, note 6, pp. 38-43, 213.

Il est bien connu que l'une des sources d'inspiration les plus importantes du Livre II du Code civil portugais a été de Livre IV du Code civil italien de 1942 et cela est suffisamment démontré à travers les très nombreux travaux préparatoires élaborés par le Professeur A. Vaz Serra, président de la commission d'experts qui a rédigé le nouveau Code civil portugais, entre 1944 et 1966.

Mais d'autres influences sont facilement détectables en matière de contrats (et d'obligations), en particulier celles du *BGB* allemand, du Code civil grec, du Code civil français et du Code suisse des Obligations [12].

D'après l'expérience du législateur portugais du Code civil, on pourrait se demander si – en cas d'évolution favorable de votre suggestion d'élaboration d'un Code européen des contrats (et des obligations) – l'on devrait prendre pour modèle un certain Code (vous proposez que ce modèle soit le Code civil italien) ou si l'on devrait plutôt s'inspirer de tous les Codes existant dans les Communautés (entre autres, il faudrait encore ajouter le Code civil espagnol et le code civil néerlandais), afin d'en dégager les principes communs, susceptibles d'être inscrits dans le Code européen.

Une décision capitale à cet égard devrait être celle de savoir si ce code devrait ou non contenir une partie générale relative à l'acte juridique – et en particulier au *negotium* juridique – comme c'est le cas pour le *BGB* et pour le *Código Civil* portugais [13], ou si cette partie générale devrait se borner à définir les principes généraux en matière de contrats, à l'instar du Titre II du Livre IV du *Codice civile*.

Les principes généraux du droit anglais, comme vous le remarquez à juste titre, ne pourraient pas non plus ne pas être pris en considération.

Il faut souligner, à ce propos, qu'à l'issue de la première guerre mondiale les Tribunaux arbitraux mixtes, qui ne disposaient pas d'un système de règles de conflit de lois, ont souvent trouvé la solution des affaires qui leur ont été soumises, en ayant recours aux principes géné-

---

[12] Cf. J. M. Antunes Varela, *Das Obrigações em geral*, vol. II, 4ème édition, Coimbra, Almedina, 1990, *v.g.*, pp. 234, 337, 348-349, 448, n. 1.

[13] Cf. J. Oliveira Ascensão, *O Direito – Introdução e Teoria Geral – Uma Perspectiva Luso-Brasileira*, 6ème édition, Coimbra, Almedina, 1991, p. 348; A. Menezes Cordeiro, «Teoria Geral do Direito Civil – Relatório», *Revista da Faculdade de Direito da Universidade de Lisboa*, vol. XXIX, 1988, p. 251 ss.

raux communs aux systèmes juridiques des États dont les parties en litige étaient ressortissantes [14].

Il faudrait également se décider au départ sur la portée exacte du Code européen: s'agit-il d'une codification des obligations *contractuelles* (cf., pour le droit international privé, la Convention de Rome du 19.6.1980) ou d'une codification des obligations *contractuelles et non contractuelles?*

En tout état de cause, l'élaboration éventuelle d'un Code européen des contrats (et des obligations) ne supprimerait nullement, à mon avis, le besoin d'unifier, en cette matière, les règles de conflit de lois des États membres.

En espérant que ces modestes réflexions strictement personnelles soient de quelque utilité pour vos travaux futurs en vue de l'élaboration d'un Code européen des contrats (et des obligations), je vous prie de croire, Monsieur le Professeur, à l'expression de mes sentiments distingués.

António Marques dos Santos

---

[14] Cf. K. Lipstein, «Conflict of Laws before International Tribunals (A Study in the Relation between International Law and Conflict of Laws)», *in Transactions of the Grotius Society*, vol. 27, London, 1942, p. 149 ss.; I. Magalhães Collaço, *Direito Internacional Privado*, vol. I, Lisboa, AAFDL, 1966, pp. 249-251, 255-258.

LE STATUT DES BIENS CULTURELS EN DROIT INTERNATIONAL PRIVÉ (*)

INTRODUCTION

L'idée de la reconnaissance du rôle créateur de l'artiste et de la protection des oeuvres de la culture créées par le génie de l'homme est une idée relativement neuve en Europe occidentale où elle n'est apparue qu'en pleine Renaissance, vers la fin du XVIe siècle [1], mais la préoccupation de maintenir et de sauvegarder le patrimoine culturel en tant que tel est — semble-t-il — quelque peu postérieure.

En tout état de cause, pour ce qui concerne le Portugal, on peut mentionner — outre l'inventaire de 1686 qui existait à la Bibliothèque Royale et y a été perdu lors du tremblement de terre de Lisbonne de 1755 [2] — l'édit (*alvará*) du 20 août 1721, adopté à l'initiative de l'Académie Royale de l'Histoire Portugaise, et qui prenait des mesures pour la conservation et la sauvegarde des «monuments anciens qui existaient et que l'on pouvait découvrir dans le royaume, du temps où celui-ci était

---

(*) Publicado em *XIVe Congrès International de Droit Comparé — Rapports portugais, Athènes, 31 juillet-6 août 1994*, Lisboa, separata do *Boletim Documentação e Direito Comparado*, n.º duplo 57/58, 1994, pp. 7-44.

[1] Cf. G. Reichelt, «Die Rolle von UNIDROIT für den Internationalen Kulturgüterschutz — Neue methodische Ansätze im 'UNIDROIT-Entwurf 1990 über gestohlene und unerlaubt ausgeführte Kulturgüter'», *in Europa im Aufbruch — Festschrift Fritz Schwind zum 80. Geburtstag*, Vienne, Manzche Verlags- und Universitätsbuchhandlung, 1993, p. 206.

[2] Cf. le préambule du Décret-Loi n.º 27.633, du 3 avril 1937, *Diário do Governo*, Ière Série, n.º 77, 3.4.1937, p. 312.

sous la domination des Phéniciens, des Grecs, des Carthaginois, des Romains, des Goths et des Arabes» [3]. Le même édit établissait, sous peine de sanctions, «qu'aucune personne, quels qu'en soient l'état, la qualité et la condition, ne défasse ni ne détruise, en tout ou en partie, aucun édifice qui s'avère appartenir à ces temps-là, même partiellement détruit, ainsi que les statues, marbres et cippes où des figures sont sculptées ou contiennent des inscriptions phéniciennes, grecques, romaines, gothiques et arabiques, ou des lames ou plaques de tout métal contenant les dites inscriptions ou caractères, ainsi que des médailles ou monnaies qui s'avèrent appartenir à ces temps-là, ou aux temps ultérieurs jusqu'au règne du Seigneur Roi Dom Sebastião [1557-1578], ni recouvre ou occulte quelques-unes des choses susmentionnées» [4].

Avec l'avènement de la République, en 1910, le Décret n.° 1, du 26 mai 1911 [5], reconnaît que «plus un État est démocratique, plus il a d'obligations envers l'artiste» et que celui-ci doit être valorisé «dans une société ouvertement libérale» [6]. Cette importante Loi réorganise les services artistiques et archéologiques et les Écoles des Beaux Arts de Lisbonne et de Porto, crée les Conseils d'Art et d'Archéologie et le Conseil National de l'Art et établit des mesures de classement et de protection des monuments nationaux (Chapitre V – articles 42 à 53) et fait procéder à l'inventaire des oeuvres d'art e des pièces archéologiques existant dans le pays (Chapitre VI – articles 54 et 55).

La Loi n.° 1700, du 18 décembre 1924 [7], remplace le Conseil National de l'Art par le Conseil Supérieur des Beaux Arts et prescrit à nouveau l'organisation de l'inventaire des oeuvres d'art et des pièces archéologiques, qu'il s'agisse de biens meubles ou immeubles, «qui possèdent une valeur historique, archéologique, numismatique ou artistique susceptibles de figurer dans un inventaire» (article 38); la Loi n.° 1700 a été, par la suite, réglementée de façon très détaillée par le Décret n.° 11.445, du 13 février 1926 [8], qui établit les procédures

---

[3] *Ibidem*: sauf indication contraire, toutes les traductions des textes originaux portugais ont été établies par l'auteur.

[4] *Ibidem*.

[5] *Colecção Oficial de Legislação Portuguesa – Ano de 1911*, Lisbonne, Imprensa Nacional, 1912, n.° 2, p. 1157 ss.

[6] Préambule du Décret n.° 1, *ibidem*, p. 1157.

[7] *Diário do Governo*, Ière Série, n.° 281, 18.12.1924, p. 1858 ss.

[8] *Diário do Governo*, Ière Série, n.° 34, 13.2.1926, p. 135 ss.

d'inventaire de ces biens culturels en une cinquantaine d'articles environ (Chapitre V – articles 46 à 93).

Pour ce qui est de la notion de biens culturels, l'article 47 du Décret n.º 11.445 en donne une énumération assez détaillée, mais non exhaustive: aux termes de cet article, sont considérés, *oeuvres d'art* ou *objets archéologiques*, à l'exclusion des oeuvres d'auteurs encore en vie, «les sculptures, peintures, gravures, dessins, meubles, objets de porcelaine, de faïence et d'orfèvrerie, les verres, émaux, tapis, tapisseries, dentelles, bijoux, broderies, tissus, costumes, armes, objets en fer forgé, bronzes, éventails, médailles et monnaies, inscriptions, instruments de musique, manuscrits enluminés, et, d'une façon générale, tous les objets susceptibles de constituer un modèle d'art ou de représenter un enseignement de valeur pour les artistes ou qui, par leur mérite, puissent être dignes de figurer dans des musées publics d'art, ainsi que tous ceux qui méritent d'être qualifiés d'historiques» [9].

L'inventaire, en vertu de l'article 48 du même décret, comprend deux parties, dont l'une concerne les meubles en possession de l'État ou d'autres collectivités – publiques ou subventionnées et sous tutelle de l'État – et l'autre les meubles et immeubles en possession des particuliers: par ailleurs, à l'exception des biens appartenant à des particuliers, tous les autres biens culturels, qu'il s'agisse de meubles ou d'immeubles, sont inaliénables sans l'autorisation du Ministère de l'Instruction Publique (article 49).

Après le coup d'état du 28 mai 1926, qui a mis fin à la 1ère République Portugaise et a été le prélude à l'instauration de l'État Nouveau (*Estado Novo*) de Salazar, il faut remarquer que l'article 52 de la Constitution du 11 avril 1933 place «sous la protection de l'État les monuments artistiques, historiques et naturels, et les objets artistiques officiellement reconnus en tant que tels, leur aliénation en faveur d'étrangers étant interdite».

---

[9] Le Décret n.º 20.586, du 4 décembre 1931 (*Diário do Governo*, Ière Série, n.º 279, 4.12.1931, p. 2262) précise, dans son article Ier, que les biens culturels soumis à l'inventaire par la Loi n.º 1700, le Décret n.º 11.445 et par la législation ultérieure ne peuvent pas quitter le pays, à quelque titre que ce soit, sans l'autorisation du Ministère de l'Instruction Publique, qu'ils figurent déjà ou non à l'inventaire; l'article 2 vient ajouter à l'ensemble des oeuvres d'art énumérées à l'article 47 du Décret n.º 11.445 les livres et les feuillets considérés comme rares et précieux ainsi que les manuscrits non enluminés, les cartulaires, les parchemins et autres documents ayant un intérêt diplomatique, paléographique ou historique.

À cette époque, il faut encore mentionner, parmi d'autres, le Décret-Loi n.º 23.125, du 12 octobre 1933 [10], qui a créé l'Office National des Fouilles et Antiquités (*Junta Nacional de Escavações e Antiguidades*), chargé notamment de proposer des mesures visant, d'une part, à éviter la destruction des stations, monuments et objets archéologiques et, d'autre part, à empêcher la sortie du pays de tous les objets archéologiques qui y soient trouvés et qui doivent figurer dans les collections portugaises.

Parmi la législation édictée pendant le régime de l'*Estado Novo*, on aura encore l'occasion de faire allusion par la suite au Décret-Loi n.º 27.633, du 3 avril 1937 [11], qui, comme on le verra, fut pionnier en matière de reconnaissance des lois étrangères de protection des biens culturels [12].

Après cette brève introduction, il nous paraît nécessaire, pour correspondre à l'esprit de la note d'orientation du Professeur Spyridon Vrellis, rapporteur général, de donner un aperçu sommaire du droit substantiel actuellement en vigueur au Portugal en matière de protection du patrimoine culturel (I), avant d'aborder, de façon quelque peu détaillée, les aspects essentiels du Droit international privé portugais afférents au statut des biens culturels (II).

Iᵉʳᵉ PARTIE

LA PROTECTION DU PATRIMOINE CULTUREL SELON LE DROIT MATÉRIEL INTERNE PORTUGAIS

À l'instar de ce qui avait été établi dans le cadre de la Constitution de 1933, l'actuelle Constitution de la République Portugaise du 2 avril 1976 – qui a déjà fait l'objet de trois révisions constitutionnelles en 1982, en 1989 et en 1992 – consacre également la protection du patrimoine culturel portugais.

---

[10] *Diário do Governo*, Iᵉʳᵉ Série, n.º 232, 12.10.1933, p. 1740.
[11] Cf. *supra*, note 2.
[12] Cf. *infra*, note 71 ss. et le texte qui s'y rapporte.

L'article 78 de la Constitution de 1976 établit, dans son paragraphe premier, que «chacun a droit à la jouissance et à la création culturelles, ainsi que le devoir de préserver, de défendre et de valoriser le patrimoine culturel» et le paragraphe 2 ajoute qu'«il appartient à l'État, en collaboration avec tous les agents culturels: (...) c) de promouvoir la sauvegarde et la mise en valeur du patrimoine culturel en le transformant en élément vivificateur de l'identité culturelle commune».

Par ailleurs, l'article 9 du texte constitutionnel considère, parmi les «tâches fondamentales de l'État», notamment celle de «protéger et de valoriser le patrimoine culturel du peuple portugais (...)» [article 9, e)], alors que le rôle des «associations de défense du patrimoine culturel», mentionné à l'article 73, paragraphe 3, dans le cadre de la reconnaissance à tous les citoyens du droit à l'éducation et à la culture (article 73, paragraphe 1), trouve une application pratique fondamentale dans l'attribution par l'article 52, paragraphe 3, du droit de pétition et d'action populaire en vue de «promouvoir la prévention, la cessation ou la poursuite judiciaire des infractions (...) [afférentes à] la dégradation du patrimoine culturel», ces droits pouvant être exercés non seulement par lesdites associations de défense du patrimoine culturel mais aussi par les simples citoyens, à titre individuel.

En résumé, la Constitution de la République Portugaise du 2 avril 1976 souligne la haute importance du patrimoine culturel, lequel fait l'objet «d'un *devoir* de tous de ne pas porter atteinte contre lui et d'en empêcher la destruction (...); d'une *obligation* de l'État de ne pas le détruire et de le défendre (...): d'un *droit* de tous les citoyens de le défendre, en en empêchant la destruction (...)» [13].

Mais la pièce maîtresse de l'édifice législatif de protection des biens culturels au Portugal est la Loi n.º 13/85, du 6 juillet 1985 (Loi du Patrimoine Culturel Portugais) [14], loi qui n'est pas encore totalement efficace [15], car, n'étant pas d'application immédiate – au sens de

---

[13] Cf. J. J. Gomes Canotilho - V. Moreira, *Constituição da República Portuguesa Anotada*, 3ème édition revue, Coimbra, Coimbra Editora, 1993, p. 378 (souligné dans l'original): ces impératifs constitutionnels sont concrétisés notamment aux articles 2, 6 et 59 de la Loi du Patrimoine Culturel Portugais (cf. la note suivante).

[14] *Diário da República*, Ière Série, n.º 153, 6.7.1985, p. 1865 ss.

[15] Cf. A. Ferrer Correia, «La vente internationale d'objets d'art, sous l'angle de la protection du patrimoine culturel – Rapport définitif», in *Annuaire de l'Institut de Droit International*, Session de Bâle 1991, vol. 64, tome I, p. 155, note 36, et p. 173,

self-executing [16] –, elle n'a toujours pas fait l'objet de la publication de toute la législation gouvernementale complémentaire d'application, prévue dans son article 61, paragraphe 1er, qui devait être effectuée dans un délai de 180 jours [17].

Dans ses grandes lignes, la Loi du Patrimoine Culturel présente la structure suivante: le Titre Ier est consacré aux «principes fondamentaux» (articles 1er à 6), le Titre II traite «des formes et du régime du

---

note 73; cf. également, du même auteur, «A venda internacional de objectos de arte e a protecção do património cultural», tiré à part de la *Revista de Legislação e de Jurisprudência*, 1994, p. 25, note 2; cf. encore, sur le problème de la suspension de l'efficacité des lois en droit portugais, J. Dias Marques, *Introdução ao Estudo do Direito*, Lisbonne, 1972, pp. 262-263.

[16] Sur cette acception des *lois d'application immédiate*, cf. A. Marques dos Santos, *As normas de aplicação imediata no Direito Internacional Privado – Esboço de uma teoria geral*, vol. I, Coimbra, Almedina, 1991, pp. 2-3; cf. encore, dans la doctrine portugaise, Jorge Miranda, *Manual de Direito Constitucional*, tome II – *Introdução à teoria da Constituição*, 2ème édition revue, réimpression, Coimbra, Coimbra Editora, 1988, p. 222 ss.; J. J. Gomes Canotilho, *Direito Constitucional*, 4ème édition, Coimbra, Almedina, 1986, p. 667.

[17] Pour l'essentiel, il n'y a que deux textes gouvernementaux importants qui ont été édictés depuis 1985 pour compléter la Loi du Patrimoine Culturel: il s'agit, d'une part, du Décret-Loi n.° 216/90, du 3 juillet 1990 [*Diário da República*, Ière Série, n.° 151, 3.7.1990, p. 2790 ss., rectifié par une déclaration publiée au *Diário da República*, Ière Série, n.° 252, 31.10.1990, p. 4498-(9) ss.], qui définit le statut organique de l'Institut Portugais du Patrimoine Culturel (prévu à l'article 5 de la Loi n.° 13/85), chargé surtout d'«assurer l'accomplissement des obligations de l'État dans le domaine de l'inventaire, étude, sauvegarde, valorisation et divulgation du patrimoine culturel portugais (...)», à l'exclusion des biens culturels des archives, des manuscrits de valeur et des livres rares (articles 2 et 3 du Décret-Loi n.° 216/90); d'autre part, très récemment, le Décret-Loi n.° 289/93, du 21 août 1993 (*Diário da República*, Ière Série-A, n.° 196, 21.8.1993, p. 4462 ss.) a défini des règles relatives au patrimoine culturel archéologique subaquatique (qui était mentionné dans l'article 37, paragraphes 1 et 2, de la Loi n.° 13/85).

Un certain nombre d'autres textes de moindre importance ont été édictés, comme, par exemple, le Décret-Loi n.° 346/89, du 12 octobre 1989 (*Diário da República*, Ière Série, n.° 235, 12.10.1989, p. 4438), qui crée certaines exonérations fiscales en matière de «réimportation et d'importation définitive d'oeuvres d'art», comme mesure d'incitation à «l'enrichissement artistique national»; dans son article 46, la Loi n.° 13/85 prévoit des exonérations ou des dégrèvements de certains impôts, lesquels, cependant, ont été supprimés ou remplacés par d'autres depuis la publication de la Loi.

Il faut ajouter, enfin, que, lors d'une récente rencontre de spécialistes portugais, il a été affirmé que la Loi n.° 13/85 est «insusceptible de réglementation» (cf. *Público*, 14.2.1994, p. 20).

patrimoine culturel» (articles 7 à 43), le Titre III s'occupe «du développement de la conservation et de la valorisation du patrimoine culturel» (articles 44 à 50), le Titre IV établit des «garanties et sanctions» (articles 51 à 59) et, finalement, le Titre V contient des dispositions finales (articles 60 à 62).

Le Titre II, qui est le plus important, est subdivisé en deux Sous-titres, dont le premier se réfère aux «biens matériels» immeubles et meubles, y compris les biens archéologiques, qui sont soumis à un régime spécifique (articles 7 à 42) et le second concerne les «biens immatériels» (article 43), dont les «valeurs linguistiques» [18], les «traditions culturelles populaires en voie de disparition» et le «patrimoine photographique, filmique [et] phonographique».

La définition, trop générale et même quelque peu tautologique, de patrimoine culturel figure à l'article 1er de la Loi n.° 13/85: «Le patrimoine culturel portugais est constitué par tous les biens matériels et immatériels qui, en raison de la valeur intrinsèque qui leur est reconnue, doivent être considérés comme étant d'intérêt digne de mention [*relevante*] pour la permanence et l'identité de la culture à travers les temps».

Les biens matériels sont soumis à une procédure de *classement* (articles 7 à 20), selon le système bien connu, d'origine française [19], qui peut être déclenchée par l'État, par les régions autonomes – Açores et Madère [20] –, par les collectivités locales ou par toute personne physique ou morale (article 9).

---

[18] Il faut remarquer que la langue portugaise, parlée par près de 200 millions de personnes dans les cinq continents, fait l'objet d'une garantie de protection constitutionnelle: parmi les «tâches fondamentales de l'État» inscrites à l'article 9 de la Constitution de 1976 figure celle d'«assurer l'enseignement et la valorisation permanente, de défendre l'usage et de promouvoir la diffusion internationale de la langue portugaise» [article 9, alinéa f)]; en outre, l'article 7, paragraphe 4, établit, en matière de relations internationales, que «le Portugal maintient des liens spéciaux d'amitié et de coopération avec les pays de langue portugaise» et l'article 15, paragraphe 3, admet l'attribution aux citoyens des pays de langue portugaise, par le biais d'une convention internationale et sous condition de réciprocité, de droits non conférés, en principe, à d'autres étrangers.

[19] Cf. A. Ferrer Correia, «La vente ... – Exposé préliminaire et questionnaire», *loc. cit. supra* note 15, p. 95; G. Reichelt, «La protection des biens culturels», UNIDROIT 1986 – Étude LXX – Doc. 1, décembre 1986, p. 11: les autres grandes méthodes de définition des biens culturels sont celles de l'*énumération* et de la *catégorisation*.

[20] Sur les textes législatifs spécialement applicables à ces régions, cf. *infra*, note 30 ss. et le texte qui s'y rapporte.

Les biens immeubles peuvent être classés comme *monuments*, *ensembles* et *sites* (articles 7, paragraphe 2, et 8, paragraphe 1er) [21] et les biens meubles peuvent être considérés comme ayant une valeur culturelle (article 7, paragraphe 2); les uns et les autres peuvent encore être classés comme revêtant une valeur *locale*, *régionale*, *nationale* ou *internationale* (article 7, paragraphe 2) [22].

Les biens culturels meubles – les plus importants pour ce qui est du statut des biens culturels en droit international privé – sont énumérés de façon non exhaustive par l'article 8, paragraphe 2, de la Loi du Patrimoine Culturel:

«Par biens culturels meubles on entend:

a) Les biens ayant une signification culturelle qui représentent l'expression ou le témoignage de la création humaine ou de l'évolution de la nature ou de la technique, y compris ceux qui se trouvent à l'intérieur d'immeubles ou qui en aient été extraits ou récupérés, ainsi que ceux qui sont ensevelis ou submergés ou qui soient trouvés en des lieux ayant un intérêt archéologique, historique, ethnologique ou en d'autres lieux;
b) Les oeuvres de peinture, sculpture et dessin, les textiles, les espèces organologiques, les outils ou les objets ayant une valeur artistique, scientifique ou technique;

---

[21] Pour un classement parallèle à celui-ci en matière d'environnement (*aires protégées*, *lieux*, *sites*, *ensembles* et *objets classés*), cf. l'article 29 de la Loi n.º 11/87, du 7 avril 1987 (Loi de Bases de l'Environnement), *Diário da República*, Ière Série, n.º 81, 7.4.1987, p. 1386 ss. et, déjà avant, l'article 1er, paragraphe 1er, e), et paragraphe 5, du Décret-Loi n.º 613/76, du 27 juillet 1976, *Diário da República*, Ière Série, n.º 174, 27.7.1976, p. 1702 ss.

L'article 4, k), de la Loi n.º 11/87 préconise des mesures qui visent à renforcer «les actions et mesures de défense et de récupération du patrimoine culturel, naturel ou construit» [cf. aussi l'article 17, paragraphe 3, b), l'article 20 et l'article 40, paragraphe 3] et l'article 5, paragraphe 2, a), inclut dans la définition de l'environnement notamment les facteurs «culturels».

[22] Pour une critique de ce dernier classement, en particulier celui des biens de valeur *internationale*, lequel relève de la compétence de l'UNESCO, cf. M. Nogueira de Brito, «Sobre a legislação do património cultural», *Revista Jurídica*, n.os 11-12, nouvelle série, janvier-juin 1989, pp. 175-176. Il faut mentionner à ce propos que le Portugal est Partie à la Convention pour la Protection du Patrimoine Mondial, Culturel et Naturel, adoptée par la Conférence générale de l'UNESCO le 16.11.1972 (approuvée pour ratification par le Décret n.º 46/79, du 6 juin 1979, *Diário da República*, Ière Série, n.º 130, 6.6.1979, p. 1259 ss.; ratifiée le 2.10.1980, Avis du Ministère des Affaires Étrangères du 28 octobre 1980, *Diário da República*, Ière Série, n.º 264, 14.11.1980, p. 3883).

c) Les manuscrits précieux, les livres rares, en particulier les incunables, les documents et les publications présentant un intérêt spécial dans les domaines scientifique, artistique ou technique, y compris les espèces photographiques, cinématographiques, les enregistrements sonores et autres;
d) Tous les biens, du passé ou du présent, de caractère religieux ou profane considérés comme ayant une valeur dans les domaines scientifique, artistique ou technique».

Selon l'article 4, paragraphe 4, de la Loi n.° 13/85, «indépendamment du type de propriété, les biens culturels seront soumis à des règles spéciales, qui établiront, notamment, leur fonction sociale, leur aliénation et leur forme d'intervention», c'est-à-dire, si nous avons bien compris cette dernière référence, les modalités d'intervention des pouvoirs publics vis-à-vis de ces biens.

En attendant la législation complémentaire d'application prévue à l'article 61, paragraphe 1er, de la Loi, il faut cependant relever l'importante disposition de son article 28, selon lequel «[l]es biens culturels meubles classés sont insusceptibles d'acquisition par usucapion», ce qui déroge au régime de droit commun du Code civil portugais de 1966 en matière d'usucapion de biens membles [23].

Il faut aussi souligner que l'article 18 de la Loi n.° 13/85 prévoit un régime spécial pour les baux d'immeubles classés, de façon à éviter leur dégradation et à contribuer à leur préservation.

Par ailleurs, l'exportation définitive de biens culturels meubles classés ou en voie de classement est interdite (article 34, paragraphe 1er, de la Loi), sous peine de sanctions pénales non encore spécifiées (article 34, paragraphe 3), sauf s'il s'agit de biens importés temporairement (article 33, paragraphe 1er) ou, à titre exceptionnel, avec l'autorisation du Ministre de la Culture (article 30, paragraphe 2); l'aliénation des biens classés, qu'ils soient meubles ou immeubles,

---

[23] En substance, selon les articles 1298 ss. du Code civil, les délais d'usucapion des biens meubles varient entre un minimum de deux et un maximum de dix ans, selon qu'il y a ou non enregistrement, titre d'acquisition, bonne foi, les délais devant toujours, en tout cas, être comptés à partir de la cessation de la clandestinité ou de la violence de la possession (articles 1300, 1, et 1297 du Code civil); cf. J. de Oliveira Ascensão, *Direito Civil – Reais*, 5ème édition revue et augmentée, Coimbra, Coimbra Editora, 1993, p. 295 ss., *maxime*, p. 299.

doit être communiquée préalablement au Ministre de la Culture (article 17, paragraphe 1er), sous peine d'annulation, à la demande de celui-ci (article 55), et l'État, les collectivités territoriales et les propriétaires de biens partiellement classés jouissent, selon cet ordre, du droit de préemption, en cas de vente de biens classés ou en voie de classement (article 17, paragraphe 2); ces mêmes biens peuvent faire l'objet d'expropriation s'il y a risque de dégradation par la faute du propriétaire (article 16).

L'article 36 de la Loi du Patrimoine Culturel établit que «les biens archéologiques, immeubles ou meubles, sont patrimoine national» [24].

En ce qui concerne les sanctions, outre celles mentionnées à l'article 34, paragraphe 3, de la Loi [25], ou prévues par le Code pénal [26],

---

[24] Pour une critique de ce type de dispositions, cf. P. Lalive, «Observations» à l'«Exposé préliminaire» de A. Ferrer Correia (cf. *supra*, note 19), *loc. cit. supra*, note 15, p. 138 (n.º II. 3); en sens contraire, I. Seidl-Hohenveldern, «Observations» au même exposé, *ibidem*, p. 135 (n.º 3): «La loi de la République de l'Équateur déclarant biens de l'État et *res extra commercium* les trésors archéologiques encore inconnus et ensevelis me paraît une mesure relativement efficace de protection et guère plus choquante que le droit régalien sur les gisements de pétrole»; A. Ferrer Correia, «La vente ...», *ibidem*, p. 164, trouve cette comparaison de l'auteur autrichien «impressionnante» et l'approuve.

On peut cependant remarquer que le texte d'application de la Loi du Patrimoine Culturel Portugais est plus nuancé que celui de l'article 36 de la Loi; en effet, l'article 2, paragraphe 1er, du Décret-Loi n.º 289/93 (cf. *supra*, note 17) statue que «[l]es biens mentionnés à l'article précédent [l'article 1er définit les biens meubles et immeubles qui constituent le patrimoine culturel subaquatique] *sans propriétaire connu* sont propriété de l'État» (souligné par moi), ce qui correspond au régime de droit commun de l'article 1345 du Code civil portugais, lequel, toutefois, ne s'applique qu'aux biens immeubles.

[25] Cf. *supra*, l'avant-dernier paragraphe du texte.

[26] Le Code pénal portugais de 1982 punit d'une peine de prison de 3 à 10 ans la destruction de monuments culturels et historiques en temps de guerre, de conflit armé, ou pendant l'occupation, sans nécessité du point de vue militaire (article 192), punit d'une peine de prison de 1 à 10 ans le vol qualifié de biens meubles «ayant une valeur scientifique, artistique ou historique et qui font partie de collections publiques ou accessibles au public» [article 297, paragraphe 1er, b)] et punit d'une peine de prison de 2 à 6 ans ou d'une amende jusqu'à 200 jours les dommages infligés aux monuments publics ou à divers types de biens culturels [article 309, paragraphe 1er et paragraphe 3, a), b) et c)].

L'article 52 de la Loi du Patrimoine statue que le vol simple, le vol qualifié et les dommages matériels de biens culturels seront spécialement qualifiés aux termes du Code pénal, alors que les infractions aux obligations de caractère administratif,

il faut souligner que l'article 35, paragraphe 4, de la Loi prévoit que l'exportation illégale de biens culturels implique leur saisie et leur incorporation dans les collections de l'État ou, le cas échéant, leur retour aux pays d'origine de ces mêmes biens.

On aura encore, par la suite, l'occasion de faire référence à l'article 31 de la Loi n.º 13/85, disposition qui constitue le prolongement direct de la doctrine pionnière du Décret-Loi n.º 27.633, du 3 avril 1937, dans le domaine de la prise en considération des lois étrangères de protection du patrimoine culturel [27].

Pour l'instant, il est encore nécessaire de compléter cette vue panoramique du régime actuel des biens culturels en droit matériel portugais, en y ajoutant quelques indications qui nous semblent indispensables.

La Loi n.º 13/85 a été partiellement déclarée inconstitutionnelle, pour vice de forme, avec force obligatoire générale, par un arrêt de la Cour constitutionnelle portugaise, du 23 mai 1989 [28], dans la mesure où il a été démontré par l'Assemblée régionale des Açores que cette Région autonome n'avait pas été sollicitée, en temps utile et en bonne et due forme, à donner son avis avant l'adoption, par l'Assemblée de la République, de la Loi du Patrimoine Culturel, en ce qui concerne les matières qui, tout en relevant de la compétence de celle-ci, concernent néanmoins les Régions autonomes, contrairement à ce que prescrit notamment l'article 231, paragraphe 2, de la Constitution de la République Portugaise de 1976 [29].

---

notamment pour les cas où une autorisation du Ministère de la Culture est requise, sont punies d'une amende prévue à l'article 53, paragraphe 1er, de la Loi.

Enfin, le Décret-Loi n.º 289/93 (cf. *supra*, note 17) prévoit des sanctions pécuniaires non pénales (*coimas* = *Geldbuβen*) aux articles 76 ss.; il s'agit là non pas de cas d'illicéité pénale mais d'*ilícito de mera ordenação social* (= *Ordnungswidrigkeit*): cf., à ce propos, dans la doctrine portugaise, Eduardo Correia, «Direito Penal e direito de mera ordenação social», *Boletim da Faculdade de Direito de Coimbra*, vol. XLIX, 1973, pp. 257-281.

[27] Cf. *supra*, notes 2 et 12, et *infra*, notes 71 ss., 74 ss. et le texte qui s'y rapporte.

[28] Arrêt de la Cour constitutionnelle (Assemblée plénière) n.º 403/89, du 23.5.1989, *Boletim do Ministério da Justiça*, n.º 387, juin 1989, p. 225 ss.

[29] Dans la version alors en vigueur, avant la révision constitutionnelle de 1989 – d'ailleurs identique au texte actuel –, l'article 231, paragraphe 2, de la Constitution de 1976 établissait que «[l]es organes de souveraineté [dans le cas présent, il s'agissait

Étaient en cause, entre autres, les normes de l'article 61, paragraphe 2, de la Loi n.° 13/85 [«Les dispositions qui concernent les conditions spécifiques des régions autonomes seront élaborées par les assemblées régionales respectives»] et de l'article 62, qui abrogeait toute la législation antérieure contraire à la Loi.

En raison de cette importante décision judiciaire, le Décret Régional n.° 13/79/A de l'Assemblée régionale des Açores, du 16.8.1979 [30], relatif au patrimoine culturel de cette région autonome, a été remis en vigueur, en vertu de l'article 282, paragraphe 1er, de la Constitution [31].

Par ailleurs, l'Assemblée législative régionale de la Région Autonome de Madère a édicté, le 16.8.1991, le Décret Législatif Régional n.° 23/91/M, relatif au régime de protection des biens meubles du patrimoine culturel de cette autre région autonome [32].

Alors que ce dernier texte législatif régional renvoie aux dispositions pertinentes de la Loi n.° 13/85, qu'elle réglemente, en l'adaptant aux conditions spécifiques de l'archipel de Madère, en application de l'article 229, paragraphe 1, d), de la Constitution, il n'en est évidemment pas de même avec le décret régional des Açores, qui est antérieur à cette loi, mais tous les deux organisent la protection du patrimoine culturel des régions autonomes, avec la seule grande différence que le texte des Açores se réfère aux biens immeubles et meubles, tandis que celui de Madère ne mentionne que les biens meubles.

Il ne nous semble pas utile de décrire en détail ces deux textes législatifs, mais nous voudrions tout de même souligner une autre différence assez importante entre eux: alors que le décret de Madère fixe, à son article 2, une *coima* (*Geldbuße*), applicable aux personnes physiques ou morales pour le transfert en dehors de la région – mais à

---

de l'Assemblée de la République] consulteront toujours, quant aux domaines de leur compétence relatifs aux régions autonomes, les organes de gouvernement régional» [après la révision de 1997, il s'agit de l' article 229, paragraphe 2].

[30] *Diário da República*, Ière Série, n.° 188, 16.8.1979, p. 1961 ss.

[31] Dans la version alors en vigueur – identique au texte actuel –, l'article 282, paragraphe 1er, de la Constitution de la République Portugaise statuait que «la déclaration d'inconstitutionnalité (...) avec force obligatoire générale produit ses effets depuis l'entrée en vigueur de la norme déclarée inconstitutionnelle (...) et entraîne la remise en vigueur (*repristinação*) des normes qu'elle aurait éventuellement abrogées».

[32] *Diário da República*, Ière Série, n.° 187, 16.8.1991, p. 4163 ss.

l'intérieur de l'espace national — de meubles classés ou inventoriés sans communication préalable au Secrétaire Régional à la Culture, l'article 16 du texte législatif des Açores fixe une peine d'amende (*multa*) de caractère administratif, qui est appliquée par arrêté du Secrétaire Régional à la Culture en ce qui concerne les infractions au décret non visées au Code pénal.

Cette dernière disposition d'un décret régional remis en vigueur en vertu de la déclaration d'inconstitutionnalité partielle de la Loi n.º 13/85 est à son tour, en principe, elle-même inconstitutionnelle, car l'amende est une sanction pénale et la définition des peines relève de la réserve de compétence législative de l'Assemblée de la République, qui doit, en principe, légiférer en cette matière, sauf le cas d'autorisation législative accordée au Gouvernement [article 168, paragraphe 1er, c), de la Constitution] [33].

Il en va différemment pour ce qui est de l'article 12 du décret législatif régional de Madère, car, si le régime général de punition des *actos ilícitos de mera ordenação social* (*Ordnungswidrigkeiten*) relève également de la réserve de compétence législative de l'Assemblée de la République [article 168, paragraphe 1er, d), de la Constitution], ce régime général existe déjà, cette sanction étant donc conforme à la Constitution [34].

Pour terminer ce rapide survol du régime juridique de la protection des biens culturels au Portugal, on peut dire qu'il y a une assez grande distance entre les intentions proclamées de façon solennelle par la Loi du Patrimoine Culturel et le manque de textes législatifs gouvernementaux d'application, sans lesquels la Loi ne peut pas avoir une pleine efficacité.

---

[33] À moins que l'on puisse, par le biais d'une interprétation «actualiste», considérer qu'il s'agit là, en fait, non d'une amende (*multa*), mais d'une *coima* (*Geldbuβe*) [en ce sens, implicitement, J. J. Gomes Canotilho – V. Moreira, *Constituição*... (*supra*, note 13), p. 673], ce qui rendrait cette sanction pécuniaire compatible avec la Constitution (cf. la note suivante).

[34] Il s'agit du Décret-Loi n.º 433/82, du 27 octobre 1982 (*Diário da República*, Ière Série, n.º 249, 27.10.1982, p. 3552 ss.), édicté par le Gouvernement avec l'autorisation accordée par la Loi n.º 24/82, du 23 août 1982 (*Diário da República*, Ière Série, n.º 194, 23.8.1982, p. 2463); cf., dans le sens de ce qui est dit dans le texte, J. J. Gomes Canotilho – V. Moreira, *Constituição* ... (*supra*, note 13), pp. 208, 670, 673.

Comme on l'a vu, le classement et l'inventaire des biens culturels est une tâche toujours à l'ordre du jour au moins depuis plus de 80 ans, car, déjà prévue tout de suite après la proclamation de la République, en 1910 [35], elle n'est toujours pas achevée [36], ce qui a obligé le législateur de 1985 à maintenir en vigueur «tous les effets découlant de précédents classements de biens culturels immeubles» (article 60 de la Loi n.º 13/85).

Malgré l'adoption de la Loi du Patrimoine par le vote unanime de tous les partis politiques représentés à l'Assemblée de la République – ce qui est assez rare au Portugal et révèle qu'il y a un consensus national sur ce terrain –, le retard du passage, en matière de protection des biens culturels, de la *law in the books* à la *law in action* a même suscité certaines critiques dans la doctrine portugaise, qui mettent l'accent sur l'«imprécision» et la «désarticulation» de la politique législative dans ce domaine [37].

Il est maintenant grand temps de passer à la deuxième partie de notre travail, où nous aborderons de façon synthétique la question du statut des biens culturels sous l'angle du Droit international privé.

IIÈME PARTIE

ASPECTS ESSENTIELS DU DROIT INTERNATIONAL PRIVÉ PORTUGAIS AFFÉRENTS AU STATUT DES BIENS CULTURELS

Pour tracer le plan de cette partie de notre travail, nous ferons appel aux distinctions établies par deux éminents internationalistes grecs, P. G. Vallindas et Ph. Francescakis.

P. G. Vallindas [38] distinguait entre le Droit international privé (DIP) *stricto sensu* – qui comprenait, pour l'essentiel, les matières du

---

[35] Cf. *supra*, note 5 et le texte qui s'y rapporte.

[36] Le classement se poursuit toujours au moment actuel: cf., par exemple, «Palacete de Queluz monumento nacional», *Público*, 1.12.1993, p. 47.

[37] Cf. M. Nogueira de Brito, «Sobre a legislação ...» (*supra*, note 22), p. 176; cf. également l'observation rapportée *supra*, note 17, *in fine*.

[38] Cf. P. G. Vallindas, «Droit international privé 'lato sensu' ou 'stricto sensu'», in *Mélanges offerts à Jacques Maury*, tome I, Paris, Dalloz & Sirey, 1960, pp. 509-518.

domaine des conflits de lois – et le DIP *lato sensu*, qui englobait, en outre, la procédure civile internationale.

Ph. Francescakis, à son tour, à part la procédure civile internationale (et donc sur le terrain du DIP *stricto sensu*, au sens de la distinction de son compatriote), a établi une autre distinction fondamentale entre règles d'application immédiate, règles de DIP matériel et règles de conflit [39], catégories qu'il a considérées tantôt comme des *procédés*, tantôt comme des *méthodes*, tantôt comme des *démarches* différentes du DIP *stricto sensu* [40].

Dans la suite de notre étude sur le statut des biens culturels en DIP portugais, nous consacrerons donc une subdivision au DIP *stricto sensu* (1) – où nous étudierons successivement la méthode des conflits de lois (A), cellle des règles de DIP matériel (B) et celle des règles d'application immédiate (C) – et une autre subdivision au DIP *lato sensu* (2), où nous passerons en revue les règles de compétence juridictionnelle internationale des tribunaux portugais (A), les règles relatives à la reconnaissance et à l'exécution des jugements étrangers (B) et l'arbitrage privé international (C); nous tiendrons compte non seulement des règles de source interne, mais nous ferons aussi allusion aux règles de source internationale qui lient internationalement l'État portugais – et doivent donc être appliquées par les juridictions portugaises – en divers domaines pertinents pour notre étude.

1. DIP *STRICTO SENSU*

A. *Méthode des conflits de lois*

Il n'y a pas de règles de conflit spécifiques concernant les biens culturels en DIP portugais; nous nous bornerons donc à indiquer brièvement quelles sont les règles applicables en cette matière, pour ce qui est du statut des obligations contractuelles [a)], du statut réel [b)] et, enfin, de certaines autres questions de DIP qui concernent la méthode des conflits de lois [c)].

---

[39] Ph. Francescakis, *La théorie du renvoi et les conflits de systèmes en droit international privé*, Paris, Sirey, 1958, p. 11 ss.

[40] Pour les références, cf. A. Marques dos Santos, *As normas* ... (*supra*, note 16), vol. II, pp. 972-973 et note 3007 ss.; cf. également *ibidem*, vol. I, n.° 5, p. 7 ss.

a) Statut des obligations contractuelles

Le Portugal vient très récemment de ratifier la Convention de Funchal, du 18 mai 1992, relative à l'adhésion de l'Espagne et du Portugal à la Convention sur la loi applicable aux obligations contractuelles, ouverte à la signature à Rome le 19 juin 1980 [41], qui n'est cependant pas encore entrée en vigueur en ce qui concerne le Portugal, conformément à son article 5, la Convention de Rome du 19.6.1980 ne liant par conséquent pas encore ce pays [41a]. D'ailleurs, même si elle était déjà devenue obligatoire pour le Portugal, il serait quelque peu redondant de procéder ici à une étude détaillée des solutions de la Convention de Rome en matière de loi applicable aux obligations contractuelles. Nous nous limiterons donc à mentionner les règles de conflit du DIP commun portugais qui intéressent notre sujet.

L'article 41 du Code civil portugais [42] établit ce qui suit:

«Article 41 *(Obligations provenant d'actes* [43] *juridiques)*

1. Les obligations naissant d'un acte juridique ainsi que la substance de celui-ci sont régies par la loi que les parties ont désignée ou ont eue en vue.

---

[41] *Diário da República*, Ière Série-A, n.º 28, 3.2.1994, p. 520 ss. (Décret du Président de la République n.º 1/94, texte de la Convention de Funchal et de la Convention de Rome). La Convention de Rome est entrée en vigueur le 1er avril 1991, après la septième ratification (celle du Royaume-Uni) le 29 janvier 1991: cf., *v.g.*, H. Lesguillons, «Loi applicable aux obligations contractuelles: entrée en vigueur de la Convention de Rome du 19 juin 1980», *Revue de Droit des Affaires Internationales*, 1991, p. 268.

[41a] La Convention de Rome est finalement entrée en vigueur pour le Portugal le 1er septembre 1994 (*note de décembre 1997*).

[42] Nous adoptons ici le texte de la version française des dispositions de droit international privé du nouveau Code civil portugais du 25.11.1966, entré en vigueur le 1er juin 1967, publiée par la *Revue critique de droit international privé*, 1968, p. 369 ss. L'article 41 se trouve, sur le plan systématique, à la Sous-Section III (*Loi régissant les obligations*), de la Section II (*Règles de conflit*) du Chapitre III (*Droit des étrangers et conflits de lois*), du Titre Ier (*Des lois, de leur interprétation et application*) du Livre Ier (*Partie générale*) du Code civil; c'est donc au Chapitre III du Titre Ier du Livre Ier du Code civil que se trouve la plupart des normes de DIP (articles 14 à 65 du Code civil).

[43] En réalité, le texte portugais parle de «*negócios jurídicos*» et non d'«*actos jurídicos*»; le *negócio jurídico* équivaut au *negotium* (*Rechtsgeschäft, negozio giuridico*) et est une catégorie plus restreinte que celle d'*acte juridique*.

2. La désignation ou la référence des parties ne peut toutefois porter que sur une loi dont l'applicabilité correspond à un intérêt sérieux des déclarants ou qui est en rapport avec un des éléments de l'acte juridique pris en considération par le droit international privé».

Le statut contractuel est donc régi par la loi d'autonomie – c'est-à--dire, par la loi choisie par les parties, explicitement ou implicitement, car la volonté hypothétique n'a pas été accueillie par le législateur portugais, en matière de détermination de la loi applicable [44].

Comme on peut le déduire facilement du paragraphe 2 de l'article 41, la liberté de choix de la loi applicable n'est pas pleine et entière: il faut, pour que le choix soit valide, qu'il y ait un lien de caractère *objectif* ou *subjectif* entre le cas d'espèce et la loi désignée par les intéressés pour régir le statut des obligations [45].

S'il n'y a pas eu cependant de loi désignée par les intéressés, soit explicitement, soit implicitement, ou si la loi choisie n'a pas de lien avec la situation juridique en cause («intérêt sérieux des déclarants», d'une part, ou «rapport avec un des éléments de l'acte juridique pris en considération par le droit international privé», d'autre part), il faudra recourir aux critères supplétifs définis par l'article 42 du Code civil:

«Article 42 *(Critère supplétif)*

1. À défaut de détermination de la loi compétente, on s'en tiendra, quant aux actes juridiques unilatéraux, à la loi de la résidence habituelle du déclarant et, quant aux contrats, à la loi de la résidence habituelle commune des parties.
2. À défaut de résidence commune, il sera fait application aux contrats à titre gratuit de la loi de la résidence habituelle de celui qui confèrera l'avantage et aux autres contrats de la loi du lieu de conclusion».

La loi applicable à défaut de choix de la loi, et en l'absence d'une résidence habituelle commune des parties, est différente, comme on le

---

[44] Cf., en ce sens, J. Baptista Machado, *Lições de Direito Internacional Privado*, 2ème édition, Coimbra, Almedina, 1982, pp. 363-364.
[45] Cf. J. Baptista Machado, *Lições* ..., (*supra*, note 44), pp. 361-362.

voit, selon qu'il s'agit d'un contrat à titre onéreux (vente, échange) ou d'un contrat à titre gratuit (donation): dans le premier cas, on appliquera la loi du lieu de conclusion du contrat (*lex loci celebrationis*) et dans le second la loi de la résidence habituelle de celui qui confère l'avantage, soit la loi de la résidence habituelle du donateur.

Le recours, en dernier lieu, à la loi du lieu de conclusion en matière de contrats onéreux, à défaut de résidence habituelle commune des parties, est une solution traditionnelle, assez critiquée en raison du caractère souvent fortuit du lieu de conclusion ou même parce qu'en maintes occasions il n'y a pas de lieu de conclusion (contrats par correspondance); c'est probablement pour ces raisons que cette solution a été ultérieurement mise en cause par le législateur portugais lui-même dans le cadre de la Loi portugaise sur l'arbitrage volontaire (Loi n.º 31/86, du 29 août 1986) [46].

En effet, le chapitre VII de cette Loi, consacré à l'arbitrage international [47], contient une disposition – l'article 33 – qui adopte une solution assez différente de celle qui est prévue par l'article 42 du Code civil, quant à la loi applicable à défaut de choix et même quant aux termes de la désignation de la loi d'autonomie:

«Article 33 *(Droit applicable)*

1. Les parties peuvent choisir le droit applicable, sauf si elles ont autorisé les arbitres à statuer en équité.

---

[46] Nous utilisons ici la traduction française non officielle établie par D. Moura Vicente pour la *Revue de l'arbitrage*, 1991, p. 487 ss.

[47] Selon l'article 32 de la Loi n.º 31/86, «est international l'arbitrage qui met en jeu les intérêts du commerce international»; sur cette disposition, cf., dans la doctrine portugaise, A. Ferrer Correia, «O problema da lei aplicável ao fundo ou mérito da causa na arbitragem comercial internacional», *in Temas de Direito Comercial e Direito Internacional Privado*, Coimbra, Almedina, 1989, p. 231, note 1; I. Magalhães Collaço, «L'arbitrage international dans la récente loi portugaise sur l'arbitrage volontaire (Loi n.º 31/86, du 29 août 1986) – Quelques réflexions», *in Droit International et Droit Communautaire, Actes du Colloque, Paris 5-6 avril 1990*, Paris, Fondation Calouste Gulbenkian – Centre Culturel Portugais, 1991, p. 59 ss.; D. Moura Vicente, *Da arbitragem comercial internacional – Direito aplicável ao mérito da causa*, Coimbra, Coimbra Editora, 1990, p. 41; A. Marques dos Santos, «Nota sobre a nova Lei portuguesa relativa à arbitragem voluntária – Lei n.º 31/86, de 29 de Agosto», *in Revista de la Corte Española de Arbitraje*, 1987, p. 47.

2. À défaut de choix le tribunal applique le droit le plus approprié au litige».

D'une part, il semble qu'il n'y ait plus, dans les litiges soumis à l'arbitrage commercial international – qui peuvent parfaitement avoir pour objet des biens culturels devant être exportés à partir du Portugal ou devant être importés au Portugal –, de limites assez strictes à la désignation de la loi applicable telles que celles qui figurent à l'article 41, 2 du Code civil; d'autre part – et cela est plus important –, la loi applicable à défaut de choix n'est plus indirectement désignée par le biais des règles de conflit du droit international privé, mais est, au contraire, *directement* déterminée par les arbitres: c'est la *voie directe* [48], bien qu'il existe une controverse dans la doctrine portugaise pour savoir si cette notion a un caractère conflictuel (dans le sens du *lien le plus étroit* ou du *principe de proximité*, selon la terminologie de P. Lagarde) [49], ou s'il s'agit plutôt d'une notion purement matérielle ou substantielle, afférente au contenu de la loi désignée [50].

Le domaine de la loi du contrat comprend tout ce qui se rapporte à la substance du contrat (c'est-à-dire, à sa formation et à sa validité intrinsèque) et à ses effets en matière d'obligations (y compris, en principe, l'exécution [51] et la non-exécution du contrat et les consé-

---

[48] En ce sens, cf. A. Ferrer Correia, «O problema ...» (*supra* note 47), p. 249; I. Magalhães Collaço, «L'arbitrage ...» (*supra*, note 47), p. 63 ss.; A. Marques dos Santos, «Nota ...» (*supra*, note 47), p. 47 ss.

[49] En ce sens, J. Nunes Pereira, «Direito aplicável ao fundo do litígio na arbitragem comercial internacional», in *Revista de Direito e Economia*, 1986, p. 266; D. Moura Vicente, *Da arbitragem ...* (*supra*, note 47), p. 241 ss.

[50] En ce sens, cf. I. Magalhães Collaço, «L'arbitrage ...» (*supra*, note 47), pp. 63-64; A. Ferrer Correia, «O problema ...» (*supra*, note 47), p. 249 ss., critiquant cependant cette solution *de jure condendo*; nous laissons ici de côté la question de savoir si le droit le plus approprié au litige peut être la *lex mercatoria*: sur ce point, en sens affirmatif, cf. I. Magalhães Collaço, «L'arbitrage ...» (*supra*, note 47), p. 63; A. Ferrer Correia, «O problema (*supra*, note 47), pp. 251-252; voir encore A. Marques dos Santos, *As normas ...* (*supra*, note 16), vol. I, p. 679, note 2231, et les autres références qui y sont citées.

[51] Les *modalités d'exécution* des obligations étaient régies, d'après l'article 4, 2.º, du Code de commerce portugais de 1888, par la loi du lieu d'exécution: voir, en ce sens, I. Magalhães Collaço, *Da compra e venda em Direito Internacional Privado – Aspectos fundamentais*, vol. I, Lisbonne, 1954, p. 330; on peut cependant s'interroger

quences qui en découlent, c'est-à-dire, la responsabilité contractuelle) [52]; seuls sont exclus du domaine du statut des obligations contractuelles les effets réels, qui, comme on le verra par la suite, relèvent du statut réel [53].

Il va de soi que les règles d'application immédiate qui régissent impérativement certaines formes de vente (par exemple, les ventes aux enchères), quelle que soit, par ailleurs, la *lex contractus*, doivent s'appliquer à l'intérieur de la sphère spatiale qu'elles mêmes définissent, comme on le verra par la suite, à propos des règles d'application immédiate, qui sont nombreuses dans ce domaine des biens culturels [54].

Pour ce qui est de la validité formelle du contrat, le DIP portugais applique, en première ligne, la loi de la substance (article 36, 1, 1ère partie, du Code civil) – soit, dans notre cas, la loi désignée selon les articles 41 ou 42 –, mais accepte, en principe, l'application de la *lex loci actus* (article 36, 1, seconde partie) en établissant un rattachement alternatif, au nom du *favor validitatis* et admet même une forme spécifique de renvoi (article 36, 2) dont le seul fondement est le même principe du *favor negotii* (*ut res magis valeant quam pereant*) [55]; en effet, l'article 36 du Code civil portugais dispose que:

«Article 36 *(Forme de la déclaration)*

1. La forme de la déclaration de volonté est régie par la loi applicable à la substance de l'acte; il suffit cependant d'observer la loi en vigueur au lieu où la déclaration est faite, sauf si la loi réglant la substance de l'acte exige, sous peine de nullité ou d'inefficacité, l'observation d'une forme déterminée même si l'acte a été passé à l'étranger.

---

sur le maintien en vigueur de cette disposition après l'entrée en vigueur du nouveau Code civil: voir, pour une réponse négative, I. de Oliveira Vaz, «Da vigência das normas de conflitos contidas no Código Comercial após a entrada em vigor do Código Civil de 1966», in *As operações comerciais*, Coimbra, Almedina, 1988, p. 153 ss., *maxime* p. 157.

[52] Voir, dans la doctrine portugaise, I. Magalhães Collaço, *Da compra* ... (*supra*, note 51), p. 255 ss.; A. Ferrer Correia, «Conflitos de leis em matéria de direitos reais sobre as coisas corpóreas», in *Temas* ... (*supra,* note 47), pp. 374-375.

[53] Cf. *infra*, 1., A., b.

[54] Cf. *infra*, 1., C.

[55] Cf. A. Ferrer Correia, «Conflitos ...» (*supra*, note 52), p. 374, note 24.

2. La déclaration de volonté est encore valable quant à la forme si, au lieu de la forme prescrite par la loi locale, on a observé la forme prescrite par l'État que désigne la règle de conflit de cette loi, sans préjudice de la disposition de la dernière partie de l'alinéa précédent».

b) Statut réel

Pour ce qui est des biens culturels, le statut réel est pour l'essentiel régi par l'article 46, 1, du Code civil, qui prévoit l'application, en cette matière, de la *lex rei sitae*, comme il arrive, d'ailleurs, dans la plupart des ordres juridiques:

«Article 46 (*Droits réels*)

1. Le régime de la possession, de la propriété et des autres droits réels est défini par la loi de l'État sur le territoire duquel les choses se trouvent situées.
(...)».

La *lex situs* définit le mode de transfert de la propriété et des autres droits réels, ainsi que le nombre et le contenu de ceux-ci et les limitations éventuelles auxquelles ces droits sont assujettis et règle, de même, la constitution *ex novo*, l'acquisition et l'extinction de ces droits [56], y compris au moyen de mesures de droit public et de caractère politique prises par l'autorité publique (adjudications, réquisitions, expropriations, nationalisations, confiscations), qui ont, en principe, une efficacité purement territoriale [57].

C'est à la loi de la situation du bien qu'il faut encore recourir pour le classer en tant que bien meuble ou immeuble, fongible ou non fongible, aliénable ou inaliénable (*res extra commercium*) [58]; en outre,

---

[56] Cf. A. Ferrer Correia, «Conflitos ...» (*supra*, note 52), pp. 363 ss., 369 ss.; J. Baptista Machado, *Lições* ... (*supra*, note 44), p. 378 ss.

[57] Cf. A. Ferrer Correia, «Conflitos ...» (*supra*, note 52), p. 398 ss., "A venda..." (*supra*, note 15), pp. 38, 41 ss., et "La vente..." (*supra*, note 15), pp. 163, 165 ss.; J. Baptista Machado, *Lições* ..., (*supra*, note 44), p. 379.

[58] Cf. A. Ferrer Correia, «Conflitos ...» (*supra*, note 52), p. 371; I. Magalhães Collaço, *Da qualificação em Direito Internacional Privado*, Lisbonne, 1964, pp. 83, 212; en ce qui concerne ces notions en droit matériel portugais, cf. Code civil, articles 204-205 (biens immeubles et meubles), 207 (biens fongibles) et 202, 2 (*res extra commercium*).

les formalités requises pour l'acquisition ou la publicité des droits réels, *à cause de leur caractère réel* (par exemple, inscription dans un registre foncier ou autres formalités d'enregistrement), sont régies par le statut réel [59].

Par contre, en DIP portugais, la succession à cause de mort est soumise, de façon unitaire, à la loi personnelle de l'auteur de la succession au moment de son décès, qu'il s'agisse de succession immobilière ou mobilière (article 62 du Code civil), la loi personnelle de l'individu étant, en principe, celle de sa nationalité (article 31, 1, du Code civil).

De même, la capacité pour constituer des droits réels ou pour en disposer est régie par la loi personnelle (articles 25 et 31, 1, du Code civil), sauf s'il s'agit de biens immeubles et si la *lex situs* revendique sa compétence en cette matière; en effet, dans ce cas-là, l'article 47 prévoit l'application de cette loi [60] – cette compétence dérogatoire de la loi de la situation des choses immobilières constituant une manifestation, en DIP portugais, du principe de *la plus grande proximité* ou de *la plus forte compétence* (*Näherberechtigungsprinzip*), dont on trouve une autre manifestation, en matière de renvoi, à l'article 17, 3, *in fine* [61].

En droit matériel portugais, la constitution ou le transfert de la propriété ou des autres droits réels sur des biens déterminés s'opère, en principe, par le seul effet du contrat, sans qu'il soit nécessaire, comme dans d'autres systèmes juridiques, de procéder à la tradition de la chose ou à un acte formel de transfert du droit réel [article 408, 1, du Code civil et, pour la vente, article 879, a)].

---

[59] Cf. A. Ferrer Correia, «Conflitos ...» (*supra*, note 52), p. 374, note 24; J. Baptista Machado, *Lições* ... (*supra*, note 44), p. 379).

[60] L'article 47 du code civil portugais dispose:
«Article 47 *(Capacité de constituer des droits réels sur des biens immeubles ou d'en disposer)*
Est également définie par la loi de la situation de la chose la capacité de constituer des droits réels sur des choses immobilières ou d'en disposer, dès lors que cette loi le décide; dans le cas contraire, la loi applicable est la loi personnelle».

[61] Cf. A. Ferrer Correia, *Direito International Privado – Alguns problemas*, Coimbra, Faculdade de Direito da Universidade de Coimbra, 1985, pp. 118-119, 255, et «Conflitos ...» (*supra*, note 52), p. 378; A. Marques dos Santos, *Direito Internacional Privado – Sumários*, Lisbonne, Associação Académica da Faculdade de Direito de Lisboa, 1987, polycopié, p. 43.

C'est la *lex rei sitae* qui est compétente en matière de prescription acquisitive (usucapion), considérée en tant que mode d'acquisition des droits réels fondé sur la possession et notamment pour ce qui touche à l'influence de la bonne foi (ou de la mauvaise foi) sur les délais d'usucapion; le changement du lieu de situation des objets culturels meubles entraîne des *conflits mobiles* et suscite des problèmes éventuels d'*adaptation* des règles (matérielles ou de conflit) des ordres juridiques successivement compétents [62].

De même, les droits éventuellement reconnus à l'acquéreur de bonne foi lorsqu'il est obligé de restituer le bien au *verus dominus* – comme le droit au remboursement (*Lösungsrecht*) des droits français (article 2280 du Code civil), suisse (article 934, 2, du Code civil), espagnol (article 464 du Code civil) et portugais (article 1301 du Code civil), entre autres – relèvent du statut réel [63].

Ce que l'on vient de dire en matière de statut des obligations contractuelles et de statut réel présuppose que l'on explicite quelle est la position du DIP portugais en matière de qualification; de même, faut-il ajouter quelques remarques supplémentaires sur les problèmes qui trouvent leur origine dans le déplacement des objets culturels meubles – c'est-à-dire, dans la sucession des statuts (*conflit mobile*).

---

[62] Cf. A. Ferrer Correia, «Conflitos ...» (*supra*, note 52), p. 390 ss.; J. Baptista Machado, *Lições* ... (*supra*, note 44), pp. 380-381; L. de Lima Pinheiro, *A venda com reserva da propriedade em Direito Internacional Privado*, Lisbonne, McGraw-Hill, 1991, p. 192 ss.; A. Marques dos Santos, «Breves considerações sobre a adaptação em Direito Internacional Privado», *in Estudos em memória do Professor Doutor Paulo Cunha*, Lisbonne, Faculdade de Direito da Universidade de Lisboa, 1989, p. 560 ss, et *supra*, p. 51 ss.

Quant aux règles du droit matériel portugais concernant l'usucapion des biens meubles, cf. *supra*, note 23 et le texte qui s'y rapporte.

[63] Sur le *Lösungsrecht* en matière de biens culturels, cf. G. Reichelt, «La protection ...» (*supra*, note 19), p. 30, et «La protection des biens culturels», UNIDROIT 1988 – Etude LXX – Doc. 4, avril 1988, p. 24 ss.; A. Ferrer Correia, «La vente ...» (*supra*, note 15), pp. 110 ss., 181 ss., et «A venda ...» (*supra*, note 15), p. 46 ss. (*maxime*, p. 47, note 3), 63 ss.

L'article 1301 du Code civil portugais, qui se situe systématiquement dans la section relative à l'usucapion de biens meubles, établit que celui qui exige d'un tiers un bien que celui-ci a acheté de bonne foi, à un commerçant qui vend des choses du même genre ou d'un genre similaire, est obligé de restituer le prix que l'acquéreur a payé, mais jouit du droit de se retourner contre celui qui, par sa faute, a causé le préjudice.

c) Autres questions pertinentes dans la méthode des conflits de lois

Sans vouloir entrer ici dans le détail de la discussion théorique sur les avantages et les inconvénients respectifs de la qualification *lege fori* ou de la qualification *lege causae*, nous rappelerons, néanmoins, que le Code civil portugais contient l'une des très rares dispositions codifiées portant sur cette difficile matière de la qualification en DIP: il s'agit de l'article 15, généralement très critiqué – parce que mal compris – à l'étranger.

L'article 15 du Code civil portugais dispose:

«Article 15 (*Qualifications*)

La compétence attribuée à une loi ne comprend que les règles qui, par le contenu et la fonction que leur confère cette loi, relèvent du régime de l'institution visée dans la règle de conflit» [64].

On peut résumer la doctrine inscrite à l'article 15 en ayant recours à l'image de G. Melchior, d'après laquelle la qualification consiste à ranger le matériel juridique étranger dans les tiroirs du système national, c'est-à-dire, c'est la *lex causae* (qui peut être la loi du for ou une loi étrangère dans un système de règles de conflit bilatérales, la méthode de qualification étant la même) qui fournit l'*objet* à qualifier,

---

[64] L'article 15 du Code civil portugais représente l'aboutissement d'un travail théorique original développé par la doctrine portugaise de DIP; parmi les travaux doctrinaux des principaux auteurs portugais, on peut citer, à cet égard, A. Ferrer Correia, «Das Problem der Qualifikation nach dem portugiesischen internationalen Privatrecht», *Zeitschrift für Rechtsvergleichung*, 1970, pp. 114-135; I. Magalhães Collaço, *Da qualificação* ... (*supra*, note 58), *passim*; J. Baptista Machado, *Lições* ... (*supra*, note 44), p. 102 ss. (*maxime* p. 121 ss., pour une critique aux critiques étrangers de l'article 15 du Code civil portugais); à l'étranger, cf. I. García Velasco, *Concepción del Derecho Internacional Privado en el Nuevo Código Civil Portugués*, Salamanque, Universidad de Salamanca, 1971, pp. 113-132; S. Grundmann, *Qualifikation gegen die Sachnorm – Deutsch-portugiesische Beiträge zur Autonomie des internationalen Privatrechts*, Munich, C. H. Beck, 1985, *maxime* pp. 49 ss., 95 ss.

pendant que le *critère* de qualification est donné par la *lex fori* (par le *Rahmenbegriff* de la règle de conflit, c'est-à-dire par «l'institution visée dans la règle de conflit», selon les termes mêmes de l'article 15); cette position constitue un dépassement des querelles entre tenants de la qualification *lege fori* et partisans de la qualification *lege causae*[65].

En matière de droits réels, la doctrine de l'article 15 présuppose une attitude d'ouverture et de compréhension envers les systèmes juridiques étrangers et les institutions juridiques qui correspondent – *mutatis mutandis*, en tenant compte de leurs caractères et de leur fonction sociale dans le cadre de ces systèmes – à la catégorie normative visée par l'article 46 du Code civil portugais – «possession, propriété, et autres droits réels» –, ce qui implique la reconnaissance de toutes les institutions juridiques de droits réels admises par la loi désignée par l'article 46 (la *lex situs*)[66], mais exclut, du même coup, un renvoi à l'ensemble des règles substantielles de l'ordre juridique désigné par celui-ci (*offene Verweisung*), comme le veulent certains auteurs (par exemple, R. Ago)[67].

L'autre problème qui soulève des difficultés en ce qui concerne les droits réels sur les biens meubles c'est le *conflit mobile*; la doctrine portugaise, en matière de droits réels, dans la mesure où la règle de conflit se fonde essentiellement sur des intérêts généraux du trafic juridique (*Rechtsverkehr*), fait prévaloir, en principe, la *lex rei sitae* actuelle, mais sans négliger pour autant les droits réels valablement constitués (*droits acquis*) – ou en voie de l'être – sur la chose, selon la *lex rei sitae* précédente: c'est ainsi, par exemple, que l'on doit tenir compte du délai de possession pertinent pour la prescription acquisitive (usucapion) déjà écoulé sous l'empire du statut précédent, étant bien entendu que c'est la *lex situs* actuelle qui décide du moment où l'acquisition du droit réel par usucapion intervient[68].

---

[65] Cf. A. Ferrer Correia, «Conflitos ...» (*supra*, note 52), pp. 368-369, et *Direito ...* (*supra*, note 61), pp. 159-160; I. Magalhães Collaço, *Da qualificação ...* (*supra*, note 58), p. 215 ss.; J. Baptista Machado, *Lições ...* (*supra*, note 44), p. 127.

[66] Cf. A. Ferrer Correia, «Conflitos ...» (*supra*, note 52), pp. 369-373.

[67] Cf. A. Ferrer Correia, «La vente ...» (*supra*, note 15), pp. 169-171, et «A venda ...» (*supra*, note 15), pp. 50-51; pour une critique serrée de la position de R. Ago, cf. I. Magalhães Collaço, *Da qualificação ...* (*supra*, note 58), p. 109 ss.

[68] Cf. A. Ferrer Correia, «Conflitos ...» (*supra*, note 52), pp. 390 ss., *maxime* pp. 392-393, 395-396; J. Baptista Machado, *Lições ...* (*supra*, note 44), pp. 380-381; L. de Lima Pinheiro, *A venda ...* (*supra*, note 62), p. 201 ss.

C'est pourquoi, dans son rapport présenté à l'Institut de Droit International que nous avons déjà cité à plusieurs reprises, le Professeur A. Ferrer Correia – actuel Président de l'Institut – a préconisé *de jure condendo* l'application de la *lex originis* pour régler, dans le cadre de la méthode des conflits de lois, le statut réel des biens culturels mobiliers, ce qui revient en principe à immobiliser (ou à «cristalliser») dans le temps une circonstance de rattachement qui est en soi mobile – la situation des biens mobiliers corporels –, la *lex originis* correspondant en général (mais pas dans tous les cas) à la loi du *primus situs* du bien culturel [69]. Cette proposition a été reprise par la 12ème Commission de l'Institut de Droit International, lors de la session de Bâle de 1991, dans sa résolution sur la vente internationale d'objets d'art sous l'angle de la protection du patrimoine culturel, adoptée le 3 septembre 1991 [70].

Après avoir analysé de façon très succincte les problèmes soulevés par la méthode des conflits de lois, dans le cadre du DIP portugais, pour ce qui a trait aux biens culturels, il est temps d'aborder la question de savoir s'il existe ou non des règles de DIP matériel dans ce domaine dans l'ordre juridique portugais.

B. *Règles de DIP matériel*

Comme on l'a dit plus haut [71], le Décret-Loi n.º 27.633, du 3 avril 1937, a joué un rôle précurseur en ce qui concerne la reconnaissance – ou, tout au moins, la *prise en considération (Berücksichtigung)* – des règles impératives étrangères qui visent à sauvegarder les biens culturels des pays qui les édictent.

En effet, l'article 1er de ce Décret-Loi dispose:

«Sont nulles et non avenues les transactions effectuées au Portugal ayant pour objet des choses de valeur artistique, archéologique, historique et bibliographique, originaires d'un pays

---

[69] Cf. A. Ferrer Correia, «La vente ...» (*supra*, note 15), pp. 174-176, 181-186, et «A venda ...» (*supra*, note 15), pp. 54-56.

[70] Publiée *in Revue critique de droit international privé*, 1992, pp. 203-204, et *in* A. Ferrer Correia, «A venda ...» (*supra*, note 15), appendice, pp. 69-72.

[71] Cf. *supra*, note 2, note 12 et le texte qui s'y rapporte.

étranger, si elles enfreignent les dispositions de la loi de ce pays régissant leur aliénation ou leur exportation» [72].

Le législateur portugais de 1937 s'affirme animé d'un «fort esprit de coopération», convaincu qu'il est de «contribuer à la défense et au progrès de la civilisation et à une solidarité effective entre les peuples» et d'«ouvrir un chemin, de façon désintéressée», pour répudier les «moyens illégitimes ou immoraux» d'augmenter son parimoine culturel «aux dépens de celui d'autres nations» [73].

Dans l'actuelle Loi du Patrimoine Culturel Portugais (Loi n.º 13/85) [74], l'article 31, paragraphes 2 et 3, reprend l'essentiel de la disposition de 1937:

«Article 31

(...)
2. Sont nulles et non avenues les transactions effectuées en territoire portugais ayant pour objet des biens culturels mobiliers, originaires de pays étrangers, si elles enfreignent les dispositions de la loi de ce pays régissant leur aliénation ou leur exportation.
3. La disposition de l'alinéa précédent sera applicable, vis-à-vis d'autres pays, en termes de réciprocité» [75].

---

[72] Sur cette disposition, cf. R. M. Moura Ramos, *Da lei aplicável ao contrato de trabalho internacional*, Coimbra, Faculdade de Direito da Universidade de Coimbra, 1991, p. 718, note 728; A. Ferrer Correia, «La vente ...» (*supra*, note 15), p. 172; «A venda ...» (*supra*, note 15), p. 52; nous utilisons ici la traduction de la version originale portugaise qui est donnée par le Professeur A. Ferrer Correia, «La vente ...», *ibidem*.

[73] Cf. le préambule du Décret-Loi n.º 27.633 (*supra*, note 2) et R. M. Moura Ramos, *Da lei ...* (*supra*, note 72), *ibidem*, qui parle du «caractère innovateur et franchement progressiste de cette mesure»; l'article 4 du Décret-Loi n.º 27.633 subordonnait l'application de cette disposition à la condition de réciprocité.

[74] Cf. *supra*, note 14.

[75] Cf. *supra*, note 14; A. Ferrer Correia, «La vente ...» (*supra*, note 15), p. 173; «A venda ...» (*supra*, note 15), p. 52, note 2; R. M. Moura Ramos, *Da lei ...* (*supra*, note 72), p. 719, note 728; A. Marques dos Santos, *As normas ...* (*supra*, note 16), vol. II, pp. 911 ss., 1056.

Selon le Professeur A. Ferrer Correia [76], il s'agirait, en ce cas, de «règles de DIP matériel», peut-être parce qu'il ne s'agit pas, clairement, de règles de conflit, c'est-à-dire, de règles de rattachement; avec tout le respect dû à l'opinion de l'éminent auteur portugais, nous estimons, pour notre part, qu'il ne s'agit pas là vraiment de règles de DIP matériel *stricto sensu*, mais plutôt de normes de reconnaissance de règles d'application immédiate étrangères [77], y compris de règles de droit public édictées par des pays étrangers.

Ceci nous amène à passer, sans plus tarder, à la rubrique suivante de notre travail, où nous préférons ranger ces normes, tout en reconnaissant que nous sommes en présence d'un simple problème de qualification juridique, somme toute assez peu important dans ce contexte, car nul ne met en doute la portée pratique de ces règles.

C. *Règles d'application immédiate*

À notre avis, beaucoup de dispositions de la Loi n.º 13/85 (Loi du Patrimoine Culturel Portugais) sont des règles d'application immédiate, pour autant qu'elles postulent leur application impérative dans un champ d'application qu'elles fixent elles-mêmes, par l'intermédiaire d'une règle de rattachement unilatérale explicite ou implicite, et qui est indépendant du domaine d'application tracé par les règles de conflit générales; ces normes affectent, d'une façon directe ou indirecte, le trafic international des biens culturels. On peut donner comme exemples, entre autres, la règle qui établit le devoir de communication de l'aliénation envisagée de biens classés mobiliers ou immobiliers (article 17, 1, de la Loi n.º 13/85), sous peine d'annulation des actes de disposition les concernant (article 55), celle qui soumet les propriétaires de biens culturels au droit de préemption conféré à l'État et aux collectivités locales, en cas de vente de biens culturels classés ou en voie de l'être (article 17, 2), les normes qui établissent des interdictions d'exportation des biens culturels mobiliers classés ou en voie de l'être, sans autorisation du Ministère de la Culture (articles 18,3, 30

---

[76] «La vente ...» (*supra*, note 15), p. 172; «A venda ...» (*supra*, note 15), p. 52; dans le même sens, cf. R. M. Moura Ramos, *Da lei ...* (*supra*, note 72), pp. 717-718.

[77] Sur cette notion, cf. A. Marques dos Santos, *As normas ...* (*supra*, note 16), vol. II, p. 1041 ss., et *infra*, note 80 ss. et le texte qui s'y rapporte.

et 34)[78], sous peine de sanctions pénales ou autres (articles 34, 3, et 51) et de la saisie des biens (article 35, 4) ou celles qui prévoient la soumission à une réglementation spéciale de l'achat, de la vente et du commerce d'antiquités et d'autres biens culturels meubles (article 31, 1).

Toutes ces règles substantielles visent la défense, le maintien et la préservation du patrimoine culturel portugais et elles sont applicables, à notre avis, à tout ce qui concerne les biens culturels qui se situent au Portugal ou alors – ce qui peut être légèrement différent – à tout ce qui a un rapport avec les biens culturels dont la *lex originis* est la loi portugaise[79], c'est-à-dire, tous ceux qui appartiennent au patrimoine culturel portugais.

Si la Loi n.º 13/85 consacre la protection du patrimoine culturel portugais en faisant appel aux règles d'application immédiate, elle tient compte également, de façon ouverte et universaliste, du fait que les ordres juridiques étrangers ont eux aussi recours à la technique des règles d'application immédiate pour protéger leur patrimoine culturel; l'article 31, paragraphes 2 et 3, de la Loi n.º 13/85[80], de même que l'article 1er du Décret-Loi n.º 27.633, du 3 avril 1937[81], consacre la reconnaissance en DIP portugais des règles d'application immédiate étrangères – que ce soit des règles de droit privé ou des normes de droit public – ou, tout au moins, admet leur prise en considération par les organes portugais d'application du droit, notamment les organes juridictionnels[82].

---

[78] Selon A. Ferrer Correia, «La vente ...» (*supra*, note 15), p. 180, «A venda ...» (*supra*, note 15), p. 60, l'interdiction d'exportation appartient au statut réel, ce qui signifie que, en application de l'article 15 du Code civil portugais (cf. *supra*, note 64 et le texte qui s'y rapporte), les règles étrangères sur l'interdiction d'exportation des biens culturels doivent être appliquées par le juge portugais si elles appartiennent à la *lex rei sitae*; à notre avis, les règles d'application immédiate se situent en dehors de la méhode des conflits de lois et elles déterminent elles-mêmes leur domaine d'application dans l'espace, indépendamment des règles de conflit générales, leur reconnaissance par les juridictions étrangères ne devant pas dépendre, par conséquent, de la question de savoir si elles appartiennent à la *lex causae* ou à une loi tierce: pour plus de détails, cf. A. Marques dos Santos, *As normas* ... (*supra*, note 16), vol. II, p. 815 ss. et *passim*.

[79] Cf. A. Marques dos Santos, *As normas* ... (*supra*, note 16), vol. II, p. 910 ss.

[80] Cf. *supra*, note 75, et le texte qui s'y rapporte.

[81] Cf. *supra*, note 72, et le texte qui s'y rapporte.

[82] Pour une interprétation équivalente à la nôtre, en plus d'A. Ferrer Correia, déjà longuement cité, cf. R. M. Moura Ramos, *Da lei* ... (*supra*, note 72), p. 717 ss.,

Les critiques – adressées par certains – selon lesquelles ces règles, d'une part, vont trop loin en se référant au pays de provenance des biens culturels (et non au pays d'origine, *stricto sensu*), et, d'autre part, ne vont pas assez loin, car elles exigent la réciprocité (article 31, 3, de la Loi n.º 13/85 et article 4 du Décret-Loi n.º 27.633, du 3 avril 1937) [83] ne sont, à notre avis, guère convaincantes.

La référence au *pays de provenance* équivaut, *mutatis mutandis*, au *lien étroit* dont parle l'article 7, 1, de la Convention de Rome du 19.6.1980 sur la loi applicable aux obligations contractuelles et n'exclut nullement, selon nous, une interprétation qui conduise à la véritable *lex originis* du bien en cause.

Quant à l'exigence de réciprocité, nous l'interprétons, pour notre part, de façon restrictive: selon nous, l'article 31, 2, doit être toujours appliqué en ce qui concerne les transactions de biens illégalement exportés ou aliénés vers le Portugal, en provenance du pays d'origine, tandis que l'article 31, 3, soumet à la condition de réciprocité la reconnaissance au Portugal de mesures du même type prises dans des ordres juridiques étrangers – si le pays X déclare la nullité de certaines opérations ou transactions concernant des biens culturels illégalement exportés ou aliénés du pays d'origine vers le pays X, cette décision sera reconnue au Portugal si, dans le cas inverse, le pays X devait reconnaître des mesures identiques prises par une juridiction portugaise [84].

---

dans la mesure où il assimile ces règles du droit portugais à l'article 7 de la Convention de Rome ou à l'article VIII, 2, b), des Statuts du Fonds Monétaire International [sur cette dernière règle, cf. également A. Marques dos Santos, As normas ... (*supra*, note 16), vol. II, pp. 804, note 2598, et 1005, note 3074], même s'il parle ici de règles de DIP matériel (cf. *supra*, note 76); on pourrait même ajouter que le fait qu'il existe depuis 1937 dans l'ordre juridique portugais une règle assimilable à l'article 7, 1, de la Convention de Rome rend inexplicable et incompréhensible la réserve que le Portugal vient de formuler vis-à-vis de cette disposition (cf. le Décret du Président de la République n.º 1/94, *supra*, note 41).

[83] Cf. E. Jayme, *apud* A. Ferrer Correia, «La vente ... – Exposé préliminaire» (*supra*, note 19), pp. 123-124; cf. aussi A. Ferrer Correia, «La vente ...» (*supra*, note 15), pp. 173-174; «A venda ...» (*supra*, note 15), pp. 53-54.

[84] Cf. A. Marques dos Santos, As normas ... (*supra*, note 16), vol. II, p. 911; cf. également la réponse de A. Ferrer Correia aux critiques d'E. Jayme, *loc. cit. supra*, note 83.

Comme nous croyons l'avoir démontré, la méthode des règles d'application immédiate joue ainsi un rôle privilégié non seulement dans la protection du patrimoine culturel portugais mais aussi dans la coopération des juridictions portugaises en matière de protection des biens culturels étrangers, pour peu que les pays étrangers d'origine de ces biens culturels se chargent eux-mêmes de la protection de leur patrimoine culturel en édictant des règles d'application immédiate pour le défendre [85].

Ayant passé rapidement en revue les différents procédés qui relèvent du DIP *stricto sensu* concernant la protection des biens culturels – nationaux ou étrangers – dans l'ordre juridique portugais, il est temps de passer maintenant au DIP *lato sensu*.

2. DIP *LATO SENSU*

Le Portugal est Partie à la Convention de San Sebastián du 26 mai 1989, d'adhésion de l'Espagne et du Portugal à la Convention de Bruxelles du 27 septembre 1968 concernant la compétence judiciaire et l'exécution des décisions en matière civile et commerciale, et à la Convention de Lugano du 16 septembre 1988 sur la même matière [86], mais nous renonçons à nous occuper ici des dispositions de ces conventions qui peuvent être pertinentes pour notre sujet, car elles ne revêtent, à notre avis, aucune spécificité en ce qui concerne la protection internationale des biens culturels au Portugal.

Nous nous bornerons donc à une référence très sommaire aux règles de DIP *lato sensu* de source interne, en commençant par les règles de compétence juridictionnelle internationale des tribunaux portugais.

---

[85] Cf. *supra*, note 73 et le texte qui s'y rapporte, pour ce qui touche aux considérations faites dans le préambule du Décret-Loi n.º 27.633, du 3 avril 1937, qui révèlent un esprit internationaliste ouvert à la coopération entre les États pour la défense du patrimoine culturel de chacun d'eux, qui est, à notre avis, vraiment remarquable pour l'époque.

[86] Cf. Décrets du Président de la République n.ºˢ 51/91 et 52/91, du 30 octobre 1991 [*Diário da República*, Iʳᵉ Série-A, n.º 250, du 30.10.1991, p. 5588-(1) ss.]; ces conventions sont entrées en vigueur pour le Portugal le 1ᵉʳ juillet 1992 [Avis n.ºˢ 94/92 (Convention de Lugano) et 95/92 (Convention de San Sebastián), *Diário da República*, Iʳᵉ Série-A, n.º 157, du 10.7.1992, p. 3269].

A. *Règles de compétence juridictionnelle internationale des tribunaux portugais*

La compétence internationale des tribunaux portugais est régie essentiellement par les articles 65, 65-A, 99 et 100 du Code de Procédure civile (CPC) de 1961 [87]. Il n'y a pas de règles de compétence internationale spécialement conçues pour les actions en revendication ou en restitution de biens culturels ou pour les actions en responsabilité délictuelle relatives aux biens culturels. Il faut donc recourir, dans tous ces cas, aux règles de compétence générales et on ne peut évidemment, dans ce contexte, que se limiter à donner quelques exemples topiques en ce domaine.

La compétence internationale des tribunaux portugais pour les actions relatives aux droits réels sur des biens culturels *immobiliers* sis au Portugal (*v.g.*, action en revendication) est exclusive et indérogable [articles 65-A, a), et 99, 3, c), CPC] [88], non pas parce qu'il s'agit de biens culturels, mais tout simplement parce qu'il s'agit de biens immobiliers.

Les tribunaux portugais sont internationalement compétents pour les actions en responsabilité délictuelle relatives à des biens culturels si le fait dommageable d'où découle la responsabilité est survenu en territoire portugais [articles 65, 1, a), et 74, 2, CPC], mais ici cette compétence n'est ni exclusive ni indérogable [89].

Les tribunaux portugais sont, de même, internationalement compétents pour les actions en restitution d'un bien culturel mobilier si l'exécution de l'obligation dont ce bien est l'objet devait avoir lieu en territoire portugais [articles 65, 1, a), et 74, 1, CPC]; une juridiction portugaise aurait aussi compétence internationale en matière d'actions relatives aux biens culturels s'il n'y a aucune autre juridiction internationalement compétente et s'il existe un lien de connexité personnel ou réel avec le territoire portugais [article 65, 1, d), CPC] et cela pour éviter, en pareil cas, un déni de justice [90].

---

[87] Cf., en dernier, M. Teixeira de Sousa, *A competência declarativa dos tribunais comuns*, Lisbonne, LEX – Edições Jurídicas, 1994, p. 41 ss.

[88] Cf. M. Teixeira de Sousa, *A competência ...* (*supra*, note 87), p. 49; la *lex causae* en matière de droits réels est, dans ce même cas, la loi portugaise (cf. article 46 du Code civil, *supra*, note 56 et le texte qui s'y rapporte) et il y a donc coïncidence entre *forum* et *jus* (*Gleichlauf*, selon la terminologie allemande): cf. M. Teixeira de Sousa, *ibidem*, p. 58.

[89] Cf. M. Teixeira de Sousa, *A competência ...* (*supra*, note 87), pp. 49-50.

[90] Cf. M. Teixeira de Sousa, *A competência ...* (*supra*, note 87), pp. 53-54.

B. *Règles relatives à la reconnaissance et à l'exécution des jugements étrangers*

Le système portugais de reconnaissance des jugements étrangers figure à l'article 1094 et suivants du Code de Procédure civile et l'article 49, 1, du CPC exige l'*exequatur* pour les jugements de tribunaux étrangers ou pour les décisions arbitrales *rendues à l'étranger* [91] comme condition de leur *exécution*.

Le système d'*exequatur* du droit portugais est, en principe, purement formel et ce n'est qu'en de très rares circonstances qu'il y a une révision au fond des jugements étrangers: les seuls cas de révision au fond figurent à l'article 1096, g), CPC (si la partie défaillante au procès étranger est un Portugais, il faut que le jugement étranger ne porte pas atteinte aux dispositions du droit privé portugais si celui-ci est applicable d'après le DIP portugais) et aux articles 771, c), et 1100 CPC (lorsqu'une pièce décisive, susceptible à elle seule de faire modifier la décision et qui n'a pas été produite dans la procédure à l'étranger est ultérieurement retrouvée) [92].

L'ordre public portugais ne doit pas être enfreint par la décision qui découle du jugement étranger [article 1096, f), CPC], mais on s'accorde, en général, pour assurer qu'il n'y a là qu'un simple contrôle formel du jugement étranger (et non une révision au fond) [93] et on ne voit pas comment l'ordre public portugais pourrait empêcher la reconnaissance et l'exécution au Portugal d'un jugement étranger relatif à un bien culturel étranger, étant donné la position de l'ordre juridique portugais en matière de reconnaissance des règles d'application immédiate étrangères dans ce domaine depuis 1937 [94].

---

[91] Il n'est ainsi que si l'arbitrage n'a pas eu lieu au Portugal, car autrement il n'y a pas besoin d'*exequatur* (cf. *infra*, notes 97-98 et le texte qui s'y rapporte).

[92] Cf. A. Ferrer Correia, «La reconnaissance et l'exécution des jugements étrangers en matière civile et commerciale (Droit Comparé)», in Estudos vários de Direito, 2ème tirage, Coimbra, Almedina, 1982, p. 153; du même auteur, cf. *Lições de Direito Internacional Privado – Aditamentos – Do reconhecimento e execução das sentenças estrangeiras*, Coimbra, Universidade de Coimbra, 1973, polycopié, pp. 96-101; [cf., en dernier, *infra*, p. 307 ss].

[93] Cf. A. Ferrer Correia, «La reconnaissance ...» (*supra*, note 92), pp. 190-191, et *Lições* ... (*supra*, note 92), pp. 99-100.

[94] Cf. *supra*, note 72 ss. et le texte qui s'y rapporte.

C. Arbitrage privé international

On a déjà fait référence à la Loi portugaise sur l'arbitrage volontaire (Loi n.° 31/86, du 29.8.1986) [95]; dans le présent contexte, nous souhaitons tout simplement attirer l'attention sur l'article 26, 2, de cette loi, selon lequel la sentence arbitrale prononcée conformément à la Loi n.° 31/86 a la même force exécutoire que celle des jugements des tribunaux de première instance; comme l'article 37 de la Loi n.° 31/86 dispose que «[l]a présente loi s'applique à tous les arbitrages qui ont eu lieu sur le territoire national», on peut en déduire que, s'il s'agit d'un arbitrage *ayant eu lieu au Portugal* – qu'il soit interne ou international [96] –, la décision arbitrale est exécutoire au Portugal sans qu'il soit nécessaire de la soumettre à l'*exequatur* [97] (même si, par hasard, elle est *rendue* à l'étranger) [98], ce qui vaut évidemment aussi pour des sentences arbitrales relatives aux biens culturels.

Il reste à souligner, à ce propos, que, d'après l'article 30 de la Loi n.° 31/86, «l'exécution de la sentence arbitrale est faite sous l'égide du tribunal de première instance».

Après avoir effectué un rapide survol du droit portugais applicable en matière de protection internationale des biens culturels, il est temps de formuler quelques très brèves remarques pour conclure.

---

[95] Cf. *supra*, note 46 ss. et le texte qui s'y rapporte.

[96] Sur la notion d'arbitrage international, cf. *supra*, note 47.

[97] Dans ce sens, cf. A. Ferrer Correia, «Da arbitragem comercial internacional», in *Temas* ..., (*supra*, note 47), p. 200 (implicitement); I. Magalhães Collaço, «L'arbitrage ...» (*supra*, note 47), p. 64 ss.; A. Marques dos Santos, «Nota ...» (*supra*, note 47), p. 19 ss.; D. Moura Vicente, *Da arbitragem* ... (*supra*, note 47), p. 52, note 2, et «L'évolution récente du droit de l'arbitrage au Portugal», *Revue de l'arbitrage*, 1991, p. 441 ss.; *contra*, M. Teixeira de Sousa, *A competência e a incompetência nos tribunais comuns*; 3ème édition revue, Lisbonne, Associação Académica da Faculdade de Direito de Lisboa, 1990, p. 44, qui soutient que les décisions arbitrales qui relèvent de l'arbitrage *international* doivent être soumises à l'*exequatur*.

[98] C'est ainsi qu'il faut également interpréter l'article 48, 2, du CPC; cf. aussi *supra*, note 91 et le texte qui s'y rapporte.

CONCLUSION

En tant que pays essentiellement exportateur de biens culturels, même s'il est, à l'occasion, également importateur de ces biens — sans toutefois participer très activement au commerce international des objets d'art [99] —, le Portugal participe activement aux diverses initiatives prises au niveau international en matière de protection des biens culturels, telles que la Directive et le Règlement CEE [100] et les travaux de l'UNIDROIT [101].

Par ailleurs, comme on l'a vu, il a édicté une loi de protection du patrimoine culturel portugais [102] et il tient compte, depuis plus d'un demi--siècle, d'une façon très ouverte et universaliste, de la protection du patrimoine culturel des autres pays, si tant est qu'ils prennent eux-mêmes des mesures législatives appropriées de défense de leur patrimoine [103].

Le Portugal considère qu'il a tout à gagner — comme d'ailleurs les autres pays — avec le développement de la coopération internationale en cette matière, pour contrecarrer l'offensive croissante de ceux qui se consacrent au commerce illicite ou au vol pur et simple des objets culturels.

---

[99] Il assez significatif de constater qu'un quotidien portugais a publié il y a quelque temps une annonce d'un antiquaire portugais qui revendiquait ses rapports commerciaux suivis depuis plus de trente ans avec *Sotheby's*, à propos d'un écho de presse relatif à un accord d'association entre cette maison britannique et un autre antiquaire portugais pour l'organisation de ventes aux enchères au Portugal: cf. *Público*, 28.10.1993, p. 22.

[100] Directive 93/7/CEE, du 15 mars 1993, relative à la restitution de biens culturels ayant quitté illicitement le territoire d'un État membre (*JO* n.º L 74, du 27.3.1993) et Règlement du Conseil n.º 3911/92/CEE, du 9 décembre 1992, concernant l'exportation des biens culturels (*JO* n.º L 395, du 31.12.1992); sur ces deux textes, cf., respectivement, J. de Ceuster, «Les règles communautaires en matière de restitution de biens culturels ayant quitté illicitement le territoire d'un État membre — Analyse de la directive 93/7/CEE du 15 mars 1993», in *Revue du Marché Unique Européen*, n.º 2, 1993, p. 33 ss., et T.-L. Margue, «L'exportation des biens culturels dans le cadre du Grand Marché», *ibidem*, p. 89 ss.

[101] Voir, en dernier, Comité d'Experts Gouvernementaux sur la Protection Internationale des Biens Culturels, Rapport sur la 4ème session (Rome, 29 septembre au 8 octobre 1993), préparé par le Secrétariat d'UNIDROIT, Rome, UNIDROIT, février 1994 (UNIDROIT 1993 – Étude LXX – Doc. 48); voir aussi *infra*, p. 221 ss.

[102] Cf. *supra*, note 14 ss. et le texte qui s'y rapporte.

[103] Cf. *supra*, note 72 ss. et le texte qui s'y rapporte.

Il suffit de citer deux exemples récents pour démontrer la réalité de cette affirmation.

En avril 1994, on a découvert, en exposition – et probablement en vente –, dans une foire d'antiquités à Lisbonne un retable maniériste, datant d'environ 1550, composé de neuf panneaux, appartenant à la Chapelle de Leão, à Alpedrinha (dans l'intérieur centre du Portugal), qui était classé (ensemble avec la chapelle) depuis 1943 et qui apparemment en avait été détaché depuis 1940; si la presse ne s'était pas emparée de cette affaire, il est très vraisemblable que le retable aurait déjà été vendu (et exporté) sans aucun contrôle de la part des autorités compétentes [104].

Plus grave encore est le vol, en 1992, dans la petite chapelle de Santo Antão, à Batalha (centre littoral du Portugal), d'un retable sculpté en bois du XIIIe ou du XIVe siècle, composé de six groupes de sujets et représentant les stations de la passion du Christ qui a été retrouvé, par hasard, en Italie par les carabiniers italiens et a été rendu à la Police Judiciaire portugaise à Lisbonne. Les six groupes de sujets avaient été sciés et le détenteur s'apprêtait à les vendre séparément lorsqu'il a été intercepté lors d'un contrôle policier de routine à Bologne [105].

Ces deux exemples (avec tant d'autres) démontrent qu'il est grand temps que tous les États – qu'ils soient exportateurs ou importateurs de biens culturels – s'unissent dans un effort commun pour réprimer et prévenir le trafic illicite de biens culturels, tant au niveau national qu'à l'échelle internationale. C'est dans un tel contexte que se situent les travaux de la Section II.B. du XIVe Congrès International de Droit Comparé et il faut souligner que la protection du patrimoine culturel de tous les peuples commence avant tout par la connaissance réciproque et par l'étude des mesures – notamment législatives – qui ont déjá été prises par les différents Etats, aussi bien au niveau interne qu'international.

Lisbonne, juin 1994.

---

[104] Cf. I. Coutinho, «Uma peça única do seu tempo em risco», *Público*, 15.4.1994, p. 30.

[105] Cf. J. Bento Amaro, «Retábulo medieval furtado regressou a Portugal», *Público*, 17.11.1993, p. 47.

RECENSÃO BIBLIOGRÁFICA (*)

IPRG Kommentar — Kommentar zum Bundesgesetz über das Internationale Privatrecht (IPRG) vom 1. Januar 1989, publicado por Anton Heini, Max Keller, Kurt Siehr, Frank Vischer e Paul Volken, Zurique, Schulthess Polygraphischer Verlag, 1993, XXIII + 1718 p.

A *Lei Federal sobre o Direito Internacional Privado* suíça [*Loi fédérale sur le droit international privé (LDIP)* ou *Bundesgesetz über das Internationale Privatrecht (IPRG)*], de 18 de Dezembro de 1987, entrou em vigor em 1 de Janeiro de 1989 e esta é a razão por que aparece referida no título deste comentário com esta última data, embora seja mais comummente designada pela primeira.

Nos termos do seu artigo 1.°, a LDIP rege, no que toca às situações com elementos de estraneidade («en matière internationale»), a competência (internacional e interna) das autoridades judiciais ou administrativas suíças [artigo 1.°, 1, a.], o direito aplicável [artigo 1.°, 1, b.], as condições de reconhecimento e de execução das decisões (judiciais ou administrativas) estrangeiras [artigo 1.°, 1, c.], a falência e a concordata [artigo 1.°, 1, d.], a arbitragem privada internacional [artigo 1.°, 1, e.], sem prejuízo do que se achar previsto nos tratados internacionais, bilaterais ou multilaterais [artigo 1.°, 2.].

Num total de 200 artigos, agrupados em 13 capítulos, este verdadeiro código de Direito Internacional Privado (DIP) que é a LDIP trata sempre, a propósito de cada matéria versada, da competência dos

---

(*) Publicado na *Revista da Faculdade de Direito da Universidade de Lisboa*, vol. XXXV, n.° 2, 1994, pp. 487-491.

tribunais ou, se for caso disso, das autoridades administrativas suíças, do direito aplicável – isto é, das normas de conflitos de leis – e do reconhecimento e execução das decisões estrangeiras, designadamente das sentenças estrangeiras.

Reunindo num único diploma a matéria do DIP e do Direito Processual Civil Internacional – ou seja, aquilo a que o internacionalista grego P. G. Vallindas chamava o DIP *lato sensu*, por oposição ao DIP *stricto sensu*, que abrange apenas as normas de conflitos de leis (ver, sobre isto, A. Marques dos Santos, *As Normas de Aplicação Imediata no Direito Internacional Privado*, Coimbra, Almedina, 1991, vol. I, p. 463) –, esta Lei é, a nosso ver, dentre as mais recentes codificações neste domínio, uma das mais conseguidas, senão mesmo a mais avançada.

A reputação internacional da LDIP suíça decorre, além disso, do carácter profundamente inovador de certas disposições da sua parte geral (Capítulo I – Disposições comuns; Secção 3.ª – Direito aplicável), como o artigo 15.º, relativo à *cláusula de excepção*, ou o artigo 19.º (tomada em consideração de disposições imperativas estrangeiras, ou seja, das *normas de aplicação imediata estrangeiras*), de que tivemos já ensejo de tratar noutro lugar (ver A. Marques dos Santos, *As Normas ...*, vol. I, p. 402 ss., e vol. II, p. 1109 ss., respectivamente), que são o fruto de um paciente labor doutrinal e jurisprudencial de várias décadas.

Menos de cinco anos depois da entrada em vigor da LDIP, surge este imponente comentário em língua alemã, em que participaram, para além dos Professores responsáveis pela publicação acima mencionados, igualmente os Drs. D. Girsberger e J. Kren Kostkiewicz.

A maior parte dos autores do presente comentário tiveram uma importante participação nos trabalhos de elaboração da LIDP, que decorreram, desde a década de setenta, durante mais de uma dezena de anos, sob a direcção do Prof. Frank Vischer, presidente da comissão de peritos que levou a cabo esta missão.

O comentário apresenta o texto das disposições legislativas em três das línguas oficiais da Suíça (alemão, francês e italiano) – o que não é indiferente, visto nem sempre haver uma inteira correspondência textual nas várias línguas (ver sobre esta questão, quanto ao artigo 19.º da LDIP, A. Marques dos Santos, *As Normas ...*, vol. II,

p. 1028 ss.) – e contém, além das referências bibliográficas pertinentes, suíças ou estrangeiras, um plano esquemático de cada anotação, uma indicação dos textos relevantes dos trabalhos preparatórios, bem como abundantes referências ao DIP estrangeiro, às convenções internacionais em matéria de DIP e de Direito Processual Civil Internacional e à jurisprudência, não só suíça, mas também de outros países (*v.g.*, Alemanha, França, Inglaterra).

Embora, como reconhecem os autores do comentário, a necessidade de uma publicação tão urgente quanto possível tivesse levado a uma certa quebra de unidade, designadamente no que toca às citações, ou à eventual manifestação de diversas opiniões sobre o mesmo assunto, consoante os autores, a indicação clara, em todas as páginas e a propósito de cada artigo ou grupo de artigos, do nome do respectivo comentador (ou comentadores) responsabiliza cada um deles, nessa precisa medida, pelas opiniões emitidas.

Não obstante esta responsabilidade científica individual de cada um dos autores, o comentário é um trabalho eminentemente colectivo, seguindo a tradição germânica das grandes obras, praticamente exaustivas, que são um esteio fundamental para os práticos do direito, mas sem nunca perderem de vista a elaboração doutrinal e teórica, que as tornam igualmente indispensáveis para os juristas mais inclinados para a investigação e o ensino do direito.

Sendo a Suíça, pela posição fundamental que ocupa no comércio jurídico internacional, um país por excelência de situações privadas internacionais, o presente comentário vem responder a uma premente necessidade de todos aqueles que têm que interpretar e aplicar o DIP *lato sensu*, não só na Suíça, mas também nos países estrangeiros que têm relações jurídicas e económicas com a Confederação Helvética.

No que respeita às relações com Portugal, cremos que é sobretudo nas matérias do âmbito do estatuto pessoal que este comentário à LDIP pode ter interesse prático, dada a permanência na Suíça de um número apreciável de trabalhadores portugueses (ver, a este propósito, a notável sentença do antigo juiz do 5.º Juízo Cível da Comarca de Lisboa, hoje Desembargador e Presidente do Tribunal da Relação de Lisboa, Dr. Manuel M. Duarte Soares, de 13.5.1988, em A. Marques dos Santos, *As Normas ...*, vol. II, p. 922 ss.), muito embora não seja de excluir a aplicação de outras disposições da LDIP, designadamente em matéria de arbitragem privada internacional ou mesmo de direito aplicável, no que toca aos contratos internacionais, pois é sabido haver, com muita frequência, neste domínio, uma cláusula de arbitragem a favor de tribunais arbitrais suíços, que recorrerão necessariamente à LDIP.

Pelo que fica dito, não obstante a língua alemã não ser (ainda), entre nós, tão familiar aos juristas como o são outras línguas estrangeiras, parece-nos que qualquer biblioteca jurídica, nomeadamente nas instituições universitárias, ficará enriquecida com este comentário à LDIP, que corresponde plenamente, a nosso ver, à importância que a própria *Lei Federal sobre o Direito Internacional Privado* suíça tem para o Direito Internacional Privado e para o Direito Processual Civil Internacional.

TESTAMENTO PÚBLICO (*)

CONSULTA

Pode um testamento público, feito em Portugal por um cidadão espanhol, na forma da lei portuguesa, ser declarado nulo nos termos dos artigos 687.º e 705.º do Código Civil Espanhol, com fundamento na preterição de formalidades impostas pela lei espanhola (artigos 694.º, 685.º e 696.º do Código Civil Espanhol)?

PARECER

1. Em 07/04/87, Gregorio González Briz, de 81 anos de idade, separado judicialmente, de nacionalidade espanhola, celebrou testamento público, na forma da lei portuguesa (artigo 2.205.º do Código Civil Português), no Décimo Cartório Notarial de Lisboa. Gregorio González Briz faleceu em 08/08/87 com a nacionalidade espanhola.

2. Por douta sentença de 25/03/94, o Meritíssimo Juiz do 1.º Juízo Cível do Círculo Judicial de Cascais decidiu que o referido testamento é inválido quanto à forma, por não se ter conformado com o disposto nos artigos 694.º, 685.º e 696.º do Código Civil Espanhol – aplicáveis por força do artigo 11.º, n.º 2, do Código Civil Espanhol e do artigo 65.º, n.º 2, do Código Civil Português –, que exigem, sob pena de nulidade (cf. artigos 687.º e 705.º do Código Civil Espanhol),

---

(*) Publicado na *Colectânea de Jurisprudência – Acórdãos do Supremo Tribunal de Justiça*, ano III, tomo II, 1995, pp. 5-10.

que o notário se certifique da capacidade legal do testador para testar e faça menção dessa circunstância, formalidades não cumpridas no presente caso.

3. O objecto da consulta consiste em saber se um testamento celebrado em Portugal, na forma da lei portuguesa, por um cidadão espanhol, pode ser declarado nulo, com base nos artigos 687.º e 705.º do Código Civil Espanhol, por não acatamento das formalidades constantes dos artigos 694.º, 685.º e 696.º do mesmo Código, tal como foi decidido em 25/03/94 pelo Meritíssimo Juiz do 1.º Juízo Cível do Círculo Judicial de Cascais.

4. Com efeito, na douta sentença referida, declara-se, a respeito desta questão da forma do testamento, nomeadamente, o seguinte:

«O direito internacional privado da lei espanhola devolve para o direito interno português a competência para a definição da forma exigível à validade dos testamentos. O da lei portuguesa aceita o reenvio, por o testador ter em Portugal, ao tempo do testamento e até à sua morte, a sua residência (art. 18.º do Cód. Civil).
Por este motivo factual e por o testamento ter sido outorgado em Portugal, o art. 65.º do Cód. Civil Português, considera, entre outras, aplicável à forma do testamento a lei interna portuguesa, ressalvando, porém, no seu n.º 2 exigência de formalidade especial da lei pessoal do autor da herança, caso em que impõe que ela seja respeitada.
Prescreve, efectivamente, o art. 11.º, n.º 1, do Cód. Civil Espanhol que as formas e solenidades dos testamentos regem-se pela lei do país em que são outorgados.
Assim, no que concerne à forma e solenidades dos testamentos aplica-se, no caso que nos ocupa, a lei portuguesa.
Mas, nos termos do n.º 2 do mesmo artigo, se a lei reguladora do conteúdo dos actos jurídicos exigir, para a sua validade, uma determinada forma ou solenidade será ela sempre observada, inclusive no caso de a outorga ocorrer no estrangeiro.
(...)
Temos assim que, embora o direito internacional privado espanhol devolva à lei portuguesa a competência para regular as formalidades do testamento e esta aceite tal competência, o certo é que, mesmo neste âmbito, ele se reserva a aplicação da sua lei interna quando esta

exige para a validade do acto a observância de determinada forma ou solenidade, mesmo que o acto seja praticado no estrangeiro.

Tal, de resto, como o português, embora como aparente (*sic*) menores restrições (arts. 65.º, n.º 2, e 2223.º do Cód. Civil).

A exigência da lei espanhola de que o notário se assegure da capacidade do testador e faça constar do instrumento jurídico a sua correspondente apreciação positiva e as consequências jurídicas que comina a tal omissão (arts. 687.º e 705.º do Cód. Civil Espanhol) impõem a conclusão segura de que tal formalidade é das previstas no art. 11.º, n.º 2, do Cód. Civil Espanhol.

Sendo-o, e por isso aplicável a lei espanhola, importa concluir pela nulidade do testamento que nos ocupa» (folhas 7 a 9 da sentença).

O Meritíssimo Juiz, considerando que o artigo 286.º do Código Civil Português é uma norma processual e que, em matéria de processo, «é solução pacífica que as leis processuais aplicáveis são as do foro», declara nulo o testamento celebrado por Gregorio González Briz, no Décimo Cartório Notarial de Lisboa, em 07/04/87 (folhas 9 a 10 da sentença).

5. É de realçar – e de louvar – que a douta sentença aqui em causa tenha aplicado, no presente caso, as normas do Direito Internacional Privado (D.I.P.) português, já que – forçoso é dizê-lo –, muitas vezes, os tribunais portugueses (como, aliás, de um modo geral, os tribunais de todos os países) ignoram o carácter internacional das situações jurídico-privadas e aplicam directamente a lei do foro, como se de situações puramente internas se tratasse [1].

Com efeito, estamos aqui perante uma situação jurídico-privada internacional, «atravessada por fronteiras» ou «plurilocalizada» [2], em

---

[1] Cf., para uma análise da jurisprudência portuguesa, sob este prisma, A. Marques dos Santos, *As normas de aplicação imediata no Direito Internacional Privado – Esboço de uma teoria geral*, vol. I, Coimbra, Almedina, 1991, pp. 43-60.

[2] Cf. I. Magalhães Collaço, *Direito Internacional Privado*, vol. I, reedição das lições de 1958-1959, Lisboa, A.A.F.D.L., 1966, copiograf., p. 16; A. Ferrer Correia, *Lições de Direito Internacional Privado*, Universidade de Coimbra, 1973, copiograf., p. 4 ss.; J. Baptista Machado, *Lições de Direito Internacional Privado*, 2.ª edição, Coimbra, Almedina, 1982, p. 11; A. Marques dos Santos, *Direito Internacional Privado*, Sumários das lições de 1986-1987, Lisboa, A.A.F.D.L., 1987, copiograf., p. 4.

contacto com duas ordens jurídicas (a portuguesa e a espanhola), pelo que *há que aplicar as normas de conflitos de leis no espaço do D.I.P. português para determinar a lei aplicável para decidir a questão colocada* – a de aferir da validade formal de um testamento feito por um cidadão espanhol em Portugal na forma da lei material portuguesa.

6. Sendo de assinalar e de saudar o facto de o órgão português de aplicação do direito aplicar as normas de conflitos do D.I.P., já não se pode acompanhar o douto autor da sentença quanto à forma como aplicou, *in casu*, tais normas.

Efectivamente, o órgão de aplicação do direito deve aplicar *as normas de conflitos do foro*, isto é, no presente caso, *as normas do D.I.P. português* e só em casos excepcionais (*v.g.*, em caso de reenvio ou devolução – artigo 16.º e seguintes do Código Civil português) poderá ter de aplicar um D.I.P. estrangeiro [3].

Não podemos, pois, concordar com a douta sentença na parte em que afirma: «O direito internacional privado da lei espanhola devolve para o direito interno português a competência para a definição da forma exigível à validade dos testamentos. O da lei portuguesa aceita o reenvio, por o testador ter em Portugal, ao tempo do testamento e até à sua morte, a sua residência (art. 18.º do Cód. Civil)»; o que aqui fez o digno magistrado, salvo o devido respeito, foi começar por aplicar o D.I.P. espanhol em vez do D.I.P português e invocar absolutamente a despropósito a figura do reenvio, de todo em todo ausente neste caso, como se verá a seguir.

7. Tratando-se, no presente caso, de uma questão relativa à forma de um testamento, há que recorrer à *norma de D.I.P. português aplicável*, ou seja, ao artigo 65.º do Código Civil português.

O método do D.I.P é analítico, sendo cada situação jurídica segmentada e decomposta nos seus vários elementos, de modo a encontrar

---

[3] Cf. A. Ferrer Correia, *Lições de Direito Internacional Privado*, cit., pp. 356--357; I. Magalhães Collaço, *Direito Internacional Privado*, cit., vol. II, 1959, p. 326 ss.; J. Baptista Machado, *Lições de Direito Internacional Privado*, cit., p. 181 ss.; A. Marques dos Santos, *Direito Internacional Privado, Sumários*, cit. p. 149 ss.; *As normas de aplicação imediata no Direito Internacional Privado – Esboço de uma teoria geral*, vol. I, cit., p. 226 ss.

para cada uma das questões jurídicas em causa a lei conflitualmente mais adequada para a regular: trata-se do fenómeno comummente designado pelo termo francês de *dépeçage* [4].

Estando, pois, em causa uma questão de forma de um testamento, a norma de conflitos portuguesa aplicável (artigo 65.º do Código Civil Português) determina, no seu n.º 1:

«As disposições por morte, bem como a sua revogação ou modificação, serão válidas, quanto à forma, se corresponderem às prescrições da lei do lugar onde o acto for celebrado, ou às da lei pessoal do autor da herança, quer no momento da declaração, quer no momento da morte, ou ainda às prescrições da lei para que remeta a norma de conflitos da lei local».

8. Em matéria de forma das disposições por morte, o artigo 65.º, n.º 1, do Código Civil Português estabelece assim uma *conexão alternativa*, nos termos da qual o testamento será formalmente válido se corresponder às prescrições de *uma qualquer das quatro leis aí indicadas*: a) lei do lugar onde o acto for celebrado; b) lei pessoal do autor da herança no momento da declaração; c) lei pessoal do autor da herança no momento da morte; d) lei para que remeta a norma de conflitos da lei local, isto é, da lei indicada em a), se, por hipótese, ela se não considerar competente.

Há aqui, consabidamente, uma nítida preocupação de *justiça material*, uma ideia de *favor negotii* (aqui *favor testamenti*), na acepção de *favor validitatis*, tendente a favorecer a validade formal das disposições por morte, segundo o princípio *ut res magis valeant quam pereant* [5].

9. Como, no caso *sub judice*, o artigo 65.º, n.º 1, do Código Civil Português, ao remeter para a lei do lugar de celebração do testamento, considera aplicável a lei portuguesa, não há aqui obviamente qualquer problema de *reenvio*, pois este pressupõe que a norma de conflitos do

---

[4] Cf., por todos, A. Marques dos Santos, "Breves considerações sobre a adaptação em Direito Internacional Privado", *Estudos em memória do Professor Doutor Paulo Cunha*, Lisboa, Faculdade de Direito da Universidade de Lisboa, 1989, p. 541 ss. e demais bibliografia aí citada (estudo reproduzido *supra*, p. 51 ss.).

[5] Cf., por todos, A. Marques dos Santos, *As normas de aplicação imediata...*, vol. I, cit., pág. 100, bem como toda a demais bibliografia citada na nota 331.

foro remeta para uma *lei estrangeira, que não se considera competente* [6] e aqui a norma de conflitos do foro remete para a *lei material portuguesa*.

10. Por força do artigo 65.º, n.º 1, do Código Civil Português, que remete, pois, para a lei portuguesa – *não sendo necessária qualquer referência às normas de conflitos espanholas* –, o testamento é, em princípio, válido quanto à forma, por corresponder a uma das modalidades formais de celebração previstas no direito português – o testamento público (artigo 2.205.º do Código Civil Português); esta norma, bem como as demais normas do Código do Notariado relativas ao testamento público, são aplicáveis por força do artigo 65.º, n.º 1, do Código Civil Português, pois elas «integram o regime do instituto visado na regra de conflitos» que atribui competência à lei portuguesa (cf. artigo 15.º do Código Civil Português) – isto é, por se tratar de normas relativas à forma das disposições por morte e por a lei portuguesa ser competente para regular esta questão jurídica por força do artigo 65.º, n.º 1, do Código Civil Português.

11. Se dissemos acima que o testamento era, *em princípio*, válido quanto à forma nos termos da lei material portuguesa, designada pelo artigo 65.º, n.º 1, do Código Civil Português, fizemos essa restrição porque há ainda que ter em conta, no presente caso – como, aliás, vem referido na douta sentença de 25/03/94 –, o n.º 2 do artigo 65.º do mesmo Código, que estabelece:

«Se, porém, a lei pessoal do autor da herança no momento da declaração exigir, sob pena de nulidade ou ineficácia, a observância de determinada forma, ainda que o acto seja praticado no estrangeiro, será a exigência respeitada».

Trata-se, no dizer do saudoso Professor Doutor João Baptista Machado [7], de uma norma que previne e resolve um conflito de qualifi-

---

[6] E que esta devolva a competência para outra lei, que pode ser a lei do foro (caso previsto no artigo 18.º do Código Civil Português) ou outra lei estrangeira (caso previsto no artigo 17.º do Código Civil Português); cf., neste sentido, os autores e obras citados *supra*, nota 3.

[7] J. Baptista Machado, *Lições de Direito Internacional Privado*, cit., p. 451.

cação entre *forma* e *substância*, dando preferência à segunda sobre a primeira, «entendendo-se que a disposição que, em tais circunstâncias, exige a observância duma determinada forma, ao mesmo tempo que é, sem dúvida, uma prescrição de forma, pretende também acautelar um adequado processo de formação da vontade que deve valer como a última».

12. No caso *sub judice*, a lei pessoal do autor da herança no momento da declaração – isto é, no momento da celebração do testamento – era a lei espanhola, pois «a lei pessoal é a da nacionalidade do indivíduo» (artigo 31.º, n.º 1, do Código Civil Português) e o interessado, no momento de testar, era cidadão espanhol (cf. folha 3 do testamento).

É, pois, no âmbito da lei material espanhola que há que averiguar se ela contém disposições que exijam, sob pena de nulidade ou ineficácia, a observância de determinada forma quanto aos testamentos de espanhóis, *ainda que estes sejam celebrados no estrangeiro*. Ou seja: há que determinar, no presente caso, se existem normas de direito espanhol que prescrevam, sob pena de nulidade ou ineficácia, uma determinada forma para um testamento feito *em Portugal* por um cidadão espanhol.

13. Há, por conseguinte, que determinar se as disposições supracitadas do Código Civil Espanhol formulam tal exigência, que é, aliás, extremamente rara [8].

Para boa compreensão das respectivas estatuições, transcrevem-se aqui essas normas do Código Civil Espanhol:

«Artigo 694.º – El testamento abierto deberá ser otorgado ante Notario hábil para actuar en el lugar del otorgamiento, y tres testigos idóneos que vean y entiendan al testador, y de los cuales uno, a lo menos, sepa y pueda escribir.

Sólo se exceptuarán de esta regla los casos expresamente determinados en esta misma sección».

---

[8] Neste sentido, cf. J. Baptista Machado, *Lições de Direito Internacional Privado.*, cit., *ibidem*.

«Artigo 685.º – El Notario y dos de los testigos que autoricen el testamento deberán conocer al testador, y si no lo conocieren, se identificará su persona con dos testigos que le conozcan y sean conocidos del mismo Notario y de los testigos instrumentales. También procurarán el Notario y los testigos asegurarse de que, a su juicio, tiene el testador la capacidad legal necesaria para testar.

Igual obligación de conocer al testador tendrán los testigos que autoricen un testamento sin asistencia de Notario, en los casos de los articulos 700 y 701».

«Artigo 696.º – Cuando el testador que se proponga hacer testamento abierto presente por escrito su disposición testamentaria, el Notario redactará el testamento con arreglo a ella y lo leerá en voz alta en presencia de los testigos, para que manifieste el testador si su contenido es la expresión de su última voluntad».

Estas são as normas materiais espanholas referidas na douta sentença de 25/03/94 que estabelecem determinadas formalidades em matéria de testamentos públicos *(testamentos abiertos)*; importa transcrever agora as normas sancionatórias, também referidas na mesma sentença:

«Artigo 687.º – Será nulo el testamento en cuyo otorgamiento no se hayan observado las formalidades respectivamente establecidas en este capítulo».

«Artigo 705.º – Declarado nulo un testamento abierto por no haberse observado las solemnidades establecidas para cada caso, el Notario que lo haya autorizado será responsable de los daños y perjuicios que sobrevengan, si la falta procediere de su malicia, o de negligencia o ignorancia inexcusables».

14. Após esta longa transcrição das disposições em causa do Código Civil Espanhol, é fácil de comprovar que em nenhuma delas se exige uma determinada forma de testar que se imponha aos cidadãos espanhóis, sob pena de nulidade ou ineficácia, *ainda que o testamento seja celebrado no estrangeiro*.

A situação prevista no artigo 65.º, n.º 2, do Código Civil Português só existia relativamente ao artigo 669.º do Código Civil Espanhol, que proibia o testamento de mão comum *(mancomunado)* [«Artigo 669.º – No podrán testar dos o más personas mancomunadamente, o en un mismo instrumento, ya lo hagan en provecho recíproco, ya en beneficio de un tercero»], e isto por força do artigo 733.º do Código Civil Espanhol, absolutamente inequívoco no sentido de impedir que os espanhóis celebrem tal testamento, *mesmo num país estrangeiro onde ele seja admitido*:

«Artigo 733.º – No será válido en España el testamento mancomunado, prohibido por el artículo 669, que los españoles otorguen en país extranjero, aunque lo autoricen las leyes de la Nación donde se hubiese otorgado».

15. Repare-se que, neste caso, para além da norma proibitiva, *há uma norma que estende a proibição aos testamentos celebrados por espanhóis no estrangeiro*, norma essa que manifestamente não existe em relação aos artigos 694.º, 685.º e 696.º do Código Civil Espanhol [9].

16. A hipótese do testamento de mão comum, prevista nos artigos 669.º e 733.º do Código Civil Espanhol é absolutamente estranha ao presente caso, pois não só não poderia ter-se celebrado tal testamento em Portugal, dada a proibição constante do artigo 2.181.º do Código Civil Português, como também, no plano do D.I.P., tal caso não é considerado, entre nós, uma questão de forma, regulada no artigo 65.º, mas sim uma questão atinente a aspectos substanciais, sujeita à lei pessoal do autor da herança ao tempo da declaração, nos termos do

---

[9] Cf. expressamente neste sentido, E. Pérez Vera, *Derecho Internacional Privado – Parte Especial*, Madrid, Tecnos, 1980, pp. 253-257; P. Abarca Junco, M. Guzmán Zapater, P. P. Miralles Sangro, E. Pérez Vera, *Derecho Internacional Privado – Vol. II – (Derecho Civil Internacional)*, Madrid, Universidad Nacional de Educación a Distancia, 1987, pp. 201-204; A. Ortiz-Arce de La Fuente, *Derecho Internacional Privado Español y Derecho Comunitario Europeo*, Madrid, Servicio de Publicaciones, Facultad de Derecho, Universidad Complutense, 1988, p. 318; J. C. Fernández Rozas-S. Sánchez Lorenzo, *Curso de Derecho Internacional Privado*, 2.ª edição, Madrid, Civitas, 1993, pp. 413-414; J. D. González Campos, J. C. Fernández Rozas, A. L. Calvo Caravaca, M. Virgós Soriano, M. A. Amores Conradí, P. Domínguez Lozano, *Derecho Internacional Privado – Parte Especial*, Madrid, Centro de Estudios Superiores Sociales y Jurídicos Ramón Carande, 1993, pp. 551-553.

artigo 64.º, alínea c), do Código Civil Português (não obstante o que afirma, sem razão, a este propósito, o douto acórdão do Supremo Tribunal de Justiça de 14/03/79) [10].

17. Como exemplos das – assaz raras – normas materiais que cabem no âmbito do artigo 65.º, n.º 2, do Código Civil Português, temos, para além do artigo 2.223.º do Código Civil Português [«O testamento feito por cidadão português em país estrangeiro com observância da lei estrangeira competente só produz efeitos em Portugal se tiver sido observada uma forma solene na sua feitura ou aprovação»], o antigo artigo 992.º do Código Civil Holandês, nos termos do qual, segundo a respectiva versão francesa,

«Un sujet néerlandais qui se trouve en pays étranger ne pourra passer de testament qu'en la forme authentique et en observant les formes en vigueur dans le pays où l'acte sera passé» [11].

Este artigo foi, de resto, revogado pela lei holandesa de 10/03/82, em razão da ratificação pela Holanda da Convenção da Haia de 05/10//61 sobre os Conflitos de Leis em Matéria de Forma das Disposições Testamentárias (assinada, mas ainda não ratificada por Portugal), que entrou em vigor para a Holanda em 01/08/82 e que não admite uma disposição do tipo do antigo artigo 992.º do Código Civil Holandês [12].

Aliás, a norma constante do artigo 733.º do Código Civil Espanhol também deve considerar-se tacitamente revogada, pois a Espanha também ratificou a Convenção da Haia de 05/10/61 sobre os Conflitos de

---

[10] *Boletim do Ministério da Justiça*, n.º 285, Abril de 1979, pp. 341-345; no sentido do que afirmamos, cf. A. Ferrer Correia, «Apêndice: Naturalização – Testamento de mão comum», *Estudos vários de Direito*, 2.ª tiragem, Coimbra, Almedina, 1982, pp. 421-473.

[11] Cf. a versão francesa deste artigo em F. Rigaux, *La théorie des qualifications en droit international privé*, Paris, Librairie Générale de Droit et de Jurisprudence, 1956, p. 10.

[12] Sobre o artigo 2223.º do Código Civil Português e sobre o antigo artigo 992.º do Código Civil Holandês, cf., no mesmo sentido, A. Ferrer Correia, «Considerações sobre o método do Direito Internacional Privado», *Estudos vários de Direito*, cit., p. 371; J. Baptista Machado, *Lições de Direito Internacional Privado*, cit., p. 451; A. Marques dos Santos, *As normas de aplicação imediata no Direito Internacional Privado – Esboço de uma teoria geral*, vol. II, Coimbra, Almedina, 1991, p. 820, nota 2641, e demais referências aí citadas.

Leis em Matéria de Forma das Disposições Testamentárias, a qual entrou em vigor para a Espanha em 10/06/88, pelo que o actual D.I.P. espanhol nesta matéria, levando mais longe o *favor testamenti*, suprime a exigência do artigo 733.º do Código Civil Espanhol [13].

18. Dissemos atrás (*supra*, n.º 10) que, no presente caso, não era necessária qualquer referência às normas de conflitos espanholas. Vejamos, no entanto, mesmo que seja *ex abundantia*, se a solução a que chegámos era a mesma a que chegava o D.I.P. espanhol.

No momento da celebração do testamento, a norma de conflitos espanhola (artigo 11.º, n.º 1, do Código Civil), também estabelecia uma conexão alternativa e considerava formalmente válidos os testamentos celebrados, designadamente, de acordo com «la ley del país en que se otorguen», ou seja, *in casu*, nos termos da lei material portuguesa (como a douta sentença de 25/03/94 refere no passo citado *supra*, n.º 3, 3.º parágrafo).

O mesmo estabelecia, quanto ao que aqui nos interessa, o artigo 732.º, 1.º parágrafo, do Código Civil Espanhol:

«Los españoles podrán testar fuera del territorio nacional, sujetándose a las formas establecidas por las leyes del país en que se hallen.»

No entanto, o artigo 11.º, n.º 2, do Código Civil Espanhol continha uma norma até certo ponto análoga à do artigo 65.º, n.º 2, do Código Civil Português (que, aliás, vem mencionada na douta sentença referida – cf. passo citado *supra*, n.º 4, 5.º parágrafo):

«Si la ley reguladora del contenido de los actos... exigiere para su validez una determinada forma o solemnidad, será siempre aplicada, incluso en el caso de otorgarse aquéllos en el extranjero».

---

[13] Cf., neste sentido, J. C. Fernández Rozas-S. Sánchez Lorenzo, *Curso de Derecho Internacional Privado*, 2.ª edição, cit., pp. 413-414; J. D. González Campos, J. C. Fernández Rozas, A. L. Calvo Caravaca, M. Virgós Soriano, M. A. Amores Conradí, P. Domínguez Lozano, *Derecho Internacional Privado – Parte Especial*, cit., pp. 253-257; P. Abarca Junco, M. Guzmán Zapater, P. P. Miralles Sangro, E. Pérez Vera, *Derecho Internacional Privado – Vol. II (Derecho Civil Internacional)*, cit., pp. 201-204.

A lei reguladora do conteúdo do testamento é, segundo o D.I.P. espanhol, a lei nacional do testador no momento da declaração (artigo 9.º, n.º 8, do Código Civil Espanhol), ou seja, a lei espanhola.

Tudo está, pois, em saber como deve interpretar-se esta norma e o que deve entender-se, designadamente, por «una determinada forma o solemnidad»; a interpretação desta regra que é feita em Espanha está longe de ser unânime [14], mas, ao que nos parece, não só porque esta disposição é o mais das vezes invocada a propósito do testamento ológrafo ou do testamento de mão comum [15] – que não estão de modo algum em causa no presente caso –, mas também porque há autores importantes que interpretam esta exigência no sentido de se aceitar uma «equivalência de formas» relativamente à lei estrangeira do lugar de celebração [16], é possível sustentar que há «equivalência de formas» entre o testamento público português e o *testamento abierto* espanhol, ambos feitos perante o notário, sendo já uma questão de mero pormenor a natureza em concreto das formalidades que o notário deve praticar.

A ser assim, o presente testamento seria também considerado formalmente válido em Espanha.

Há, aliás, uma consideração suplementar que vai no mesmo sentido: estando actualmente em vigor em Espanha, desde 10/06/88, a Convenção da Haia de 05/10/61 sobre os Conflitos de Leis em Matéria de Forma das Disposições Testamentárias (que se aplica em todos os

---

[14] Cf., por todos, J. C. Fernández-Rozas-S. Sánchez Lorenzo, *Curso de Derecho Internacional Privado*, 2.ª edição, cit., pp. 606-610, que mencionam uma interpretação mais estrita e outra mais lata deste artigo.

[15] Cf. E. Pérez Vera, *Derecho Internacional Privado – Parte Especial*, cit., pp. 253-257; P. Abarca Junco, M. Guzmán Zapater, P. P. Miralles Sangro, E. Pérez Vera, *Derecho Internacional Privado* – Vol. II *(Derecho Civil International)*, cit., pp. 201-204; A. Ortiz-Arce de La Fuente, *Derecho Internacional Privado Español y Derecho Comunitario Europeo*, cit., p. 318; nenhum dos autores espanhóis que consultámos se refere, neste contexto, aos artigos 694.º, 685.º e 696.º do Código Civil Espanhol, o que não deixa de ser significativo.

[16] Cf., neste sentido, J. C. Fernández Rozas-S. Sánchez Lorenzo, *Curso de Derecho Internacional Privado*, 2.ª edição, cit., p. 609: «Se ha puesto de manifiesto que, respecto al D.I.Pr., el mero hecho de que una regla de forma no haya sido observada resulta en si mismo indiferente; lo que es esencial es que se respeten los intereses de fondo que dicha exigencia formal tenia por objeto garantizar... A partir de este postulado y del carácter facultativo que tradicionalmente se predica de la regla *locus regit actum*, la 'equivalencia de formas' aparece como un principio de aplicación del D.I.Pr.».

casos em que o testador tenha falecido após a sua entrada em vigor), não só se veio pôr cobro às dificuldades resultantes das regras do artigo 11.º do Código Civil (mormente do n.º 2) no que toca à forma das disposições testamentárias, como se veio alargar consideravelmente o leque das conexões alternativas, por força das quais se prossegue o *favor testamenti* [17].

Com efeito, nos termos do artigo 1.º da referida Convenção da Haia de 5/10/61,

«Une disposition testamentaire est valable quant à la forme si celle-ci répond à la loi interne:

a) du lieu où le testateur a disposé, ou
b) d'une nationalité possédée para le testateur, soit au moment où il a disposé, soit au moment de son décès, ou
c) d'un lieu dans lequel le testateur avait son domicile, soit au moment où il a disposé, soit au moment de son décès, ou
d) du lieu dans lequel le testateur avait sa résidence habituelle, soit au moment où il a disposé, soit au moment de son décès, ou
e) pour les immeubles, du lieu de leur situation» [18].

19. Sendo esta a norma de conflitos que está actualmente em vigor em Espanha, não há qualquer dúvida que o testamento de Gregorio González Briz seria válido nos termos da alínea a) se ela já fosse aplicável.

Também no D.I.P. nos parece ser sustentável a aplicação retroactiva das leis confirmativas, que têm por finalidade aliviar as exigências formais que pesam sobre certos actos jurídicos [19], em nome do princípio

---

[17] Cf., neste sentido, J. D. González Campos, J. C. Fernández Rozas, A. L. Calvo Caravaca, M. Virgós Soriano, M. A. Amores Conradí, P. Domínguez Lozano, *Derecho Internacional Privado-Parte Especial*, cit., pp. 551-552.

[18] Cf. Conférence de la Haye de Droit International Privé/Hague Conference on Private International Law, *Recueil des Conventions/Collection of Conventions* (1951-1980), Haia, s.d., p. 48 (este texto é citado em Francês por não existir uma versão oficial portuguesa).

[19] Cf., neste sentido, por todos, J. Baptista Machado, *Sobre a aplicação no tempo do novo Código Civil*, Coimbra, Almedina, 1968, pp. 69-86; *Introdução ao Direito e ao Discurso Legitimador*, Coimbra, Almedina, 1983, pp. 248-251.

de justiça material que também está presente neste sector do D.I.P. – o do *favor negotii* ou *favor validitatis*.

Assim sendo, em Espanha, tal como em Portugal, o testamento público de Gregorio González Briz, celebrado de acordo com o princípio ancestral *locus regit actum*, seria considerado válido quanto à forma.

20. Mas, mesmo que assim não fosse e que o referido testamento não fosse havido como formalmente válido em Espanha, nem por isso ele deixaria de ser válido em Portugal, como se viu, pois é o D.I.P. do foro que o órgão português deve aplicar e não o D.I.P. estrangeiro, salvo casos excepcionais [20], e nem sempre se consegue atingir a harmonia de soluções em todas as ordens jurídicas interessadas [21].

21. Respondendo à pergunta formulada através da Consulta, entendemos que um testamento público, feito em Portugal por um cidadão espanhol, na forma da lei portuguesa, não pode ser declarado nulo nos termos dos artigos 687.º e 705.º do Código Civil Espanhol, com fundamento na preterição de formalidades impostas pela lei espanhola (artigos 694.º, 685.º e 696.º do Código Civil Espanhol) [22].

Este é o nosso parecer, salvo melhor.

Lisboa, 24 de Outubro de 1994

---

[20] Cf. autores e obras citados *supra*, nota 3.

[21] Cf., expressamente neste sentido, para o caso paralelo do casamento canónico realizado no estrangeiro entre portugueses, ou entre português e estrangeiro, nos termos do artigo 51.º, n.º 3, do Código Civil Português, A. Ferrer Correia, «Direito internacional privado matrimonial (Direito português)», *Temas de Direito Comercial e Direito Internacional Privado*, Coimbra, Almedina, 1989, p. 343: «Se dois portugueses casam catolicamente em França, o casamento não será reconhecido nesse país; sê-lo-á, no entanto, em Portugal.»

[22] As alterações introduzidas nestes três últimos artigos pela Lei n.º 30/1991, de 20 de Dezembro (que não eram aplicáveis neste caso) corroboram fortemente a posição aqui defendida, que foi, aliás, seguida pelo Supremo Tribunal de Justiça, no Acórdão de 9.1.1996 (*Boletim do Ministério da Justiça*, n.º 453, Fevereiro de 1996, pp. 499-508). [*Nota de Dezembro de 1997*].

PROJECTO DE CONVENÇÃO DO UNIDROIT SOBRE A RESTITUIÇÃO INTERNACIONAL DOS BENS CULTURAIS ROUBADOS OU ILICITAMENTE EXPORTADOS (*) (**)

Agradeço a gentileza da Dr.ª Marta Tavares de Almeida por me ter convidado para participar neste curso sobre o património cultural. Não tenho nenhum título particular para tal, a não ser o facto de ter participado, em representação de Portugal, nas quatro sessões que até hoje se realizaram em Roma sobre este projecto de Convenção do UNIDROIT.

Vou tentar ser simples. Para os participantes no curso que são juristas, não há problema de maior em seguirem a exposição que vou fazer. Para os que não são juristas, peço-lhes que me acompanhem num pequeno exercício de interpretação de um texto jurídico – ou de exegese desse texto, que é o projecto de Convenção do UNIDROIT(***), procurando ler para além da letra, tentando captar o significado para além do significante.

(*) Publicado em *Direito do Património Cultural*, [Oeiras], Instituto Nacional de Administração, 1996, pp. 61-94.

(**) Texto elaborado pelo autor a partir da exposição oral proferida no âmbito do Curso de Direito do Património Cultural, em 4 de Abril de 1995.

O autor baseou a sua exposição e o presente texto no projecto de Convenção do UNIDROIT (Anexo I), pois à data da realização do Curso existia apenas o projecto de Convenção. A Convenção do UNIDROIT sobre os bens culturais roubados ou ilicitamente exportados foi aprovada pela Conferência Diplomática de Roma em 24 de Junho de 1995 e o seu texto (sem as disposições finais) consta do Anexo II.

(***) Ver, no Anexo I, o texto do projecto de Convenção do UNIDROIT sobre o qual incidiu a exposição oral.

Farei, em primeiro lugar, uma breve introdução sobre o que é o UNIDROIT; em segundo lugar, seguirei o texto do projecto de Convenção, que tem dez artigos, e procurarei, em seguida, tirar algumas conclusões.

I

O UNIDROIT é uma sigla que designa, de modo abreviado, o *Instituto Internacional para a Unificação do Direito Privado*, organização intergovernamental que foi criada em Roma, em 1926, em ligação com a antiga Sociedade das Nações, como seu órgão auxiliar, e se mantém hoje como uma instituição autónoma, que, como o seu nome indica, tem por missão promover a uniformização do direito privado ou, não sendo isso possível, pelo menos a harmonização desse direito, visto que, como é sabido, a harmonização é menos ambiciosa do que a uniformização. Uniformizar totalmente o direito é uma tarefa mais complexa do que proceder à simples harmonização.

No âmbito desta sua importante missão, gostaria de salientar, sem pretender de modo algum ser exaustivo, as Convenções do UNIDROIT sobre o *leasing* internacional e sobre o *factoring* internacional, que foram adoptadas em Otava em 1988 e que são muito conhecidas, apesar de ainda não terem entrado em vigor [1]. Além disso, gostaria de dizer também que o UNIDROIT contribuiu, designadamente, para a Convenção de 1954 da UNESCO para a protecção dos bens culturais em caso de conflito armado. Actualmente, para além deste trabalho que está a organizar em matéria de protecção internacional dos bens culturais, que constitui o objecto do presente projecto de Convenção, uma outra tarefa importante deste organismo é a elaboração de princípios relativos aos contratos comerciais internacionais [2]. A Professora Doutora Isabel de Magalhães Collaço, membro do Conselho de Direcção do UNIDROIT, tem acompanhado de perto as actividades do grupo de trabalho sobre os contratos comerciais internacionais.

---

[1] Cf. Rui Pinto Duarte, «A Convenção do UNIDROIT sobre locação financeira internacional — tradução e notas», *Documentação e Direito Comparado*, n.os 35/36, 1988, pp. 273-307.

[2] Ver *Principes relatifs aux contrats du commerce international*, Roma, UNIDROIT, 1994, xx + 263 páginas; além desta edição em língua francesa, existem outras, nomeadamente em Inglês, Espanhol e Italiano.

II

Apresentado sucintamente o Instituto Internacional para a Unificação do Direito Privado, gostaria de fazer uma breve apresentação do projecto de Convenção ora em análise, o qual tem por base outra Convenção, que é a Convenção da UNESCO de 14 de Novembro de 1970 Relativa às Medidas a Adoptar para Proibir e Impedir a Importação, a Exportação e a Transferência Ilícitas da Propriedade de Bens Culturais [3]. Esta Convenção contém instrumentos de direito público, nomeadamente de Direito Administrativo e de Direito Internacional Público, mas tem um artigo, o artigo 7.º, alínea b), com algumas incidências no domínio do direito privado, visto que se refere à restituição de bens roubados de museus ou de monumentos públicos ou quejandos, que constem do inventário da instituição à qual foram furtados.

Entendeu-se, por um lado, que esta Convenção não resolvia todos os problemas suscitados pelo fenómeno do roubo ou do furto de bens culturais [4] ou também por aqueles que são objecto de exportação ilícita, ou seja, considerou-se que esta Convenção da UNESCO de 1970 não abrange todos os casos possíveis – e, quiçá, nem sequer os mais frequentes –, na medida em que contempla apenas a protecção internacional de bens que façam parte de colecções de museus ou de monumentos públicos, deixando de fora muitos outros bens culturais; por outro lado, ela é considerada insuficiente, pois atende especialmente aos aspectos de direito público e não tem em conta a generalidade das questões que se colocam no plano do direito privado em matéria de protecção internacional dos bens culturais.

Em muitas ordens jurídicas, por exemplo, um bem móvel roubado que seja posteriormente transferido a um adquirente de boa fé é susceptível de ser objecto de uma imediata aquisição do direito de propriedade pelo adquirente de boa fé: isso acontece, nomeadamente,

---

[3] Ratificada por Portugal em 9.12.1985; ver a respectiva versão oficial portuguesa no *Diário da República*, I Série, n.º 170, de 26.7.1985, p. 2223 ss.

[4] Nas considerações que se seguem, os «biens culturels volés» a que se refere o projecto de Convenção do UNIDROIT serão indiferentemente referidos como «bens culturais *roubados*» ou «bens culturais *furtados*», sem curar do rigor jurídico dos conceitos, até porque já foi decidido, nos trabalhos anteriores de discussão do projecto, que a noção de «vol» (ou «theft»), que dele consta, devia ser entendida em termos muito amplos, que pudessem abranger outras figuras, para além do «furto» ou do «roubo», em sentido estrito.

no direito italiano e no direito francês, segundo o velho princípio, que já vem do antigo direito, *en fait de meubles possession vaut titre* [5], isto é, em matéria de bens móveis, a aquisição da posse de boa fé equivale à – ou importa a – aquisição do direito de propriedade. Há aqui um conflito, que tem de ser resolvido, entre a necessidade *de princípio* de restituir um bem que foi roubado ou furtado e os problemas de direito privado que se colocam nas ordens jurídicas em que as pessoas de boa fé, ao adquirirem um bem móvel, por não saberem que ele foi roubado, adquirem *ipso facto* a respectiva propriedade.

Foi assim que a UNESCO solicitou ao UNIDROIT que estudasse estes aspectos de direito privado, tendo em vista a eventual elaboração de uma nova Convenção que viesse completar a Convenção da UNESCO de 1970. A Professora Gerte Reichelt, da Universidade de Viena, elaborou dois estudos, em 1986 e 1988 [6], sobre estes problemas, nos quais procedeu a uma análise de direito comparado, que incidiu justamente sobre as questões que se suscitavam entre as diferentes ordens jurídicas: por exemplo, em alguns países de sistemas jurídicos europeus continentais – já vos citei a Itália e a França – vigora o princípio da protecção do adquirente de boa fé, ao passo que nos países de *common law*, isto é, nos países anglo-saxónicos, vale um princípio oposto, que é o de que ninguém pode transferir nem dar aquilo que não é seu: *nemo dat quod non habet* («ninguém dá o que não tem»).

Após terem sido apresentados estes dois trabalhos, foi criado um Comité de estudos que se reuniu por várias vezes entre 1988 e 1990 e que era constituído pelo então Presidente do UNIDROIT, o Professor Riccardo Monaco, e por peritos de vários países. Este Comité apresentou um anteprojecto de Convenção de onze artigos, em Abril de 1990, o qual foi posteriormente submetido ao estudo minucioso e à crítica exaustiva de um numeroso grupo de peritos governamentais, em quatro sessões: a primeira em Maio de 1991, a segunda em Janeiro de 1992, a terceira em Fevereiro de 1993 e a quarta de 29 de Setembro a 8 de Outubro de 1993. Houve peritos de cerca de sessenta países e organizações internacionais que participaram nestes trabalhos. De uma maneira geral, os grandes países estiveram presentes – Estados Unidos, União Soviética (depois Rússia), bem como os países da União

---

[5] Cf. o artigo 2279, 1, do Código Civil francês.

[6] Cf. G. Reichelt, «La protection des biens culturels», UNIDROIT 1986 – Étude LXX – Doc. 1, Dezembro de 1986, e «La protection des biens culturels», UNIDROIT 1988 – Étude LXX – Doc. 4, Abril de 1988.

Europeia; pelo contrário, um país muito importante, o Japão, nunca esteve presente em qualquer sessão.

Todo este trabalho correu grande perigo de soçobrar, na medida em que, como é bom de ver, neste domínio da protecção contra o furto e contra a exportação ilícita de bens culturais, há interesses divergentes. Há, por um lado, os chamados *países exportadores de bens culturais*, que têm um património cultural rico e querem maximizar as medidas de protecção, pretendendo, designadamente, em tese geral, que qualquer bem cultural roubado ou ilicitamente exportado lhes seja devolvido; e há, por outro lado, os *países importadores*, que não têm um grande património cultural mas dispõem de importantes recursos financeiros, os quais visam essencialmente promover e reforçar a liberdade do comércio internacional de bens culturais e, em todo o caso, havendo inelutavelmente um tráfico ilícito deste bens, procuram maximizar a protecção dos adquirentes de boa fé, ou seja, daqueles que adquirem um bem cultural ignorando que ele foi anteriormente objecto de um tráfico ilícito.

Em 1993 chegou a pensar-se que este longo trabalho não chegaria a bom termo e foi por isso que o UNIDROIT promoveu a realização de uma sessão suplementar do grupo de peritos (a quarta) – que não estava originariamente prevista –, a qual foi apresentada, de modo cominatório, como sendo a última sessão. Perante a perspectiva extremamente frustrante de um completo desacordo que deitasse tudo a perder, acabou por se chegar ao compromisso que consta do texto do projecto de Convenção do UNIDROIT, que vos foi distribuído e que vos peço que sigam no decurso da minha exposição. As frases entre parênteses rectos significam que não houve acordo e reportam-se a questões em que as opiniões estão divididas, tendo-se deixado para a Conferência Diplomática, que se reunirá, a nível dos Estados, de 7 a 24 de Junho de 1995, em Roma, a decisão definitiva quanto à elaboração da Convenção: isto é, deixou-se a essa Conferência Diplomática o cuidado e o encargo de decidir, em última instância, se será ou não elaborada uma Convenção [7].

De qualquer maneira, durante estes trabalhos, conseguiu-se, pelo menos, economizar um artigo, porque o anteprojecto tinha onze artigos e o actual projecto conta apenas dez: imagine-se o que é um grande

---

[7] Como foi referido, a *Convenção do UNIDROIT sobre os Bens Culturais Roubados ou Ilicitamente Exportados* foi aprovada pela Conferência Diplomática em 24 de Junho de 1995 (Anexo II).

elenco de juristas e de agentes culturais de mais de sessenta países e organizações internacionais – entre elas, a União Europeia e a UNESCO, que teve uma participação eminente – a discutirem um texto de onze artigos e ao fim de quatro sessões de trabalho extremamente laboriosas conseguirem simplificá-lo, passando de onze para dez artigos!

Gostaria também de dizer, ainda à guisa de introdução, que esta matéria tem ademais uma extrema importância se a encararmos de outra perspectiva: tanto quanto sei, na Itália desaparecem cada ano entre trinta e quarenta mil objectos culturais. A Itália é o país mais importante da União Europeia neste domínio, pois dispõe de 80 % do património cultural desta e os outros onze países da União (na sua anterior composição) têm apenas 20 %, sendo o segundo país não a França, como se poderia pensar, mas sim a Espanha. É assim que se explica que a Itália tenha um interesse particular nesta iniciativa e seja o país que mais esforços tenha feito para organizar a Conferência Diplomática.

III

Vamos começar por fazer, se me permitem a expressão, uma pequena «visita guiada» ao texto do projecto de Convenção: chama-se projecto de Convenção do UNIDROIT sobre o retorno, o regresso ou a devolução internacional dos bens culturais roubados ou ilicitamente exportados. O próprio título foi objecto de discussões e fala-se aqui, por um lado, de *retour international* para frisar que se trata tão-somente de situações que tenham contactos com mais do que uma ordem jurídica: no que toca à *exportação* ilícita, é óbvio que, por definição, há-de haver sempre conexão com mais de um sistema jurídico, pois, se assim não fosse, não haveria exportação; relativamente ao roubo (ou furto) não é necessariamente assim, pois o acto ilícito pode ser praticado num país sem que o bem saia desse país, situação esta que se entendeu não dever caber no âmbito da Convenção, sendo essa a razão que explica que se acentue, no título do projecto de Convenção, o carácter *internacional* do retorno ou restituição dos bens culturais [8].

---

[8] Ver o Anexo I; deve dizer-se que essa preocupação acabou por não colher inteiramente no título final da Convenção adoptada na Conferência Diplomática (ver o Anexo II), tendo o elemento de *internacionalidade* sido acentuado não no título, mas tão-só no preâmbulo da Convenção (segundo parágrafo, em que se manteve o título anterior) e no artigo 1.º [Por razões de espaço, o preâmbulo não vem transcrito no Anexo II].

Por outro lado, a grande dicotomia da Convenção e a sua principal novidade consiste em ela abranger não só os bens que são objecto de *roubo* (ou de *furto*), mas também aqueles que são objecto de *exportação ilícita*, isto é, este texto é o primeiro instrumento jurídico internacional que contempla ambas as situações. Por conseguinte, este projecto de Convenção, como se pode ver facilmente, tem cinco capítulos: o Capítulo I (artigos 1.º e 2.º) trata do âmbito de aplicação da Convenção e dá uma definição de bens culturais; o Capítulo II (artigos 3.º e 4.º) regula a restituição dos bens culturais roubados, ao passo que o Capítulo III (artigos 5.º a 8.º) rege o regresso (ou retorno) dos bens culturais ilicitamente exportados; o Capítulo IV (artigo 9.º) contém uma disposição relativa aos pedidos e acções e, finalmente, o Capítulo V (artigo 10.º) tem como epígrafe «disposições finais».

Gostaria de salientar que, enquanto relativamente aos bens roubados, que constam do Capítulo II, se fala em *restituição*, no Capítulo III, em matéria de bens ilicitamente exportados, já não se trata de restituição, mas sim de *retorno* ou *regresso* (*retour*), que parece ser um termo mais neutro.

Vamos passar ao artigo 1.º, que define o âmbito de aplicação da Convenção; diz-se aí que a presente Convenção se aplica aos pedidos de carácter internacional, mas não se define o que deve entender-se por *carácter internacional*: a noção intuitiva é que o carácter internacional há-de implicar um contacto com mais do que uma ordem jurídica soberana, isto é, com mais de um Estado que seja sujeito de Direito Internacional, mas o esclarecimento do que seja este contacto não é muito fácil. Quero citar-vos, a este propósito, um exemplo inspirado por um eminente autor francês, o Prof. H. Batiffol: se um francês vier a Portugal, em visita turística, e comprar uma garrafa de vinho do Porto, no plano formal, trata-se de uma situação internacional, isto é, de um contrato de compra e venda internacional, porque há contactos com a França (país da nacionalidade do adquirente) e com Portugal (as demais conexões), mas, na realidade, esta situação não tem relevo bastante, não está suficientemente inserida – ou, dito de outro modo, *localizada* – na ordem jurídica portuguesa para que possa falar-se de um contrato internacional [9].

---

[9] Cf. H. Batiffol, «De l'usage des principes en droit international privé», in *Estudos em homenagem ao Prof. Doutor A. Ferrer-Correia*, I, Coimbra, Universidade de Coimbra, 1986, p. 110.

Por outras palavras, é muito discutido e algo impreciso saber o que deva entender-se por *situação privada internacional* (*v.g.*, por contrato internacional, ou, no presente caso, por pedido de carácter internacional), mas finalmente optou-se por nada dizer e por deixar que a jurisprudência, isto é, o conjunto dos órgãos de aplicação do direito dos vários países, determine gradual e paulatinamente o que são os pedidos de carácter internacional de bens culturais roubados, exportados do território de um Estado contratante, na acepção do artigo 1.º, alínea a), do projecto de Convenção. Parece que o sentido – ou a intenção – desta fórmula é que os bens podem ter sido furtados *no* território de um Estado não contratante, mas têm que ser exportados *do* território de um Estado contratante (para onde foram previamente transportados), o que implica que, se um bem for roubado num Estado não contratante e for exportado para outro Estado não contratante, não está abrangido no âmbito de aplicação da Convenção, sendo esta uma das questões que a Conferência Diplomática provavelmente terá que clarificar.

Na alínea b) do artigo 1.º mencionam-se os pedidos de carácter internacional de regresso (ou retorno) de bens culturais exportados do território de um Estado contratante em violação do seu direito que regulamenta a exportação de bens culturais, em razão do seu interesse cultural. Repare-se que aqui já se trata, contrariamente àquilo que acontece na alínea a), tão-somente de bens que são exportados do território de um Estado contratante, não estando portanto abrangidos os bens exportados de Estados não contratantes. Isto significa que, em princípio, a Convenção não tem carácter universal, isto é, não se aplica relativamente a quaisquer Estados, mas apenas aos Estados contratantes, sendo, porém, certo que, quanto aos bens roubados [10], como se deduz da alínea a), o respectivo roubo pode ter sido praticado num Estado não contratante: desde que o bem cultural furtado tenha sido exportado *para* (e, posteriormente, *de*) um Estado contratante, fica sempre abrangido no âmbito da Convenção e é objecto da protecção internacional que ela confere.

Quanto à alínea b), a fórmula algo complexa «bens culturais exportados do território de um Estado contratante em violação do seu direito que regulamenta a exportação de bens culturais, *em razão do seu*

---

[10] Visto que, por um lado, o roubo é considerado um acto mais grave do que a exportação ilícita e, por outro lado, ele é sempre punido, ao passo que a exportação ilícita pode não ser punida em todos os Estados.

interesse cultural» pretende resolver um problema de qualificação. No fundo, esclarece-se aqui que a exportação ilícita é aquela que é feita em violação do direito de um Estado relativo à exportação de bens culturais, *por eles serem culturais*, isto é, *por causa do seu interesse cultural*, ficando portanto fora do âmbito do preceito os casos de violação de regras de direito fiscal, de direito aduaneiro ou outras, que incidam tanto sobre as exportações de bens culturais como sobre as de quaisquer outros bens. Por conseguinte, a questão de saber quais são as regras relativas à exportação de bens culturais cuja violação acarreta a aplicação da Convenção está resolvida desta forma perifrástica e algo complicada [11].

Passemos ao artigo 2.º, que contém uma definição de bens culturais e que, como é bom de ver, foi uma das disposições mais discutidas do projecto. Em tese geral, havia três possibilidades para estabelecer uma definição: 1) segundo alguns, devia adoptar-se uma definição genérica, a qual, no entanto, implica um risco de incerteza e insegurança quanto à concretização daquilo que a definição encerra; 2) segundo outros — os juristas anglo-saxónicos —, deve antes fazer-se uma enumeração exaustiva dos bens culturais, de tal modo que tudo quanto esteja fora desse elenco fica excluído do âmbito da definição, o que tem como inconveniente a dificuldade de proceder a uma enumeração verdadeiramente exaustiva; 3) a terceira hipótese, defendida entre nós pelo Professor Doutor A. Ferrer Correia e aceite, por proposta sua, pelo Instituto de Direito Internacional, consiste em cada Estado indicar quais são os seus bens culturais, designadamente através de um sistema de classificação [12], que tem, porém, a desvantagem de se não impor aos outros Estados, que não aceitarão forçosamente que todos os bens considerados como bens culturais por um Estado sejam objecto de uma protecção internacional especial. Durante os trabalhos do UNIDROIT houve mesmo peritos de várias delegações (*v.g.*, Reino Unido e Alemanha) que defenderam que a futura Convenção só devia aplicar-se aos bens de importância excepcional (*outstanding*), o que suscitava igualmente a dificuldade de saber quais os bens culturais que deviam caber nessa categoria e quais aqueles que dela deviam ser excluídos.

---

[11] Veja-se o artigo 1.º da Convenção (Anexo II), cuja formulação é mais simples do que a do projecto, sem que haja, porém, qualquer alteração quanto ao sentido que foi descrito no texto.

[12] Cf. A. Ferrer Correia, *A venda internacional de objectos de arte e a protecção do património cultural*, Coimbra, Coimbra Editora, 1994, pp. 19, 25 e 70, artigo 1.º, n.º 1, a), da Resolução da sessão de Basileia de 1991 do Instituto de Direito Internacional.

Enfim, tendo ponderado todas estas alternativas, acabou por adoptar-se uma fórmula híbrida: por um lado, embora não se afaste de todo em todo a possibilidade de um Estado indicar quais são os seus bens culturais, não está assegurado que todos eles sejam protegidos pela Convenção, na medida em que, na acepção desta, eles têm de ter importância para a arqueologia, a pré-história, a história, etc.; por outro lado, combinou-se a definição genérica na primeira parte da disposição com uma referência à enumeração constante do artigo 1.º da Convenção da UNESCO de 1970. Estão aqui conjugadas, por conseguinte, as várias técnicas de definição, havendo uma noção geral de bens culturais, que tem que ser preenchida em concreto pelo órgão de aplicação do direito e, ao mesmo tempo, uma referência, embora a título meramente exemplificativo, à enumeração estabelecida pela Convenção da UNESCO de 1970 [13].

Passando agora ao Capítulo II, em que se fala da restituição dos bens culturais roubados, o n.º 1 do artigo 3.º, que contém o princípio fundamental, determina, de maneira incisiva, que «o possuidor de um bem cultural roubado tem obrigação de o restituir». Repare-se que, quer o possuidor esteja de boa fé, quer esteja de má fé – isto é, quer ele ignore ou, pelo contrário, saiba que o bem cultural havia sido furtado –, o bem tem que ser restituído: tal afirmação, além de conter um princípio fundamental nesta matéria, representa uma grande conquista. O possuidor – que não vem definido e que pode portanto ser, tanto o verdadeiro possuidor em nome próprio, que tem o *animus* de proprietário e está, por conseguinte, convencido de que a coisa lhe pertence, como o simples detentor ou possuidor em nome alheio [14] –, quaisquer que sejam as circunstâncias que o tenham levado a entrar na posse da coisa, tem que restituir o bem cultural, não valendo assim, no âmbito da Convenção, a máxima *en fait de meubles possession vaut titre* [15].

---

[13] Esta enumeração consta do anexo à *Convenção do UNIDROIT sobre os Bens Culturais Roubados ou Ilicitamente Esportados*, aprovada pela Conferência Diplomática em 24 de Junho de 1995 (ver Anexo II) e já não vem referida apenas a título exemplificativo no artigo 2.º da Convenção; a definição da Convenção do UNIDROIT passa assim a ser praticamente equivalente à que é dada pela Convenção da UNESCO, que continha já a referência à importância para a arqueologia, a pré-história, a história, etc. (corpo do artigo 1.º).

[14] Note-se que a Directiva 93/7/CEE do Conselho das Comunidades Europeias, de 15 de Março de 1993 (JO n.º L 74, de 27.3.1993), contém, pelo contrário, uma definição de «possuidor» e de «detentor» no seu artigo 1.º, n.ºs 6 e 7, respectivamente.

[15] Cf. *supra*, nota 5 e texto correspondente.

Devem fazer-se, neste contexto, três observações: em primeiro lugar, crê-se que a ausência de uma definição de possuidor ou de detentor levará os órgãos de aplicação do direito dos diferentes Estados partes na Convenção a criar uma noção convencional, uniforme, de possuidor.

Em segundo lugar, a noção de «bem cultural roubado [ou furtado]» (*bien culturel volé*) não exclui, de modo algum, como já se disse [16], que se trate de bens ilicitamente apropriados por outras formas que não o «furto» ou o «roubo» – que são crimes tipificados nos Códigos Penais dos vários Estados membros –, mas que acabem por ter, na prática, os mesmos efeitos que esses crimes.

Em terceiro lugar, a disposição em causa não indica a quem é que o bem cultural tem que ser restituído; trata-se de uma omissão voluntária, pois, se bem que a questão tenha sido longamente discutida, entendeu-se ser preferível deixar este ponto em aberto, de modo que o bem deverá ser restituído a quem de direito, quer seja o proprietário esbulhado, quer seja antes, *v.g.*, o Estado contratante onde se situa o museu do qual o objecto foi furtado, sendo certo que esse bem pertence ao domínio público ou, pelo menos, ao património cultural desse (ou de outro) Estado, etc.: isto é, o bem cultural deve ser restituído a quem tiver um título adequado para que o bem lhe seja confiado.

No n.º 2 do artigo 3.º, por insistência de vários países – como o México, a Grécia e a Turquia –, estabeleceu-se uma equiparação entre um bem «que provém ilicitamente de escavações» e um bem roubado [ou furtado]. Esta formulação *illicitement issu de fouilles* é propositalda, porque abrange não só os bens culturais que provêm de escavações *clandestinas*, mas também os que provêm de escavações legais mas que, não obstante isso, foram subtraídos ilicitamente: neste último caso, as escavações não são clandestinas, mas um bem proveniente de uma escavação legal que é objecto de uma subtracção ilícita é considerado equiparado a um bem que provém de uma escavação clandestina e, como tal, está aqui abrangido.

No n.º 3 do artigo 3.º está em causa uma questão de prescrição ou de caducidade (a que nos direitos anglo-saxónicos corresponde o instituto processual da *limitation of actions*), havendo dois prazos (um prazo mínimo relativo e um prazo máximo absoluto) cuja fixação definitiva foi deixada pelos peritos para a Conferência Diplomática.

---

[16] Cf. *supra*, nota 4.

O início da contagem do prazo relativo foi objecto de prolongadas discussões no Comité de peritos, acabando por prevalecer a formulação constante do preceito, segundo a qual, por um lado, o prazo começa a correr a partir do momento em que o requerente conhecia o lugar onde se encontrava o bem *e* – e não *ou* – a identidade do possuidor [17] e, por outro lado, se tem em conta um critério objectivo de razoabilidade desse conhecimento (*constructive knowledge*), isto é, se refere que o momento em que, embora não conhecendo esses factos, o interessado deveria razoavelmente tê-los conhecido é igualmente o momento do início da contagem do prazo [18].

Quanto ao n.º 4 do artigo 3.º, tal como a Directiva 93/7/CEE, ele contém uma solução especial, neste particular, para as *colecções públicas*, ficando em aberto, para a Conferência Diplomática, não só a definição eventual de «colecção pública» (que aqui figura entre parênteses rectos), mas também a questão de saber se os bens culturais que pertencem a essas colecções podem ser objecto de um pedido de restituição sem limitação de prazo (imprescritibilidade) ou tão-só se, em tais casos, o prazo deve ser muito mais longo do que o prazo normal (*v.g.*, 75 anos) [19].

No que respeita à noção de «colecção pública», o projecto de Convenção insistia na necessidade da inventariação dos respectivos bens e na sua acessibilidade ao público, havendo ainda uma grande margem de desacordo – que se traduzia nos parênteses rectos do artigo 3.º, n.º 4, 2.º § – quanto ao elenco das instituições que se admitia poderem ser proprietárias de tais colecções [20].

---

[17] É necessário conhecer dois factos *cumulativamente* e não *em alternativa*, razão pela qual o prazo começará a correr mais tarde no primeiro caso do que no segundo. Esta fórmula, que foi por nós expressamente defendida durante os trabalhos do Comité de peritos, é, por conseguinte, mais favorável à protecção dos bens culturais do que a outra.

[18] Esta ideia de *constructive knowledge* não consta da versão final do artigo 3.º, n.º 3, tal como este foi aprovado na Conferência Diplomática (cf. Anexo II).

[19] A Directiva contém uma definição de «colecção pública» (artigo 1.º, n.º 1, terceiro travessão) e fixa o período dentro do qual os objectos que dela façam parte podem ser reclamados, em princípio, em 75 anos (artigo 7.º, n.º 1, 2.º §).

Quanto à solução finalmente adoptada na Convenção, cf. o artigo 3.º, n.ᵒˢ 4, 5, 7 e 8 (Anexo II).

[20] Do texto do artigo 3.º, n.º 7, da Convenção já não consta a exigência da *acessibilidade* ao público, nem tão-pouco a necessidade de os bens das colecções públicas serem *propriedade* de certas instituições (basta que eles *lhes pertençam*); só

O artigo 4.º do projecto determina que o possuidor de um bem cultural furtado que é obrigado a restituí-lo tem direito ao pagamento, no momento da restituição, de uma indemnização equitativa, pelo requerente, *desde que* [21] não tenha sabido ou que não devesse razoavelmente saber que o bem era roubado e que possa provar ter exercido a diligência devida no momento da aquisição – o que significa que o possuidor só receberá a indemnização equitativa se estiver de *boa fé*. Não se recorre aqui explicitamente a esta noção de boa fé, adoptando-se antes a técnica da perífrase, por razões de simplificação, pois, tratando-se de uma Convenção universal, em princípio aberta à assinatura e à ratificação de todos os Estados do mundo, qualquer que seja o seu sistema jurídico, entendeu-se ser preferível não utilizar certos conceitos indeterminados como o de *boa fé* que, sendo embora conhecidos de um grande número de ordens jurídicas [22], estão, no entanto, mais particularmente conotados com algumas delas.

Assim, se, por exemplo, se tratar de um profissional (*v.g.*, um antiquário) que adquire um quadro de um pintor célebre como Gauguin ou Picasso furtado de um museu ou de uma colecção particular, é dificilmente concebível que ele possa vir invocar a sua boa fé – isto é, o seu desconhecimento de que o quadro havia sido roubado –, pois aqui intervém, mais uma vez, a noção objectiva de *constructive knowledge*, por força da qual, neste caso, o interessado, ainda que ignorasse, na realidade, a proveniência ilícita do bem cultural em causa não podia razoavelmente desconhecer esse facto. Os casos de pagamento da referida indemnização serão, por conseguinte, relativamente raros, pois os requisitos de que ela depende são particularmente estritos.

---

ficou de pé o requisito da *inventariação*, ainda que se admita que os bens possam estar *identificados de outro modo*, que não seja através de um inventário.

O elenco das instituições a que podem pertencer as colecções públicas é finalmente mais claro e preciso do que o que constava do texto do projecto de Convenção.

Não obstante este aperfeiçoamento do texto da Convenção relativamente ao do projecto, há ainda algumas dificuldades de aplicação resultantes da existência de conceitos indeterminados («bens identificados de outro modo», «fins essencialmente culturais, pedagógicos ou científicos», etc.).

[21] A versão francesa do projecto utilizava a formulação «à moins que», que era muito menos clara e precisa do que a fórmula que consta do texto final da Convenção – «à condition que».

[22] Sobre o conceito de boa fé, cf., entre nós, por todos, A. Menezes Cordeiro, *Da boa fé no Direito Civil*, 2 vols., Coimbra, Almedina, 1984.

Quanto ao momento da indemnização, nos casos em que for devida, a fórmula utilizada (*indemnização equitativa*) provém do Direito Internacional Público e pretende significar que a indemnização não é equivalente ao valor comercial dos bens, nem decorre de quaisquer textos normativos, sendo antes fixada pelo juiz, ou qualquer outro órgão de aplicação do direito, em função das particularidades do caso concreto; assim, e como foi expressamente afirmado durante os trabalhos do Comité de peritos, se o país que vem reclamar a restituição do bem roubado for um país em vias de desenvolvimento ou um país dentre os menos desenvolvidos, que não disponha de recursos para pagar uma indemnização muito elevada, tal deverá ser tido em linha de conta, no sentido de minorar o montante da indemnização [23]; do mesmo modo, se o possuidor do bem for um grande comerciante de objectos de arte multimilionário, como muitas vezes acontece, isso também deverá ser tido em conta na fixação de um montante pouco elevado. Em qualquer caso, a intenção que preside a esta disposição é a de que a indemnização, por ser equitativa, deve ser modelada – e modulada – em função das circunstâncias do caso concreto [24].

No n.º 2 do artigo 4.º vêm indicados alguns parâmetros de aferição da diligência devida, que é aquela que se exige ao possuidor de um bem cultural que foi furtado: devem ter-se em conta as circunstâncias que rodearam a aquisição do objecto, nomeadamente a qualidade das partes (*v.g.*, interessa saber se o interessado é um profissional, um antiquário ou um *marchand* de arte, proprietário de uma galeria), o preço pago [25], a consulta pelo possuidor de qualquer registo de bens culturais roubados que seja razoavelmente acessível – o que supõe, de novo, a necessidade de um inventário dos bens culturais –, e de qualquer outra informação e documentação relevantes que ele pudesse

---

[23] A delegação italiana chegou mesmo a propor, durante os trabalhos do Comité de peritos, que fosse criado um mecanismo de financiamento das indemnizações a pagar pelos países pobres, mas, dada a complexidade do esquema financeiro em causa, tal proposta acabou por ser retirada, a fim de não sobrecarregar o texto da Convenção.

[24] Não entraremos aqui no relato das longas discussões que, no decorrer da Conferência Diplomática que aprovou finalmente a Convenção, levaram à relativização da obrigação de pagamento, por parte do requerente, da indemnização devida ao possuidor de boa fé, embora sem a pôr em causa (artigo 4.º, n.ºs 2 e 3).

[25] Se uma obra de um grande artista foi adquirida pelo possuidor por um preço irrisório, esse facto constituirá um indício importante a favor da sua má fé.

razoavelmente ter obtido, noção objectiva ou objectivada de diligência exigível a um indivíduo medianamente cauteloso e prudente colocado na posição real do possuidor que adquiriu um bem cultural furtado [26].

Como foi afirmado, por diversas vezes, durante os trabalhos do grupo de peritos que preparou o projecto de Convenção em análise, o resultado que se procurou alcançar com este regime particularmente drástico foi não só lutar contra o comércio de bens culturais roubados, que tem tendência para crescer, mas também, e sobretudo, combater a ligação entre o tráfico de droga ou de armas e o comércio ilegal de obras de arte, que é utilizado, cada vez mais, como meio de «branqueamento» de dinheiro obtido naquelas actividades criminosas [27].

Vamos agora passar rapidamente ao Capítulo III, relativo ao retorno, devolução ou regresso (*retour*) dos bens culturais ilicitamente exportados, cujo regime já não é tão estrito como o do roubo [ou furto], o que se compreende, de certo modo, dado que o furto é punível por todas as ordens jurídicas, o que não acontece com a exportação ilícita, sendo certo igualmente que o furto [ou o roubo] é considerado como sendo mais censurável do que o mero não cumprimento das formalidades burocráticas relativas à exportação de objectos de natureza cultural.

Uma observação fundamental que gostaria de fazer neste contexto é que, através deste Capítulo III, cada Estado aceita *reconhecer*, *aplicar*, ou, pelo menos, *tomar em consideração* as normas de direito público estrangeiro relativas à proibição de exportação de bens culturais, regras materiais estrangeiras comummente designadas como *normas de aplicação imediata*, por conterem, de modo expresso ou implícito, uma pretensão de aplicabilidade nas situações internacionais, qualquer que seja, aliás, a lei competente, designada pelas regras de conflitos do sistema geral de Direito Internacional Privado, para regular a situação jurídica em causa [28].

---

[26] Na versão final da disposição correspondente que consta da Convenção (artigo 4.º, n.º 4), acrescentou-se ainda outro factor a ter em conta, que é a consulta de organismos a que o possuidor podia ter acesso ou qualquer outra diligência que uma pessoa razoável teria efectuado nas mesmas circunstâncias (cf. disposição citada, *in fine*).

[27] Note-se que uma das entidades que participou activamente nos trabalhos da Conferência Diplomática e, já antes, nos do Comité de peritos, foi a Interpol.

[28] Sobre as *regras de aplicação imediata*, cf., entre nós, A. Marques dos Santos, *As normas de aplicação imediata no Direito Internacional Privado – Esboço de*

Mas se um Estado aceita reconhecer as normas sobre proibição de exportação de bens culturais de outros países, há-de reclamar um certo controlo sobre a aplicação dessas regras, isto é, há-de reconhecê-las ou tomá-las em consideração nos termos que ele próprio determinar e não indiscriminadamente ou atendo-se, pura e simplesmente, à solução do Estado a que pertencem tais normas, pois isso significaria professar um universalismo extremo, que não existe na prática, ou então aceitar, até certo ponto, uma abdicação da soberania nacional [29]; seja como for, deve dizer-se que, em Portugal, existe, desde 1937 [30], uma regra de reconhecimento das normas estrangeiras de direito público de protecção dos bens culturais, a qual consta, no essencial, do artigo 31.º, n.º 2, da Lei do Património Cultural Português actualmente em vigor [31]. O artigo 5.º, n.º 1, do projecto de Convenção estabelece

---

uma teoria geral, 2 vols., Coimbra, Almedina, 1991; sobre as normas de aplicação imediata *estrangeiras*, cf. vol. II, p. 978 ss. e, sobre essas regras em matéria de bens culturais, cf. *ibidem*, p. 905 ss.; finalmente, quanto às *normas de direito público* em Direito Internacional Privado, cf. *ibidem*, p. 767 ss., bem como as referências citadas nesses diversos lugares.

[29] Cf., neste sentido, por todos, A. Marques dos Santos, *As normas ...* (*supra*, n. 28), vol. II, p. 1041 ss., *maxime* 1051 ss.

[30] Trata-se do artigo 1.º do Decreto-Lei n.º 27.633, de 3 de Abril de 1937, que determinava o seguinte: «São nulas e de nenhum efeito as transacções efectuadas em Portugal sobre coisas de valor artístico, arqueológico, histórico e bibliográfico, originárias de um país estrangeiro, se infringirem as disposições da lei deste país reguladoras da sua alienação ou da sua exportação»; cf., neste sentido, R. M. Moura Ramos, *Da lei aplicável ao contrato de trabalho internacional*, Coimbra, Faculdade de Direito da Universidade de Coimbra, 1991, p. 718, n. 728; A. Ferrer Correia, *A venda ...* (*supra*, n. 12), p. 52; A. Marques dos Santos, «Le statut des biens culturels en droit international privé», em *XIVème Congrès International de Droit Comparé – Rapports portugais*, separata do *Boletim Documentação e Direito Comparado*, n.º duplo 57/58, 1994, p. 34 ss. [reproduzido *supra*, p. 167 ss.].

[31] Trata-se da Lei n.º 13/85, de 6 de Julho, cujo artigo 31.º, n.º 2, estabelece: «São nulas e de nenhum efeito as transacções realizadas em território português sobre bens culturais móveis provenientes de países estrangeiros quando efectuadas com infracção das disposições da respectiva legislação interna reguladora da sua alienação ou exportação»: cf., neste sentido, A. Marques dos Santos, *As normas ...* (*supra*, n. 28), vol. II, p. 911, e «Le statut ...» (*supra*, n. 30), p. 35; A. Ferrer Correia, *A venda ...* (*supra*, n. 12), p. 52, n. 2.

A Lei n.º 90-C/95, de 1 de Setembro, autorizou o Governo a aprovar a nova Lei do Património Cultural Português [*Diário da República*, I Série-A, n.º 202, 2.º Suplemento, de 1.9.1995, p. 5508 (3) ss.], mas, dado que o Governo não legislou no prazo de 90 dias, como prescrevia o artigo 3.º da Lei, a autorização que ela conferia

que um Estado contratante pode pedir ao tribunal ou a qualquer outra autoridade competente [32] de outro Estado contratante, nos termos do artigo 9.º – de que falaremos mais adiante –, que seja ordenada a devolução de um bem cultural ilicitamente exportado, vindo depois definido nas alíneas a), b) e c) o que deve entender-se por exportação ilícita [33].

Por exemplo, de acordo com a alínea b), se a obra de Hieronimus Bosch «As tentações de Santo Antão», recentemente emprestada por Portugal a um museu dos Estados Unidos, para participar temporariamente numa exposição, não for devolvida segundo o prescrito na autorização de exportação, estaremos perante uma exportação ilícita, nos termos e para os efeitos da Convenção.

No artigo 5.º, n.º 2 [34], restringe-se o elenco dos bens que devem ser devolvidos em caso de exportação ilícita, pois condiciona-se essa devolução à demonstração, por parte do Estado requerente, de que a exportação em causa prejudica qualquer um dos interesses enumerados nas alíneas a) a d) – em alternativa e não cumulativamente – ou à ilustração da importância especial que o bem reveste para si.

A alínea a) reporta-se a danos a monumentos e a sítios arqueológicos; a alínea b) tem em vista casos como a decapitação de esculturas [35]

---

caducou (cf., neste sentido, o artigo 168.º, n.º 2, da Constituição da República Portuguesa e, por todos, J. J. Gomes Canotilho-V. Moreira, *Constituição da República Portuguesa Anotada*, Coimbra, Coimbra Editora, 3.ª edição revista, 1993, p. 679, anotação XXX); continua, por conseguinte, em vigor a Lei n.º 13/85, de 6 de Julho.

[32] Não é, com efeito, forçoso que seja um tribunal que lide com estas matérias em todos os Estados do mundo, podendo, em alguns deles, ser antes uma autoridade administrativa; o artigo 5.º, n.º 1, da Convenção manteve esta formulação.

[33] Das três alíneas constantes do artigo 5.º, n.º 1, do projecto, a Convenção manteve a alínea b), relativa às exportações temporárias (cf. artigo 5.º, n.º 2, da Convenção) e eliminou a alínea c), que correspondia a uma proposta dos Estados Unidos, que não têm, segundo afirmou a respectiva delegação, legislação interna de proibição de exportação, facto que esta disposição visava ter em conta; quanto à alínea a), ela foi substituída pela parte final do artigo 5.º, n.º 1, da Convenção («... illicitement exporté du territoire de l'Etat requérant»).

[34] Que corresponde ao artigo 5.º, n.º 3, da Convenção, com algumas modificações.

[35] Cf., v.g., o caso referido por A. Marques dos Santos, «Le statut ...» (*supra*, n. 30), p. 44, do roubo, em 1992, na capela de Santo Antão, na Batalha, de um retábulo do século XIII ou XIV, composto de seis grupos de figuras representando as estações da Paixão de Cristo, que foram serradas e estavam para ser vendidas separadamente, quando os carabineiros italianos o descobriram, por um acaso extraordinário, em Bolonha, em 1993, e o devolveram à Polícia Judiciária, em Portugal.

ou a dispersão de frescos ou de trípticos; a alínea c) refere-se à perda de informação que resultaria do desmembramento de uma determinada colecção de carácter científico ou histórico; na alínea d), têm--se em conta objectos de carácter ritual, com grande relevo em países como a Austrália, a Nova Zelândia ou o Canadá. Se não se verificar nenhuma destas circunstâncias [36], o Estado requerente tem que demonstrar a importância especial («significativa», diz o texto final da Convenção), que o bem tem para si (último § desta disposição).

No fundo, este n.º 2 restringe o âmbito de aplicação do artigo 5.º, pois não são todos os bens ilicitamente exportados que devem ser devolvidos, mas só alguns, ou seja, aqueles relativamente aos quais o Estado requerente consiga demonstrar, em alternativa, que se verificavam as circunstâncias de qualquer uma das alíneas ou, na sua falta, do último § do preceito em causa.

No artigo 5.º, n.º 3 (n.º 4 no texto da Convenção), determina-se quais os elementos quer de facto quer de direito que devem acompanhar o pedido de devolução dos bens ilicitamente exportados para permitir a verificação da ocorrência das circunstâncias a que tal restituição está subordinada e o n.º 4 (n.º 5 no texto da Convenção) reproduz, *mutatis mutandis*, o que já ficou dito antes, quando se falou do artigo 3.º, n.º 3 [37].

Quanto ao artigo 6.º do projecto, que consagrava uma cláusula de excepção [38], nos termos da qual o bem cultural ilicitamente exportado não era devolvido ao Estado requerente, apesar de se verificarem os requisitos supracitados, em virtude de ele ter uma ligação mais estreita com a cultura do Estado requerido do que com a do Estado requerente, não há aqui que tecer grandes considerações [39], na medida em que ele

---

[36] Sobre elas, cf. *Conférence Diplomatique pour l'Adoption du Projet de Convention d'Unidroit sur le Retour International des Biens Culturels Volés ou Illicitement Exportés – Texte du Projet de Convention avec Rapport Explicatif (préparé par le Secrétariat d'Unidroit), doc. UNIDROIT 1994*, CONF. 8/3, 20 Décembre 1994, p. 24, n.º 83 ss.

[37] Cf. *supra*, notas 17-18 e texto correspondente.

[38] Sobre as *cláusulas de excepção*, cf. A. Marques dos Santos, As normas ... (*supra*, n. 28), vol. I, pp. 397-499; R. M. Moura Ramos, «Les clauses d'exception en matière de conflits de lois et de conflits de juridictions» em *XIVème Congrès International de Droit Comparé – Rapports portugais*, separata do *Boletim Documentação e Direito Comparado*, n.º duplo 57/58, 1994, pp. 293-322.

[39] Segundo alguns participantes, quer nas sessões do Comité de peritos, quer na Conferência Diplomática, o artigo 6.º do projecto consagrava a *excepção de ordem*

foi eliminado da versão final da Convenção pela Conferência Diplomática.

No artigo 7.º do projecto (e também da Convenção) há ainda outros casos de restrição ao âmbito de aplicação do Capítulo III, quando a exportação, que era ilícita, deixa de o ser no momento em que se apresenta o pedido de devolução do bem cultural – caso este que não carece de explicação, por ser evidente –, ou quando se trata de exportações feitas em vida do criador do bem ou durante um determinado lapso de tempo após a sua morte [cinquenta anos, segundo a solução da Convenção – artigo 7.º, n.º 1, alínea b), da versão final], a menos que se trate de objectos rituais criados e utilizados por membros de comunidades autóctones ou tribais (artigo 7.º, n.º 2, da versão final, aprovada na Conferência Diplomática); os interesses que aqui estão em causa são, não só a defesa da liberdade de comércio dos bens culturais, mas também a protecção dos artistas enquanto vivos ou dos seus sucessores, durante um certo período de tempo após o seu falecimento.

O artigo 8.º do projecto, que corresponde, com ligeiras alterações, ao artigo 6.º da Convenção, contém uma solução paralela à que já analisámos relativamente aos bens culturais furtados [40]: trata-se do direito que o possuidor de boa fé tem a uma indemnização equitativa paga pelo Estado requerente, tendo-se, nomeadamente, em conta, para a aferição da boa fé, a eventual existência de um sistema de certificados de exportação (artigo 8.º, n.ºs 1 e 2), questão longamente discutida e extremamente importante para certos países exportadores de bens culturais.

Uma disposição fundamental (artigo 8.º, n.º 3, do projecto = 6.º, n.º 3, da Convenção) é a que permite que, assegurado o retorno do bem cultural ilicitamente exportado ao território do Estado requerente, o respectivo possuidor possa – com o acordo deste Estado – continuar a ser proprietário do bem ou transferir a sua propriedade para um residente no Estado requerente, a título oneroso ou gratuito, desde que esse terceiro dê garantias de conservação do bem cultural no Estado para cujo território ele foi devolvido; compreende-se que, garantido o

---

pública internacional, o que sempre contestámos pela nossa parte. Como quer que seja, uma proposta apresentada à Conferência Diplomática, entre outras, pela delegação portuguesa, no sentido de dar ao artigo 6.º uma nova formulação tendente a restringir o âmbito de intervenção da excepção de ordem pública internacional não foi aceite pela Conferência.

[40] Cf. *supra*, nota 21 e texto correspondente.

interesse fundamental do Estado de cujo território o objecto cultural havia sido ilicitamente exportado – que é o regresso do bem a esse país –, não haja, em tais casos, que adoptar medidas mais drásticas, que firam desnecessariamente o direito de propriedade ou a liberdade de comércio dos bens culturais.

O artigo 9.º do projecto, que corresponde *grosso modo* ao artigo 8.º da Convenção, contém normas de Direito Processual Civil Internacional, que são, no fundo, normas relativas à competência internacional.

O n.º 1 do artigo consagra a competência internacional do *forum rei sitae*, ou seja, dos tribunais ou das demais autoridades competentes do Estado onde se encontra o bem cultural, competência esta que acresce à das entidades que forem competentes nos termos das regras em vigor em outros Estados Contratantes que tenham um contacto com a situação. Esta é uma regra nova, que não consta de nenhum instrumento internacional anterior, na medida em que, em relação aos bens móveis, não vale, em geral, a competência do *forum rei sitae*.

Por outro lado, no n.º 2, admitem-se os chamados pactos atributivos de jurisdição a favor de um tribunal ou de outra entidade competente [41], bem como o recurso à arbitragem, não tendo ficado, porém, esclarecido nos debates se se tratava tão-só da arbitragem privada internacional ou se também se tinha em vista a arbitragem de Direito Internacional Público.

Quando ao n.º 3 do artigo, ele refere-se às medidas provisórias e cautelares, que podem ser tomadas pelos órgãos competentes do país da situação do bem cultural, de acordo com a sua lei, ainda que a acção substantiva relativa à devolução do bem seja intentada perante os órgãos de aplicação do direito de outro Estado contratante [42].

---

[41] Note-se a diferença entre a formulação do artigo 8.º, n.º 2, da Convenção e a do artigo 9.º, n.º 2, do projecto, sendo que aquela é mais precisa do que esta, já que, em francês, «juridiction» se refere tão-somente a uma instituição judicial estadual, excluindo, por conseguinte, as demais autoridades competentes.

[42] Trata-se de uma disposição análoga à do artigo 24.º da Convenção Relativa à Competência Judiciária e à Execução de Decisões em Matéria Civil e Comercial, assinada em Bruxelas em 27 de Setembro de 1968, que reza assim: «As medidas provisórias ou cautelares previstas na lei de um Estado Contratante podem ser requeridas às autoridades judiciais desse Estado, mesmo que, por força da presente Convenção, um tribunal de outro Estado Contratante seja competente para conhecer da questão de fundo»; sobre este artigo, cf. M. Teixeira de Sousa-D. Moura Vicente, *Comentário à Convenção de Bruxelas*, Lisboa, LEX, 1994, pp. 135-136.

Finalmente, o artigo 10.º do projecto, que corresponde ao artigo 9.º, n.º 1, da Convenção, estabelece o princípio de que as normas da Convenção são regras de protecção mínima, que não impedem que um Estado mantenha as suas normas actuais que sejam mais favoráveis aos objectivos prosseguidos pela Convenção ou venha, no futuro, a editar tais regras; o n.º 2 do art. 9.º da Convenção, acrescentado por grande insistência da delegação francesa, deixa aos demais Estados contratantes a liberdade de reconhecerem ou não as medidas mais favoráveis que hajam sido aplicadas por outros Estados contratantes.

Quanto ao actual artigo 10.º da Convenção, aprovado pela Conferência Diplomática, ele determina, por um lado, o âmbito de aplicação temporal da Convenção (n.ºs 1 e 2) e, por outro lado, deixa intocados os eventuais direitos que um Estado contratante possa invocar em outra sede, fora do âmbito de aplicação da presente Convenção, em matéria de restituição ou de devolução de bens culturais roubados ou ilicitamente exportados (n.º 3) [43].

IV

Seja-me permitido formular algumas considerações finais. A Convenção do UNIDROIT, finalmente aprovada em Roma, em 24 de Junho de 1995, representa um compromisso entre os países importadores e os países exportadores de bens culturais, que não têm, obviamente, os mesmos interesses. Como solução compromissória, o texto finalmente adoptado tem alguma complexidade, pois há um abundante recurso a conceitos indeterminados e a formulações cientemente vagas, que só o futuro poderá ajudar a esclarecer.

Além disso, a novidade deste instrumento internacional consiste em ele abranger simultaneamente bens culturais roubados e objectos ilicitamente exportados, ao passo que a Directiva 93/7/CEE, de 15 de Março de 1993, só se refere a bens culturais ilicitamente exportados e não a bens furtados.

Como também já foi referido, o reconhecimento e a tomada em consideração das normas de aplicação imediata estrangeiras em maté-

---

[43] Esta disposição corresponde à posição repetidamente expressa, por vezes em termos veementes, por países como a Grécia, o Irão, a Turquia ou o México.

ria de protecção do património cultural é uma conquista jurídica importante, que coloca a presente Convenção ao nível de outros instrumentos internacionais igualmente pioneiros neste domínio [44], pois hoje em dia os nacionalismos jurídicos (e os nacionalismos *tout court*) impedem muitas vezes os Estados de curar minimamente dos interesses, ainda que legítimos no plano do Direito Internacional Público, de outros Estados.

Resta aguardar agora pela assinatura e pela ratificação da Convenção por numerosos países importadores e exportadores de objectos culturais, de modo que a sua entrada em vigor ocorra dentro de um prazo não muito dilatado, pois ela representa um passo importante, em matéria de protecção internacional de bens culturais, relativamente à situação anterior [45].

Lisboa, Janeiro de 1996

---

[44] Sobre os demais textos internacionais que deram relevância à problemática das regras de aplicação imediata, *maxime* de países estrangeiros, cf. A. Marques dos Santos, *As normas ...* (*supra*, n. 28), vol. II, p. 1010 ss.

[45] Sobre os trabalhos do UNIDROIT que precederam a aprovação da Convenção em Junho de 1995, cf., entre outros, os seguintes trabalhos: G. Reichelt, «Die Rolle von UNIDROIT für den Internationalen Kulturgüterschutz – Neue methodische Ansätze im 'UNIDROIT-Entwurf 1990 über gestohlene und unerlaubt ausgeführte Kulturgüter'», separata de *Europa im Aufbruch – Festschrift Fritz Schwind zum 80. Geburtstag*, Viena, Manzche Verlags- und Universitätsbuchhandlung, 1993, pp. 205--214; V. Marotta Rangel, «Objetos Culturais: o Recente Projeto UNIDROIT de Convenção Internacional», em *Direito e Comércio Internacional: Tendências e Perspectivas – Estudos em homenagem ao Prof. Irineu Strenger*, São Paulo, Editora LTr, 1994, pp. 213-220; R. Fraoua, «Projet de convention de l'Unidroit sur le retour international des biens culturels volés ou illicitement exportés», separata de *Pratique juridique actuelle/Aktuelle Juristische Praxis*, n.º 3, 1995, pp. 317-326.

[Sobre a Convenção do UNIDROIT de 24.6.1995, cf., por todos, G.A.L. Droz, «La convention d'UNIDROIT sur le retour international des biens culturels volés ou illicitement exportés (Rome, 24 Juin 1995)», *Revue critique de droit international privé*, 1997, n.º 2, pp. 239-281 (*observação de Dezembro de 1997*)].

Anexo I

PROJET DE CONVENTION D'UNIDROIT SUR LE RETOUR INTERNATIONAL DES BIENS CULTURELS VOLÉS OU ILLICITEMENT EXPORTÉS

Chapitre I
CHAMP D'APPLICATION ET DÉFINITION

Article premier

La présente Convention s'applique aux demandes à caractère international:

a) de restitution de biens culturels volés exportés du territoire d'un État contractant;

b) de retour de biens culturels exportés du territoire d'un État contractant en violation de son droit réglementant l'exportation de biens culturels en raison de leur intérêt culturel.

Article 2

Sont considérés comme biens culturels au sens de la présente Convention les biens qui, à titre religieux ou profane, revêtent une importance pour l'archéologie, la préhistoire, l'histoire, la littérature, l'art ou la science, notamment ceux qui appartiennent aux catégories énumérées à l'article premier de la Convention de l'UNESCO de 1970 concernant les mesures à prendre pour interdire et empêcher l'importation, l'exportation et le transfert de propriété illicites des biens culturels.

Chapitre II
RESTITUTION DES BIENS CULTURELS VOLÉS

Article 3

1) Le possesseur d'un bien culturel volé est tenu de le restituer.

2) Un bien illicitement issu de fouilles est réputé, au sens de la présente Convention, avoir été volé.

3) Toute demande de restitution doit être introduite dans un délai de [un] [trois] [an]s à compter du moment où le demandeur a connu ou aurait dû raisonnablement connaître l'endroit où se trouvait le bien et l'identité du

possesseur et, dans tous les cas, dans un délai de [trente] [cinquante] ans à compter du moment du vol.
4) Toutefois, une demande de restitution d'un bien faisant partie d'une collection publique d'un État contractant [est imprescriptible] [se prescrit dans un délai de [75] ans].
[Une «collection publique» est, au sens du présent paragraphe, une collection de biens culturels inventoriés qui est accessible au public sur une base régulière [et significative], et qui est la propriété de:
(i) un État contractant [ou une autorité locale ou régionale],
(ii) une institution financée de façon significative par un État contractant [ou une autorité locale ou régionale]
(iii) une institution sans but lucratif reconnue par un État contractant [ou une autorité locale ou régionale] (notamment à travers un régime d'exemption fiscale) comme revêtant un intérêt [national] [public] [particulier], ou
(iv) une institution religieuse.]

Article 4
1) Le possesseur d'un bien culturel volé qui est tenu de le restituer a droit au paiement, au moment de la restitution, d'une indemnité équitable par le demandeur, à moins qu'il n'ait su ou dû raisonnablement savoir que le bien était volé et qu'il puisse prouver avoir exercé la diligence requise lors de l'acquisition.
2) Pour déterminer si le possesseur a exercé la diligence requise, il sera tenu compte des circonstances de l'acquisition, notamment la qualité des parties, le prix payé, la consultation par le possesseur de tout registre raisonnablement accessible sur les biens culturels volés, et toute autre information et documentation pertinentes qu'il aurait pu raisonnablement obtenir.
3) Le possesseur ne peut bénéficier d'un statut plus favorable que celui de la personne dont il a acquis le bien par héritage ou autrement à titre gratuit.

Chapitre III
RETOUR DES BIENS CULTURELS ILLICITEMENT EXPORTÉS

Article 5
1) Un État contractant peut demander au tribunal ou à toute autre autorité compétente d'un autre État contractant en vertu de l'article 9 que soit ordonné le retour d'un bien culturel lorsque ce bien:
a) a été exporté du territoire de l'État demandeur en violation de son droit réglementant l'exportation de biens culturels en raison de leur intérêt culturel;
b) a été exporté temporairement du territoire de l'État demandeur en vertu d'une autorisation, notamment à des fins d'exposition, de recherche ou de restauration, et n'a pas été rendu conformément à cette autorisation [, ou
c) est déplacé d'un site en violation du droit de l'État demandeur applicable

en matière de fouilles de biens culturels, et a quitté le territoire de cet État].
2) Le tribunal ou toute autre autorité compétente de l'État requis ordonne le retour du bien lorsque l'État demandeur établit que l'exportation du bien porte une atteinte significative à l'un ou l'autre des intérêts suivants:
a) la conservation physique du bien ou de son contexte,
b) l'intégrité d'un bien complexe,
c) la conservation de l'information, notamment de nature scientifique ou historique, relative au bien,
d) l'usage du bien par une culture vivante,
ou établit que le bien revêt pour lui une importance culturelle particulière.
3) Toute demande introduite en vertu du paragraphe 1 doit être accompagnée de toute information de fait ou de droit permettant au tribunal ou à l'autorité compétente de l'État requis de déterminer si les conditions des paragraphes 1 et 2 sont remplies.
4) Toute demande de retour doit être introduite dans un délai de [un] [trois] [an]s à compter du moment où l'État demandeur a connu ou aurait dû raisonnablement connaître l'endroit où se trouvait le bien et l'identité du possesseur et, dans tous les cas, dans un délai de [trente] [cinquante] ans à compter de la date de l'exportation.

Article 6
1) Lorsque les conditions du paragraphe 2 de l'article 5 sont remplies, le tribunal ou l'autorité compétente de l'État requis ne peut refuser d'ordonner le retour du bien culturel que lorsque:
a) le bien présente un lien plus étroit avec la culture de l'État requis [,ou
b) le bien a été illicitement exporté de l'État requis avant l'exportation illicite du territoire de l'État demandeur].
2) Les dispositions de l'alinéa a) du paragraphe précédent ne s'appliquent pas dans le cas des biens visés à l'alinéa b) du paragraphe 1 de l'article 5.

Article 7
1) Les dispositions du paragraphe 1 de l'article 5 ne s'appliquent pas lorsque l'exportation du bien culturel n'est plus illicite au moment où le retour est demandé.
2) Elles ne s'appliquent pas non plus lorsque:
a) le bien a été exporté du vivant de la personne qui l'a créé [ou au cours d'une période de [cinq] ans après le décès de cette personne]; ou
b) le créateur n'est pas connu, si le bien avait moins de [vingt] ans au moment de l'exportation [;
sauf lorsque le bien a été créé par un membre d'une communauté aborigène pour l'usage de cette communauté].

Article 8
1) Le possesseur d'un bien culturel exporté du territoire d'un État

contractant en violation de son droit réglementant l'exportation de biens culturels en raison de leur intérêt culturel, a droit, lors du retour du bien, au paiement par l'État demandeur d'une indemnité équitable, sous réserve que le possesseur n'ait su ou dû raisonnablement savoir, au moment de l'acquisition, que le bien avait été illicitement exporté.
[2) Lorsque un État contractant a institué un régime de certificats d'exportation, le défaut d'un certificat d'exportation d'un bien pour lequel il est requis indique à l'acquéreur que le bien a été illicitement exporté.]
3) En lieu et place de l'indemnité et en accord avec l'État demandeur, le possesseur peut, tout en transférant le bien sur le territoire dudit État, décider:
a) de rester propriétaire du bien; ou
b) d'en transférer la propriété, à titre onéreux ou gratuit, à une personne de son choix résidant dans l'État demandeur et présentant les garanties nécessaires.
4) Les dépenses découlant du retour du bien conformément au présent article incombent à l'État demandeur, sans préjudice du droit de celui-ci de se faire rembourser les frais par toute autre personne.
5) Le possesseur ne peut bénéficier d'un statut plus favorable que celui de la personne dont il a acquis le bien par héritage ou autrement à titre gratuit.

Chapitre IV
DEMANDES ET ACTIONS

Article 9
1) Sans préjudice des règles relatives à la compétence en vigueur dans les États contractants, le demandeur peut dans tous les cas introduire une action en vertu de la Convention devant les tribunaux ou toutes autres autorités compétentes de l'État contractant où se trouve le bien culturel.
2) Les parties peuvent également convenir de soumettre leur différend à une autre juridiction ou à l'arbitrage.
3) Les mesures provisoires ou conservatoires prévues par la loi de l'État contractant où se trouve le bien peuvent être mises en oeuvre même si la demande au fond de restitution ou de retour du bien est portée devant les tribunaux ou toutes autres autorités compétentes d'un autre État contractant.

Chapitre V
DISPOSITIONS FINALES

La présente Convention n'empêche pas un État contractant d'appliquer toutes règles plus favorables à la restitution ou au retour d'un bien culturel volé ou illicitement exporté que celles prévues par la présente Convention.

Anexo II

CONVENTION D'UNIDROIT SUR LES BIENS CULTURELS VOLÉS OU ILLICITEMENT EXPORTÉS

(...)

Chapitre I
CHAMP D'APPLICATION ET DÉFINITION

Article premier
La présente Convention s'applique aux demandes à caractère international:
a) de restitution de biens culturels volés;
b) de retour de biens culturels déplacés du territoire d'un État contractant en violation de son droit réglementant l'exportation de biens culturels en vue de protéger son patrimoine culturel (ci-après dénommés «biens culturels illicitement exportés»).

Article 2
Par biens culturels, au sens de la présente Convention, on entend les biens qui, à titre religieux ou profane, revêtent une importance pour l'archéologie, la préhistoire, l'histoire, la littérature, l'art ou la science, et qui appartiennent à l'une des catégories énumérées dans l'annexe à la présente Convention.

Chapitre II
RESTITUTION DES BIENS CULTURELS VOLÉS

Article 3
1) Le possesseur d'un bien culturel volé doit le restituer.
2) Au sens de la présente Convention un bien culturel issu de fouilles illicites ou licitement issu de fouilles mais illicitement retenu est considéré comme volé si cela est compatible avec le droit de l'État où lesdites fouilles ont eu lieu.
3) Toute demande de restitution doit être introduite dans un délai de trois ans à compter du moment où le demandeur a connu l'endroit où se trouvait le bien culturel et l'identité du possesseur et, dans tous les cas, dans un délai de cinquante ans à compter du moment du vol.

4) Toutefois, une action en restitution d'un bien culturel faisant partie intégrante d'un monument ou d'un site archéologique identifiés, ou faisant partie d'une collection publique n'est soumise à aucun délai de prescription autre que le délai de trois ans à compter du moment où le demandeur a connu l'endroit où se trouvait le bien culturel et l'identité du possesseur.
5) Nonobstant les dispositions du paragraphe précédent, tout État contractant peut déclarer qu'une action se prescrit dans un délai de 75 ans ou dans un délai plus long prévu par son droit. Une action en restitution d'un bien culturel déplacé d'un monument, d'un site archéologique ou d'une collection publique, intentée dans un autre État contractant qui fait une telle déclaration se prescrit également dans le même délai.
6) La déclaration visée au paragraphe précédent est faite au moment de la signature, de la ratification, de l'acceptation, de l'approbation ou de l'adhésion.
7) Par «collection publique», au sens de la présente Convention, ou entend tout ensemble de biens culturels inventoriés ou autrement identifiés appartenant à:
(a) un État contractant;
(b) une collectivité régionale ou locale d'un État contractant;
(c) une institution religieuse située dans un État contractant; ou
(d) une institution établie à des fins essentiellement culturelles, pédagogiques ou scientifiques dans un État contractant et reconnue dans cet État comme étant d'intérêt public.
8) En outre, l'action en restitution d'un bien culturel sacré ou revêtant une importance collective appartenant à, et utilisé par, une communauté autochtone ou tribale dans un État contractant pour l'usage traditionnel ou rituel de cette communauté est soumise au délai de prescription applicable aux collections publiques.

Article 4
1) Le possesseur d'un bien culturel volé, qui doit le restituer, a droit au paiement, au moment de sa restitution, d'une indemnité équitable à condition qu'il n'ait pas su ou dû raisonnablement savoir que le bien était volé et qu'il puisse prouver avoir agi avec la diligence requise lors de l'acquisition.
2) Sans porter atteinte au droit du possesseur à l'indemnisation visé au paragraphe précédent, des efforts raisonnables sont faits afin que la personne qui a transféré le bien culturel au possesseur, ou tout autre cédant antérieur, paie l'indemnité lorsque cela est conforme au droit de l'État dans lequel la demande est introduite.
3) Le paiement de l'indemnité au possesseur par le demandeur, lorsque cela est exigé, ne porte pas atteinte au droit du demandeur d'en réclamer le remboursement à une autre personne.
4) Pour déterminer si le possesseur a agi avec la diligence requise, il sera tenu compte de toutes les circonstances de l'acquisition, notamment de la

qualité des parties, du prix payé, de la consultation par le possesseur de tout registre relatif aux biens culturels volés raisonnablement accessible et de toute autre information et documentation pertinentes qu'il aurait pu raisonnablement obtenir et de la consultation d'organismes auxquels il pouvait avoir accès ou de toute autre démarche qu'une personne raisonnable aurait entreprise dans les mêmes circonstances.

5) Le possesseur ne peut bénéficier d'un statut plus favorable que celui de la personne dont il a acquis le bien culturel par héritage ou autrement à titre gratuit.

Chapitre III
RETOUR DES BIENS CULTURELS ILLICITEMENT EXPORTÉS

Article 5

1) Un État contractant peut demander au tribunal ou à toute autre autorité compétente d'un autre État contractant d'ordonner le retour d'un bien culturel illicitement exporté du territoire de l'État requérant.

2) Un bien culturel, exporté temporairement du territoire de l'État requérant, notamment à des fins d'exposition, de recherche ou de restauration, en vertu d'une autorisation délivrée selon son droit réglementant l'exportation de biens culturels en vue de protéger son patrimoine culturel et qui n'a pas été retourné conformément aux termes de cette autorisation, est réputé avoir été illicitement exporté.

3) Le tribunal ou toute autre autorité compétente de l'État requis ordonne le retour du bien culturel lorsque l'État requérant établit que l'exportation du bien porte une atteinte significative à l'un ou l'autre des intérêts suivants:
a) la conservation matérielle du bien ou de son contexte;
b) l'intégrité d'un bien complexe;
c) la conservation de l'information, notamment de nature scientifique ou historique, relative au bien;
d) l'usage traditionnel ou rituel du bien par une communauté autochtone ou tribale,
ou établit que le bien revêt pour lui une importance culturelle significative.

4) Toute demande introduite en vertu du paragraphe 1 du présent article doit être accompagnée de toute information de fait ou de droit permettant au tribunal ou à l'autorité compétente de l'État requis de déterminer si les conditions des paragraphes 1 à 3 sont remplies.

5) Toute demande de retour doit être introduite dans un délai de trois ans à compter du moment où l'État requérant a connu l'endroit où se trouvait le bien culturel et l'identité du possesseur et, dans tous les cas, dans un délai de cinquante ans à compter de la date de l'exportation ou de la date à laquelle le bien aurait dû être retourné en vertu d'une autorisation visée au paragraphe 2 du présent article.

Article 6
1) Le possesseur d'un bien culturel qui a acquis ce bien après que celui-ci a été illicitement exporté a droit, au moment de son retour, au paiement par l'État requérant d'une indemnité équitable, sous réserve que le possesseur n'ait su ou dû raisonnablement savoir, au moment de l'acquisition, que le bien avait été illicitement exporté.
2) Pour déterminer si le possesseur a su ou aurait dû raisonnablement savoir que le bien culturel a été illicitement exporté, il sera tenu compte des circonstances de l'acquisition, notamment du défaut du certificat d'exportation requis en vertu du droit de l'État requérant.
3) Au lieu de l'indemnité et en accord avec l'État requérant, le possesseur qui doit retourner le bien culturel sur le territoire de cet État, peut décider:
a) de rester propriétaire du bien; ou
b) d'en transférer la propriété, à titre onéreux ou gratuit, à une personne de son choix résidant dans l'État requérant et présentant les garanties nécessaires.
4) Les dépenses découlant du retour du bien culturel conformément au présent article incombent à l'État requérant, sans préjudice du droit de celui-ci de se faire rembourser les frais par toute autre personne.
5) Le possesseur ne peut bénéficier d'un statut plus favorable que celui de la personne dont il a acquis le bien culturel par héritage ou autrement à titre gratuit.

Article 7
1) Les dispositions du présent Chapitre ne s'appliquent pas lorsque:
a) l'exportation du bien culturel n'est plus illicite au moment où le retour est demandé; ou
b) le bien a été exporté du vivant de la personne qui l'a créé ou au cours d'une période de cinquante ans après le décès de cette personne.
2) Nonobstant les dispositions de l'alinéa b) du paragraphe précédent, les dispositions du présent Chapitre s'appliquent lorsque le bien culturel a été créé par un membre ou des membres d'une communauté autochtone ou tribale pour l'usage traditionnel ou rituel de cette communauté et que le bien doit être retourné à cette communauté.

Chapitre IV
DISPOSITIONS GÉNÉRALES

Article 8
1) Une demande fondée sur les Chapitres II ou III peut être introduite devant les tribunaux ou toutes autres autorités compétentes de l'État contractant où se trouve le bien culturel, ainsi que devant les tribunaux ou autres autorités compétentes qui peuvent connaître du litige en vertu des règles en vigueur dans les États contractants.

2) Les parties peuvent convenir de soumettre leur litige soit à un tribunal ou une autre autorité compétente, soit à l'arbitrage.
3) Les mesures provisoires ou conservatoires prévues par la loi de l'État contractant où se trouve le bien peuvent être mises en oeuvre même si la demande au fond de restitution ou de retour du bien est portée devant les tribunaux ou toutes autres autorités compétentes d'un autre État contractant.

Article 9
1) La présente Convention n'empêche pas un État contractant d'appliquer toutes règles plus favorables à la restitution ou au retour des biens culturels volés ou illicitement exportés que celles prévues par la présente Convention.
2) Le présent article ne doit pas être interprété comme créant une obligation de reconnaître ou de donner force exécutoire à une décision d'un tribunal ou de toute autre autorité compétente d'un autre État contractant qui s'écarte des dispositions de la présente Convention.

Article 10
1) Les dispositions du Chapitre II s'appliquent à un bien culturel qui a été volé après l'entrée en vigueur de la présente Convention à l'égard de l'État où la demande est introduite, sous réserve que:
a) le bien ait été volé sur le territoire d'un État contractant après l'entrée en vigueur de la présente Convention à l'égard de cet État; ou
b) le bien se trouve dans un État contractant après l'entrée en vigueur de la présente Convention à l'égard de cet État.
2) Les dispositions du Chapitre III ne s'appliquent qu'à un bien culturel illicitement exporté après l'entrée en vigueur de la Convention à l'égard de l'État requérant ainsi que de l'État où la demande est introduite.
3) La présente Convention ne légitime aucunement une opération illicite de quelque nature qu'elle soit qui a eu lieu avant l'entrée en vigueur de la présente Convention ou à laquelle l'application de celle-ci est exclue par les paragraphes 1) ou 2) du présent article, ni ne limite le droit d'un État ou d'une autre personne d'intenter, en dehors du cadre de la présente Convention, une action en restitution ou retour d'un bien culturel volé ou illicitement exporté avant l'entrée en vigueur de la présente Convention.

Chapitre V
DISPOSITIONS FINALES

(...)

Annexe
a. Collections et spécimens rares de zoologie, de botanique, de minéralogie et d'anatomie; objets présentant un intérêt paléontologique;
b. Les biens concernant l'histoire, y compris l'histoire des sciences et des techniques, l'histoire militaire et sociale ainsi que la vie des dirigeants,

penseurs, savants et artistes nationaux, et les événements d'importance nationale;

c. Le produit des fouilles archéologiques (régulières et clandestines) et des découvertes archéologiques;

d. Les éléments provenant du démembrement de monuments artistiques ou historiques et des sites archéologiques;

e. Objets d'antiquité ayant plus de cent ans d'âge, tels qu'inscriptions, monnaies et sceaux gravés;

f. Le matériel ethnologique;

g. Les biens d'intérêt artistique tels que:
    (i) Tableaux, peintures et dessins faits entièrement à la main sur tout support et en toutes matières (à l'exclusion des dessins industriels et des articles manufacturés à la main);
    (ii) Productions originales de l'art statuaire et de la sculpture, en toutes matières;
    (iii) Gravures, estampes et lithographies originales;
    (iv) Assemblages et montages artistiques originaux, en toutes matières;

h. Manuscrits rares et incunables, livres, documents et publications anciens d'intérêt spécial (historique, artistique, scientifique, littéraire, etc.) isolés ou en collections;

i. Timbres-poste, timbres fiscaux et analogues, isolés ou en collections;

j. Archives, y compris les archives phonographiques, photographiques et cinématographiques;

k. Objets d'ameublement ayant plus de cent ans d'âge et instruments de musique anciens.

II
DIREITO PROCESSUAL CIVIL INTERNACIONAL

NOTA SOBRE A NOVA LEI PORTUGUESA RELATIVA À ARBITRAGEM VOLUNTÁRIA

Lei n.º 31/86, de 29 de Agosto *

SUMÁRIO:

INTRODUÇÃO. I – ASPECTOS COMUNS À ARBITRAGEM INTERNA E À ARBITRAGEM INTERNACIONAL: 1. – Âmbito de aplicação espacial da Lei. 2. – Âmbito de aplicação material da Lei: A) Carácter dos direitos susceptíveis de serem arbitráveis; B) Tipo de litígios que a Lei n.º 31/86 visa abarcar. 3. – Noção de convenção de arbitragem face à Lei n.º 31/86: A) Modalidades; B) Capacidade para celebrar a convenção de arbitragem; C) Requisitos essenciais da convenção de arbitragem; D) Matérias sobre que pode versar a convenção de arbitragem. 4. – Consagração do princípio da autonomia da vontade das partes: A) Consagração do princípio; B) Limites ao princípio da autonomia da vontade das partes. 5. – Carácter excepcional da intervenção dos tribunais judiciais na arbitragem voluntária; 6. – Equiparação tendencial feita pela Lei entre os tribunais arbitrais e os tribunais judiciais. II – REGIME ESPECÍFICO DA ARBITRAGEM INTERNACIONAL. CONCLUSÃO.

(*) Publicado na *Revista de la Corte Española de Arbitraje*, 1987, pp. 15-50.

INTRODUÇÃO

A regulamentação em matéria de arbitragem privada (arbitragem voluntária) [1] conheceu em Portugal recentemente três regimes jurídicos sucessivos: o Título I do Livro IV do Código de Processo Civil (CPC) de 1961 – artigos 1508.º a 1524.º [2] –, o Decreto-Lei n.º 243/84, de 17 de Julho, e, finalmente, a Lei n.º 31/86, de 29 de Agosto (Arbitragem voluntária), que entrou em vigor, nos termos do seu artigo 40.º, a 29 de Novembro de 1986 [3].

Enquanto o Título I do Livro IV do CPC de 1961 e o Decreto-Lei n.º 243/84, de 17 de Julho, se limitavam a prever e a regulamentar a *arbitragem interna*, a característica distintiva fundamental da Lei n.º 31/86, de 29 de Agosto, é que ela não se limita apenas à arbitragem interna, mas prevê expressamente e regula especificamente a *arbitragem internacional* (cf. Capítulo VII – «Da arbitragem internacional» – artigos 32.º a 35.º).

Numa época de crescente internacionalização da economia portuguesa, com uma intensificação progressiva das relações económicas internacionais, designadamente em virtude da integração de Portugal na Comunidade Económica Europeia, não é de surpreender que a velha regulamentação sobre a arbitragem voluntária, que transitou do CPC de 1939 para o de 1961, e que contava portanto quase meio século, tivesse sido modificada.

---

[1] Ao lado da *arbitragem voluntária*, o direito português prevê a *arbitragem necessária*, prescrita por *lei especial* (cf. artigo 1525.º do CPC). Esta matéria continua a ser regulada pelo Título II do Livro IV do CPC de 1961 (artigos 1525.º-1528.º). Sobre alguns casos de arbitragem necessária, cf. Prof. J. Castro Mendes, *Direito...*, I, pp. 340-343. [O DL n.º 180/96, de 25 de Setembro, alterou a redacção dos artigos 1526.º a 1528.º tendo essas modificações entrado em vigor em 1.1.1997 (*nota de Dezembro de 1997*)].

As indicações das notas de pé de página remetem para as *Referências*, no fim do trabalho.

[2] Cf. já o Título I do Livro IV do CPC de 1939, artigos 1561.º a 1576.º.

[3] Sobre esta rápida sucessão de diplomas legais em matéria de arbitragem voluntária, em tão curto período de tempo, cf. Prof. R. Ventura, 1986-2, p. 289, nota (*): «Depois de o Livro IV, Título I, "Do Tribunal Arbitral voluntário", do Código de Processo Civil, ter vigorado durante dezenas de anos, sucederam-se, no curto espaço de dois anos, dois diplomas reguladores da arbitragem voluntária: o Decreto-Lei n.º 243/84, de 17 de Julho, e a Lei n.º 31/86, de 29 de Agosto».

O mais surpreendente, porém, é que tal modificação legislativa tenha tido que ser efectuada em dois tempos, após uma primeira tentativa falhada do legislador, que se traduziu na elaboração do DL n.º 243/84, de 17 de Julho, o qual não chegou sequer a vigorar dois anos (de 22 de Julho de 1984 a 8 de Julho de 1986, data em que foi declarado inconstitucional, com força obrigatória geral, pelo Tribunal Constitucional).

Este decreto-lei, que foi muito criticado [4], enfermava de vários defeitos e padecia de vários vícios, o mais grave dos quais era a sua inconstitucionalidade orgânica.

Com efeito, nos termos do artigo 212.º, 2, da Constituição da República Portuguesa (CRP) de 1976, após a primeira revisão constitucional de 1982, «podem existir tribunais administrativos e fiscais, tribunais marítimos e tribunais *arbitrais*» [5]. Por outro lado, de acordo com o artigo 168.º, 1, alínea q), da CRP revista, «é da exclusiva

---

[4] Cf. Prof. J. Castro Mendes, *Direito.* ..., I, p. 579; Prof. R. Ventura, *ibidem*; M. Pereira Barrocas, pp. 453-454; M. Ângela C. B. Soares-R. M. Moura Ramos, p. 242; Prof. A. Ferrer Correia, p. 12.

[5] A versão original do mesmo preceito era omissa quanto aos tribunais arbitrais. O n.º 3 do artigo 212.º estabelecia apenas o seguinte: «Poderá haver tribunais administrativos e fiscais». Sobre esta problemática e, designadamente, sobre as dúvidas que se suscitavam relativamente à constitucionalidade dos tribunais arbitrais, cf. Prof. J. Gomes Canotilho-Vital Moreira, 1978, p. 400, anotação II ao artigo 212.º da CRP: «(...) a Constituição não refere (...) os *tribunais arbitrais* (...), o que levanta um grave problema acerca da sua legitimidade constitucional» (sublinhado no texto). Cf. ainda, dos mesmos autores, 1985, II, p. 324, anotação XII ao artigo 212.º da CRP após a revisão constitucional de 1982: não havendo uma definição constitucional de tribunais arbitrais, deve «(...) entender-se que foi recebido o conceito decorrente da tradição jurídica e vigente no direito infraconstitucional»; além disso, os autores levantam a questão de saber se o artigo 212.º, 2, da CRP se refere só aos tribunais arbitrais voluntários ou também aos *necessários* (cf. *supra*, n. 1), que consideram «problemática», não tomando partido num sentido ou no outro.

O acórdão do Tribunal Constitucional que declarou inconstitucional o DL n.º 243/84, de 17 de Julho (Acórdão n.º 230/86, *Diário da República*, I Série, n.º 210, de 12 de Setembro de 1986, p. 2542, n.º 5) também não se pronuncia sobre este ponto, citando apenas o mesmo passo de J. Gomes-Canotilho-Vital Moreira, e limitando-se a referir que o texto constitucional abrange «(...) indubitavelmente os tribunais voluntários (...)», o que, aliás, era o bastante para aquilo que o Tribunal Constitucional tinha que decidir: saber se o DL n.º 243/84, sobre *arbitragem voluntária*, era ou não inconstitucional. [Cf. o artigo 209.º, 2, da CRP, após a revisão constitucional de 1997].

competência da Assembleia da República legislar sobre as seguintes matérias, salvo autorização ao Governo:
(...) q) Organização e competência dos tribunais (...)»[5a].

Não tendo havido autorização concedida pela Assembleia da República ao Governo para legislar sobre esta matéria (cf. o artigo 168.º, 2, da CRP, na versão de então), não podia este, como o fez, elaborar um Decreto-Lei sobre a arbitragem voluntária ao abrigo do artigo 201.º, 1, a), da CRP [6], sob pena de inconstitucionalidade orgânica, por se tratar de um texto legislativo emanado por um órgão que não era o competente para tal, ou, de outra perspectiva, de um diploma do Governo sobre matéria para a qual este não era competente, visto caber no âmbito da reserva relativa de competência legislativa da Assembleia da República (cf. a epígrafe do artigo 168.º da CRP, correspondente ao artigo 165.º depois da revisão de 1997).

Ao declarar o Decreto-Lei n.º 243/84, de 17 de Julho, ferido de inconstitucionalidade orgânica, com força obrigatória geral, o Tribunal Constitucional, pelo seu acórdão de 8 de Julho de 1986 [7], não fez mais do que verificar uma evidência [8].

Nas linhas que se seguem vai procurar caracterizar-se sucintamente o sistema actual de arbitragem voluntária em Portugal, criado pela Lei n.º 31/86, de 29 de Agosto, abstraindo, em princípio, da consideração dos textos legislativos anteriores de fonte nacional ou de convenções ou de projectos de convenções de fonte internacional [9],

---

[5a] Cf. o artigo 165.º, 1, alínea p), da CRP após a revisão constitucional de 1997.

[6] Cf. o preâmbulo do DL n.º 243/84, de 17 de Julho, *in fine*. O artigo 201.º, 1, a), da CRP [correspondente ao artigo 198.º, 1, a), depois da revisão de 1997] estabelece o seguinte: «Compete ao Governo, no exercício de funções legislativas: a) Fazer decretos-leis em matérias não reservadas à Assembleia da República».

[7] Acórdão n.º 230/86, publicado no *Diário da República*, I Série, n.º 210, de 12 de Setembro de 1986, pp. 2540-2546.

[8] *Contra*, pondo dúvidas quanto à inconstitucionalidade deste Decreto-Lei, cf. Prof. J. Castro Mendes, *Direito* ..., I, p. 579 (passo acrescentado por A. Ribeiro Mendes). Aliás, a própria votação no Tribunal Constitucional não foi pacífica: seis juízes votaram o acórdão e os respectivos fundamentos, dois juízes votaram contra o acórdão e os fundamentos e três juízes votaram vencidos, quanto à fundamentação, em parte (cf. as declarações de voto *in Diário da República*, I Série, n.º 210, de 12 de Setembro de 1986, pp. 2543-2546).

[9] Dos vários instrumentos internacionais actualmente em vigor em matéria de arbitragem voluntária, Portugal só se encontra vinculado a dois, os quais, aliás, são bastante antigos e estão largamente ultrapassados. Trata-se do *Protocolo relativo às cláusulas de arbitragem*, assinado em Genebra, em 24 de Setembro de 1923, e

aos quais apenas se fará referência, aqui e além, para clarificar o sentido desta ou daquela disposição da Lei n.º 31/86, isto é, apenas como meios auxiliares de interpretação. É nosso propósito tão-somente traçar uma visão panorâmica e descritiva da actual regulamentação portuguesa em matéria de arbitragem privada (voluntária), destinada a dar aos leitores de língua espanhola uma ideia geral sobre os princípios fundamentais do actual sistema português.

Dado o rápido incremento das relações económicas entre Portugal e Espanha, resultante da integração de ambos os Estados nas Comunidades Europeias, cremos que o conhecimento em Espanha da Lei portuguesa sobre arbitragem voluntária tem, além do natural interesse teórico, um alcance prático imediato, que não é demais realçar.

Como já se salientou, a Lei n.º 31/86, de 29 de Agosto, veio regular, pela primeira vez em Portugal, a *arbitragem internacional*, ao passo que os textos legislativos anteriores apenas se ocupavam da *arbitragem interna*.

Está, assim, naturalmente encontrado o fio condutor da nossa exposição: numa primeira parte (I), abordaremos os aspectos comuns à arbitragem interna e internacional, de acordo com o regime estabelecido na Lei n.º 31/86, de 29 de Agosto; numa segunda parte (II), debruçar-nos-emos sobre o regime específico da arbitragem internacional, tal como vem regulado na mesma Lei.

I
ASPECTOS COMUNS À ARBITRAGEM INTERNA E À ARBITRAGEM INTERNACIONAL

A Lei n.º 31/86, de 29 de Agosto, tem oito capítulos, dos quais sete tratam de aspectos comuns à arbitragem interna e à arbitragem internacional, enquanto um dos capítulos, o sétimo, se refere exclusivamente à arbitragem internacional.

---

ratificado por Portugal em 10 de Dezembro de 1930, e da *Convenção para a execução das sentenças arbitrais estrangeiras*, assinada em Genebra em 26 de Setembro de 1927 e ratificada por Portugal igualmente em 10 de Dezembro de 1930. O número de Estados que são partes nestes instrumentos internacionais é actualmente muito reduzido (cf. Prof.ª I. Magalhães Collaço, pp. 529-536) [cf. o estudo seguinte nesta colectânea, nota 34 e texto correspondente, quanto à ulterior adesão de Portugal à Convenção de Nova Iorque de 10.6.1958 sobre o Reconhecimento e a Execução de Sentenças Arbitrais Estrangeiras (*observação de Dezembro de 1997*)].

Os capítulos da Lei que focam questões comuns aos dois tipos de arbitragem são os seguintes:

O capítulo I (artigos 1.º a 5.º) não tem epígrafe, mas reporta-se, na sua totalidade, à *convenção de arbitragem*, inclusivamente o artigo 5.º, que trata dos encargos do processo, mas apenas para remeter tal matéria, em primeira linha, para a autonomia das partes e, em particular, para a própria convenção de arbitragem.

O capítulo II (artigos 6.º a 14.º) trata dos *árbitros e do tribunal arbitral* (composição do tribunal, modo de designação dos árbitros, requisitos para ser árbitro, constituição do tribunal, etc.).

O capítulo III (artigos 15.º a 18.º) trata do *funcionamento da arbitragem*, isto é, das regras de processo e dos princípios processuais fundamentais a observar pelo tribunal arbitral.

O capítulo IV (artigos 19.º a 26.º) trata da *decisão arbitral*, abrangendo questões como o prazo para proferir a decisão, o modo de proceder à deliberação, a decisão do tribunal arbitral sobre a sua própria competência, o direito aplicável[9a], os elementos indispensáveis que a decisão deve conter, o modo de proceder à sua notificação e depósito, bem como a força de caso julgado e a força executiva da sentença arbitral.

O capítulo V (artigos 27.º a 29.º) trata da *impugnação da decisão arbitral*, isto é, da sua anulação e dos recursos[9a] eventualmente existentes.

O capítulo VI (artigos 30.º e 31.º) trata da *execução da decisão arbitral*, incluindo a oposição à execução.

O capítulo VIII (artigos 36.º a 40.º) contém *disposições finais*, entre as quais avultam a revogação expressa do direito anterior – contrariamente ao que se passava com o DL n.º 243/84, de 17 de Julho –, a definição do âmbito de aplicação no espaço da própria Lei, bem como uma disposição relativa à arbitragem institucionalizada, a qual, neste momento, ainda é totalmente inexistente em Portugal[9b].

Feita esta descrição muito sucinta da própria estrutura e articulado da Lei, cremos que será mais conveniente tentar captar os seus

---

[9a] No capítulo VII existe também uma disposição específica sobre esta matéria, no âmbito da arbitragem internacional.

[9b] Em 1997 existem, designadamente, um *Centro de Arbitragem Comercial*, com escritórios em Lisboa e Porto, e um *Centro de Arbitragens Voluntárias da Ordem dos Advogados* (*nota de Dezembro de 1997*).

traços fundamentais, visto que não é nosso objectivo fazer aqui um comentário do próprio texto legislativo.

Sendo assim, abordaremos nesta I Parte os pontos seguintes, que nos parecem assumir um particular relevo na própria traça arquitectónica da Lei, isto é, constituir as suas traves mestras, que sustentam todo o sistema e, portanto, são comuns à arbitragem interna e à arbitragem internacional: 1) Âmbito de aplicação espacial da Lei; 2) Âmbito de aplicação material da Lei; 3) A convenção de arbitragem como sustentáculo de todo o sistema da Lei; 4) A consagração na Lei do princípio da autonomia da vontade das partes; 5) O carácter excepcional, no sistema da Lei, da intervenção dos tribunais judiciais na arbitragem voluntária; 6) A equiparação tendencial feita pela Lei entre os tribunais arbitrais e os tribunais judiciais.

1. ÂMBITO DE APLICAÇÃO ESPACIAL DA LEI

Nos termos do artigo 37.º da Lei n.º 31/86, de 29 de Agosto, «o presente diploma aplica-se às arbitragens que tenham lugar em território nacional», quer se trate da arbitragem interna, quer se trate da arbitragem internacional, tal como vem definida no artigo 32.º da Lei [10].

A importante consequência do artigo 37.º da Lei é a desnecessidade de recorrer ao processo de *exequatur* (processo de revisão de sentenças estrangeiras), previsto nos artigos 1094.º a 1102.º do CPC de 1961, para que as sentenças arbitrais a que a Lei se aplica produzam em Portugal os efeitos próprios do acto jurisdicional, isto é, o efeito de caso julgado e o efeito executivo [11].

---

[10] Cf. a *Exposição de motivos* que acompanha a proposta de lei n.º 34/IV, da qual saiu a Lei n.º 31/86, de 29 de Agosto, *in Diário da Assembleia da República*, II Série, n.º 83, de 2 de Julho de 1986, p. 3197, n.º 6, 3.º e 4.º §§: «Assim, qualquer que seja a nacionalidade, o domicílio, o lugar da sede ou do estabelecimento das partes, qualquer que seja a nacionalidade ou o domicílio dos árbitros, e onde quer que se localizem os interesses sobre que versa o litígio, o facto de se ter designado para a arbitragem um lugar em território português determina a aplicação da lei nacional.

Daqui resulta que a nova regulamentação proposta poderá aplicar-se não só a uma arbitragem puramente interna, mas também a uma arbitragem que apresente conexões com países estrangeiros» (sublinhado meu).

[11] Cf. o artigo 26.º da Lei n.º 31/86, de 29 de Agosto, nos termos do qual «a decisão arbitral (...) considera-se transitada em julgado logo que não seja susceptível

Efectivamente o processo de *exequatur* apenas respeita às decisões sobre direitos privados, proferidas por tribunal estrangeiro ou por *árbitros no estrangeiro* (artigo 1094.º, 1, do CPC), pelo que não há que ter em conta os requisitos para a revisão fixados pelo artigo 1096.º do CPC, alíneas a) a g) [11a], aplicáveis, por força do artigo 1097.º do mesmo Código, às decisões arbitrais, «(...) na parte em que o puder ser» [12-13-13a].

Como é sabido, outro é o regime relativo ao reconhecimento de sentenças arbitrais – em matéria de arbitragem comercial internacional – estabelecido pela Lei-Modelo da Comissão das Nações Unidas para o Direito do Comércio Internacional (CNUDCI), aprovada a 21 de Junho de 1985, pois o artigo 35.º, 1, desta Lei-Modelo abrange tanto as sentenças arbitrais *estrangeiras* (as que são proferidas num Estado diferente daquele em que se solicita o reconhecimento) como as sentenças arbitrais *nacionais hoc sensu* (isto é, as que são proferidas no próprio Estado em que se pede o reconhecimento) [14].

Sendo assim, uma eventual incorporação da Lei-Modelo da CNUDCI na ordem jurídica portuguesa tornaria irrelevante, deste pon-

---

de recurso ordinário» (n.º 1) e «(...) tem a mesma força executiva que a sentença do tribunal judicial de 1.ª instância» (n.º 2).

[11a] A alínea g) do artigo 1096.º do CPC desapareceu com o DL n.º 329-A/95, de 12 de Dezembro; cf. o estudo seguinte, na presente colectânea, n.º 20 (*nota de Dezembro de 1997*).

[12] Cf. a *Exposição de motivos*, citada *supra*, n. 10, p. 3197, n.º 6, 5.º §: «(...) a sentença arbitral proferida numa arbitragem localizada em território nacional será uma sentença portuguesa com o valor e a eficácia fixados no artigo 26.º [correspondente ao artigo 26.º da Lei]. *Não se põe* quanto a ela, o problema de reconhecimento do valor ou da eficácia que se levanta perante a sentença proferida numa arbitragem que teve lugar no estrangeiro» (sublinhado meu).

[13] O artigo 1094.º, 1, do CPC ressalva a existência de tratados e de leis especiais, por força dos quais não seja necessário o *exequatur*. Em matéria de arbitragem voluntária, há assim que ter em conta a *Convenção para a execução das sentenças arbitrais estrangeiras*, assinada em Genebra a 26 de Setembro de 1927 (cf. *supra*, n. 9), a qual, aliás, não dispensa o *exequatur*. Sobre este ponto, cf. M. Ângela C. B. Soares-R. M. Moura Ramos, pp. 330-331 e notas 198-199 [cf. igualmente o estudo seguinte nesta colectânea, n.ºˢ 6 e 7 (*observação de Dezembro de 1997*)].

[13a] O artigo 23.º, 1, alínea e), da Lei n.º 31/86 distingue o *lugar da arbitragem* e o *local em que a decisão foi proferida*. Se aquele se situar em Portugal e este no estrangeiro, parece que tal decisão não está sujeita a *exequatur*, só o estando as decisões proferidas por árbitros no estrangeiro quando o lugar da arbitragem seja também no estrangeiro.

[14] Neste sentido, cf. M. Ângela C. B. Soares-R. M. Moura Ramos, p. 323.

to de vista, o carácter *nacional* das sentenças arbitrais proferidas em Portugal – tratando-se de *arbitragem comercial internacional* –, pois elas ficariam sujeitas ao reconhecimento pelo tribunal judicial competente, a que se refere o artigo 35.º, 1, da Lei-Modelo.

Nesse caso, só as sentenças arbitrais respeitantes à arbitragem *interna*, ou as sentenças respeitantes à arbitragem *internacional que não tenha o carácter de arbitragem comercial* [14a] ficariam isentas do *exequatur*, actualmente previsto no artigo 1094.º e seguintes do CPC, admitindo que um tal regime – ou outro equivalente – se manteria em vigor, não obstante a incorporação da Lei-Modelo da CNUDCI [15].

Em nossa opinião, o preceito do artigo 37.º da Lei n.º 31/86, de 29 de Agosto, contém duas normas jurídicas.

Por um lado, existe uma norma de conflitos unilateral, na medida em que se delimita apenas o âmbito de aplicação espacial da *lex fori*. Tal norma de conflitos unilateral não é bilateralizável, visto não ser possível generalizar às ordens jurídicas estrangeiras o critério de aplicabilidade da lei portuguesa estabelecido no artigo 37.º: do facto de o elemento de conexão na norma de conflitos unilateral (do artigo 37.º) ser o *lugar em que decorre a arbitragem*, nada se pode deduzir quanto aos elementos de conexão de que depende a aplicabilidade das leis estrangeiras de arbitragem, os quais, segundo decorre desta norma, hão-de resultar das próprias ordens jurídicas interessadas.

Esta não susceptibilidade de bilateralização da norma de conflitos aponta-nos decididamente para a outra norma – esta material – contida no artigo 37.º da Lei n.º 31/86: trata-se de *uma norma de aplicação imediata ou necessária*.

Com efeito, se o lugar em que decorrer a arbitragem for um lugar situado em território português, *não é concebível que os interessados se subtraiam à aplicação da Lei n.º 31/86*, em virtude do princípio da autonomia da vontade reconhecido por qualquer ordenamento jurídico,

---

[14a] Tal como este é definido pelo artigo 1.º, 1, n.** da Lei-Modelo da CNUDCI.

[15] É claro que – de um outro ângulo de visão – a incorporação da Lei-Modelo da CNUDCI no ordenamento jurídico português não significaria *necessariamente* a sujeição das sentenças arbitrais *proferidas em Portugal* ao reconhecimento previsto no artigo 35.º, 1, da Lei Modelo. Bastaria, para evitar isso, restringir a aplicação deste último artigo às *sentenças arbitrais proferidas no estrangeiro* (tal como o faz actualmente o artigo 1094.º, 1, do CPC).

incluindo o português. Esta Lei há-de *necessariamente* aplicar-se a todas as arbitragens que ocorram em território português, sendo de todo em todo irrelevantes quaisquer estipulações das partes ou dos árbitros em contrário.

No fundo, cremos nós, a norma de conflitos unilateral não bilateralizável contida no preceito do artigo 37.º da Lei n.º 31/86 é a outra face da norma de aplicação imediata ou necessária, igualmente ínsita nessa disposição [15a].

2. ÂMBITO DE APLICAÇÃO MATERIAL DA LEI

Por âmbito de aplicação material queremos significar: A) O carácter dos direitos susceptíveis de serem arbitráveis; B) os tipos de litígios que a Lei visa abarcar no seu âmbito de aplicação.

A) **Carácter dos direitos susceptíveis de serem arbitráveis**

Nos termos do artigo 1.º, 1, da Lei n.º 31/86, de 29 de Agosto, «(...) qualquer litígio que não respeite a *direitos indisponíveis* pode ser cometido (...) à decisão de árbitros».

O requisito de arbitrabilidade aqui considerado é a *não indisponibilidade* dos direitos controvertidos no litígio sobre que versa a arbitragem [16].

Tratando-se de arbitragem interna, não há qualquer dúvida que o conceito de *disponibilidade* dos direitos susceptíveis de serem arbitráveis há-de ser encontrado na ordem jurídica portuguesa.

De um modo geral, pode considerar-se que, em direito português, *indisponíveis* são os direitos em relação aos quais existe uma «ligação incindível», que ocorre, «(...) quando o direito não pode separar-se da

---

[15a] Mantemos esta formulação antiga, se bem que a nossa posição sobre as *normas de aplicação imediata* esteja mais elaborada no nosso trabalho *As normas de aplicação imediata no Direito Internacional Privado – Esboço de uma teoria geral*, Coimbra, Almedina, 1991, especialmente no 2.º volume [*nota de Dezembro de 1997*].

[16] Tal requisito já constava do artigo 1510.º do CPC («Não é válido o compromisso sobre relações jurídicas subtraídas ao domínio da vontade das partes») e do artigo 1.º, 1, do DL n.º 243/84, de 17 de Julho.

pessoa do titular, por vontade deste [quer mediante alienação, quer mediante renúncia], extinguindo-se com a sua morte» [17]; trata-se dos direitos pessoais *hoc sensu*, de que são exemplos os direitos familiares pessoais, os direitos de personalidade, etc.

Se se tratar da arbitragem privada internacional, regulada no capítulo VII da Lei n.º 31/86, de 29 de Agosto, cremos que a disponibilidade do direito há-de ser aferida face à lei reguladora do fundo da causa (cf. o artigo 33.º da Lei), salva a intervenção da ordem pública internacional do Estado português [18].

---

[17] Cf. Prof. Manuel A. D. de Andrade, *Teoria* ..., I, pp. 37-38 e n. 1 da p. 38; cf., em sentido idêntico, Prof. C. A. Mota Pinto, pp. 63-64; Prof. J. Castro Mendes, *Teoria* ..., I, pp. 370-373; L. Carvalho Fernandes, II, pp. 44-45.

Embora admitindo que o critério da *disponibilidade* dos direitos, adoptado pela Lei n.º 31/86, é preferível ao da *transigibilidade*, seguido em outras ordens jurídicas, o Prof. R. Ventura, 1986-2, p. 321, não descobre «(...) ligação necessária entre a influência da vontade das partes sobre as vicissitudes de uma relação jurídica e a influência da vontade das partes para a determinação dos juízes dos seus litígios (...)», embora se conforme «(...) com o sentir comum, tão largamente manifestado». Em nossa opinião, está subjacente a este limite tradicional à arbitrabilidade dos direitos a ideia de que a justiça arbitral oferece menos garantias aos particulares – isto é, é menos segura – do que a justiça dos tribunais judiciais.

[18] A *ordem pública* não é fundamento de anulação da decisão arbitral (cf., artigo 27.º da Lei n.º 31/86, de 29 de Agosto), ao contrário do que acontecia com o DL n.º 243/84, de 17 de Julho [cf. artigo 31.º, 1, a)]. Só que, neste último diploma, a «ordem pública» aí mencionada era a ordem pública *interna*, pois apenas a arbitragem interna estava contemplada no Decreto-Lei.

Para além do sentido a atribuir a esta supressão da ofensa à ordem pública como fundamento de anulação da decisão arbitral – questão a que nos referiremos *infra* I, 5 –, não nos parece questionável que a ordem pública internacional do Estado português [cf. o artigo 22.º do CC e o artigo 1096.º, f) do CPC, que recusa o *exequatur* se a sentença estrangeira contiver «decisões contrárias aos princípios de ordem pública portuguesa»] possa intervir, para paralisar em concreto a aplicação de uma lei estrangeira, que fosse aplicável por força do artigo 33.º da Lei n.º 31/86, ou uma decisão arbitral proferida por um tribunal arbitral que funcione em Portugal [argumento *a pari* – ou mesmo *a fortiori* – tirado da alínea f) do artigo 1096.º do CPC] se a aplicação dessa lei estrangeira ou essa decisão arbitral for inaceitável do ponto de vista dos princípios fundamentais, basilares, inarredáveis, da ordem jurídica portuguesa. Com efeito, é inconcebível que uma decisão arbitral, proferida por um tribunal arbitral funcionando em Portugal, que decretasse o divórcio ou a separação de pessoas e bens, tivesse em Portugal os efeitos que o artigo 26.º da Lei n.º 31/86 atribui às sentenças arbitrais (efeito de caso julgado e força executiva). [Quanto à nova redacção da alínea *f*) do artigo 1096.º do CPC, cf. o estudo seguinte nesta colectânea, n.º 19 (*observação de Dezembro de 1997*)].

B) **Tipos de litígios que a Lei n.º 31/86 visa abarcar**

Quanto aos tipos de litígios que a Lei n.º 31/86, de 29 de Agosto, visa abranger, há que distinguir:

i) Os litígios que estejam, por lei especial [19], submetidos exclusivamente aos tribunais judiciais [20] ou a arbitragem necessária [21], os quais, ainda que respeitem a direitos disponíveis, não podem ser cometidos pelas partes à decisão de árbitros, isto é, não são susceptíveis de serem dirimidos através da arbitragem voluntária (cf. artigo 1.º, 1, da Lei n.º 31/86, de 29 de Agosto); e

ii) Os demais litígios que respeitem a direitos disponíveis, os quais são arbitráveis por vontade das partes (artigo 1.º, 1, da Lei n.º 31/86).

Como entender a noção de *litígio*? Cremos que a Lei n.º 31/86 consagra um conceito lato de litígio, que abrange não só os litígios *stricto sensu* [22], mas também, se tal for a vontade das partes, as demais questões enunciadas no artigo 1.º, 3, da Lei n.º 31/86 e que a seguir referiremos.

Por litígios em sentido estrito, quer *actuais* – e ainda que afectos a tribunal judicial – quer *eventuais*, emergentes de uma determinada relação jurídica contratual ou extracontratual (cf. artigo 1.º, 2, da Lei n.º 31/86), deve entender-se, segundo o Prof. R. Ventura [23], uma «divergência de posições» das partes numa relação jurídica, quer se trate de uma divergência actual, já manifestada, quer se trate de uma diver-

---

[19] Como pertinentemente faz notar o Prof. R. Ventura (1986-2, p. 318), «a lei tem que ser *especial*, visto que a lei geral sobre a jurisdição dos tribunais estaduais está, por sua vez, derrogada pela lei permissiva da arbitragem voluntária» (sublinhado no texto).

[20] Segundo o Prof. R. Ventura, *ibidem*, pp. 339-340, tal é o caso dos tribunais do trabalho, que são os únicos competentes para solucionar litígios de jurisdição social, nos termos da Lei n.º 82/77, de 6 de Dezembro [substituída pela Lei n.º 38/87, de 23 de Dezembro, várias vezes alterada], quer se trate dos litígios julgados na vigência do contrato de trabalho, quer se trate de diferendos cuja apreciação tenha lugar após o termo da vigência da relação jurídica laboral.

[21] Cf., por exemplo, o artigo 46.º, 1, do Código das Expropriações (DL n.º 845//76, de 11 de Dezembro): «Na falta de acordo sobre o valor global da indemnização, será este fixado por arbitragem (...)»; sobre este e outros casos, cf. Prof. J. Castro Mendes, *Direito* ..., I, pp. 340-343.

[22] Trata-se das «questões de natureza contenciosa em sentido estrito», nos termos do artigo 1.º, 3, da Lei n.º 31/86, de 29 de Agosto.

[23] 1986-2, pp. 293-294.

gência meramente eventual. Reconhece-se facilmente aqui a velha distinção entre *compromisso arbitral* e *cláusula compromissória*, consagrada nos artigos 1508.º e 1513.º do CPC de 1961, suprimida no DL n.º 243/84, de 17 de Julho, e retomada pela Lei n.º 31/86, de 29 de Agosto, no artigo 1.º, 2 [24].

Para definir os litígios em sentido lato, é necessário considerar o disposto no artigo 1.º, 3, da Lei n.º 31/86, preceito que é totalmente inovador no direito português da arbitragem [25]:

> «As partes podem acordar em considerar abrangidas no conceito de litígio, para além das questões de natureza contenciosa em sentido estrito, quaisquer outras, designadamente as relacionadas com a *necessidade de precisar, completar, actualizar ou mesmo rever os contratos ou as relações jurídicas que estão na origem da convenção de arbitragem*».

Trata-se de um reconhecimento particularmente amplo do princípio da autonomia da vontade das partes, às quais é reconhecida a faculdade de alargar, à sua guisa, o conceito de litígio.

O texto refere as questões relativas à *precisão* (interpretação), ao *completamento* (integração de lacunas), à *actualização*, ou mesmo à *revisão* das relações jurídicas *inter partes*, mas tal enumeração é meramente exemplificativa [26], como facilmente se deduz da utilização do advérbio «designadamente».

Entendemos, no entanto, que há que traçar um limite a esta autonomia das partes, imposto pela própria natureza das coisas: os simples *moot cases*, ou as *bloβe Rechtsfragen* – problemas teóricos e especulativos, que não configurem um conflito real de interesses ou uma divergência de opiniões actual ou potencial – estão obviamente excluídos do âmbito da autonomia [27], sob pena de sobrecarregar os tribunais

---

[24] Cf. *infra*, I, 3), A).

[25] O DL n.º 243/84, de 17 de Julho, não consagrava esta noção alargada de litígio; *de jure condendo*, antes da entrada em vigor da nova Lei da Arbitragem, pronunciava-se em favor desta noção lata do litígio M. Pereira Barrocas, pp. 453-454.

[26] Cf. Prof. R. Ventura, 1986-2, p. 334.

[27] Neste sentido, quanto aos tribunais judiciais, cf. Prof. Manuel A. D. de Andrade, *Noções* ..., p. 81 e n. 3; há aqui falta de um pressuposto processual que é o *interesse processual*.

Parece-nos que esta ideia tem pleno cabimento também quanto à actividade dos tribunais arbitrais.

Por outro lado, o Prof. R. Ventura, *ibidem*, pp. 334-335, exclui, em qualquer

arbitrais, que têm a dignidade constitucional que o artigo 212.º, 2, da CRP [209.º, 2, após a revisão de 1997] lhes confere, com questões inúteis, impróprias de órgãos que têm, segundo a Constituição (cf. artigo 205.º da CRP [202.º, 1, após a revisão de 1997]) «competência para administrar a justiça em nome do povo» [28].

Na tensão entre o carácter contratual (privado) e jurisdicional (público) dos tribunais arbitrais, há que não levar demasiado longe a autonomia das partes, ao ponto de comprometer a função jurisdicional, constitucionalmente consagrada pela CRP, dos tribunais arbitrais [29].

Mas é incontroverso que o artigo 1.º, 3, da Lei n.º 31/86 permite alargar a noção de litígio para além dos casos de puro conflito de interesses, real ou eventual; resta saber se as questões «(...) relacionadas com a necessidade de precisar, completar, actualizar ou mesmo rever os contratos ou as relações jurídicas que estão na origem da convenção de arbitragem» são ainda da competência dos tribunais arbitrais *na sua função jurisdicional.*

---

caso, do elenco das questões de que o tribunal arbitral pode decidir, aquelas que são do âmbito exclusivo de actuação dos tribunais judiciais.

[28] Cf. a *Exposição de motivos* da proposta de lei n.º 34/IV (cf. *supra*, n. 10), segundo a qual a alteração do artigo 212.º da CRP, na sua versão primitiva, pela revisão constitucional de 1982 «(...) fez cessar a dúvida (...) sobre a constitucionalidade dos tribunais arbitrais face à Constituição de 1976» (*loc. cit., supra*, n. 10, p. 3196, n.º 2, 2.º §). Note-se, no entanto, que, enquanto os tribunais judiciais são considerados pela CRP como «órgãos de soberania» (cf. artigo 205.º da CRP [202.º, 1, após a revisão de 1997]), tal não acontece com os tribunais arbitrais, que não são órgãos do aparelho estadual e têm carácter privado: cf., neste sentido, o Acórdão do Tribunal Constitucional citado *supra*, n. 5, 2.º §, p. 2542, n.º 6, 2.º e 3.º §§. Neste último §, porém, o Acórdão acrescenta significativamente: «(...) mesmo que os tribunais arbitrais não se enquadrem na definição de tribunais enquanto órgãos de soberania (artigo 205.º) nem por isso podem deixar de ser qualificados como tribunais para outros efeitos constitucionais, visto serem constitucionalmente definidos como tais e estarem constitucionalmente previstos como categoria autónoma de tribunais (haverá, portanto, outros tribunais, para além dos que podem ser qualificados como órgãos de soberania)».

[29] A *Exposição de motivos* da proposta de lei n.º 34/IV (cf. *supra*, n. 10, p. 3197, n.º 4, 2.º §) refere o «(...) carácter bifrontal do instituto da arbitragem voluntária: fundado (...) na autonomia privada, *ele é, por força da lei, tornado peça integrante do sistema de tribunais previsto na Constituição*», e ainda (*ibidem*, 1.º §): «o tribunal arbitral constitui um *órgão participante na função jurisdicional*» (sublinhados meus). Cf., quanto a este último ponto, o passo do Acórdão do Tribunal Constitucional citado na nota anterior.

Na sua crítica ao DL n.º 243/84, de 17 de Julho, que regulava anteriormente a arbitragem, M. Pereira Barrocas [30] apontava como deficiências desse diploma legislativo o seu silêncio quanto à «(...) arbitragem supletiva de lacunas de contratos ou de simples revisão periódica destes», bem como relativamente à *arbitragem de qualidade*, ou seja, aquela que visa avaliar da «qualidade de um produto ou da prestação de um serviço», embora reconhecesse implicitamente que a função dos «árbitros» nesse caso era mais pericial do que jurisdicional, ao referir, neste contexto, a acção de *arbitramento* prevista no artigo 1052.º e seguintes do CPC [31].

Segundo o Prof. R. Ventura [32] – que passa em revista as soluções de vários Estados nesta matéria –, se em alguns casos de integração de lacunas dos contratos (lacunas involuntárias – cf. o artigo 239.º do CC), ou de modificação do contrato nos casos previstos na lei (*v.g.*, alteração das circunstâncias – cf. o artigo 437.º do CC), o árbitro é equiparado ao juiz, já assim não acontece em muitos outros casos (*v.g.*, lacunas voluntariamente deixadas pelas partes para serem preenchidas pelos «árbitros» – caso da chamada «arbitragem contratual» sobre litígios «económicos» e não «jurídicos», etc.), em que se está já claramente fora do instituto da arbitragem voluntária.

Seja como for, o Prof. R. Ventura, embora manifeste o seu cepticismo face aos resultados a que se chegará com esta «inovação legislativa, que não se recomenda pelos fundamentos» [33], e não obstante reconhecer que o artigo 1.º, 3, da Lei n.º 31/86 submete a um «regime unitário» o tratamento das questões contenciosas e não contenciosas pelo tribunal arbitral, reduzindo-se assim o próprio alcance desta distinção [34], não deixa de acentuar – com o que concordamos plenamente – que o «alargamento do conceito de litígio faz alargar o conceito técnico de arbitragem; ele representa apenas a reunião (...) de

---

[30] Pp. 441-442.
[31] Nos termos dos artigos 1052.º, 1, *in fine*, e 1053.º, 2, do CPC, em tais acções podem ser nomeados *peritos* e o tribunal judicial pode mesmo limitar-se a homologar por sentença o acto dos peritos (artigo 1054.º, 2, do CPC) [Estes preceitos foram alterados pelo DL n.º 329-A/95, de 12 de Dezembro, e respeitam agora à *divisão de coisa comum*].
[32] 1986-2, pp. 330-336.
[33] *Ibidem*, p. 336.
[34] *Ibidem*, p. 335.

duas instituições diferentes: a que se destina à solução de verdadeiros litígios, tendo verdadeira natureza contenciosa, e a que substitui as partes na formação das suas relações jurídicas» [35].

Resta-nos acrescentar uma palavra em relação a este ponto: quanto às questões não contenciosas de que se ocupa o tribunal arbitral, valerá ainda o artigo 26.º da Lei n.º 31/86, de 29 de Agosto, que atribui força de caso julgado e força executiva às decisões arbitrais? Note-se que tais efeitos são próprios da sentença arbitral, *enquanto acto jurisdicional*; mas nestes casos, como se viu, não pode dizer-se que a «decisão» arbitral seja um verdadeiro acto jurisdicional.

3. NOÇÃO DE CONVENÇÃO DE ARBITRAGEM FACE À LEI N.º 31/86

Consideraremos sucessivamente nesta rubrica: A) As modalidades de convenção de arbitragem; B) a capacidade para celebrar a convenção de arbitragem; C) os requisitos essenciais da convenção de arbitragem; D) as matérias sobre as quais pode versar a convenção de arbitragem.

A) **Modalidades**

Nos termos do artigo 1.º, 2, da Lei n.º 31/86, de 29 de Agosto,

«A convenção de arbitragem pode ter por objecto um litígio actual, ainda que se encontre afecto a tribunal judicial (compromisso arbitral), ou litígios eventuais emergentes de uma determinada relação jurídica contratual ou extracontratual (cláusula compromissória)».

A Lei n.º 31/86 restabeleceu assim a velha distinção – consagrada no CPC de 1961 (artigos 1508.º e 1513.º, 1) mas que não figurava no DL n.º 243/84 – entre *compromisso arbitral* e *cláusula compromissória* [36].

No entanto, a nova Lei da Arbitragem consagra uma inovação fundamental neste domínio: enquanto nos Códigos de Processo Civil

---

[35] *Ibidem*, pp. 335-336.
[36] Cf. Prof. J. Castro Mendes, *Direito* ..., I, p. 580; Acórdão do Tribunal Constitucional citado *supra*, n. 5, 2.º §, p. 2541, n.º 4, 5.º §; Prof. R. Ventura, 1986-1, p. 27.

de 1939 (artigo 1565.º, II) e de 1961 (artigo 1513.º, 2) a cláusula compromissória apenas tinha como efeito a celebração do compromisso arbitral [37] ou, em caso de recusa de uma das partes, a sua substituição por uma decisão do tribunal judicial que lhe fosse equivalente [38], na Lei n.º 31/86 a cláusula compromissória apenas se distingue do compromisso arbitral por respeitar a litígios futuros e eventuais resultantes de uma certa relação jurídica, ao passo que este se refere a certo litígio actual, ainda que se encontre afecto a um tribunal judicial [39], mas estando as duas figuras unificadas no conceito geral de *convenção de arbitragem* [40].

No direito português anterior, a cláusula compromissória era qualificada como *contrato-promessa* [41], susceptível de *execução específica* [42], consistindo esta na possibilidade de o tribunal judicial emitir uma

---

[37] No direito anterior, como afirma o Prof. R. Ventura, 1986-2, p. 294, ao compromisso eram «(...) assinadas duas funções: ou uma função autónoma, quando era celebrado sem prévia relação com uma cláusula compromissória, ou uma função complementar, quando ele era celebrado em cumprimento de uma anterior cláusula compromissória».

[38] Cf. Prof. R. Ventura, *ibidem*, p. 298: «Em bom rigor, o tribunal [judicial] (...) substituía o compromisso por uma sentença, naquilo que convencionalmente figuraria no compromisso, convenção das partes».

[39] Neste caso, aplica-se o artigo 290.º do CPC, cujo n.º 1 determina: «Em qualquer estado da causa podem as partes acordar em que a decisão de toda ou parte dela seja cometida a um ou mais árbitros da sua escolha», havendo assim *extinção da instância* [cf. artigos 287.º, b), e 290.º, 2, do CPC]. Sobre este ponto, cf. M. Ângela C. B. Soares- R. M. Moura Ramos, p. 264, *in fine*; cf. ainda o Acórdão do Supremo Tribunal de Justiça de 9.2.1984 (*in B. M. J.*, n.º 334, Março de 1984, pp. 419-423), onde se afirma nomeadamente, a p. 422: «(...) no compromisso arbitral não há que homologar por sentença a decisão dos árbitros, (...) já que esta (...) tem o valor de sentença».

[40] Com os mesmos efeitos quanto à constituição do tribunal arbitral, à nomeação de árbitros e à determinação do objecto do litígio – cf. artigos 11.º e 12.º da Lei n.º 31/86; neste sentido, Prof. R. Ventura, 1986-2, p. 294, *in fine*.

[41] Cf. Prof. J. Castro Mendes, *Direito ...*, I, p. 344; cf. Profs. I. Galvão Telles e F. Pessoa Jorge, citados *ibidem*, p. 344, n. 350, e o Prof. A. Palma Carlos, apud Prof. R. Ventura, 1986-2, pp. 296-297; *contra*, Prof. A. Vaz Serra, apud Prof. J. Castro Mendes, *ibidem*, p. 344, n. (*) e, *de certo modo*, o próprio Prof. R. Ventura, *ibidem*, p. 297, para quem a tese da cláusula compromissória como contrato-promessa «(...) não era identa de dúvidas».

[42] Cf. Prof. R. Ventura, *ibidem*, pp. 297-298.

sentença com os efeitos correspondentes aos de um compromisso arbitral [43], no caso de a parte remissa se recusar a celebrar este último acto. Mas enquanto, nos Códigos de Processo Civil de 1939 e de 1961, a cláusula compromissória não podia levar directamente à constituição do tribunal arbitral, sendo necessária a mediação do compromisso arbitral ou da sentença judicial equivalente a este, só então se podendo constituir a jurisdição arbitral [44], no regime da Lei n.º 31/86 essa diferença entre compromisso arbitral e cláusula compromissória desapareceu, podendo qualquer desses instrumentos levar directamente, sem necessidade de qualquer mediação, à constituição do tribunal arbitral [45].

Assim, fortemente atenuada a diferença entre o compromisso arbitral e a cláusula compromissória, a distinção perde muito do seu alcance prático e, em grande parte, passa a ter importância apenas no plano conceitual. No entanto, como é sustentado na doutrina portuguesa [46], embora o artigo 1.º, 2, da Lei n.º 31/86 admita que tanto o compromisso arbitral como a cláusula compromissória possam versar sobre questões relativas a relações jurídicas contratuais ou extracontratuais, parece difícil conceber que estas últimas questões possam ser objecto de uma cláusula compromissória. A ser assim, haveria aqui uma diferença entre o compromisso arbitral – que poderia respeitar a um litígio relativo a uma relação jurídica contratual ou extracontratual – e a cláusula compromissória, que só poderia ter, em princípio, por objecto um diferendo relativo a uma relação jurídica contratual.

---

[43] E não a celebração do próprio compromisso arbitral: cf. Prof. R. Ventura, *ibidem*, p. 298.

[44] Cf. Prof. R. Ventura, *ibidem*, p. 294.

[45] Daí decorre que actualmente já não é possível qualificar a cláusula compromissória como contrato-promessa, na medida em que se passa directamente da cláusula compromissória para a constituição do tribunal arbitral, sem necessidade de compromisso: neste sentido, cf. Prof. R. Ventura, *ibidem*, p. 300.

[46] Cf. Prof. R. Ventura, 1986-2, pp. 319-320, que considera infeliz a redacção da parte final do artigo 1.º, 2, da Lei n.º 31/86. Cf., no entanto, o que se diz na *Exposição de motivos*, citada *supra*, n. 10, p. 3198, n.º 8, 4.º §: «(...) é fora de dúvida que a convenção de arbitragem que se reporta a litígios eventuais tanto poderá revestir a forma de cláusula num contrato como a de uma convenção autónoma; é o que resulta inequivocamente do facto de se ter admitido que a convenção de arbitragem tenha por objecto litígios eventualmente emergentes de uma relação extracontratual». Quanto a nós, confessamos não entender claramente a ligação lógica entre a primeira e a segunda partes deste texto.

B) Capacidade para celebrar a convenção de arbitragem

Limitar-nos-emos, quanto a esta questão, a referir a capacidade do Estado e de outras pessoas colectivas de direito público para celebrar convenções de arbitragem, prevista no artigo 1.º, 4, da Lei n.º 31/ /86, de 29 de Agosto, única disposição da Lei da Arbitragem referente à capacidade [47-48].

O teor do artigo 1.º, 4, da Lei 31/86 é o seguinte:

«O Estado e outras pessoas colectivas de direito público podem celebrar convenções de arbitragem, se para tanto forem autorizados por lei especial ou se elas tiverem por objecto litígios respeitantes a relações de direito privado» [48a].

Este texto põe duas condições, em alternativa, para que o Estado ou as demais pessoas colectivas de direito público tenham capacidade para celebrar a convenção de arbitragem: ou a existência de uma autorização por *lei especial* ou o facto de o litígio ter por objecto relações

---

[47] Cf. Prof. R. Ventura, 1986-2, p. 305. Contrariamente à Lei actual, o artigo 1509.º do CPC de 1961 (cf. artigo 1562.º, I, do CPC de 1939) estabelecia, no seu n.º 1, uma regra geral: «Os compromitentes hão-de ser pessoas hábeis para contratar», ocupando-se em seguida dos representantes das pessoas colectivas, sociedades, incapazes ou ausentes, que só podiam celebrar compromissos nos precisos limites das suas atribuições ou precedendo autorização especial de quem deva concedê-la (n.º 2) e exigindo, no n.º 3, procuração com poderes especiais para o mandatário. Cf. o que, a este respeito, se diz na *Exposição de motivos* (cf. nota anterior), p. 3198, n.º 9: «Uma vez definido que a arbitragem voluntária se reporta a litígios sobre direitos disponíveis, em matéria cível ou comercial [como se verá *infra*, I, 4), D), esta referência à *matéria cível ou comercial* foi suprimida no texto definitivo da Lei], não pareceu necessário qualquer disposição especial sobre a capacidade de pessoas singulares e colectivas de direito privado para celebrarem convenção de arbitragem. Mas afigurou-se conveniente especificar as condições em que o Estado e outras pessoas de direito público podem recorrer ao instituto da arbitragem, tal como a nova lei o estrutura (...)».

[48] Quanto à capacidade das pessoas singulares ou das pessoas colectivas de direito privado, cf. Prof. R. Ventura, 1986-2, p. 305-312, que se ocupa sucessivamente dos menores, interditos e inabilitados, cônjuges, mandatários, grupos de sociedades e representantes de pessoas colectivas.

[48a] Este artigo tem carácter unilateral e não parece aplicável aos Estados e entes públicos estrangeiros, cuja capacidade para celebrar convenções de arbitragem deve ser aferida *lege causae*, através de uma norma unilateral, correspondente a esta.

de *direito privado*. Assim sendo, se houver autorização por lei especial, o Estado e os demais entes públicos podem celebrar a convenção de arbitragem relativamente a litígios que extravasem dos limites do direito privado [49] ou — tratando-se apenas deste último tipo de litígios — não se requer autorização por lei especial.

O Prof. R. Ventura [50] considera até certo ponto desnecessária a indicação do primeiro destes requisitos — a autorização por lei especial, que sempre se imporia por si mesma —, mas acaba por concordar com a formulação adoptada no artigo 1.º, 4, da Lei n.º 31/86, porque esta «(...) tem — além da vantagem de tornar claro que o objecto privado do litígio não esgota a capacidade daquelas entidades (...) — a consequência de submeter ao mesmo regime todas as convenções de arbitragem, autorizadas por lei especial ou por este preceito legal», com o que, pela nossa parte, concordamos plenamente, porque *cela va sans dire, mais cela va mieux en le disant*.

C) **Requisitos essenciais da convenção de arbitragem**

Tais requisitos respeitam quer (i) à forma, quer (ii) ao conteúdo da convenção de arbitragem.

i) Forma da convenção de arbitragem

O artigo 2.º, 1, da Lei n.º 31/86, de 29 de Agosto, estabelece que «a convenção de arbitragem deve ser reduzida a escrito», ao passo que o n.º 2 do mesmo artigo vem definir o que se entende por *redução a escrito*:

> «Considera-se reduzida a escrito a convenção de arbitragem constante ou de documento assinado pelas partes, ou de troca de cartas, *telex*, telegramas ou outros meios de telecomunicação de que fique prova

---

[49] É o caso, em Portugal, do *Estatuto dos Tribunais Administrativos e Fiscais*, aprovado pelo DL n.º 128/84, de 27 de Abril, o qual foi regulamentado pelo DL n.º 374/84, de 29 de Novembro, tendo ambos os diplomas entrado em vigor em 1 de Janeiro de 1985. O artigo 2.º, 2, do DL n.º 128/84, de 27 de Abril, admite o recurso a tribunais arbitrais em matéria de contencioso dos contratos administrativos e da responsabilidade civil por prejuízos decorrentes de actos de gestão pública, incluindo o contencioso das acções de regresso: cf. Prof. R. Ventura, *ibidem*, p. 314.

[50] *Ibidem*, p. 314.

escrita, quer esses instrumentos contenham directamente a convenção, quer deles conste cláusula de remissão para algum documento em que uma convenção esteja contida».

Estes dois n.ºˢ do artigo 2.º da Lei n.º 31/86 reproduzem, no essencial, o disposto no artigo 7.º, 2, da Lei-Modelo da CNUDCI, incorporando-o assim na ordem jurídica portuguesa [51], inovando fortemente em relação ao DL n.º 243/84, de 17 de Julho, que era muito mais rigoroso, pois exigia sempre um escrito, assinado pelas partes, no qual estas manifestassem a sua «vontade inequívoca de submeter a solução do litígio a um ou mais árbitros» (artigo 2.º, 1, do DL n.º 243/84) [52].

Dada a evidente filiação do artigo 2.º, 1 e 2, da Lei n.º 31/86, dispensamo-nos aqui de proceder à respectiva exegese, dado serem numerosos os trabalhos sobre a Lei-Modelo da CNUDCI [53].

---

[51] Cf. Prof. R. Ventura, *ibidem*, p. 315.

[52] Cf. M. Ângela C. B. Soares-R. M. Moura Ramos, p. 262. Tal regime aplicava-se à arbitragem interna, mas, como notam estes autores, valia também para a arbitragem internacional, dado o silêncio do Protocolo de Genebra de 1923, o qual devia «(...) ser interpretado como deixando a resolução da questão às legislações nacionais». Cremos hoje que o artigo 2.º da Lei é uma norma de aplicação imediata, que vale para todas as convenções de arbitragem.

Cf. também Prof. R. Ventura, 1986-1, p. 7 e seguintes e – criticamente em relação ao artigo 2.º, 1, do DL n.º 243/84 – pp. 26-30, em particular pp. 26-27, em referência ao artigo 2.º, 1, 1.ª parte, do DL n.º 243/84: «Depois de todos os problemas que acima se viu terem surgido, perante leis estrangeiras e convenções internacionais, *é lamentável que o legislador português se tenha limitado àquelas poucas palavras*» (sublinhado meu); cf. também, *v.g.*, *ibidem*, p. 29: «As dificuldades causadas pela exigência de assinatura das partes no respeitante a convenções estipuladas por telegrama e telex não impressionaram o legislador português, que omitiu estas formas de comunicação». Parece evidente que o legislador da Lei n.º 31/86 foi sensível a estas críticas, como, aliás, se conclui da *Exposição de motivos* (citada *supra*, n. 10), pp. 3198-3199, n.º 10: «Pelo que toca à disciplina da forma da convenção de arbitragem, manteve-se a exigência da redução a escrito (...). *Mas alargou-se, relativamente ao direito anterior, e na linha de soluções recentemente acolhidas em leis estrangeiras e em textos internacionais o entendimento do que seja a redução a escrito (...). Por esta via se consagra uma solução mais adaptada aos modernos meios de comunicação, sem sacrifício da necessária segurança*» (sublinhado meu). [Parece claro, por interpretação actualista, dever incluir-se, entre os "modernos meios de comunicação", o *fax*, o computador ou a *Internet* (*observação de Dezembro de 1997*)].

[53] Limitamo-nos a citar, na doutrina portuguesa, os seguintes comentários ao artigo 7.º, 2, da Lei-Modelo da CNUDCI: M. Ângela C. B. Soares-R. M. Moura Ramos, pp. 261-262; Prof. R. Ventura, 1986-1, pp. 12, 14, 22, 36, etc.

ii) Conteúdo da convenção de arbitragem

Segundo o Prof. R. Ventura, o conteúdo essencial (e geral) da convenção de arbitragem «(...) é definido pelas palavras *cometer à decisão de árbitros*» (artigo 1.º, 1, da Lei n.º 31/86) [54], acrescentando, porém, que pertencem ao conteúdo essencial do compromisso e da cláusula compromissória os «(...) requisitos objectivos específicos acima enumerados (...)» [55], o que nos deixa na dúvida sobre quais serão esses requisitos.

Por nossa parte, para além do que afirma este ilustre autor, cremos que é essencial, no que respeita ao conteúdo da convenção de arbitragem, o disposto no artigo 2.º, 3, da Lei n.º 31/86 [56]:

«O compromisso arbitral deve determinar com precisão o objecto do litígio; a cláusula compromissória deve especificar a relação jurídica a que os litígios respeitem» [57].

No que respeita ao compromisso, indispensável é não só indicar o objecto do litígio, como individualizar o próprio litígio em si (*v.g.*, indicação das partes no pleito) [58].

Segundo se deduz dos artigos 268.º (estabilidade da instância) e 498.º CPC (litispendência e caso julgado), o objecto do litígio define-se pela *causa de pedir* (*causa petendi*) e pelo *pedido* (*petitum*), devendo aquela ser precisada no compromisso ou no requerimento de instauração, quando o tribunal arbitral seja constituído com base em cláusula compromissória, já se admitindo uma maior maleabilidade quanto à

---

[54] 1986-2, p. 345 (sublinhado no texto). O autor, p. 346, exclui o *efeito negativo* da convenção de arbitragem (afastamento da competência dos tribunais judiciais) do *conteúdo* desta; trata-se, em nossa opinião, de um simples *efeito reflexo* da celebração da convenção de arbitragem.

[55] *Ibidem*, p. 347.

[56] O Prof. R. Ventura, *ibidem*, trata destas questões a propósito dos requisitos essenciais do compromisso arbitral (p. 351 ss.) e dos requisitos essenciais da cláusula compromissória (p. 357 ss.).

[57] Já os artigos 1511.º e 1513.º, 1, do CPC de 1961 indicavam a necessidade desses requisitos, em relação ao compromisso e à cláusula compromissória, respectivamente.

[58] Neste sentido, Prof. R. Ventura, 1986-2, p. 351.

especificação do pedido (*v.g.*, desnecessidade de quantificar desde logo o montante de uma indemnização) [59].
Quanto à cláusula compromissória, o artigo 1513.º, 5, CPC estabelecia a possibilidade de o tribunal judicial, na falta de acordo das partes, fixar com precisão o objecto do litígio, havendo recurso dessa decisão [60].
Inspirado neste preceito, o artigo 12.º, 4, da Lei n.º 31/86 estabelece que «se (...) as partes não chegarem a acordo sobre a determinação do objecto do litígio, caberá ao tribunal [judicial] decidir», cabendo recurso de agravo desta decisão.
Esta disposição é vivamente criticada pelo Prof. R. Ventura por ser *desnecessária* e por ser *inexequível*: desnecessária, porque o objecto do litígio é determinado pela pretensão do demandante [61]; inexequível, porque, tendo sido revogado pela Lei n.º 31/86 (artigo 39.º, 3) o Livro IV, Título I, do CPC, não há nenhum processo apropriado à determinação do objecto do litígio [62].
Em regra, segundo o Prof. R. Ventura, não há grandes dificuldades na especificação da relação jurídica a que os litígios respeitam (artigo 2.º, 3, da Lei n.º 31/86) e tal relação jurídica poderá – em geral – ser determinada por interpretação, sendo só de excluir as cláusulas compromissórias que, por demasiado amplas, vinculassem e limitassem exageradamente os interessados, porque contrárias ao referido artigo 2.º, 3, da Lei n.º 31/86 [63].
Cabe ainda referir que, nos termos do artigo 12.º, 5, da Lei n.º 31//86, «se a convenção de arbitragem for manifestamente nula, deve o tribunal declarar não haver lugar à designação de árbitros ou à determinação do objecto do litígio». O tribunal aqui indicado é o tribunal judicial, já referido no artigo 12.º, 4, da Lei, a propósito da determinação do objecto do litígio, na falta de acordo das partes.
Os casos de nulidade da convenção de arbitragem expressamente referidos na Lei n.º 31/86 (artigo 3.º) são aqueles em que a convenção

---

[59] Cf. Prof. R. Ventura, *ibidem*, p. 352. Quanto à modificação objectiva da instância (alteração da causa de pedir e/ou do pedido), cf. *ibidem*, pp. 353-354.

[60] Quanto à ocorrência, na prática, em Portugal, de *litígios sobre o objecto do litígio*, com recurso, por vezes, até ao Supremo Tribunal de Justiça, cf. Prof. R. Ventura, *ibidem*, p. 355.

[61] *Ibidem*, p. 355.

[62] *Ibidem*, pp. 355-356.

[63] *Ibidem*, p. 358; neste último caso, o autor considera que tais cláusulas demasiado amplas seriam ainda contrárias aos *bons costumes* (cf. artigo 280.º, 2, do CC).

viole o disposto no artigo 1.º, n.º 1 (litígios que não respeitem a direitos indisponíveis, desde que não devam ser submetidos exclusivamente aos tribunais judiciais ou à arbitragem necessária) e n.º 4 (regras relativas à capacidade do Estado e de outras pessoas colectivas de direito público para celebrar a convenção de arbitragem), ou não se conforme com o artigo 2.º, n.ᵒˢ 1 e 2 (necessidade de a convenção de arbitragem revestir a forma escrita)[64].

D) Matérias sobre que pode versar a convenção de arbitragem

O artigo 1.º, 1, da Proposta de Lei n.º 34/IV[65] estabelecia o seguinte:

«Desde que por lei especial não esteja submetido exclusivamente a tribunal judicial ou a arbitragem necessária, qualquer litígio *em maté-*

---

[64] O artigo 4.º do DL n.º 243/84, de 17 de Julho, estabelecia outra causa de nulidade: «É nula a convenção de arbitragem que confira a uma das partes qualquer situação de privilégio relativamente à designação de árbitros». Como não há disposição correspondente a esta na Lei n.º 31/86, parece dever entender-se que tal causa de nulidade não foi atendida pelo legislador da Lei n.º 31/86, pelo que as causas de nulidade constantes do artigo 3.º da Lei da Arbitragem seriam taxativas.

Antes da entrada em vigor deste último diploma, o Prof. R. Ventura, 1986-1, pp. 43-44, via no artigo 4.º do DL n.º 243/84, de 17 de Julho, uma manifestação das regras de *boa fé*, cuja violação implicaria a nulidade da convenção de arbitragem. Sobre este ponto, cf. ainda o artigo 18.º da Lei-Modelo da CNUDCI e M. Ângela C. B. Soares-R. M. Moura Ramos, p. 269, que escrevem o seguinte: «A Lei-Modelo não formula tal limite [nulidade da convenção de arbitragem, nos termos do artigo 4.º do DL n.º 243/84], devendo contudo entender-se que, *sendo esta uma solução admitida universalmente, mesmo na falta de disposição expressa*, também à face daquela Lei ela se há-de ter por consagrada, por aplicação do princípio da igualdade das partes formulado no artigo 18.º [da Lei-Modelo]» (sublinhado meu).

Como o princípio da igualdade das partes vem referido no artigo 16.º, alínea a), da Lei n.º 31/86, a ser assim, a não existência nesta Lei de uma disposição idêntica à do artigo 4.º do DL n.º 243/84 não importaria qualquer alteração de regime – tal nulidade subsistiria na nova Lei, sendo apenas desnecessário consagrá-la expressamente, visto ela decorrer do artigo 16.º, alínea a), da Lei n.º 31/86.

Os outros casos de nulidade da convenção de arbitragem, constantes do DL n.º 243/84, que são indicados pelo Prof. R. Ventura, *ibidem*, já têm correspondência na Lei n.º 31/86; artigos 3.º, 1, do DL e 16.º, alíneas b) e d), da Lei; 3.º, 2, do DL e 16.º, alínea c), da Lei; 32.º do DL e 28.º, 1, da Lei.

[65] Cf. *Diário da Assembleia da República*, II Série, n.º 83, de 2.7.1986, p. 3200.

ria cível ou comercial que não respeite a direitos indisponíveis pode ser cometido pelas partes, mediante convenção de arbitragem, à decisão de árbitros» (sublinhado meu).

O inciso *em matéria cível ou comercial*, que não figurava no artigo 1.º, 1, do DL n.º 243/84, de 17 de Julho [66], desapareceu igualmente no texto final do artigo 1.º, 1, da Lei n.º 31/86, de 29 de Agosto. Para tentar interpretar o sentido e avaliar as consequências desta significativa supressão, convém, em primeiro lugar, referir o que, a este respeito, se afirmava na *Exposição de motivos* que acompanhava a proposta de lei n.º 34/IV.

A única referência a este ponto era feita *en passant* – «Uma vez definido que a arbitragem voluntária se reporta a litígios sobre direitos disponíveis, *em matéria cível ou comercial* (...)» [67] – e nada a dianta.

Note-se ainda que, a propósito da *arbitragem internacional* – contemplada na proposta de lei no artigo 22.º, n.os 2 e 3, e regulada na Lei n.º 31/86 no Capítulo VII (artigos 32.º a 35.º) –, a *Exposição de motivos* refere que a proposta de lei tem um campo de aplicação mais vasto do que as «relações entre comerciantes», ou mesmo que «o comércio internacional, em sentido técnico» [68], abrangendo o «tráfego jurídico privado internacional» ou as «relações da vida privada internacional, em sentido lato, e não apenas [as] relações comerciais *stricto sensu* ou [as] relações entre comerciantes» [69].

Sendo já bastante lato – segundo a *Exposição de motivos* – o sentido da expressão *matéria cível e comercial* que figurava no artigo 1.º, 1, da proposta de lei, significará a supressão desta referência, no texto definitivo da Lei n.º 31/86, um alargamento do campo de aplicação material da Lei da Arbitragem em relação ao texto inicial da proposta de lei?

---

[66] Este artigo 1.º, 1, do DL n.º 243/84, de 17 de Julho, estava assim redigido: «Todo o litígio, actual ou eventual, *relacionado com a jurisdição interna*, que não incida sobre direitos indisponíveis, pode ser objecto de convenção de arbitragem». Para além do carácter *interno* da arbitragem, parece que a referência a qualquer litígio *relacionado com a jurisdição interna* ultrapassa os limites da *matéria cível e comercial* referida no artigo 1.º, 1, da proposta de lei n.º 34/IV.

[67] *Diário da Assembleia da República*, II Série, de 2.7.1986, n.º 9 (sublinhado meu); cf. também *ibidem*, n.º 8, 2.º §.

[68] *Ibidem*, n.º 7, 5.º § da p. 3198.

[69] *Ibidem*, n.º 7, último § da p. 3198.

Sobre este ponto, o Prof. R. Ventura [70] escreve que a limitação – na proposta de lei n.º 34/IV – da arbitragem aos litígios *em matéria cível ou comercial* «(...) era útil porque afastava logo outras matérias que, sem isso, acabariam por ser afastadas por utilização de outros motivos e com maior esforço».

Quanto a nós, das duas uma: ou a referência à *matéria cível e comercial* foi considerada desnecessária, porque se entendeu que a arbitragem voluntária se reporta a litígios relativos a essas matérias, ou então o alcance da supreessão de tal referência está relacionado com o disposto no artigo 1.º, 4, da Lei n.º 31/86 – a que correspondia o artigo 1.º, 3, da proposta de lei n.º 34/IV –, de onde se infere que o Estado e outras pessoas colectivas de direito público podem comprometer-se, se autorizados por lei especial, em questões que extravasem do âmbito das relações de direito privado [71].

Em qualquer dos casos – e apenas com esta única ressalva –, parece-nos nada poder autorizar a concluir que a Lei n.º 31/86 se aplique a litígios que transcendam o âmbito da *matéria cível e comercial*, isto é, o domínio do direito privado.

4. CONSAGRAÇÃO DO PRINCÍPIO DA AUTONOMIA DA VONTADE DAS PARTES

Tal princípio está amplamente consagrado na Lei n.º 31/86, de 29 de Agosto. Começaremos [A)] por ilustrá-lo, para, em seguida, referir [B)] os limites que lhe são traçados na Lei da Arbitragem.

A) Consagração do princípio

O princípio da autonomia da vontade das partes é acolhido na Lei n.º 31/86 quer (i) quanto à elaboração da convenção de arbitragem, quer (ii) quanto à constituição do tribunal arbitral, quer, finalmente (iii), em matéria de processo [71a].

---

[70] 1986-2, p. 318.
[71] Cf. *supra*, I), 3.), B), e Prof. R. Ventura, 1986-2, p. 314.
[71a] Quanto à autonomia da vontade em matéria de direito aplicável ao fundo da causa, na arbitragem internacional, tratá-la-emos na II Parte.

i) A autonomia da vontade na elaboração da convenção de arbitragem

Muito esquematicamente, referir-se-ão nesta rubrica os aspectos fundamentais de que se reveste a autonomia da vontade da partes na elaboração da convenção de arbitragem.

Como já se viu [72], nos termos do artigo 1.º, 3, da Lei n.º 31/86, permite-se alargar o conceito de litígio, de modo a abranger diversas questões, para além daquelas que têm natureza contenciosa, em sentido estrito.

O artigo 2.º, 4, da Lei da Arbitragem consagra a faculdade de revogação da convenção de arbitragem, até à pronúncia da decisão arbitral, por escrito assinado pelas partes.

Nos termos do artigo 4.º, 2, da Lei, as partes podem convencionar que a morte ou extinção das partes faz caducar a convenção de arbitragem ou extinguir a instância no tribunal arbitral.

No que respeita aos encargos do processo, as partes podem optar – nos termos do artigo 5.º da Lei n.º 31/86 – pela sua fixação na convenção de arbitragem, ou em documento posterior subscrito pelas partes, a menos que resultem dos regulamentos de arbitragem escolhidos nos termos do artigo 15.º, caso em que não será necessário fixar a remuneração dos árbitros e dos outros intervenientes no processo, nem na convenção de arbitragem, nem em documento posterior [73].

Nos termos do artigo 21.º, 2, da Lei n.º 31/86, «a nulidade do contrato em que se insira uma convenção de arbitragem não acarreta a nulidade desta, salvo quando se mostre que ele não teria sido concluído sem a referida convenção».

Esta disposição é duplamente importante porque, por um lado, acentua a autonomia e a independência da convenção de arbitragem face ao contrato em que esteja inserida [74] e, por outro lado, consagra,

---

[72] Cf. *supra*, I, 2., B).

[73] Note-se que, neste último caso, a autonomia da vontade intervém na própria escolha, pelas partes, do regulamento de arbitragem, nos termos do artigo 15.º, 2, da Lei da Arbitragem.

[74] A *Exposição de motivos* (cf. *supra*, n. 10), p. 3197, n.º 3, último §, aproxima a «independência da convenção de arbitragem relativamente ao contrato em que (...) se insere» do «princípio da autonomia do tribunal arbitral, frente ao tribunal judicial (...)». Esta ligação entre a autonomia da convenção de arbitragem e a questão

ainda que indirectamente, a autonomia da vontade na elaboração da convenção de arbitragem.

Quanto ao primeiro aspecto, a Lei n.º 31/86 foi beber a sua inspiração ao artigo 18.º, 2, da Lei Uniforme de Estrasburgo de 1966 [75] e ao artigo 16.º, 1, da Lei-Modelo da CNUDCI [76].

Esta solução, que já se encontrava consagrada no artigo 23.º, 2, do DL n.º 243/84, de 17 de Julho, é justificada pelo «favor crescente com que o mecanismo arbitral é olhado como meio especialmente adequado à resolução dos *litígios decorrentes das transacções comerciais internacionais*» [77] e é hoje admitida «pela grande maioria dos sistemas jurídicos» [78].

No entanto, há uma importante diferença entre os textos do artigo 18.º, 2, da Lei Uniforme de Estrasburgo, do artigo 16.º, 1, da Lei--Modelo da CNUDCI e do artigo 23.º, 2, do DL n.º 243/84, por um lado, e o artigo 21.º, 2, da Lei n.º 31/86, por outro lado.

Referimo-nos à parte final do artigo 21.º, 2, da Lei da Arbitragem – *salvo quando se mostre que ele não teria sido concluído sem a referida convenção* – que não tem correspondência *expressa* (embora a possa ter *implícita*) nos outros textos mencionados [79].

---

da *Kompetenz-Kompetenz* (competência do tribunal arbitral para se pronunciar sobre a sua própria competência – cf. artigo 21.º, 1, da Lei n.º 31/86) é negada pelo Prof. R. Ventura, 1986-2, p. 369, que considera as duas questões «teoricamente (...) distintas».

[75] *Convention européenne portant loi uniforme en matière d'arbitrage (European Convention providing a Uniform Law on Arbitration)*, aberta à assinatura em Estrasburgo em 20.1.1966 e ainda não em vigor (cf. Prof. R. Ventura, 1986-1, p. 8, nota); no sentido do texto, implicitamente, cf. Prof. R. Ventura, 1986-2, pp. 372-373.

[76] Cf. Prof. R. Ventura, *ibidem*, pp. 372-373, e, para uma crítica deste preceito, pp. 369-370; cf. também M. Ângela C. B. Soares- R. M. Moura Ramos, pp. 280-281.

[77] Cf. M. Ângela C. B. Soares-R. M. Ramos, *ibidem*, p. 281 (sublinhado meu); note-se, no entanto, que esta justificação, se pode servir para o artigo 21.º, 2, da Lei n.º 31/86, não serve para o artigo 23.º, 2, do DL n.º 243/84, visto que o DL só se referia à arbitragem *interna*.

[78] Cf. M. Ângela C. B. Soares-R. M. Moura Ramos, p. 281; cf. também as referências citadas *ibidem,* na nota 103.

[79] Artigo 18.º, 2, da Lei Uniforme de Estrasburgo: «La constatation de la nullité du contrat n'entraîne pas de plein droit la nullité de la convention d'arbitrage qu'il contient»; artigo 16.º, 1, da Lei-Modelo da CNUDCI (na parte que agora interessa): «La constatation de nullité du contrat par le tribunal arbitral n'entraîne pas de plein droit la nullité de la clause compromissoire»; artigo 23.º, 2, do DL n.º 243/84: «Reconhecida pelo tribunal arbitral a nulidade do contrato principal, esta não acarreta a nulidade da convenção de arbitragem que nele se contém».

Em nossa opinião – e com isto passamos ao segundo aspecto acima referido –, com esta ressalva, a Lei n.º 31/86 faz ainda prevalecer a autonomia da vontade das partes na elaboração da convenção de arbitragem, na medida em que lhes permite ilidir a presunção contida na primeira parte do preceito, no sentido de não considerarem válida a convenção de arbitragem se o não for também o contrato principal. Com efeito, a restrição contida na parte final do artigo 21.º, 2, da Lei da Arbitragem permite às partes estabelecer, na própria convenção de arbitragem, a estreita dependência – e mesmo a indissociabilidade – entre o contrato principal e a convenção de arbitragem. O dizer-se que a convenção será nula, em caso de nulidade do contrato principal, se se mostrar que este não teria sido concluído sem aquela, demonstra que, nesta hipótese, a subsistência da convenção de arbitragem seria, no entender das partes, perfeitamente inútil sendo nulo o contrato principal, pois a celebração da convenção de arbitragem tinha sido determinante para a elaboração do próprio contrato.

Tal ressalva, que aplica à convenção de arbitragem a regra geral do artigo 292.º do CC em matéria de redução dos negócios jurídicos [80], permite assim às partes, no exercício da sua autonomia da

---

[80] Artigo 292.º do CC: «A nulidade ou anulação parcial não determina a invalidade de todo o negócio, *salvo quando se mostre que este não teria sido concluído sem a parte viciada*».

Há, no entanto, uma diferença entre este texto e o artigo 21.º, 2, da Lei da Arbitragem; enquanto no artigo 292.º do CC é a invalidade de uma cláusula ou estipulação que acarreta a invalidade de todo o negócio, no artigo 21.º, 2, da Lei n.º 31/86 é a nulidade *do todo* – todo do qual faz parte a cláusula que contém a convenção de arbitragem, que, para este efeito, é autonomizada em relação a esse todo – que leva à nulidade desta cláusula, se se demonstrar que ela tinha sido determinante na elaboração do contrato principal. Enquanto no artigo 292.º do CC é preciso demonstrar que a parte viciada do negócio tinha sido determinante para o todo (incluindo a parte não viciada), no artigo 21.º, 2, da Lei de Arbitragem há que mostrar que a parte não viciada (a convenção de arbitragem) tinha sido determinante para a conclusão da parte viciada (o contrato principal). Mas, fora esta diferença, cremos que, em ambos os casos, o princípio é o mesmo.

O Prof. R. Ventura, 1986-2, pp. 371-372, também cita o artigo 292.º do CC, mas não estabelece esta relação entre a parte final do preceito e o artigo 21.º, 2, *in fine*, da Lei n.º 31/86, embora analise, a p. 370, a hipótese inversa – isto é, a hipótese de a nulidade da convenção de arbitragem acarretar a nulidade do contrato principal por força do artigo 292.º, *in fine*, do CC; cf. ainda outras hipóteses consideradas pelo mesmo autor, *ibidem*, pp. 370-379.

vontade [81], pôr em causa a autonomia e a independência da convenção de arbitragem em relação ao contrato principal, não obstante esta ser considerada como uma «solução (...) adquirida» [82], no plano do direito comparado.

Embora pareça paradoxal, a consagração em especial da autonomia da vontade das partes, no sentido de lhes ser permitido pôr em causa a própria autonomia da convenção de arbitragem em relação ao contrato principal, parece-nos levar mais longe do que nos outros textos citados a adopção do princípio da autonomia das partes na elaboração da convenção de arbitragem [83].

Outro exemplo da autonomia da vontade das partes na elaboração da convenção de arbitragem consta do artigo 22.º da Lei n.º 31/86, nos termos do qual as partes podem «na convenção de arbitragem» autorizar os árbitros a julgar segundo a equidade, em vez do «direito constituído» (*jus strictum*), o que, segundo o artigo 29.º, 2, «envolve a renúncia aos recursos», os quais podem ser admitidos na convenção de arbitragem, se as partes assim o entenderem (artigo 29.º, 1, da Lei n.º 31/86, *a contrario*).

Indicados os principais casos em que a Lei da Arbitragem consagra a autonomia da vontade das partes na elaboração da convenção de arbitragem, cabe agora referir algumas ilustrações do mesmo princípio relativamente à constituição do tribunal arbitral.

---

[81] O Prof. R. Ventura, *ibidem*, p. 381, refere a autonomia da vontade das partes quanto a esta matéria, mas em sentido diferente: as partes, ao estipularem na convenção de arbitragem que esta abrange os litígios relativos à validade do contrato principal, demonstram a sua vontade de «separar ou autonomizar» a convenção de arbitragem em relação ao contrato principal. A hipótese visada no texto é a inversa desta: trata-se aí da autonomia da vontade das partes no sentido de *não autonomizar* a convenção de arbitragem em relação ao contrato principal.

[82] M. Ângela C. B. Soares-R. M. Moura Ramos, p. 281 (cf. *supra*, n. 78 e texto correspondente).

[83] A questão que se pode pôr neste caso é a de saber – sendo também *nula* a convenção de arbitragem – qual é a *base jurídica* da solução do tribunal arbitral que declara nulo o contrato principal e *também a convenção de arbitragem*, nos termos do artigo 21.º, 2, *in fine,* da Lei n.º 31/86. Mas, neste caso, parece dever aplicar-se o artigo 21.º 1, da Lei da Arbitragem (*Kompetenz-Kompetenz* – cf. *infra.*, I, 5.) – cf. Prof. R. Ventura, 1986-2, p. 373 –, devendo o tribunal arbitral considerar-se *incompetente*, em virtude da *nulidade* da convenção de arbitragem.

ii) A autonomia da vontade na constituição do tribunal arbitral

Como expressamente afirma a *Exposição de motivos* que acompanha a proposta de Lei n.º 34/IV [84], «o reconhecimento da autonomia privada (...) levou a confiar à livre estipulação das partes a disciplina de múltiplos aspectos relativos à constituição e ao funcionamento do tribunal arbitral». Para documentar esta afirmação, basta referir algumas disposições da Lei n.º 31/86: liberdade de fixação do número de árbitros – com a única limitação de que tal número deve ser ímpar (artigo 6.º, 1) [85] –, quer na convenção de arbitragem, quer em escrito posterior assinado pelas partes (artigo 6.º, 2); liberdade de designação pelas partes, na convenção de arbitragem ou em escrito posterior por elas assinado, do árbitro ou dos árbitros que constituirão o tribunal arbitral ou de «fixação do modo por que serão escolhidos» (artigo 7.º, 1), o que inclui, a nosso ver, a designação feita por terceiros [86]; liberdade de substituição pelas partes dos árbitros falecidos, escusados, impossibilitados permanentemente ou cuja designação ficou sem efeito (artigo 13.º da Lei da Arbitragem, que manda aplicar *mutatis mutandis* as regras aplicáveis à designação); liberdade de escolha do presidente do tribunal arbitral (artigo 14.º, 1, 2.ª parte) e liberdade de derrogar as regras relativas aos seus poderes (cf. artigo 14.º, 3, *in fine*) [87].

---

[84] Cf. *loc. cit. supra*, n. 10, p. 3199, n.º 11, 1.º §.

[85] Tal limitação – que não figura no artigo 10.º, 1, da Lei-Modelo da CNUDCI (cf. M. Ângela C. B. Soares-R. M. Moura Ramos, p. 267 e n. 27: o interesse das partes prima sobre o «interesse que está na base da exigência de um número ímpar de árbitros») – já existia no artigo 6.º, 1, do DL n.º 243/84, de 17 de Julho, e a sua manutenção é assim justificada na *Exposição de motivos, ibidem*, p. 3199, n.º 11, 2.º §: «A supressão desta limitação conduziria a dificuldades na disciplina das regras de voto que pareceu conveniente evitar».

[86] Cf. o artigo 7.º, 1, *in fine*, do DL n.º 243/84 («As partes podem (...) confiar a terceiros a designação [dos árbitros]») e o artigo 11.º, 6, da Lei n.º 31/86 («Caso pertença a terceiro a designação de um ou mais árbitros [...]»); cf. ainda o artigo 2.º, alínea d), da Lei-Modelo da CNUDCI – de que estas disposições são um caso particular – e M. Ângela C. B. Soares-R. M. Moura Ramos, p. 251.

[87] Artigo 14.º, 3, da Lei n.º 31/86: «Compete ao presidente do tribunal arbitral preparar o processo, dirigir a instrução, conduzir os trabalhos das audiências e ordenar os debates, *salvo convenção em contrário*». Trata-se de uma norma *supletiva*, enquanto a disposição correspondente do DL n.º 243/84 (artigo 15.º, 2) tinha, pelo menos aparentemente, carácter *imperativo*, pois não continha a menção relativa à faculdade de convenção das partes em contrário.

iii) A autonomia da vontade em matéria de regras de processo a observar na arbitragem

Nos termos do artigo 15.º, 1, da Lei n.º 31/86, «na convenção de arbitragem ou em escrito posterior, até à aceitação do primeiro árbitro, podem as partes acordar sobre as regras de processo a observar na arbitragem, bem como sobre o lugar onde funcionará o tribunal» [88], dispondo o n.º 2 que tal acordo «pode resultar da escolha de um regulamento de arbitragem» emanado de uma entidade autorizada a organizar arbitragens institucionalizadas, a que se refere o artigo 38.º da Lei, «ou ainda da escolha de uma dessas entidades para a organização da arbitragem» [89].

Na falta de acordo das partes quanto às regras de processo e sobre o lugar de funcionamento do tribunal arbitral, o artigo 15.º, 3, da Lei da Arbitragem determina que tal escolha caberá aos árbitros, o que significa ainda uma extensão do princípio da autonomia privada, na medida em que tal princípio intervém, como se viu, relativamente à designação dos árbitros.

Se cotejarmos este regime em matéria de regras de processo a observar na arbitragem com o que era estabelecido no DL n.º 243/84, de 17 de Julho, verificaremos que o legislador da Lei n.º 31/86, de 29 de Agosto, veio pôr termo a uma série de dúvidas que o anterior diploma suscitava.

O artigo 15.º, 1, do DL n.º 243/84 determinava, com efeito, que «as partes podem acordar, na convenção de arbitragem ou em escrito posterior, sobre o local onde funcionará o órgão arbitral e sobre as regras de processo a observar na arbitragem, competindo essa indicação aos árbitros, se as partes a não fizerem até à aceitação do encargo pelo primeiro árbitro» [90], mas logo, no n.º 2 do mesmo artigo, se

---

[88] A *Exposição de motivos* que acompanha a proposta de lei n.º 34/IV (*loc. cit. supra*, n. 10, p. 3199, n.º 11, 4.º §) coloca igualmente estas matérias no âmbito do reconhecimento da autonomia da vontade das partes.

[89] Cf. a *Exposição de motivos*, *ibidem*, p. 3199, n.º 11, 5.º §.

[90] O artigo 1516.º, 1, do CPC de 1961 já admitia a autonomia das partes no que respeitava à fixação do lugar da arbitragem, à designação do árbitro que deve intervir na preparação do processo, bem como às regras a seguir neste; no silêncio das partes, o artigo 1519.º, 1, mandava aplicar as regras do processo comum, salvo se as partes tivessem autorizado os árbitros a julgar segundo a equidade, caso em que tal implica-

fixavam *imperativamente* os poderes do presidente do tribunal arbitral [91].

Por outro lado, os artigos 16.º a 21.º do DL n.º 243/84 continham disposições pormenorizadas relativamente ao início da instância, à contestação, à resposta à contestação, à marcação de julgamento, à comparência, representação [92] e substituição das partes e, enfim, à revelia. Tais preceitos continham, segundo a doutrina, normas não imperativas [93], supletivas ou mesmo meramente indicativas [94], e esta não poupava as suas críticas em relação à falta de clareza nesta matéria [95] por parte do legislador do DL n.º 243/84.

Com muito maior coerência, a Lei n.º 31/86, na linha do artigo 19.º, n.ºs 1 e 2, da Lei-Modelo da CNUDCI [96], limitou-se a consagrar o princípio da autonomia da vontade das partes (artigo 15.º, 1 e 2) ou a determinar, supletivamente, que a escolha do direito processual aplicável fosse feita pelos árbitros (artigo 15.º, 3), sem prejuízo do respeito

---

ria necessariamente a concessão da faculdade aos árbitros de determinarem os trâmites a seguir na instrução do processo (artigo 1519.º, 2, do CPC); cf. M. Ângela C. B. Soares-R. M. Moura Ramos, p. 289, n. 125.

[91] Cf. *supra*, n. 87; cf. ainda M. Ângela C. B. Soares-R. M. Moura Ramos, p. 289.

[92] Quanto à representação das partes, enquanto o artigo 17.º da Lei n.º 31/86 se limita a determinar que «as partes podem designar quem as represente ou assista em tribunal», o artigo 20.º, 2, do DL n.º 243/84 estabelecia a necessidade de «procuração com poderes especiais para contestar, desistir ou transigir», para o advogado ou mandatário encarregado da representação, e admitia a assistência das partes em tribunal «por advogado ou outra pessoa de sua escolha». Apesar da diferença de formulação, não cremos que haja uma mudança de regime jurídico relativamente a esta matéria; quanto à capacidade dos mandatários para celebrar convenções de arbitragem, cf. Prof. R. Ventura, 1986-2, pp. 309-311.

[93] Cf. Prof. A. Ferrer Correia, p. 12, que apenas se refere aos preceitos dos artigos 16.º a 19.º do DL n.º 243/84; mas, segundo nos parece, o mesmo vale dizer quanto aos artigos 20.º e 21.º do DL.

[94] Cf. M. Ângela C. B. Soares - R. M. Moura Ramos, p. 294. Os autores referem-se aos artigos 17.º e seguintes do DL n.º 243/84; quanto ao artigo 16.º, 1, do DL, que se reporta ao início da instância, os autores exprimem as suas dúvidas quanto ao carácter supletivo ou imperativo deste preceito (p. 292).

[95] Cf. Prof. A. Ferrer Correia, p. 12: «O regime estabelecido pelo DL n.º 243//84 está (...) longe de poder caracterizar-se, na presente matéria, pela marca da clareza».

[96] Sobre esta questão, cf. M. Ângela C. B. Soares-R. M. Moura Ramos, pp. 287-289.

absoluto dos princípios fundamentais — e interrogáveis — a observar no processo, constantes do artigo 16.º, e de que se tratará a seguir.

A justificação desta posição avisada é dada na *Exposição de motivos* da proposta de lei n.º 34/IV [97], nos seguintes termos, que contêm uma alusão velada e uma crítica implícita às soluções do DL n.º 243/84: «Julgou-se não dever o legislador formular pormenorizadas regras supletivas em matéria de processo, dada a diversidade de tipos de litígios cuja resolução pode ser cometida a tribunal arbitral».

Outra questão que se coloca a este propósito é a seguinte: na vigência do DL n.º 243/84, entendia uma parte na doutrina [98] que as referidas disposições desse diploma relativas às regras de processo a observar na arbitragem apenas tinham relevância quanto à arbitragem interna, pois em matéria de arbitragem internacional o artigo 2.º do Protocolo de Genebra de 1923 levava à aplicação supletiva da lei processual do Estado em cujo território tinha lugar a arbitragem [99].

Como este instrumento de Direito Internacional continua a vincular Portugal [100], põe-se a questão de saber se ele prevalece ou não sobre o disposto na Lei n.º 31/86, que — como já se viu — se refere também à arbitragem internacional, no que a esta última diz respeito.

Dado, por um lado, que a Lei n.º 31/86 se aplica às arbitragens que tenham lugar em território português (artigo 37.º da Lei n.º 31/86) e que, por outro lado, o artigo 39.º, 3, da mesma Lei revogou o título I do livro IV do CPC — o que o DL n.º 243/84 não fizera expressamente —, cremos que não há qualquer incompatibilidade entre o Protocolo de Genebra de 1923 e a Lei n.º 31/86, em matéria de regras de processo a observar na arbitragem internacional.

Ao remeter para a lei de processo do Estado em cujo território tem lugar a arbitragem, o Protocolo remete para a lei portuguesa,

---

[97] Cf. *loc. cit. supra*, n. 10, p. 3199, n.º 11, 7.º §.

[98] M. Ângela C. B. Soares-R. M. Moura Ramos, pp. 290 e 294.

[99] Artigo 2.º, I, do Protocolo: «O processo de arbitragem, incluindo a constituição do tribunal arbitral, será regulado segundo a vontade das partes e segundo a lei do país em cujo território a arbitragem se efectuar». No mesmo sentido, cf. Prof. A. Ferrer Correia, p. 12, n. 21.

[100] Cf. *supra*, n. 9, e M. Ângela C. B. Soares-R. M. Moura Ramos, pp. 238-239 e 290. [Nos termos do artigo VII, n.º 2, da Convenção de Nova Iorque de 10.6.1958 (cf. *supra*, n. 9, *in fine*), o Protocolo continua a reger as relações entre Portugal e os Estados partes no Protocolo que não aderiram à Convenção de Nova Iorque (*observação de Dezembro de 1997*)].

quanto às arbitragens que ocorram em Portugal. Por lei portuguesa haverá então que entender, segundo cremos, as regras constantes da Lei n.º 31/86, de 29 de Agosto, as quais justamente se aplicam, por força do artigo 37.º da Lei, às arbitragens que tenham lugar em território português.

Cabe ainda referir, relativamente à autonomia da vontade das partes em matéria de regras de processo, o disposto no artigo 18.º da Lei n.º 31/86, nos termos do qual «pode ser produzida perante o tribunal arbitral qualquer prova admitida pela lei de processo civil» (n.º 1), podendo mesmo a parte interessada requerer ao tribunal judicial que a prova seja produzida perante ele (n.º 2) [101].

Por fim, deve ainda mencionar-se que, nos termos do artigo 19.º da Lei n.º 31/86, o prazo para a decisão do tribunal arbitral pode ser fixado, directa ou indirectamente, pelas partes, na convenção de arbitragem ou em escrito posterior, até à aceitação do primeiro árbitro (n.º 1), sendo o prazo supletivo de seis meses (n.º 2), podendo o prazo [102] ser prorrogado – por uma ou mais vezes [103] –, por acordo escrito das partes, até ao dobro da sua duração inicial [104].

---

[101] Cf., quanto a esta matéria, os artigos 26.º e 27.º da Lei-Modelo da CNUDCI e M. Ângela C. B. Soares-R. M. Moura Ramos, pp. 298-300; cf. ainda o artigo 22.º, 1, 2 e 3, do DL n.º 243/84, que contém, no essencial, o disposto no artigo 18.º, 1 e 2, da Lei n.º 31/86, mas com uma formulação bastante menos feliz do que a deste último diploma.

[102] Convencional ou supletivo: cf. Prof. R. Ventura, 1986-2, p. 407.

[103] Cf. *Exposição de motivos* (*loc. cit. supra*, n. 10), p. 3199, n.º 12, 2.º §.

[104] Para uma crítica deste limite máximo, cf. Prof. R. Ventura, 1986-2, p. 407: por um lado, se as partes concordarem quanto à duração da prorrogação, «não se vê motivo para a lei a limitar»; por outro lado, se uma das partes recusar a prorrogação, o processo arbitral termina sem que a parte contrária se possa opor, «com a consequente inutilidade do processo arbitral e os encargos que serão suportados pelo autor».

Quanto a nós, o apelo à autonomia da vontade de ambas as partes, mas com o limite que lhe é fixado quanto à duração máxima da prorrogação visa, por um lado, flexibilizar o funcionamento do tribunal arbitral, mas sem correr o risco da «eternização» do processo arbitral. A este propósito, convém referir o disposto no artigo 19.º, 5, onde se revela, de modo patente, a intenção do legislador: «Os árbitros que injustificadamente obstarem a que a decisão seja proferida dentro do prazo fixado respondem pelos danos causados».

Note-se que a *celeridade das decisões arbitrais* é uma das principais vantagens – commumente apontada – dos tribunais arbitrais sobre os tribunais judiciais; quanto a este último ponto, cf. Prof. A. Ferrer Correia, p. 5, e M. Pereira Barrocas, pp. 433, 445.

Além disso, nos termos do artigo 20.º da Lei n.º 31/86, as partes dispõem de autonomia quanto à fixação de uma maioria qualificada para a decisão do tribunal arbitral (n.º 1), bem como relativamente à atribuição de poderes especiais ao seu presidente quanto ao sentido da decisão arbitral (n.ºs 2 e 3).

Enunciados, de forma sucinta, os principais afloramentos do princípio da autonomia da vontade das partes na Lei n.º 31/86, ocorre agora referir com a brevidade possível os limites que a Lei de Arbitragem traça a essa autonomia.

B) Limites ao princípio da autonomia da vontade das partes

Para além de certos preceitos imperativos que já foram referidos a outro propósito [105], os principais limites ao princípio da autonomia da vontade das partes reportam-se (i) aos árbitros e à constituição do tribunal arbitral, (ii) aos princípios fundamentais a observar no processo arbitral e (iii) à própria decisão arbitral.

i) Limites ao princípio da autonomia da vontade relativos aos árbitros e à constituição do tribunal arbitral

Nem todos os sujeitos de direito podem ser árbitros, de acordo com a Lei n.º 31/86: as pessoas colectivas estão excluídas e, de entre as pessoas singulares, só podem ser árbitros as que forem plenamente capazes (artigo 8.º da Lei da Arbitragem) [106].

---

[105] Por exemplo, artigos 2.º, 1 (redução a escrito da convenção de arbitragem); 2.º, 3 (determinação do objecto do litígio ou da relação jurídica a que os litígios respeitem); 6.º, 1 (número ímpar de árbitros); 19.º, 1 (limite estabelecido para a fixação do prazo da decisão do tribunal arbitral pelas partes – até à aceitação do primeiro árbitro); 19.º, 4 (limite máximo da prorrogação do prazo da decisão até ao dobro da sua duração inicial).

[106] Diferentemente, o artigo 13.º, 1, do DL n.º 243/84 não se refere expressamente às pessoas singulares, mas, em contrapartida, exige que os árbitros, além de «plenamente capazes», sejam «de reconhecida idoneidade», ideia que vinha já do artigo 1566.º, § 1.º, do CPC de 1939.

Note-se, no entanto, que na Lei n.º 31/86 – e já também no DL n.º 243/84 – desapareceu uma importante restrição relativa aos árbitros, a qual constava do CPC de 1939 (artigo 1566, § 1.º) e se mantivera no CPC de 1961 – artigo 1514.º, 1: «Os árbitros hão-de ser *cidadãos portugueses*, capazes e de reconhecida probidade». Sobre este ponto, cf. Prof. A. Ferrer Correia, p. 24, n. 56, 7.ª característica (para este autor trata-se de uma das «características sobressalientes do regime instituído pelo

Se nem todos podem ser árbitros, ninguém pode ser árbitro contra sua vontade, como enuncia o artigo 9.º, 1, da Lei n.º 31/86, dando aqui carácter imperativo ao respeito da autonomia da vontade. No entanto, a segunda parte do mesmo preceito estabelece um limite a esta relevância da autonomia da vontade: «(...) se o encargo tiver sido aceite, só será legítima a escusa fundada em causa superveniente que impossibilite o designado de exercer a função»; por outro lado, o artigo 9.º, 3, sanciona a escusa ilegítima ou injustificada do árbitro que aceitara o encargo: «o árbitro que, tendo aceitado o encargo, se escusar injustificadamente ao exercício da sua função responde pelos danos a que der causa». A pessoa designada como árbitro deve declarar, «por escrito a qualquer das partes, dentro dos dez dias subsequentes à comunicação da designação, que não quer exercer a função», sem o que o encargo de árbitro «considera-se aceite» (artigo 9.º, 2, da Lei n.º 31/86).

Outra importante limitação ao princípio da autonomia da vontade relativamente aos árbitros consta do artigo 10.º, 2, da Lei da Arbitragem: «A parte não pode recusar o árbitro por ela designado, salvo ocorrência de causa superveniente de impedimento ou escusa (...)». Trata-se, no fundo, da proibição de *venire contra factum proprium*, princípio já consagrado, quanto a este ponto, no artigo 12.º, 2, *in fine*, da Lei-Modelo da CNUDCI, que parece ter servido de fonte ao legislador português [107].

Cabe agora referir uma importante diferença entre o DL n.º 243//84 e a Lei n.º 31/86, no que toca à designação dos árbitros. O DL consagrava uma norma de carácter imperativo [108], considerada como uma aplicação do princípio geral de boa fé [109], no artigo 4.º, cujo teor era o seguinte: «É nula a convenção de arbitragem que confira a uma das partes qualquer situação de privilégio relativamente à designação de árbitros». Ora esta norma não consta da Lei n.º 31/86, tendo o legislador decidido suprimi-la deliberadamente. Como interpretar esta alteração da Lei n.º 31/86 em relação ao disposto no DL n.º 243/84?

DL n.º 243/84»); M. Ângela C. B. Soares-R. M. Moura Ramos, p. 268. O legislador português parece ter-se inspirado no artigo 11.º, 1, da Lei-Modelo da CNUDCI, onde se enuncia «um princípio de não discriminação [dos árbitros] fundada sobre a nacionalidade» (M. Ângela C. B. Soares-R. M. Moura Ramos, *ibidem*).

[107] Cf., no mesmo sentido, o artigo 13.º, 3, do DL n.º 243/84; sobre o artigo 12.º, 2, *in fine*, da Lei-Modelo da CNUDCI e o artigo 13.º, 3, do DL n.º 243/84, cf., no sentido do texto, M. Ângela C. B. Soares-R. M. Moura Ramos, pp. 273-274.

[108] Cf. Prof. A. Ferrer Correia, p. 12.

[109] Cf. Prof. R. Ventura, 1986-1, pp. 43-44.

Quanto a este ponto, estamos de acordo com a opinião expressa por M. Ângela C. B. Soares e R. M. Moura Ramos. Estes autores, referindo a não existência na Lei-Modelo da CNUDCI de uma norma equivalente à do artigo 4.º do DL n.º 243/84, salientavam, no entanto, que, «sendo esta uma solução admitida universalmente, *mesmo na falta de disposição expressa*, também à face [da Lei-Modelo] ela se há-de ter por consagrada, por aplicação do princípio da igualdade das partes formulado no artigo 18.º»[110].

Ora, como o princípio da igualdade das partes, constante do artigo 18.º da Lei-Modelo, está claramente expresso no artigo 16.º, alínea a), da Lei n.º 31/86, pensamos que a omissão, na Lei da Arbitragem, de um preceito equivalente ao do artigo 4.º do DL n.º 243/84 se deve à convicção, por parte do legislador, da desnecessidade de um tal preceito, como mero corolário que é do princípio da igualdade das partes. Apesar de não haver disposição expressa na Lei da Arbitragem, cremos, pois, que se mantém a doutrina do artigo 4.º do DL n.º 243/84.

Finalmente, quanto à constituição do tribunal arbitral, a Lei n.º 31//86 também estabelece imperativamente certas regras, que constituem outros tantos limites à autonomia da vontade das partes nesta matéria: referimo-nos, em particular, ao artigo 11.º da Lei da Arbitragem, que obriga «a parte que pretenda instaurar o litígio no tribunal arbitral» a «notificar desse facto a parte contrária» (n.º 1), prescreve uma forma especial para a notificação (carta registada com aviso de recepção – n.º 2) e fixa imperativamente o conteúdo mínimo da notificação: «A notificação deve indicar a convenção de arbitragem e precisar o objecto do litígio, se ele não resultar já determinado da convenção» (n.º 3)[111].

ii) Limites ao princípio da autonomia da vontade em matéria de princípios fundamentais a observar no processo arbitral

Já se viu que o legislador da Lei n.º 31/86 consagrou, no artigo 15.º, 1 a 3, o princípio da autonomia da vontade em matéria de regras de processo a observar na arbitragem e preferiu não enunciar regras supletivas nesta matéria[112].

---

[110] Cf. M. Ângela C. B. Soares-R. M. Moura Ramos, p. 269 (sublinhado meu).

[111] Cf., ainda no artigo 11.º, n.ºs 4 a 6, da Lei da Arbitragem, outros deveres quanto à notificação da parte contrária (n.ºs 4 e 5) ou de terceiro, a quem pertença a designação de um ou mais árbitros (n.º 6).

[112] Cf. *supra*, n. 88 e texto correspondente.

Mas num sistema jurídico como o português, em que os tribunais arbitrais têm pleno reconhecimento na Constituição [113], não se compreenderia que fosse deixada inteiramente ao alvedrio das partes (artigo 15.º, 1 e 2) ou dos árbitros (artigo 15.º, 3) a escolha das regras processuais a observar pelo tribunal arbitral.

Daí que o artigo 16.º da Lei n.º 31/86 tenha fixado certos princípios fundamentais a observar no processo, que devem ser respeitados «em qualquer caso», tendo assim carácter inderrogável [114]. Pela sua importância, transcreve-se integralmente o referido artigo 16.º:

«Em qualquer caso, os trâmites processuais da arbitragem deverão respeitar os seguintes princípios fundamentais:
 a) As partes serão tratadas com absoluta igualdade;
 b) O demandado será citado para se defender;
 c) Em todas as fases do processo será garantida a estreita observância do princípio do contraditório;
 d) Ambas as partes devem ser ouvidas, oralmente ou por escrito, antes de ser proferida a decisão final».

Inspirado provavelmente no artigo 18.º da Lei-Modelo da CNUDCI [115] e no artigo 3.º do DL n.º 243/84 [116], o artigo 16.º da Lei da Arbitragem tem, sobre aqueles textos, a vantagem de ser mais explícito e mais preciso.

Da análise que fazem do artigo 18.º da Lei-Modelo da CNUDCI, M. Ângela C. B. Soares e R. M. Moura Ramos [117] extraem duas ideias fundamentais – a igualdade de tratamento e a possibilidade de ambas as partes fazerem valer os seus direitos perante o tribunal arbitral. A segunda ideia, de acordo com estes autores, desdobra-se em dois

---

[113] Cf. *supra*, n. 5 e texto correspondente.

[114] Ou «inarredável», no dizer de M. Ângela C. B. Soares-R. M. Moura Ramos, p. 287, a propósito do princípio da igualdade de tratamento das partes, constante do artigo 18.º da Lei-Modelo da CNUDCI e do artigo 3.º, 1, do DL n.º 243/ /84; este princípio está mais claramente formulado no artigo 16.º, alínea a), da Lei n.º 31/86.

[115] Artigo 18.º da Lei-Modelo da CNUDCI: «Les parties doivent être traitées sur un pied d'égalité et chaque partie doit avoir toute possibilité de faire valoir ses droits».

[116] Artigo 3.º do DL n.º 243/84: «1 – O tribunal arbitral deve assegurar às partes iguais condições de defesa dos seus direitos. 2 – O tribunal garantirá, em todas as fases do processo, a estreita observância do princípio do contraditório».

[117] Pp. 286-287.

princípios distintos: o princípio do *audiatur et altera pars* (cada parte deve poder fazer valer as suas razões) e o princípio do *contraditório* (as provas de cada uma das partes devem ser comunicadas à outra parte, a quem é dada a possibilidade de as refutar). Sendo assim, são três os princípios fundamentais vertidos no artigo 18.º da Lei-Modelo: princípio da *igualdade de tratamento*, princípio do *audiatur et altera pars* e princípio do *contraditório* [118].

Cremos que o artigo 16.º da Lei n.º 31/86 contém, de forma expressa e inequívoca, cada um destes princípios, indo além do que estabelecia nesta matéria o artigo 3.º do DL n.º 243/84.

Assim, a alínea a) afirma, de modo absoluto, o princípio da *igualdade de tratamento das partes*, «Magna Carta do processo arbitral» [119], pondo-o expressivamente à frente dos outros princípios, tal como acontece no artigo 18.º da Lei-Modelo da CNUDCI [120].

O princípio do *audiatur et altera pars* vem consagrado na alínea b) (no caso particular do direito de defesa do demandado, para expor os seus argumentos face aos do demandante) e na alínea d), em que o princípio é afirmado, de modo mais genérico, em relação a ambas as partes [121].

Quanto ao princípio do *contraditório*, ele está expressamente mencionado na alínea c) do artigo 16.º, que exige a sua «estreita observância» «em todas as fases do processo» [122].

Da afirmação de que tais princípios são «fundamentais» e de que devem ser respeitados «em qualquer caso» deduz-se, sem qualquer

---

[118] *Ibidem*, p. 287.

[119] Cf. M. Ângela C. B. Soares-R. M. Moura Ramos, p. 295 (a propósito do artigo 18.º da Lei-Modelo da CNUDCI).

[120] Sobre a importância de idêntica «colocação sistemática» deste princípio no artigo 18.º da Lei-Modelo da CNUDCI, cf. M. Ângela C. B. Soares-R. M. Moura Ramos, pp. 286-287.

Este princípio inferia-se do artigo 3.º, 1, do DL n.º 243/84 (cf. *supra*, n. 116), embora, a nosso ver, não estivesse tão claramente expresso como na alínea a) do artigo 16.º da Lei n.º 31/86; aliás, M. Ângela C. B. Soares-R. M. Moura Ramos não referem explicitamente que este princípio está contido no artigo 3.º do DL n.º 243/84 (p. 287).

[121] Em nossa opinião (cf. também M. Ângela C. B. Soares-R. M. Moura Ramos, p. 287), era sobretudo este princípio que estava afirmado no artigo 3.º, 1, do DL n.º 243/84 (cf. *supra*, n. 116), como um simples caso particular, do qual se podia inferir a consagração do princípio da igualdade de tratamento (cf. *supra*, n. 120).

[122] Esta alínea corresponde ao artigo 3.º, 2, do DL n.º 243/84; cf. *supra*, n. 116.

sombra de dúvida, que tais princípios têm carácter rigorosamente imperativo, estando portanto subtraídos à autonomia da vontade das partes [123].

A *Exposição de motivos* da proposta de lei n.º 34/IV [124] sublinha que estes princípios fundamentais «não poderão ser postergados, seja pelas partes, seja pelos regulamentos das entidades chamadas a intervir em matéria de arbitragem, seja pelos árbitros», precisões estas cuja importância não é de mais salientar.

iii) Limites ao princípio da autonomia da vontade relativos à decisão arbitral

Cabe, finalmente, referir os limites estabelecidos pelo legislador da Lei n.º 31/86 à própria decisão arbitral, que estão contidos nos artigos 23.º a 25.º e no artigo 28.º, 1, da Lei da Arbitragem.

O artigo 23.º da Lei n.º 31/86 fixa o *conteúdo mínimo* da decisão arbitral, a qual deverá necessariamente ser reduzida a escrito: a identificação das partes, a referência à convenção de arbitragem [125], o objecto do litígio, a identificação dos árbitros, o lugar da arbitragem e o local e a data em que a decisão foi proferida [126], a assinatura dos árbitros e a indicação dos que não puderam ou não quiseram assinar (n.º 1).

A decisão deverá ainda conter a assinatura da maioria dos árbitros e incluirá os votos de vencido, devidamente identificados (n.º 2),

---

[123] No mesmo sentido, quanto ao artigo 3.º do DL n.º 243/84, cf. Prof. A. Ferrer Correia, p. 12; o Prof. R. Ventura, 1986-1, pp. 43-44, considera que o artigo 3.º é uma das regras que garante a boa fé, de modo que a convenção violadora de tais regras será nula por esse facto [note-se que o artigo 3.º da Lei n.º 31/86 não cita este caso entre os que provocam a nulidade da convenção, mas apenas como fundamento do pedido de anulação da sentença arbitral, nos termos do artigo 27.º, 1, alínea c), desde que a violação do(s) princípio(s) tenha tido «influência decisiva na resolução do litígio»; cf., aliás, no mesmo sentido, o artigo 31.º, 1, alínea l), do DL n.º 243/84].

[124] Cf. *loc. cit. supra*, n. 10, p. 3199, n.º 11, penúltimo §.

[125] A referência à convenção de arbitragem – diferentemente das outras menções – não era exigida no artigo 27.º, 1, do DL n.º 243/84.

[126] A distinção entre o *lugar da arbitragem* e o *local em que a decisão foi proferida*, que é estabelecida no artigo 23.º, 1, alínea e), pode ter relevância em matéria de *exequatur*. Assim, parece que não carecem de controle prévio as decisões arbitrais proferidas no estrangeiro se o lugar da arbitragem for em Portugal; cf. *supra*, n. 13a.

devendo ser fundamentada (n.º 3) [127]; os encargos do processo deverão ser fixados e repartidos na própria decisão.

O artigo 24.º da Lei n.º 31/86 trata da notificação da decisão às partes, por carta registada, ordenada pelo presidente do tribunal arbitral (n.º 1) e do respectivo depósito na secretaria do tribunal judicial do lugar da arbitragem (n.º 2) [128], devendo as partes ser notificadas pelo presidente do tribunal arbitral do depósito da decisão (n.º 3).

O artigo 25.º da Lei fixa imperativamente o momento em que se extingue o poder jurisdicional dos árbitros: com a notificação do depósito da decisão que pôs termo ao litígio, ou, não havendo lugar a proceder a tal depósito, com a notificação da decisão às partes [129].

Finalmente, uma norma imperativa de extrema importância é a do artigo 28.º, 1, da Lei da Arbitragem, que determina que «o direito de requerer a anulação da decisão dos árbitros é irrenunciável» [130].

Uma vez terminado o estudo da relevância do princípio da autonomia da vontade na Lei da Arbitragem, bem como dos limites que lhe

---

[127] O artigo 27.º, 2, do DL n.º 243/84 exigia que a decisão fosse fundamentada «tanto em relação à matéria de facto como relativamente à matéria de direito». Apesar de a redacção do artigo 23.º, 3, da Lei da Arbitragem não ser tão precisa – o texto limita-se a determinar que «a decisão deve ser fundamentada» –, não cremos que tal signifique uma mudança de regime jurídico: o legislador, ao exigir a fundamentação, considerou óbvio que ela deve respeitar tanto à matéria de facto como à matéria de direito, a menos que, nas arbitragens internas, a decisão seja proferida segundo a equidade – em vez do *jus strictum* – (artigo 22.º, *in fine*), ou, nas arbitragens internacionais, além desse caso (cf. artigo 33.º, 1, *in fine*), se o litígio for decidido por composição amigável (artigo 35.º da Lei n.º 31/86 – cf. argumento de analogia *ex* artigo 31.º, 2, da Lei-Modelo da CNUDCI, *in fine*).

[128] Salvo convenção das partes em contrário, na convenção de arbitragem ou em escrito posterior ou se, nas arbitragens institucionalizadas, o respectivo regulamento previr outra forma de depósito; trata-se, portanto, de uma norma supletiva, diferentemente do que se passava com o artigo 28.º, 2, do DL n.º 243/84, cuja formulação parecia ter carácter imperativo, o que – em todo o caso – era duvidoso, sobretudo no que respeita às arbitragens institucionalizadas, em que a solução da Lei n.º 31/86 parece decorrer da própria natureza das coisas.

[129] O artigo 28.º, 3, do DL n.º 243/84 fixava o momento da extinção do poder jurisdicional dos árbitros no momento da notificação do depósito da decisão, o que era susceptível de criar dificuldades, no caso de tal depósito não ser exigido (cf. a n. anterior, *in fine*).

[130] Cf., no mesmo sentido, o artigo 32.º do DL n.º 243/84 (cf. M. Ângela C. B. Soares-R. M. Moura Ramos, p. 320); o Prof. R. Ventura, 1986-1, pp. 43-44, via no artigo 32.º do DL n.º 243/84 mais um caso de uma regra que garantia a boa fé.

são traçados, cabe agora referir com brevidade qual é o papel dos tribunais judiciais na arbitragem voluntária.

5. CARÁCTER EXCEPCIONAL DA INTERVENÇÃO DOS TRIBUNAIS JUDICIAIS NA ARBITRAGEM VOLUNTÁRIA

A *Exposição de motivos* da proposta de lei n.º 34/IV [131] afirmava expressivamente que – assentando a arbitragem voluntária na autonomia privada – «(...) a constituição e o funcionamento dos tribunais arbitrais devem desvincular-se de toda a desnecessária ou desrazoável intervenção dos tribunais judiciais (...)».

São pouco numerosos os casos em que o tribunal judicial intervém na constituição do tribunal arbitral e no próprio processo arbitral [132]: trata-se, em matéria de designação de árbitros, na falta de acordo das partes, do artigo 12.º, 1 a 3, da Lei da Arbitragem, sendo tais regras aplicáveis *mutatis mutandis* à substituição de árbitros já designados (artigo 13.º); relativamente à escolha do presidente do tribunal arbitral, quando não for feita pelas partes ou pelos árbitros (artigo 14.º, 1 e 2, da Lei n.º 31/86); no que toca à delimitação do objecto do litígio, na falta de acordo das partes (artigo 12.º, 4, da Lei); enfim, na produção de prova que exija a intervenção de «poderes de autoridade de que o tribunal arbitral não dispõe» [133] (artigo 18.º, 2).

Como já se viu [134], é ao tribunal arbitral que compete pronunciar-se sobre a sua própria competência (artigo 21.º, 1, da Lei), acrescentando o artigo 21.º, 4, que a decisão do tribunal arbitral pela qual ele se declara competente só pode ser apreciada pelo tribunal judicial depois de proferida decisão sobre o fundo da causa e por meio do pedido de anulação (artigo 27.º) ou no âmbito da oposição à execução da decisão arbitral (artigo 31.º da Lei da Arbitragem).

O tribunal judicial intervém ainda no que respeita à impugnação da decisão arbitral, tendo-se optado «(...) por manter o sistema tradicional [em Portugal] que admite, ao lado do pedido de anulação [artigo

---

[131] Cf. *loc. cit. supra*, n. 10, p. 3196, n.º 3, 3.º §.
[132] *Ibidem*, 4.º §.
[133] *Ibidem*, p. 3197, alínea d), do n.º 3; seguimos aqui muito de perto a *Exposição de motivos*.
[134] Cf. *supra*, n. 74.

27.º], o recurso, sempre que as partes não tenham renunciado a esta última via [artigo 29.º, 1, da Lei]» [135].

No que diz respeito à anulação da decisão arbitral, ela só pode ser decidida pelo tribunal judicial *taxativamente* por algum dos fundamentos previstos no artigo 27.º, 1, da Lei, entre os quais avultam a não arbitrabilidade do litígio [a)], a incompetência ou irregularidade de constituição do tribunal arbitral [b)], a violação de algum dos princípios fundamentais em matéria de processo com influência decisiva na resolução do litígio [c)], a falta de certos elementos do conteúdo mínimo da decisão (falta de assinatura – ou falta do número mínimo de assinaturas – dos árbitros, falta de fundamentação da sentença arbitral) [d)], o excesso ou a insuficiência do tribunal arbitral no conhecimento das questões em relação àquilo que lhe fora cometido [e)].

A mais notável diferença entre o artigo 27.º da Lei da Arbitragem e o artigo 31.º do DL n.º 243/84 é a supressão da contrariedade à ordem pública, que figurava na alínea a) do artigo 31.º, 1, do DL e não consta do artigo 27.º da Lei da Arbitragem.

Como explicar esta significativa diferença? Para além do que já se disse a este propósito, e da ressalva que fizemos quanto à intervenção da *ordem pública internacional do Estado português* [136], parece incontestável que, dado o carácter *taxativo* dos fundamentos de anulação, o legislador da Lei da Arbitragem quis afastar a desconformidade com a ordem pública do elenco dos fundamentos de anulação da decisão arbitral [137].

Custa-nos, no entanto, aceitar que sentenças arbitrais «(...) baseadas em falsas declarações, obtidas por corrupção ou suborno dos árbitros ou das testemunhas (...)» [138], ou proferidas em outros casos semelhantes, não possam ser susceptíveis de anulação, sobretudo se as

---

[135] Cf. *Exposição de motivos*, p. 3199, n.º 15, 1.º §. A manutenção da solução da Lei da Arbitragem em matéria de recursos é justificada pelo facto de a Lei se aplicar «de pleno – embora não exclusivamente – à arbitragem puramente interna (...)» – *ibidem*, 3.º §.

[136] Cf. *supra*, n. 18.

[137] Note-se que o artigo 34.º, 2, alínea b), ii), da Lei-Modelo da CNUDCI consagra a contrariedade à ordem pública como um dos fundamentos taxativos do pedido de anulação da sentença arbitral (cf. M. Ângela C. B. Soares-R. M. Moura Ramos, pp. 318-319).

[138] Exemplos colhidos em M. Ângela C. B. Soares-R. M. Moura Ramos, p. 319, que consideram tais casos abrangidos pelo artigo 34.º, 2, alínea b), ii), da Lei-Modelo da CNUDCI.

partes, nos termos do artigo 29.º, 1, da Lei n.º 31/86, renunciaram aos recursos. Repugna-nos que tais sentenças se tornem inatacáveis e adquiram força de caso julgado e força executiva, de acordo com o artigo 26.º da Lei da Arbitragem, quando é certo que as hipóteses previstas no artigo 27.º, 1, da Lei não abrangem casos deste tipo.

Parece-nos ser necessário recorrer a uma cláusula geral ou a um conceito indeterminado de *ordem pública*, que permita defender os valores jurídicos fundamentais do ordenamento do foro. Havendo manifestamente lacuna do legislador, haverá que preenchê-la, nos termos do artigo 10.º, 1, do CC, recorrendo à analogia: o recurso analógico ao artigo 1096.º, alínea f), do CPC, permitirá, em nosso modo de ver – e salvo melhor opinião –, evitar o surgimento de situações de clamorosa injustiça, que só contribuiriam para sapar os fundamentos da arbitragem voluntária, pondo gravemente em causa a sua credibilidade.

Ocorre, por fim, mencionar ainda, nesta rubrica, que a execução da decisão arbitral corre no tribunal judicial de primeira instância (artigo 30.º da Lei), sendo possível invocar, na oposição à execução, os fundamentos do pedido de anulação, ainda que tenha decorrido o prazo para intentar a respectiva acção (artigo 31.º).

Após ter referido sumariamente a intervenção dos tribunais judiciais na arbitragem voluntária, cabe agora pôr em relevo a equiparação tendencial feita pela Lei da Arbitragem entre os tribunais arbitrais e os tribunais judiciais.

6. EQUIPARAÇÃO TENDENCIAL FEITA PELA LEI ENTRE OS TRIBUNAIS ARBITRAIS E OS TRIBUNAIS JUDICIAIS

Constitucionalmente reconhecidos [139], os tribunais arbitrais são, a nosso ver, dentro do âmbito que lhes é próprio e que já foi referido [140], tendencialmente equiparados aos tribunais judiciais.

Com efeito, nos termos do artigo 26.º, 1, da Lei n.º 31/86, «a decisão arbitral, notificada às partes e, se for caso disso, depositada no tribunal judicial (...), considera-se transitada em julgado logo que não seja susceptível de recurso ordinário», sendo os recursos renunciáveis,

---

[139] Cf. *supra*, n. 5 e texto correspondente.
[140] Cf. *supra*, I. 2.

quer directamente, nos termos do artigo 29.º, 1, da Lei [141], quer indirectamente, se as partes tiverem autorizado os árbitros a julgar segundo a equidade (artigo 29.º, 2).

Por outro lado, o artigo 26.º, 2, da Lei da Arbitragem determina que «a decisão arbitral tem a mesma força executiva que a sentença do tribunal judicial de 1.ª instância».

Não é pois necessário em Portugal qualquer acto de homologação ou de confirmação pelo tribunal judicial de uma decisão arbitral [142], contrariamente ao que acontecia, v.g., no Brasil [143].

A intervenção do tribunal judicial só é necessária, nos termos do artigo 30.º da Lei n.º 31/86, para a execução da decisão arbitral, pois o tribunal arbitral carece de poder coercivo.

Não se colocando, como já se viu [144], qualquer problema de *exequatur* relativamente às sentenças arbitrais abrangidas pela Lei da Arbitragem – ou seja, àquelas em que o lugar da arbitragem se situa em território português, ainda que tenham sido proferidas no estrangeiro –, cremos que há uma equiparação tendencial estabelecida pela Lei n.º 31/86 entre as decisões dos tribunais arbitrais e as sentenças dos tribunais judiciais.

II

REGIME ESPECÍFICO
DA ARBITRAGEM INTERNACIONAL

Abordados que foram os aspectos da Lei da Arbitragem que são comuns à arbitragem interna e à arbitragem internacional, resta-nos acrescentar alguns elementos relativos aos aspectos específicos desta

---

[141] No caso de não ter havido renúncia aos recursos, nos termos do artigo 29.º, 1, 2.ª parte, da Lei n.º 31/86, da decisão arbitral cabem para o tribunal judicial de 2.ª instância os mesmos recursos que caberiam da sentença proferida pelo tribunal judicial de 1.ª instância.

[142] Seguiu-se o mesmo princípio do artigo 35.º, 1, da Lei-Modelo da CNUDCI (cf. M. Ângela C. B. Soares-R. M. Moura Ramos, p. 324), aliás já adoptado nos artigos 29.º (força executiva) e 30.º (caso julgado) do DL n.º 243/84.

[143] Cf. J. Samtleben, pp. 703-704. [A nova Lei de Arbitragem brasileira (Lei n.º 9.307/96, de 23 de Setembro) já não exige a homologação das sentenças arbitrais proferidas no Brasil (artigo 31.º), mas tão-só a das que forem proferidas fora do território nacional (artigo 34.º ss.) (*observação de Dezembro de 1997*)].

[144] Cf. *supra*, I. 1, nota 13a, e I. 4, n.126.

última, tal como vêm regulados no Capítulo VII da Lei n.º 31/86 (artigos 32.º a 35.º).

Esta parte será breve e limitar-nos-emos apenas a salientar alguns aspectos fundamentais do regime específico da arbitragem internacional [145].

O conceito de *arbitragem internacional* vem indicado no artigo 32.º da Lei: «entende-se por arbitragem internacional a que põe em jogo interesses *de* comércio internacional» [146]. A fórmula foi manifestamente inspirada do artigo 1492.º do CPC francês — arbitragem internacional é a que «met en cause des intérêts du commerce international» — e desvia-se da solução adoptada pelo artigo 1.º, 3, da Lei-Modelo da CNUDCI [147].

A *Exposição de motivos* da proposta de lei n.º 34/IV [148] afirma, quanto a esta definição: «Parece evidente que a expressão ''comércio internacional'' há-de ter-se (...) por correspondente a tráfego jurídico privado internacional ou a relações da vida privada internacional, em sentido lato, e não apenas a relações comerciais *stricto sensu* ou a relações entre comerciantes».

Só a prática permitirá ir precisando progressivamente o conceito de arbitragem internacional, tal como esta vem definida no artigo 32.º da Lei da Arbitragem.

No que respeita ao direito aplicável pelos árbitros, o artigo 33.º, 1, da Lei da Arbitragem consagra a autonomia da vontade das partes, que podem também autorizar os árbitros a julgar segundo a equidade (artigo 33.º, 1, *in fine*) ou a decidir o litígio, «por apelo à composição das partes na base do equilíbrio dos interesses em jogo» (composição amigável — artigo 35.º).

---

[145] Para uma abordagem exaustiva das questões que se prendem com a arbitragem comercial internacional, remetemos, na doutrina portuguesa, para os estudos citados do Prof. A. Ferrer Correia e de M. Ângela C. B. Soares-R. M. Moura Ramos.

[146] No artigo 22.º, 3, da proposta de lei n.º 34/IV (cf. *loc. cit. supra,* n. 10, p. 3203) vem «interesses *do* comércio internacional»; tratar-se-á de um simples erro tipográfico ou terá a nova formulação um alcance mais lato do que a anterior?

[147] Neste sentido, cf. expressamente a *Exposição de motivos, ibidem,* p. 3198, n.º 7, penúltimo §; cf. ainda M. Ângela C. B. Soares-R. M. Moura Ramos, p. 244 (a propósito da diferença de definições entre a lei francesa e a Lei-Modelo da CNUDCI) e Prof. A. Ferrer Correia, p. 16 e seguintes.

[148] Cf. *loc. cit. supra,* n. 10, p. 3198, n.º 7, último §.

A autonomia da vontade tem, no artigo 33.º, 1, da Lei, um âmbito mais vasto do que no artigo 41.º do CC, na medida em que a arbitragem internacional «não versa necessariamente sobre obrigações voluntárias» [149], como no artigo 41.º do CC, abrangendo também litígios respeitantes a obrigações extracontratuais (cf. artigo 1.º, 2, *in fine,* da Lei n.º 31/86).

Quanto ao direito supletivamente aplicável, rege o artigo 33.º, 2, da Lei: «Na falta de escolha, o tribunal aplica o direito mais apropriado ao litígio».

Por um lado, rompeu-se com os critérios supletivos enunciados no artigo 42.º do CC relativamente à determinação do direito subsidiariamente aplicável em matéria de obrigações voluntárias, via considerada na *Exposição de motivos* como «desajustada aos interesses da vida privada internacional» [150].

Por outro lado, permitiu-se aos árbitros proceder à escolha da lei *material* aplicável (*materiellrechtliche Verweisung*), sem passar pela mediação das normas de conflitos. Sobre este ponto importante, a *Exposição de motivos* [151] afirma nomeadamente: «(...) o legislador também foi levado a tomar partido numa questão altamente controversa no direito positivo e na doutrina, tanto estrangeiros como internacionais, na medida em que, em vez de confiar aos árbitros a escolha das normas de conflitos a quem caberia determinar o sistema local aplicável, lhes atribuiu antes o poder de directamente elegerem o direito material chamado a regular o litígio, por ser o direito mais apropriado. Crê-se que a solução envolve maior simplicidade e transparência de processo na definição do resultado final».

Contra esta solução se pronunciou com veemência o Prof. A. Ferrer Correia [152] na vigência do DL n.º 243/84, mas parece fora de dúvida que tal é a solução visada efectivamente pela Lei n.º 31/86.

---

[149] *Ibidem,* p. 3198, n.º 7, 3.º §.
[150] *Ibidem,* 8.º §.
[151] *Ibidem,* p. 3198, n.º 7, 10.º §.
[152] P. 46, a propósito do artigo 28.º, 2, da Lei-Modelo da CNUDCI; no mesmo sentido quanto a este texto, cf. M. Ângela C. B. Soares-R. M. Moura Ramos, p. 303, que salientam que tal preceito consagrou um «*approach* conflitual», o que, aliás, não parece oferecer dúvidas. Mais claramente ainda, o Prof. A. Ferrer Correia exprime a sua opinião quanto a esta questão na p. 47: «(...) não cremos seja de conceder aos árbitros o poder de indicar directamente a lei aplicável, isto é: de designar como aplicável determinada legislação tão-somente por atenção ao seu conteúdo, tão-so-

O saber o que deve entender-se por «direito mais apropriado ao litígio» não o disse o legislador, que não fixou quaisquer parâmetros para a sua determinação. Como afirma a *Exposição de motivos*, «à prática dos tribunais e à doutrina caberá (...) um papel importante na explicitação dos critérios que levam a descobrir qual seja o ''direito mais apropriado ao litígio''» [153].

Ainda quanto ao direito aplicável, há uma última questão que convém focar sucintamente.

No texto da proposta de lei n.º 34/IV, o artigo 22.º, 1, estabelecia a regra de decisão segundo o «direito constituído», a menos que os árbitros fossem autorizados pelas partes a julgar segundo a equidade (texto correspondente ao actual artigo 22.º da Lei n.º 31/86) enquanto o artigo 22.º, 2, da proposta se reportava ao direito aplicável em caso de arbitragem internacional (texto correspondente ao actual artigo 33.º, 1 e 2, da Lei da Arbitragem).

Enquanto na proposta de lei era clara a intenção de aplicar o «direito constituído» mesmo em caso de arbitragem internacional, a dissociação das duas disposições e a autonomização do artigo 33.º no Capítulo VII relativo à arbitragem internacional obscurece um tanto essa intenção.

Seja como for, parece claro que a expressão «direito constituído» significa, neste contexto, não só o *jus strictum* por oposição à equidade, mas também o *direito estadual* por oposição à *lex mercatoria*, isto é, aos usos do comércio internacional.

Tal é, pelo menos, a opinião expressa na *Exposição de motivos*:

«A fórmula adoptada não parece (...) abarcar a possibilidade de as partes submeterem o litígio a regras que não sejam as de um dado sistema jurídico (ou de vários sistemas jurídicos).

Na querela que hoje tão vivamente divide as legislações, as jurisprudências e os autores quanto à possibilidade de subtrair a resolução do litígio internacional à aplicação de qualquer lei estadual, confiando essa resolução à *lex mercatoria* ou a princípios ou regras escolhidas ad hoc, entendeu-se não dever admitir-se tal possibilidade» [154].

---

mente em consideração dos resultados a que levaria, no caso sujeito, a aplicação dos seus preceitos».

[153] *Ibidem*, 11.º §.

[154] *Ibidem*, p. 3198, n.º 7, 5.º e 6.º §§; cf. igualmente o 9.º § em que, quanto ao direito subsidiariamente aplicável, se diz que os árbitros só podem submeter o litígio a

Só a prática permitirá determinar o entendimento que prevalecerá quanto a esta questão, pois a *Exposição de motivos* não tem obviamente carácter vinculativo.

Para terminar, uma palavra sobre o artigo 34.º da Lei da Arbitragem, que — tratando-se de arbitragem internacional — estabelece uma presunção de renúncia aos recursos, salvo convenção das partes em contrário [155], ao passo que no artigo 29.º da Lei, em sede de arbitragem interna, a presunção é no sentido da recorribilidade da decisão arbitral.

Tais são, em traços muito sintéticos, as grandes linhas do regime específico da arbitragem internacional regulada pela Lei n.º 31/86.

CONCLUSÃO

De uma forma tão sucinta quanto possível, procurou dar-se uma visão panorâmica da nova Lei portuguesa sobre a arbitragem voluntária, abordando mais em pormenor os aspectos comuns à arbitragem interna e internacional do que os aspectos específicos a esta última modalidade de arbitragem [156].

A limitação do objecto deste trabalho levou a que apenas se tivesse feito referência à doutrina portuguesa, sem que tal represente obviamente qualquer «nacionalismo» jurídico.

Matéria ainda insuficientemente tratada em Portugal, a arbitragem voluntária — interna e internacional — muito terá certamente a ganhar com a nova Lei da Arbitragem, apesar de que só a prática permitirá aferir o seu real valor como instrumento de regulação desta importante matéria.

Lisboa, Julho de 1987

«um sistema jurídico estadual (ou [a] mais que um sistema jurídico estadual) (...)»; cf., no mesmo sentido, Prof. A. Ferrer Correia, pp. 48-49.

[155] Cf., no mesmo sentido, o artigo 25.º do DL n.º 243/84.

[156] Cf. o estudo da Prof.ª I. Magalhães Collaço, "L'arbitrage international dans la récente loi portugaise sur l'arbitrage volontaire (Loi n.º 31/86, du 29 août 1986) – Quelques réflexions", *in Droit international et droit communautaire – Actes du Colloque – Paris, 5 et 6 avril 1990,* Paris, Fondation Calouste Gulbenkian – Centre Culturel Portugais, 1991, pp. 55-66 [*nota de Dezembro de 1997*].

REFERÊNCIAS

ANDRADE, Manuel A. de – *Noções elementares de processo civil*, 3.ª ed., Coimbra, Coimbra Editora, 1976.
ANDRADE, Manuel A. D. de – *Teoria Geral da Relação Jurídica*, I, Coimbra, Almedina, 1960.
CARVALHO FERNANDES, L. A. – *Teoria Geral do Direito Civil*, II, Lisboa, AAFDL, 1983.
CASTRO MENDES, J. – *Direito Processual Civil*, I, Lisboa, AAFDL, 1986.
CASTRO MENDES, J. – *Teoria Geral do Direito Civil*, I, Lisboa, AAFDL, 1978.
Exposição de motivos que acompanha a proposta de lei n.º 34/IV, *Diário da Assembleia da República*, II Série, n.º 83, de 2.7.1986, pp. 3195-3200.
FERRER CORREIA, A. – «Da arbitragem comercial internacional», *Revista de Direito e Economia*, Anos X/XI, 1984-1985, pp. 3-51.
GOMES CANOTILHO, J.-MOREIRA, Vital. – *Constituição da República Portuguesa Anotada*, Coimbra, Coimbra Editora, 1978 (citado: 1978).
GOMES CANOTILHO, J.-MOREIRA, Vital – *Constituição da República Portuguesa Anotada*, 2.ª ed., II, Coimbra, Coimbra Editora, 1985 (citado: 1985).
MAGALHÃES COLLAÇO, I. – *Direito Internacional Privado – Textos de Apoio*, Lisboa, AAFDL, 1983.
MAGALHÃES COLLAÇO, I. – «L'arbitrage international dans la récente loi portugaise sur l'arbitrage volontaire (Loi n.º 31/86, du 29 août 1986) – Quelques réflexions», in *Droit international et droit communautaire – Actes du Colloque – Paris, 5 et 6 avril 1990*, Paris, Fondation Calouste Gulbenkian – Centre Culturel Portugais, 1991, pp. 55-66.
MARQUES DOS SANTOS, A. – *As normas de aplicação imediata no Direito Internacional Privado – Esboço de uma teoria geral*, Coimbra, Almedina, 2 vols., 1991.
MOTA PINTO, C. A. – *Teoria Geral do Direito Civil*, Coimbra, Coimbra Editora, 1976.
PEREIRA BARROCAS, M. – «Necessidade de uma nova ordem judicial – a arbitragem», *Revista da Ordem dos Advogados*, 1985-II, pp. 433-456.
SAMTLEBEN, J. – «Arbitragem comercial no direito internacional privado brasileiro», *Estudos em homenagem ao Prof. Doutor A. Ferrer-Correia*, I, Coimbra, Faculdade de Direito, 1986, pp. 691-731.
SOARES, M. ÂNGELA C. B.-MOURA RAMOS, R. M. – «Arbitragem comercial internacional – Análise da Lei-Modelo da CNUDCI de 1985», *Documentação e Direito Comparado*, n.º 21, 1985, pp. 231-387.
VENTURA, R. – «Convenção de arbitragem e cláusulas contratuais gerais», *Revista da Ordem dos Advogados*, 1986-I, pp. 5-48 (citado: 1986-1).
VENTURA, R. – «Convenção de arbitragem», *Revista da Ordem dos Advogados*, 1986-II, pp. 289-413 (citado: 1986-2).

PRINCIPAIS SIGLAS UTILIZADAS

B.M.J. – *Boletim do Ministério da Justiça.*
CC – Código Civil.
CNUDCI – Comissão das Nações Unidas para o Direito do Comércio Internacional.
CPC – Código de Processo Civil.
CRP – Constituição da República Portuguesa.
DL – Decreto-Lei.
n. – nota, notas.
p. ou pp. – página, páginas
ss. – seguinte (s)
vol. – volume

REVISÃO E CONFIRMAÇÃO DE SENTENÇAS ESTRANGEIRAS NO NOVO CÓDIGO DE PROCESSO CIVIL DE 1997 (ALTERAÇÕES AO REGIME ANTERIOR) (*)

INTRODUÇÃO

1. *Confirmar* uma sentença estrangeira, após ter procedido à sua *revisão*, é reconhecer-lhe, no Estado do foro, os efeitos que lhe cabem no Estado de origem, como acto jurisdicional, segundo a lei desse mesmo Estado. Esses efeitos são o efeito de *caso julgado* e o efeito de *título executivo* [1], embora se possa falar ainda de efeitos *constitutivos*, de efeitos *secundários ou laterais* e de efeitos da sentença estrangeira como simples *meio de prova*, os quais, por vezes, se produzem independentemente da necessidade de qualquer reconhecimento [2].

(*) Publicado em *Aspectos do novo Processo Civil*, Lisboa, LEX, 1997, pp. 105-155.

[1] Cf. J. Alberto dos Reis, *Processos Especiais*, vol. II, reimpressão, Coimbra, Coimbra Editora, 1982, p. 139; A. Ferrer Correia, *Lições de Direito Internacional Privado – Aditamentos – Do reconhecimento e execução das sentenças estrangeiras*, Coimbra, 1973, copiograf., pp. 4, 94; «La reconnaissance et l'exécution des jugements étrangers en matière civile et commerciale (droit comparé)», *in Estudos vários de direito*, 2.ª tiragem, Coimbra, 1982, p. 106; «O reconhecimento das sentenças estrangeiras no direito brasileiro e no direito português», *in Temas de Direito Comercial e Direito Internacional Privado*, Coimbra, Almedina, 1989, pp. 267-268.

[2] Cf. A. Ferrer Correia, *Lições ... Aditamentos*, p. 4; «La reconnaissance ...», *in Estudos vários ...*, p. 106; «O reconhecimento ...», *in Temas ...*, pp. 270-279; Y. Loussouarn-P. Bourel, *Droit international privé* [citado doravante *DIP*], 5.ª edição,

Por *sentença estrangeira*, há-de entender-se aqui tão-somente a decisão revestida de força de caso julgado, que recaia sobre «direitos privados», isto é, sobre *matéria civil e comercial* [3], qualquer que seja a natureza do órgão que a proferiu e a sua designação [4], bem como a

---

Paris, Dalloz, 1996, pp. 564-565 («force probante» e «juste cause», independentemente de reconhecimento); J. C. Fernández Rozas-S. Sánchez Lorenzo, *Curso de Derecho Internacional Privado*, 3.ª edição, Madrid, Civitas, 1996, pp. 517-521 (efeitos probatórios e constitutivos, à margem do reconhecimento).

[3] Portugal é parte em diversas convenções internacionais nesta matéria, que têm precedência sobre o regime de direito comum de revisão e confirmação de sentenças estrangeiras (cf. artigo 1094.º, n.º 1, do Código de Processo Civil [CPC – na falta de outra indicação trata-se do novo CPC, que entrou em vigor em 1.1.1997]; *Convenção sobre o Reconhecimento e a Execução de Sentenças Estrangeiras em Matéria Civil e Comercial* e o respectivo *Protocolo Adicional*, concluídos na Haia em 1.2.1971 (aprovados para ratificação pelo Decreto do Governo n.º 13/83, de 24 de Fevereiro, *Diário da República*, I Série, n.º 45, de 24.2.1983, e ratificados em 21.6.1983, conforme Aviso de 6.7.1983, *D. R.*, I Série, n.º 167, de 22.7.1983, tendo entrado em vigor para Portugal em 20.8.1983; cf. o respectivo texto em A. Ferrer Correia-F. A. Ferreira Pinto, *Direito Internacional Privado – Leis e projectos de leis – Convenções internacionais*, Coimbra, Almedina, 1988, pp. 653 ss., 664 ss.); *Convenção Relativa à Competência Judiciária e à Execução de Decisões em Matéria Civil e Comercial*, assinada em Bruxelas em 27.9.1968, com as alterações que lhe foram introduzidas pelas Convenções de Adesão de 1978, 1982 e 1989, e dois *Protocolos* (aprovados para ratificação pela Resolução da Assembleia da República n.º 34/91 e ratificados pelo Decreto do Presidente da República n.º 52/91, de 30.10.1991, *D.R.*, I Série-A, n.º 250, de 30.10.1991, tendo entrado em vigor para Portugal em 1.7.1992, conforme Aviso n.º 95/92, *D.R.*, I Série-A, n.º 157, de 10.7.1992; cf. o respectivo texto em M. Teixeira de Sousa-D. Moura Vicente, *Comentário à Convenção de Bruxelas*, Lisboa, LEX, 1994); *Convenção Relativa à Competência Judiciária e à Execução de Decisões em Matéria Civil e Comercial*, concluída em Lugano em 16.9.1988 (aprovada para ratificação pela Resolução da Assembleia da República n.º 33/91 e ratificada pelo Decreto do Presidente da República n.º 51/91, de 30.10.1991, *D.R.*, I Série-A, n.º 250, de 30.10.1991, tendo entrado em vigor para Portugal em 1.7.1992, conforme Aviso n.º 94/92, *D.R.* I Série-A, n.º 157, de 10.7.1992; ver também Aviso n.º 12/95, *D.R.*, I Série-A, n.º 5, de 6.1.1995).

[4] Cf. A. Ferrer Correia, *Lições ... Aditamentos*, pp. 5-8; «La reconnaissance ...», in *Estudos vários ...*, pp. 106-107; Y. Loussouarn-P. Bourel, *DIP*, p. 550, que acentuam, no entanto, que não é a localização da sede do órgão jurisdicional que importa, mas sim a *soberania* em nome da qual ele proferiu a sentença; assim, as decisões dos cônsules franceses nos países de capitulação eram decisões francesas e as decisões dos tribunais «indígenas» na Tunísia, na época do protectorado francês, eram decisões estrangeiras; cf. igualmente, neste sentido, quanto aos tribunais consu-

sentença que tiver sido proferida, sobre a mesma matéria, «por árbitros no estrangeiro» (artigo 1094.º, n.º 1, do CPC) [5].

O fundamento do reconhecimento das sentenças estrangeiras é a continuidade das situações jurídico-privadas internacionais, a sua previsibilidade, a segurança jurídica que deriva da actuação consoante as expectativas fundadas dos sujeitos de direito: trata-se pois de justiça formal, própria do Direito Internacional Privado (DIP) [6], embora, em certos casos excepcionais, possam igualmente estar presentes preocupações de justiça material [7].

Como salientou um eminente internacionalprivatista grego, P. Vallindas, a matéria que ora nos ocupa cabe no âmbito do DIP *lato sensu*, por oposição ao DIP *stricto sensu*, que englobaria tão-somente os conflitos de leis [8]. Note-se que isto mesmo parece ter sido reconhecido

---

lares, A. Machado Villela, *Tratado elementar (teórico e prático) de Direito Internacional Privado*, Livro I - *Princípios gerais*, Coimbra, Coimbra Editora, 1921, p. 645, e J. Alberto dos Reis, *Processos ...*, II, p. 147.

[5] Como se verá *infra*, n.º 8, aqui há uma «lei especial» que interfere no âmbito de aplicação do regime comum de revisão de sentenças estrangeiras, tal como, aliás, prevê o próprio artigo 1094.º, n.º 1, do CPC: trata-se da Lei da Arbitragem Voluntária (Lei n.º 31/86, de 29 de Agosto).

[6] Cf. A. Ferrer Correia, *Lições ... Aditamentos*, pp. 18-19; «La reconnaissance ...», in *Estudos vários ...*, p. 119; no mesmo sentido, J. C. Fernández Rozas-S. Sánchez Lorenzo, *Curso ...*, pp. 511-512, afirmam: «De no aceptar una vía para reconocer las sanciones vertidas por un sistema extranjero a determinadas relaciones jurídicas, el tráfico externo y el comercio internacional resultarían poco viables frente a la inseguridad e imprevisibilidad del Derecho. En suma, la ausencia de un reconocimiento de las decisiones judiciales extranjeras abocaría a situaciones claudicantes y a una negación de la función propia del D. I. Pr.: la continuidad de las relaciones jurídicas en el espacio»; cf. ainda A. Marín López, *Derecho internacional privado español* - vol. I, *Parte general*, 9.ª edição, Granada, 1994, p. 390.

[7] Tais serão os casos em que se deva efectuar uma *revisão de mérito* [cf. *infra*, n.º 2, v)] ou aqueles em que a sentença estrangeira não for reconhecida por o reconhecimento conduzir «a um resultado manifestamente incompatível com os princípios da ordem pública internacional do Estado Português» [artigo 1096.º, alínea f), do CPC]; cf., sensivelmente no mesmo sentido, A. Ferrer Correia, «La reconnaissance ...», in *Estudos vários ...*, p. 121.

[8] Cf. P. G. Vallindas, «Droit international privé 'lato sensu' ou 'stricto sensu'», in *Mélanges offerts à Jacques Maury*, tome I – *Droit international privé et public*, Paris, Dalloz & Sirey, 1960, p. 516.

pelo próprio legislador português do CPC de 1997, já que no preâmbulo do Decreto-Lei n.º 329-A/95, de 12 de Dezembro, se afirma que foram introduzidas algumas clarificações no regime do processo de revisão de sentenças estrangeiras, «na esteira dos ensinamentos da mais moderna doutrina do *direito internacional privado*» [9].

2. Numa perspectiva de direito comparado, em tese geral, é possível indicar vários tipos de soluções nesta matéria:

i) Há — ou houve — sistemas em cujo direito comum pura e simplesmente se não reconhecem efeitos às decisões estrangeiras, sendo sempre necessário intentar de novo uma acção num tribunal do país *ad quem*: é — ou foi — o caso da antiga URSS, da Suécia, da Noruega, da Finlândia [10], dos Países Baixos [11].

ii) Em outros países, o reconhecimento só se opera mediante *reciprocidade*, o que constitui um entrave à livre circulação das sentenças estrangeiras [12]: é o que se passa em Espanha [13] ou na Alemanha [14].

iii) Na Inglaterra, até 1933, o sistema de reconhecimento da *common law* era indirecto e supunha que se propusesse no país do tribunal *ad quem* uma nova acção, tendo por base a sentença estrangeira do tribunal *a quo* (sistema chamado da *actio judicati* ou *action upon the foreign judgment*) [15].

---

[9] *D. R.*, I Série-A, n.º 285/95, Suplemento, 12.12.1995, p. 7780 (23), 2.ª coluna, *in fine* (sublinhado nosso).

[10] Cf. A. Ferrer Correia, *Lições ... Aditamentos*, p. 39; «La reconnaissance ...», in *Estudos vários* ..., p. 139.

[11] Cf. E. Vitta, *Corso di Diritto Internazionale Privato e Processuale*, 3.ª edição, Turim, UTET, 1988, p. 81.

[12] Para uma crítica deste sistema, cf. A. Ferrer Correia, *Lições ... Aditamentos*, pp. 49-50; «La reconnaissance ...», in *Estudos vários* ..., pp. 147-148; cf. também G. Kegel, *Internationales Privatrecht* [citado doravante *IPR*], 7.ª edição, Munique, Verlag C. H. Beck, 1995, p. 818: «errado no plano da política jurídica» [«rechtspolitisch verfehlt»].

[13] Artigos 952.º e 953.º da *Ley de Enjuiciamiento Civil* (L. E. C.): cf. J. C. Fernández Rozas-S. Sánchez Lorenzo, *Curso* ..., p. 532 ss.

[14] § 328, I, n.º 5, da *Zivilprozeßordnung* (ZPO): cf., neste sentido, G. Kegel, *IPR*, p. 818.

[15] Cf. A. Ferrer Correia, *Lições ... Aditamentos*, pp. 46-47; «La reconnaissance ...», in *Estudos vários* ..., pp. 144-145; E. Vitta, *Corso* ..., p. 81; para mais pormenores, cf. *Cheshire & North's Private International Law* [citado doravante

iv) Em determinados ordenamentos jurídicos, as sentenças estrangeiras, pelo menos em certos casos, são reconhecidas *ipso jure*, isto é, *de plano*, independentemente de qualquer formalidade (*reconhecimento automático*) [16].

v) Finalmente, há sistemas jurídicos em que o reconhecimento das sentenças estrangeiras se dá por via do *exequatur*, controle ou revisão, que pode ser *de mérito* [17] – no caso de haver um controle da aplicação do direito [18] ou até uma reapreciação da matéria de facto [19] – ou simplesmente *formal*, designando-se então por *delibação* (do italiano *delibazione*), como acontecia em Itália até há pouco

---

PIL], 11.ª edição, por P. M. North e J. J. Fawcett, Londres, Butterworths, 1987, p. 340 ss.

Em 1933, com o *Foreign Judgments (Reciprocal Enforcement) Act*, foi instituído um sistema de registo (*registration*), que permite equiparar uma sentença estrangeira a uma decisão de um tribunal inglês, com base na reciprocidade, reconhecida *by order in Council*: cf. A. Ferrer Correia, *ibidem*; E. Vitta, *ibidem*; Cheshire & North's *PIL*, p. 388 ss.

[16] É o que acontece em França com as sentenças estrangeiras em matéria de estado e capacidade das pessoas e de certos actos de jurisdição voluntária desde o *arrêt* Bulkley da *Cour de cassation*, de 28.2.1860: cf. B. Ancel-Y. Lequette, *Grands arrêts de la jurisprudence française de droit international privé*, Paris, Sirey, 1987, pp. 56-57; Y. Loussouarn-P. Bourel, *DIP*, pp. 565-567; A. Ferrer Correia, *Lições ... Aditamentos*, pp. 40-42; «La reconnaissance ...», in *Estudos vários ...*, p. 140.

Também em Portugal, por força da ressalva dos «tratados» feita no artigo 1094.º, n.º 1, do CPC – neste caso, trata-se da Concordata entre Portugal e a Santa Sé, assinada em Roma em 7.5.1940 –, «[a]s decisões dos tribunais eclesiásticos, respeitantes à nulidade do casamento católico ou à dispensa do casamento rato e não consumado, são averbadas aos respectivos assentos, independentemente de revisão e confirmação» (artigo 7.º, n.º 3, do Código do Registo Civil, aprovado pelo Decreto--Lei n.º 131/95, de 6 de Junho): cf., neste sentido, J. Alberto dos Reis, *Processos ...*, II, pp. 146-147, nota 2.

[17] Era o que acontecia em França até ao *Arrêt* Munzer, da *Cour de cassation*, de 7.1.1964: cf. B. Ancel-Y. Lequette, *Grands arrêts ...*, p. 301 ss.; Y. Loussouarn-P. Bourel, *DIP*, pp. 553-554; A. Ferrer Correia, *Lições ... Aditamentos*, pp. 50-64; «La reconnaissance ...», in *Estudos vários ...*, pp. 148-151.

[18] Como se verá *infra*, n.ᵒˢ 15 e 20, é isto que acontece no caso previsto no artigo 1100.º, n.º 2, do CPC.

[19] Como se verá *infra*, nota 64 e texto correspondente, é isto que acontece no caso previsto no artigo 771.º, alínea c), do CPC, por força do artigo 1100.º, n.º 1, do mesmo Código.

tempo [20] e acontece ainda na Suíça [21] e, em princípio, em Portugal [22].

---

[20] Era o sistema praticado em Itália, antes da Lei n.º 218, de 31.5.1995, *Riforma del sistema italiano di diritto internazionale privato*: cf. E. Vitta, *Corso* ..., p. 81 ss. Actualmente a matéria vem regulada no Título IV, artigos 64.º-71.º, da Lei n.º 218, de 31.5.1995, que só entrou em vigor em 1.10.1996 (o resto da Lei entrou em vigor em 1.9.1995): cf., sobre isto, P. Picone, «La teoria generale del diritto internazionale privato nella legge italiana di riforma della materia», *Rivista di Diritto Internazionale*, 1996, p. 291, e nota 2.

O artigo 64.º, n.º 1, desta Lei determina que «[la] sentenza straniera è riconosciuta in Italia *senza che sia necessario il ricorso ad alcun procedimento* quando: ...», seguindo-se as alíneas a) a g), que correspondem, no essencial, às alíneas 1) a 7) do (agora revogado) artigo 797.º do *Codice di Procedura Civile*, cujo corpo determinava: «La corte d'appello *dichiara con sentenza l'efficacia nello Stato della sentenza straniera* quando accerta: ...». Como o passo do artigo 64.º, n.º 1, «*senza che sia necessario il ricorso ad alcun procedimento*» é exactamente o mesmo que consta do artigo 26.º, 1.º §, da versão italiana da Convenção de Bruxelas (cf. *supra*, nota 3), parece que o reconhecimento agora estabelecido na Lei italiana é automático, o que não exclui que seja necessário intentar uma acção de reconhecimento para verificar os requisitos das alíneas a) a g); aliás, tal acção está prevista no artigo 26.º, 2.º §, da Convenção de Bruxelas (cf. M. Teixeira de Sousa-D. Moura Vicente, *Comentário* ..., pp. 140-141). P. Picone, *ibidem*, p. 358, fala do «carattere automatico del riconoscimento delle sentenze straniere, ai sensi dell'art. 64 della legge» e, p. 352 ss., onde considera que os artigos 65.º e 66.º da Lei consagram casos de reconhecimento automático de medidas relativas à capacidade das pessoas, às relações de família ou aos direitos de personalidade e aos actos de jurisdição voluntária, segundo o método, caro a este autor, da «referência ao ordenamento competente» (sobre este método, cf. P. Picone, *Ordinamento competente e diritto internazionale privato*, Pádua, CEDAM, 1986).

[21] A Secção 5 (*Reconnaissance et exécution des décisions étrangères*) do Capítulo I (*Disposition communes*) da *Loi fédérale sur le droit international privé* (LDIP) suíça, de 18.12.1987, que entrou em vigor em 1.1.1989, estabelece, nos artigos 25.º a 32.º, o princípio, os pressupostos, bem como os fundamentos de recusa, do reconhecimento das sentenças estrangeiras e o processo (a título principal ou incidental) para obter esse reconhecimento: a este respeito, cf. *IPRG Kommentar – Kommentar zum Bundesgesetz über das Internationale Privatrecht (IPRG) vom 1. Januar 1989*, publicado por A. Heini, M. Keller, K. Siehr, F. Vischer e P. Volken, Zurique, Schulthess Polygraphischer Verlag, 1993, p. 246 ss. (anotações de P. Volken).

[22] Cf. A. Ferrer Correia, *Lições ... Aditamentos*, p. 96: «*O sistema do direito português é o da revisão formal, todavia com certos desvios a favor da revisão de mérito*» (sublinhado no original); «La reconnaissance ...», in *Estudos vários* ..., p. 143; «O reconhecimento ...», in *Temas* ..., p. 285; em sentido semelhante, cf. J. Alberto dos Reis, *Processos* ..., II, p. 142: «O sistema português enquadra-se na categoria dos sistemas mistos de revisão formal e de revisão de mérito».

No nosso país, reconhecem-se efeitos jurídicos às sentenças estrangeiras, pelo menos desde 1837 [23], e o sistema de revisão formal ou delibação, como regime de princípio, já vem do Código de Processo Civil de 1876 [24].

3. Feitas estas considerações preliminares, propomo-nos tratar sucintamente, em duas partes, (I) o que permaneceu sem alterações significativas, após a reforma do Processo Civil de 1997, e (II) aquilo que essa reforma veio modificar, relativamente ao regime anterior.

I
MATÉRIAS EM QUE HOUVE PERMANÊNCIA DO REGIME ANTERIOR

4. Continua a haver, em princípio, **A)** necessidade de revisão para uma sentença judicial ou arbitral estrangeira sobre direitos privados ser confirmada, a menos que exista tratado ou lei especial que estabeleça outra coisa (artigo 1094.º, n.º 1, do CPC); **B)** permanece de pé a distinção fundamental entre *requisitos necessários para a confirmação* (artigo 1096.º) e *fundamentos da impugnação do pedido* (artigo 1100.º), embora o conteúdo de ambas as rubricas tenha sido, em concreto, alterado; **C)** o tribunal competente, o processo e o regime de recursos mantiveram-se, no essencial, os mesmos, embora com ligeiríssimas alterações (artigos 1095.º, 1098.º, 1099.º, 1101.º e 1102.º); **D)** manteve--se o princípio da revisão formal com algumas excepções a favor da revisão de mérito [que constam agora dos artigos 1100.º, n.º 2, e 771.º, alínea c), *ex vi* artigo 1100.º, n.º 1].

---

[23] Desde a reforma judiciária de 13.1.1837, passando, através da novíssima reforma judiciária de 1841, para o Código Civil de 1867 (artigo 31.º) e posteriormente para os Códigos de Processo Civil de 1876, de 1939, de 1961 e de 1997: cf. A. Machado Villela, *Tratado* ..., I, p. 636 ss.; I. Magalhães Collaço, *Revisão de sentenças estrangeiras*, Apontamentos coligidos por Lucas Filipe da Cruz, Lisboa, AAFDL, 1963, copiograf., p. 22 ss.; A. Ferrer Correia, *Lições ... Aditamentos*, p. 91, nota 1; cf. também M. O. Chaves e Castro, *A organização e competencia dos tribunaes de justiça portuguêses*, Coimbra, França Amado, 1910, p. 697 ss.

[24] Cf. A. Machado Villela, *Tratado* ..., I, pp. 637-639; J. Alberto dos Reis, *Processos* ..., II, p. 142; A. Ferrer Correia, *Lições ... Aditamentos*, p. 97.

Examinemos agora, com alguma preocupação do pormenor, estes elementos fundamentais de permanência no novo CPC de 1997.

5. A) É *confirmada* a sentença estrangeira que se submeteu, com êxito, ao processo de *revisão*, que é um *processo especial* que consta do Capítulo XII, do Título IV, do Livro III, do CPC de 1997, havendo precedência lógica e cronológica da revisão sobre a confirmação, como facilmente se intui, designadamente, a partir dos artigos 1094.º, n.º 1, *in fine*, e 1095.º, bem como da epígrafe dos artigos 1096.º e 1097.º.

A fidelidade ao texto anterior foi levada até ao ponto de obrigar o legislador processual do Código de 1997 a manter, no artigo 1094.º, n.º 1, a referência arcaica ao passo *«seja qual for a nacionalidade das partes»*, que corresponde a uma ideia de irrelevância da nacionalidade, neste particular [25], que havia sido introduzida no artigo 1090.º do CPC de 1876 [26], para desfazer uma dúvida suscitada pelo artigo 31.º do Código Civil de 1867 [27] e se mantivera, na sua forma actual, desde o Código de Processo Civil de 1939 [28], não obstante o Prof. A. Ferrer Correia e o Dr. F. A. Ferreira Pinto se terem pronunciado a favor da supressão desta passagem, por ser manifestamente desnecessária [29].

6. No artigo 1094.º, n.º 1, do CPC manteve-se a salvaguarda relativa aos «tratados e leis especiais», que excluem a sujeição ao processo de revisão das decisões judiciais ou arbitrais estrangeiras a que respeitam.

---

[25] A irrelevância da nacionalidade das partes está afirmada em matéria de competência internacional directa no artigo 2.º, 1.º e 2.º §§, da Convenção de Bruxelas (cf. *supra*, nota 3).

[26] Cf. A. Machado Villela, *Tratado* ..., I, pp. 644-645; J. Alberto dos Reis, *Processos* ..., II, p. 146; A. Ferrer Correia, *Lições ... Aditamentos*, p. 94, nota 1.

[27] Que rezava assim: «As sentenças proferidas nos tribunais estrangeiros sobre direitos civis, *entre estrangeiros e portugueses*, podem ser executadas perante os tribunais portugueses, nos termos prescritos no código do processo» (sublinhado nosso).

[28] Artigo 1100.º: cf. J. Alberto dos Reis, *Processos* ..., II, p. 146.

[29] Cf. A. Ferrer Correia-F. A. Ferreira Pinto. «Breve apreciação das disposições do anteprojecto do código de processo civil que regulam a competência internacional dos tribunais portugueses e o reconhecimento das sentenças estrangeiras», *Revista de Direito e Economia*, 1987, p. 49 [em relação ao artigo 927.º do *Código de Processo Civil (Anteprojecto)*, Lisboa, Ministério da Justiça, 1988 (a seguir, Anteprojecto de 1988)].

7. De entre os tratados, têm precedência sobre o regime comum de revisão e confirmação de sentenças estrangeiras ora em análise não só as Convenções de Bruxelas e de Lugano, que, como já se viu [30], consagram o princípio do *reconhecimento automático* das decisões estrangeiras abrangidas no âmbito convencional [31] – tal como acontece com a Concordata celebrada entre Portugal e a Santa Sé em 7 de Maio de 1940 [32] –, mas também outros instrumentos de Direito Internacional que vinculam internacionalmente o Estado Português, dos quais mencionaremos aqui, em razão da sua grande importância prática, a Convenção sobre o Reconhecimento dos Divórcios e Separações de

---

[30] Cf. *supra*, notas 3 e 20, 2.º §.
[31] O artigo 26.º, 1.º §, da Convenção de Bruxelas estabelece que «[a]s decisões proferidas num Estado Contratante são reconhecidas nos outros Estados Contratantes *sem necessidade de recurso a qualquer processo*» (sublinhado nosso); ver, no entanto, o que ficou dito *supra*, nota 20, 2.º §, sobre a acção prevista no artigo 26.º, 2.º §; sobre o *reconhecimento automático* na Convenção de Bruxelas, cf. ainda R. M. Moura Ramos, «L'adhésion du Portugal aux conventions communautaires en matière de droit international privé», separata do vol. LXIII (1987) do *Boletim da Faculdade de Direito da Universidade de Coimbra*, Coimbra, 1988, pp. 21-25.

As disposições do artigo 26.º, 1.º e 2.º §§, da Convenção de Lugano são idênticas às do artigo 26.º, 1.º e 2.º §§, da Convenção de Bruxelas. Para além dos quinze países membros da União Europeia, que são – ou vão ser, dentro em breve – partes na Convenção de Bruxelas, são ainda partes na Convenção de Lugano a Islândia, a Noruega e a Suíça, que são membros da AELE [ou EFTA (Associação Europeia de Comércio Livre)], a que Portugal também pertenceu antes de aderir às Comunidades Europeias em 1.1.1986: sobre a Convenção de Lugano, cf. G. A. L. Droz, «La Convention de Lugano parallèle à la Convention de Bruxelles concernant la compétence judiciaire et l'exécution des décisions en matière civile et commerciale», *Revue critique de droit international privé*, 1989, pp. 1-51; sobre a aplicação jurisprudencial, entre nós, das Convenções de Bruxelas e de Lugano, cf. D. Moura Vicente, «Da aplicação no tempo e no espaço das Convenções de Bruxelas de 1968 e de Lugano de 1988 (Anotação de jurisprudência)», *Revista da Faculdade de Direito da Universidade de Lisboa*, vol. XXXV, 1994, pp. 461-485.

Note-se, finalmente, que, nos termos do artigo 1.º, 2.º §, alínea 1), de ambas as convenções, são excluídos do respectivo âmbito de aplicação, nomeadamente, «[o] estado e a capacidade das pessoas singulares, os regimes matrimoniais, os testamentos e as sucessões», o que leva a que as numerosas sentenças estrangeiras que versam sobre estas importantes matérias, salvo a existência de lei especial ou de outros tratados internacionais, continuarão sujeitas ao processo especial de revisão do artigo 1094.º e seguintes do CPC.

[32] Cf. *supra*, nota 16, 2.º §.

Pessoas, concluída na Haia em 1 de Junho de 1970 [33], bem como a Convenção sobre o Reconhecimento e a Execução de Sentenças Arbitrais Estrangeiras, celebrada em Nova Iorque em 10 de Junho de 1958, no âmbito das Nações Unidas [34].

A primeira destas convenções estabelece um regime de reconhecimento de sentenças estrangeiras de divórcio ou de separação de pessoas em condições mais favoráveis do que o regime comum, ao passo que a Convenção de Nova Iorque, no caso de se não entender que o seu artigo III, 2.ª parte [35], dispensa pura e simplesmente as sentenças arbitrais por ela abrangidas [36] de qualquer revisão e confirmação em Portugal [37], fixa, pelo menos, nos termos do seu artigo V,

---

[33] Aprovada para ratificação pela Resolução da Assembleia da República n.º 23/84, de 4.10.1984, D. R., I Série, n.º 275, de 27.11.1984; o instrumento de ratificação foi depositado em 10.5.1985, tendo a Convenção entrado em vigor para Portugal em 9.7.1985, conforme Avisos de 25.6.1985 (D. R., I Série, n.º 164, de 19.7.1985) e de 24.7.1985 (D. R., I Série, n.º 196, de 27.8.1985). Em 25.9.1996 eram partes na Convenção, além de Portugal, os seguintes Estados: Austrália, Chipre, Dinamarca, Egipto, Finlândia, Itália, Luxemburgo, Noruega, Países Baixos, Polónia, Reino Unido, República Checa, República Eslovaca, Suécia e Suíça; cf. o respectivo texto em A. Ferrer Correia-F. A. Ferreira Pinto, DIP ..., p. 666 ss.

[34] Aprovada para ratificação pela Resolução da Assembleia da República n.º 37/94, de 8.7.1994, D. R., I Série-A, n.º 156, de 8.7.1994; o instrumento de adesão foi depositado em 18.10.1994, tendo a Convenção entrado em vigor para Portugal em 16.1.1995, conforme Aviso n.º 142/95, de 25.5.1995 (D. R., I Série-A, n.º 141, de 21.6.1995). Nos termos do artigo 1.º, n.º 3, Portugal formulou a seguinte reserva: «No âmbito do princípio da reciprocidade, Portugal só aplicará a Convenção no caso de as sentenças arbitrais estrangeiras terem sido proferidas no território de Estados a ela vinculados».

São partes nesta Convenção cerca de uma centena de Estados, entre os quais os mais importantes no que respeita à sua participação no tráfico jurídico-privado internacional.

[35] Que reza assim: «Para o reconhecimento ou execução das sentenças arbitrais às quais se aplica a presente Convenção, não serão aplicadas quaisquer condições sensivelmente mais rigorosas, nem custas sensivelmente mais elevadas, do que aquelas que são aplicadas para o reconhecimento ou a execução das sentenças arbitrais nacionais».

[36] Que não são todas as sentenças arbitrais estrangeiras mas tão-somente aquelas que, com base na reciprocidade, hajam sido proferidas no território de outro Estado Contratante (cf. a reserva feita por Portugal, supra, nota 34, 1.º §, in fine).

[37] Esta solução poderia ser defendida com base no facto de as sentenças arbitrais nacionais, nos termos do artigo 37.º da Lei n.º 31/86, de 29 de Agosto (cf. infra, n.º 8), não carecerem de qualquer revisão para produzirem efeitos em Portugal: sobre esta possível interpretação, não perfilhada, no entanto, pela autora,

n.º 1, condições taxativas de recusa do reconhecimento (e da execução) mais rigorosas do que as que resultam dos requisitos do artigo 1096.º do CPC, cabendo o ónus da prova das circunstâncias que obstam ao reconhecimento e à execução à parte contra a qual for invocada a sentença arbitral estrangeira, enquanto o n.º 2 do mesmo artigo determina ainda que o reconhecimento e a execução poderão ser recusados se forem contrários à ordem pública ou se o objecto do litígio não for susceptível de ser resolvido por via arbitral.

Ainda que se perfilhe o segundo entendimento e que se defenda que estas sentenças arbitrais estão sujeitas ao processo especial de revisão do artigo 1094.º e seguintes [38] do CPC, como quaisquer outras, os requisitos de reconhecimento e de execução das sentenças arbitrais estrangeiras nos termos da Convenção de Nova Iorque são sensivelmente mais benevolentes do que os que constam do Capítulo XII, do Título IV, do Livro III, do CPC de 1997 [39].

8. Quanto às «leis especiais» de que fala o artigo 1094.º, n.º 1, do Código, cabe referir, entre outras, a Lei da Arbitragem Voluntária (Lei n.º 31/86, de 29 de Agosto), cujo artigo 37.º, relativo ao seu âmbito de aplicação no espaço, determina que a Lei se aplica «às arbitragens que tenham lugar em território nacional», enquanto o artigo 26.º, n.º 2, da Lei, ao estabelecer que «[a] decisão arbitral tem a mesma força executiva que a sentença do tribunal judicial de 1.ª instância»,

---

cf. Maria Cristina Pimenta Coelho, «A Convenção de Nova Iorque de 10 de Junho de 1958 Relativa ao Reconhecimento e Execução de Sentenças Arbitrais Estrangeiras», *Revista Jurídica*, AAFDL, n.º 20, Nova Série, Novembro de 1996, pp. 64-65.

[38] É esta a solução preconizada por Maria Cristina Pimenta Coelho, *ibidem*, p. 65.

[39] Para mais pormenores, cf. Maria Cristina Pimenta Coelho, *ibidem*, pp. 65--66, em que a autora demonstra que as exigências impostas ao reconhecimento e à execução das sentenças arbitrais estrangeiras nos artigos IV e V da Convenção de Nova Iorque ficam bastante aquém dos requisitos necessários para a confirmação, que constam do artigo 1096.º, e dos fundamentos de impugnação do pedido enunciados no artigo 1100.º do CPC, aplicáveis, em princípio, às sentenças arbitrais, por força do artigo 1097.º do mesmo Código; cf. ainda J. Lebre de Freitas, *Introdução ao Processo Civil — Conceito e princípios gerais à luz do Código revisto*, Coimbra, Coimbra Editora, 1996, pp. 69-70; quanto às possíveis interferências entre as Convenções de Nova Iorque e de Bruxelas, cf. D. Moura Vicente, «A Convenção de Bruxelas de 27 de Setembro de 1968, Relativa à Competência Judiciária e à Execução de Decisões em Matéria Civil e Comercial e a arbitragem», *Revista da Ordem dos Advogados*, 1996, pp. 595-618.

torna claro que as decisões arbitrais proferidas no âmbito da Lei da Arbitragem Voluntária não carecem de qualquer revisão ou homologação para produzirem os seus efeitos de caso julgado e de título executivo em Portugal [40].

Por conseguinte, quando o artigo 1094.º, n.º 1, do CPC de 1997 sujeita à revisão as sentenças proferidas «por árbitros no estrangeiro», como se trata de uma norma geral, que não revoga a norma especial anterior constante do artigo 26.º, n.º 2, da Lei n.º 31/86 [41], deve entender-se, a nosso ver, que o que é aqui decisivo não é o lugar onde foi proferida a sentença arbitral, mas sim *o lugar onde decorreu a arbitragem*: se este lugar tiver sido em Portugal, as decisões arbitrais não carecerão de revisão, quer tenham sido proferidas em Portugal quer no estrangeiro, para produzirem efeitos no nosso país; se a arbitragem teve lugar no estrangeiro, ficarão sujeitas ao processo de revisão do artigo 1094.º e seguintes do Código, quer tenham sido proferidas no estrangeiro, quer hajam sido em Portugal.

9. Mas há, ainda aqui, possíveis interferências entre a Convenção de Nova Iorque, de 10 de Junho de 1958, e a Lei n.º 31/86, de 29 de Agosto, já que poderia pensar-se que as sentenças arbitrais proferidas

---

[40] Cf., neste sentido, A. Ferrer Correia, «Da arbitragem comercial internacional», in *Temas* ..., p. 200 (implicitamente); I. Magalhães Collaço, «L'arbitrage international dans la récente loi portugaise sur l'arbitrage volontaire (Loi n.º 31/86, du 29 août 1986) – Quelques réflexions», *in Droit International et Droit Communautaire, Actes du Colloque, Paris 5-6 avril 1990*, Paris, Fondation Calouste Gulbenkian – Centre Culturel Portugais, 1991, p. 64 ss.; A. Marques dos Santos, «Nota sobre a nova Lei portuguesa relativa à arbitragem voluntária – Lei n.º 31/86, de 29 de Agosto», *Revista de la Corte Española de Arbitraje*, 1987, p. 19 ss.; «II. B. - Le statut des biens culturels en droit international privé», in *XIVème Congrès International de Droit Comparé – Rapports portugais – Athènes, 31 juillet-6 août 1994*, Separata do Boletim *Documentação e Direito Comparado*, n.º duplo, 57/58, 1994, p. 40 e nota 91, e p. 42 e notas 97 e 98; D. Moura Vicente, *Da arbitragem comercial internacional – Direito aplicável ao mérito da causa*, Coimbra, Coimbra Editora, 1990, p. 52, nota 2; «L'évolution récente du droit de l'arbitrage au Portugal», *Revue de l'arbitrage*, 1991, p. 441 ss.; «Applicable Law in Voluntary Arbitrations in Portugal», *International and Comparative Law Quarterly*, 1995, p. 184; Maria Cristina Pimenta Coelho, «A Convenção ...», p. 64; *contra*, M. Teixeira de Sousa, *A competência e a incompetência nos tribunais comuns*, 3.ª edição revista, Lisboa, AAFDL, 1990, p. 44, que defende que «(...) a decisão de um tribunal arbitral que funcionou em Portugal e que apreciou uma relação respeitante ao comércio internacional também necessita de *exequatur*».

[41] Nos termos do artigo 7.º, n.º 3, do Código Civil.

no estrangeiro quando a arbitragem tiver decorrido em Portugal ficam sujeitas à revisão e confirmação, por força da Convenção, não obstante estarem dela dispensadas, nos termos da Lei da Arbitragem Voluntária [42], prevalecendo assim, na prática, a Convenção sobre a Lei, e isto quer porque as normas de Direito Internacional Público têm preeminência sobre as regras de direito interno comum [43], quer porque a adesão de Portugal à Convenção de Nova Iorque e a entrada em vigor desta no nosso país foram posteriores à entrada em vigor da Lei n.º 31/86 e esta foi revogada por aquela (*lex posterior derogat priori* – artigo 7.º, n.º 1, do Código Civil) [44].

Em nosso entender, não é, porém, assim: consideramos que as disposições da Lei da Arbitragem Voluntária têm a natureza de *normas de aplicação imediata* ou *necessária*, que se sobrepõem a quaisquer outras regras materiais dentro do seu âmbito espacial de aplicação [45]; como as normas de aplicação necessária têm prevalência, dentro do seu âmbito espacial de intervenção, mesmo sobre as regras constantes de convenções internacionais [46], julgamos que as sentenças arbitrais proferidas no estrangeiro, quando a arbitragem teve lugar em Portugal, não carecem de revisão, pois é a Lei n.º 31/86 que tal impõe, sem que a Convenção de Nova Iorque o possa pôr em causa [47], somente cabendo no âmbito da Convenção as decisões arbitrais proferidas no estrangeiro

---

[42] É esta a opinião de Maria Cristina Pimenta Coelho, «A Convenção ...», p. 64: «Neste caso, a sentença seria considerada estrangeira para efeitos de aplicação da Convenção mas simultaneamente ser-lhe-á aplicável a lei 31/86, considerando-se a sentença como nacional».

[43] Cf., neste sentido, A. Gonçalves Pereira-Fausto de Quadros, *Manual de Direito Internacional Público*, 3.ª edição, Coimbra, Almedina, 1993, p. 119 ss.

[44] Cf. J. Oliveira Ascensão, *O Direito – Introdução e Teoria Geral – Uma Perspectiva Luso-Brasileira*, 9.ª edição, Coimbra, Almedina, 1995, p. 289 ss.

[45] Cf. A. Marques dos Santos, «Nota ...», p. 21.

[46] Cf. A. Marques dos Santos, *As normas de aplicação imediata no Direito Internacional Privado – Esboço de uma teoria geral*, vol. II, Coimbra, Almedina, 1991, p. 852 ss., nota 2719, penúltimo §.

[47] Depois da frase citada *supra*, nota 42, Maria Cristina Pimenta Coelho, «A Convenção ...», p. 64, acaba por chegar ao mesmo resultado que nós, pois afirma: «Tal facto não levanta, porém, problemas na prática pois a parte que pretende executar a sentença pode valer-se dela do modo que lhe seja mais favorável (cf. art.º VII da Convenção) e como tal irá executar a sentença como nacional, *não sendo necessário qualquer reconhecimento em Portugal*» (sublinhado nosso). Concordamos com a solução, mas não com a fundamentação, pelas razões expostas no texto.

(ou em Portugal), se a arbitragem não tiver tido lugar em Portugal, isto é, se as decisões arbitrais ficarem *fora* do âmbito de aplicação espacial exclusivo e forçoso da Lei da Arbitragem Voluntária.

10. B) Como já se viu acima, continua de pé a distinção fundamental entre *requisitos necessários para a confirmação* (artigo 1096.º do CPC de 1997), que são *cumulativos*, bastando a falta de qualquer um deles para impedir o reconhecimento da decisão estrangeira (como se depreende da 1.ª parte do n.º 1 do artigo 1100.º), e *fundamentos da impugnação do pedido* (artigo 1100.º), que são *alternativos*, podendo a verificação de qualquer um deles frustrar a confirmação da sentença (2.ª parte do n.º 1 do artigo 1100.º).

Houve, porém, importantes modificações do conteúdo de ambas estas categorias. Assim, no artigo 1096.º do CPC, mantiveram-se sem alteração as alíneas a), b) e d), ao passo que no actual artigo 1100.º, n.º 1, continua a existir o mesmo regime que antes figurava no artigo 1100.º (sem qualquer número), enquanto o actual n.º 2 do referido artigo 1100.º incorpora, com mudanças sensíveis, a ideia que antes estava presente na alínea g) do artigo 1096.º, agora desaparecida.

Estas alterações serão analisadas na segunda parte deste estudo; por agora, limitar-nos-emos tão-só a tratar, de um modo muito sintético, **a)** do regime das alíneas a), b) e d) do artigo 1096.º, tal como estas se mantiveram no Código de 1997, e **b)** dos fundamentos de impugnação do pedido constantes do artigo 1100.º, n.º 1, do Código, que são os que já figuravam na anterior versão do preceito, isto é, os que se reportam às alíneas a), c) e g) do artigo 771.º do CPC de 1997.

11. a) As alíneas a), b) e d) do artigo 1096.º do CPC serão analisadas sucintamente, uma por uma.

i) Nos termos da alínea a) do artigo 1096.º actual, tal como no preceito anterior, «[p]ara que a sentença seja confirmada é necessário: a) [q]ue não haja dúvidas sobre a autenticidade do documento de que conste a sentença nem sobre a inteligência da decisão».

Duas ideias estão aqui enunciadas: por um lado (**i.i**), a sentença deve constar de um documento autêntico e não de um documento falso ou inexacto (*autenticidade do documento*) e, por outro lado (**i.ii**), deve poder entender-se o que a sentença diz (*inteligência da decisão*)[48].

---

[48] Neste sentido, cf. J. Alberto dos Reis, *Processos* ..., II, p. 159 ss.; A. Ferrer Correia, *Lições ... Aditamentos*, p. 102 ss.

(**i.i**) Nos termos do princípio *locus regit actum*, tal como consta do artigo 365.º, n.º 1, do Código Civil, é à luz da lei do tribunal *a quo* que se afere a autenticidade do documento que contém a sentença proferida pelo tribunal estrangeiro; tratando-se de documento autêntico, ele faz prova como o faria um documento da mesma natureza exarado em Portugal, isto é, segundo a doutrina que se infere do artigo 371.º, n.º 1, do mesmo diploma, faz prova plena da existência da sentença estrangeira, ou seja, de que ela não é uma pura invenção, mas sim «uma realidade jurisdicional»[49].

Por força do artigo 365.º, n.º 2, do Código Civil, pode ser necessário mandar proceder à legalização da sentença estrangeira, se «houver fundadas dúvidas acerca da sua autenticidade ou da autenticidade do reconhecimento»; a legalização dos documentos autênticos está regulada no artigo 540.º, n.º 1, do CPC de 1997, cujo teor literal actual é idêntico ao anterior, e exige «que a assinatura do funcionário público esteja reconhecida por agente diplomático ou consular português no Estado respectivo e [que] a assinatura deste agente esteja autenticada com o selo branco consular respectivo».

Mas, como Portugal é há muito parte na Convenção Relativa à Supressão da Exigência da Legalização dos Actos Públicos Estrangeiros, concluída na Haia em 5 de Outubro de 1961[50], em relação aos demais 54 Estados que dela também são partes[51] bastará a aposição da *apostila*

---

[49] A expressão é de J. Alberto dos Reis, *Processos* ..., II, p. 161.

[50] Aprovada para ratificação pelo Decreto-Lei n.º 48.450, de 24.6.1968, *Diário do Governo*, I Série, n.º 148, de 24.4.1968; o instrumento de ratificação foi depositado em 6.12.1968, tendo a Convenção entrado em vigor para Portugal em 4.2.1969, conforme Avisos de 12.2.1969 (*D. G.*, I Série. n.º 50, de 28.2.1969) e de 14.1.1976 (*D. G.*, I Série, n.º 21, de 26.1.1976); cf. o respectivo texto em A. Ferrer Correia-F. A. Ferreira Pinto, *DIP* ..., p. 756 ss.

[51] A presente Convenção é uma das que teve até agora maior êxito quanto às ratificações ou adesões conseguidas dentre as convenções da Conferência da Haia de Direito Internacional Privado, em virtude do seu enorme interesse prático. Em 25.9.1996 eram partes na Convenção, além de Portugal, os seguintes Estados: África do Sul, Antígua e Barbuda, Alemanha, Argentina, Arménia, Austrália, Áustria, Bahamas, Barbada, Bélgica, Belize, Bielorrússia, Bósnia-Herzegovina, Botswana, Brunei Darussalam, Chipre, Croácia, El Salvador, Eslovénia, Espanha, Estados Unidos, Ex-República Jugoslava da Macedónia, Federação Russa, Fidji, Finlândia, França, Grécia, Hungria, Ilha Maurícia, Ilhas Marshall, Israel, Itália, Japão, Jugoslávia, Lesotho, Letónia, Libéria, Liechtenstein, Luxemburgo, Malawi, Malta, México, Noruega, Países Baixos, Panamá, Reino Unido, São Marino, Seychelles, St. Kitts e Nevis, Suazilândia, Suíça, Suriname, Tonga e Turquia.

(também chamada *apostilha*)[52], nos termos dos artigos 3.º e 4.º da própria Convenção, «para atestar a veracidade da assinatura, a qualidade em que o signatário do acto actuou e, sendo caso disso, a autenticidade do selo ou do carimbo que constam do acto», isto é, para legalizar o «acto público» que é a sentença estrangeira, o que irá simplificar sobremaneira a satisfação do primeiro requisito que consta da alínea a) do artigo 1096.º do CPC de 1997 [53].

(i.ii) A segunda exigência feita na mesma disposição diz respeito à *inteligência* ou *inteligibilidade* da decisão [54], que pode ter por condição a tradução da sentença, como determina o artigo 140.º do CPC de 1997, cuja redacção foi alterada, a nosso ver, de modo a tornar mais flexíveis as formalidades da tradução: por um lado, o juiz pode sempre, oficiosamente ou a requerimento de alguma das partes, ordenar que o apresentante de documentos escritos em língua estrangeira que careçam de tradução a junte (artigo 140.º, n.º 1); por outro lado, nos termos do actual n.º 2 do artigo 140.º, só se houver fundadas dúvidas sobre a idoneidade da tradução apresentada (e não se faltar uma «tradução legalmente idónea», como exigia a versão anterior) é que «o juiz ordenará que o apresentante junte tradução feita por notário ou autenticada por funcionário diplomático ou consular do Estado respectivo»; na impossibilidade de obter a tradução nestes termos ou – tendo sido esta circunstância acrescentada na versão actual do preceito – «não sendo a determinação cumprida no prazo fixado», é que o juiz «pode» – anteriormente «devia» – «determinar que o documento seja traduzido por perito designado pelo tribunal».

O juiz português não é decerto obrigado a conhecer línguas estrangeiras, mas, se as dominar cabalmente, pode fazer uso desses seus conhecimentos linguísticos, de modo a, eventualmente, poder dispensar a tradução e acelerar, deste modo, o curso da justiça [55].

---

[52] O Governo Português designou como entidades competentes para emitir a *apostila* prevista no artigo 3.º da Convenção o Procurador-Geral da República e os Procuradores da República junto das Relações (Aviso de 24.3.1969, *D. G.*, I Série, n.º 78, de 2.4.1969): cf. A. Ferrer Correia-F. A. Ferreira Pinto, *DIP* ..., p. 757, nota 2.

[53] No mesmo sentido, para a França, cf. B. Audit, *Droit international privé*, Paris, Economica, 1991, p. 370 e nota 4.

[54] Neste sentido, cf. J. Alberto dos Reis, *Processos* ..., II, p. 161; A. Ferrer Correia, *Lições ... Aditamentos*, p. 103.

[55] Neste sentido, embora simplificando um pouco as coisas, cf. J. Alberto dos Reis, *Processos* ..., II, p. 161; note-se ainda que o desenvolvimento do ensino do

Para além da indispensabilidade ou não da tradução, é ainda necessário, nos termos do artigo 1096.º, alínea a), do CPC, que a *decisão* estrangeira seja compreensível, isto é, que o órgão português de aplicação do direito possa apreender aquilo que o tribunal estrangeiro *decidiu* — isto é, o dispositivo da sentença estrangeira —, não sendo, porém, preciso que ele se preocupe «com a coerência lógica entre as premissas e a conclusão ou decisão propriamente dita» [56], pois isso já seria, de certo modo, proceder a uma revisão de mérito, a qual tem carácter excepcional entre nós.

ii) Segundo reza a alínea b) do artigo 1096.º do CPC de 1997, a confirmação da sentença estrangeira pressupõe e exige que ela «tenha transitado em julgado segundo a lei do país em que foi proferida», o que implica que ela não seja susceptível de recurso ordinário por um tribunal do sistema jurídico *a quo*, segundo as leis desse mesmo ordenamento, e seja assim, *hoc sensu*, uma decisão definitiva [57].

O trânsito em julgado não se confunde com a exequibilidade da sentença estrangeira, pois esta pode ser susceptível de execução sem ter adquirido a *força de caso julgado* na ordem jurídica do tribunal de origem, que é o elemento que conta para a revisão e confirmação da sentença [58].

Segundo os Professores J. Alberto dos Reis e A. Ferrer Correia, como a existência deste *requisito necessário para a confirmação* não pode ser verificada *ex officio* pelo tribunal português, que só «negará

Direito Comparado nas Faculdades de Direito pode permitir apreender melhor o significado de uma sentença (ou de qualquer outra peça jurídica) estrangeira, pois não basta conhecer perfunctoriamente uma língua estranha para saber traduzir um texto jurídico ou uma sentença escrita nessa língua; é ainda necessário conhecer, pelo menos razoavelmente, a terminologia jurídica nesse idioma, *tal como é empregada no país onde foi proferida a sentença*. Note-se que a terminologia jurídica brasileira tende a distanciar-se cada vez mais da que é utilizada em Portugal, apesar de, no Brasil e em Portugal, se falar a mesma língua e de as Ordenações Filipinas terem estado em vigor no Brasil até 1916; para um exemplo de diferença terminológica entre o direito inglês e o direito americano, cf. C. Ferreira de Almeida, *Introdução ao Direito Comparado*, Coimbra, Almedina, 1994, p. 121 (IV).

[56] Neste sentido, cf. A. Ferrer Correia, *Lições ... Aditamentos*, pp. 104-105; cf. também A. Machado Villela, *Tratado ...*, I, p. 665; J. Alberto dos Reis, *Processos ...*, II, pp. 161-162.

[57] Neste sentido, cf. J. Alberto dos Reis, *Processos ...*, II, p. 162; A. Ferrer Correia, *Lições ... Aditamentos*, p. 105.

[58] Cf. J. Alberto dos Reis, *Processos ...*, II, *ibidem*.

oficiosamente a confirmação quando, pelo exame do processo ou por conhecimento derivado do exercício das suas funções, apure que falta [o requisito exigido na alínea b) do artigo 1096.º]» (artigo 1101.º do CPC de 1997), isso leva a que, na prática, se deva presumir o trânsito em julgado da decisão estrangeira, cabendo o ónus da prova em contrário àquele que impugna o pedido de revisão [59].

Tal doutrina parece-nos ser aceitável, na medida em que se entenda que, *só por si*, a não existência, *no processo*, de prova de que a sentença estrangeira transitou em julgado não é bastante para ser recusada a confirmação, podendo, porém, esta vir a ser negada *sem que a parte contrária tenha de provar que não houve trânsito em julgado*, desde que o tribunal português de revisão, *por conhecimento derivado do exercício das suas funções*, apure que falta o requisito da alínea b) do artigo 1096.º do Código [60].

Estamos, ainda assim, ao que nos quer parecer, no âmbito da problemática do *ónus da prova*, pois este encargo, segundo a lição do Prof. Manuel de Andrade [61], não implica apenas, quando se não faça a prova de um determinado facto, que a parte a quem tal prova competia incorra «nas desvantajosas consequências de se ter como líquido o facto contrário», mas acarreta igualmente a necessidade de essa parte, «em todo o caso, sofrer tais consequências se os autos não contiverem prova bastante desse facto (trazida ou não pela mesma parte)».

Em nosso entender, é este segundo caso que aqui se verifica.

iii) Nos termos da alínea d) do artigo 1096.º do CPC de 1997, tal como na versão anterior, a confirmação da sentença estrangeira implica «[q]ue não possa invocar-se a excepção de litispendência ou de caso julgado com fundamento em causa afecta a tribunal português, excepto se foi o tribunal estrangeiro que preveniu a jurisdição».

---

[59] Cf. J. Alberto dos Reis, *Processos* ..., II, pp. 162-163; A. Ferrer Correia, *Lições ... Aditamentos*, pp. 105-106; em sentido diferente, exigindo que a prova do trânsito em julgado conste dos autos, mas admitindo, em certos casos, a existência de uma presunção nesse sentido, cf. A. Machado Villela, *Tratado* ..., I, pp. 665-667.

[60] J. Alberto dos Reis, *Processos* ..., II, p. 163, não parece ir contra esta interpretação; em sentido diferente, ao que julgamos, A. Ferrer Correia, *Lições ... Aditamentos*, p. 106, parece exigir *sempre* que a parte citada ilida a presunção do trânsito em julgado para que a confirmação não seja concedida.

[61] Cf. Manuel A. D. de Andrade, *Noções elementares de processo civil* (com a colaboração de J. M. Antunes Varela; edição revista e actualizada por Herculano Esteves), 3.ª edição, Coimbra, Coimbra Editora, 1976, pp. 195-196.

Segundo o entendimento comum deste requisito, que foi introduzido entre nós pelo CPC de 1939, o reconhecimento da decisão estrangeira pressupõe que não haja uma acção idêntica pendente em tribunais portugueses nem que nestes haja sido proferida sentença que tenha transitado em julgado, se foi o órgão jurisdicional do nosso país que preveniu a jurisdição, isto é, se foi neste que a acção foi intentada em primeiro lugar; se isto acontecer, é a decisão portuguesa que prevalece [62].

Se foi o tribunal estrangeiro que preveniu a jurisdição, segundo a opinião do Professor A. Ferrer Correia, que nos parece ser de aplaudir, por ser a que melhor compatibiliza os vários preceitos pertinentes, a excepção de litispendência é irrelevante, mas não o é a excepção de caso julgado relativa a uma decisão proferida por um tribunal português: nos termos do artigo 771.º, alínea g), do CPC de 1997, aplicável por força do n.º 1 do artigo 1100.º, o pedido de revisão pode ser impugnado, com êxito, se a sentença estrangeira «for contrária a outra que constitua caso julgado entre as partes, formado anteriormente». Isto significa que se a acção foi primeiramente intentada no tribunal estrangeiro, isto é, se foi este último que «preveniu a jurisdição», mas, apesar disso, a decisão proferida pelo órgão português de aplicação do direito passou primeiro em julgado, este último caso pode vir a ser invocado como fundamento de impugnação do pedido de revisão e obstar à confirmação da sentença estrangeira. A explicação desta solução encontra-se no artigo 675.º, n.º 1, do CPC, nos termos do qual, «[h]avendo duas decisões contraditórias sobre a mesma pretensão, cumprir-se-á a que passou em julgado em primeiro lugar» – critério geral de prioridade temporal (*prior tempore potior jure*) que vale também para o presente caso [63].

---

[62] Neste sentido, cf. A. Ferrer Correia, *Lições ... Aditamentos*, p. 108; J. Alberto dos Reis, *Processos* ..., II, pp. 169-170; cf. também A. Machado Villela, «Notas sobre a competência internacional no novo Código de Processo Civil», *Boletim da Faculdade de Direito [de Coimbra]*, vol. XVIII, 1942, p. 41.

[63] Neste sentido, cf. A. Ferrer Correia, *Lições ... Aditamentos*, pp. 113-116; segundo este autor, tal doutrina vale também se estiver em causa um caso julgado estrangeiro anterior à decisão revidenda e já confirmado por sentença portuguesa; para uma interpretação contrária à de A. Ferrer Correia, mas que não nos parece convincente, por ser demasiado complexa, cf. J. Alberto dos Reis, *Processos* ..., II, pp. 194-196.

12. b) No que toca aos fundamentos de impugnação do pedido constantes do artigo 1100.º, n.º 1, do Código, que já figuravam na anterior versão do preceito, já falámos agora mesmo da alínea g) do artigo 771.º do CPC de 1997, restando-nos, tão-somente, dar algumas indicações sobre as alíneas a) e c) do mesmo artigo.

A sentença estrangeira não será confirmada se a parte contra quem é pedida a revisão provar, por meio de sentença criminal já transitada em julgado, que ela «foi proferida por prevaricação, concussão, peita, suborno ou corrupção do juiz ou de algum dos juízes que na decisão intervieram», conceitos estes que hão-de ser aferidos *lege causae*, isto é, nos termos da lei do país do tribunal sentenciador; esta hipótese, prevista na alínea a) do artigo 771.º do Código, não nos parece que careça de grandes explicações, pois explica-se por si mesma.

Quanto ao caso previsto na alínea c) do mesmo artigo, em que se consagra entre nós, como já antes se viu [64], uma das hipóteses excepcionais de revisão de mérito, a sentença estrangeira não será reconhecida pelo tribunal português quando se provar uma circunstância susceptível de levar a uma modificação drástica na apreciação da matéria de facto em que ela se fundou, ou seja, «[q]uando se apresente documento de que a parte não tivesse conhecimento, ou de que não tivesse podido fazer uso, no processo em que foi proferida a decisão a rever e que, por si só, seja suficiente para modificar a decisão em sentido mais favorável à parte vencida». Pode, de certo modo, dizer-se, neste caso, que as razões que levaram a que este facto configure, em tese geral, uma hipótese de recurso extraordinário de revisão, militam aqui a favor do não reconhecimento de efeitos à decisão proferida, em circunstâncias idênticas, por um órgão estrangeiro de aplicação do direito.

13. C) Como já se disse acima [65], o tribunal competente, o processo e o regime de recursos mantiveram-se, no fundamental, os mesmos, embora com ligeiríssimas alterações (artigos 1095.º, 1098.º, 1099.º, 1101.º e 1102.º do CPC).

Segundo o artigo 1095.º do CPC, para a revisão e confirmação da sentença estrangeira, «é competente a Relação do distrito judicial em que esteja domiciliada a pessoa contra quem se pretende fazer valer a

---

[64] Cf. *supra*, nota 19, e n.º 4, *in fine*.
[65] Cf. *supra*, n.º 4.

sentença, observando-se com as necessárias adaptações o disposto nos artigos 85.º a 87.º»: em princípio, é pois competente o Tribunal da Relação do distrito do domicílio do réu (artigo 85.º, n.º 1, do Código); quanto aos artigos 86.º e 87.º, para que remete a parte final do artigo 1095.º, basta-nos aqui salientar que eles foram objecto de modificações na presente revisão do Código, de que não cabe curar aqui, pois delas tratam outras contribuições para a presente publicação, para as quais nos limitamos a remeter.

Do processo a seguir na Relação cuidam os artigos 1098.º e 1099.º do Código [66], que apresentam leves alterações relativamente ao texto anterior: assim, no artigo 1098.º, o prazo para deduzir oposição ao pedido de revisão passa de dez para quinze dias, enquanto o prazo para responder à oposição passa de oito para dez dias, contados não já a partir do termo do prazo fixado para a oposição, como acontecia antes, mas sim a partir da notificação da apresentação da oposição; se bem ajuizamos, estas alterações de pouca monta não têm em vista dificultar a revisão e confirmação de sentenças estrangeiras, mas antes reforçar as garantias da defesa, bem como proporcionar uma melhor ponderação da situação e das questões suscitadas pelas partes.

No artigo 1099.º, n.º 1, do CPC o prazo para a apresentação de alegações passa de dez para quinze dias, o que nos parece traduzir uma idêntica preocupação de proporcionar às partes e ao Ministério Público um período maior de reflexão em questões que podem suscitar algumas dificuldades aos interessados; quanto ao n.º 2 do artigo, a sua parte final é simplificada, determinando-se tão-só que o julgamento se faz «segundo as regras próprias do agravo», eliminando-se as exigências anteriormente feitas quanto ao número de votos conformes e aos vistos [67].

No artigo 1101.º do Código, relativo à actividade oficiosa do tribunal, foi suprimida a alínea g) do artigo 1096.º do elenco das condições a verificar *ex officio* pelo tribunal, porque essa alínea

---

[66] Para mais pormenores quanto aos trâmites processuais, no âmbito do CPC de 1939, mas facilmente transponíveis para o actual, cf. J. Alberto dos Reis, *Processos* ..., II, pp. 198-201.

[67] Quanto aos trabalhos preparatórios relativos aos artigos 1098.º e 1099.º do Código, cf. as «Actas das sessões da Comissão de Revisão do Código de Processo Civil – acta n.º 91 [de] 24.2.1987», *Boletim do Ministério da Justiça*, n.º 419, Outubro de 1992, pp. 5-9.

desapareceu do artigo 1096.º do CPC, tendo passado, sob outra forma, para o artigo 1100.º, n.º 2, do Código [68], mantendo-se o texto inalterado quanto ao resto. Não foi seguida a sugestão feita pelo Prof. A. Ferrer Correia e pelo Dr. F. A. Ferreira Pinto no sentido de as alíneas c) e e) do artigo 1096.º, respeitantes à competência internacional (indirecta) do tribunal de origem e à existência e regularidade da citação do réu segundo o padrão fixado pela lei portuguesa, respectivamente, transitarem da parte final para o início do mesmo artigo, passando a integrar as condições a verificar *ex officio* pelo Tribunal da Relação [69].

Finalmente, o artigo 1102.º do Código, relativo ao recurso da decisão final [70], mantém inalterado o seu n.º 1, que determina que «[d]a decisão da Relação sobre o mérito da causa cabe recurso de revista», e limita-se a substituir, no n.º 2, dentre as alíneas cuja violação constitui fundamento de recurso do Ministério Público, a alínea g) do artigo 1096.º, pelas razões indicadas no parágrafo anterior, pela alínea e) do mesmo artigo, relativa ao respeito dos direitos da defesa, aceitando aqui a proposta feita pelo Prof. A. Ferrer Correia e pelo Dr. F. A. Ferreira Pinto [71].

14. D) Para terminar esta parte do presente estudo, em que se salientam os elementos de permanência do CPC revisto, basta reafirmar agora aquilo que se demonstrará até ao fim do trabalho: o nosso sistema de reconhecimento de sentenças estrangeiras tem por base o princípio da revisão formal (ou delibação) com algumas excepções a favor da revisão de mérito [que constam agora dos artigos 1100.º, n.º 2, e 771.º, alínea c), *ex vi* do artigo 1100.º, n.º 1].

---

[68] Cf. *supra*, n.º 10 B), 2.º §, e *infra*, n.º 20.
[69] Cf. A. Ferrer Correia-F. A. Ferreira Pinto, «Breve ...», pp. 52, 55, 61-62 (proposta de alteração do artigo 932.º do Anteprojecto de 1988).
[70] Cf. as «Actas das sessões da Comissão de Revisão do Código de Processo Civil — Acta n.º 91 [de] 24.2.1987», *BMJ*, n.º 419, Outubro de 1992, p. 10.
[71] Cf. A. Ferrer Correia-F. A. Ferreira Pinto, «Breve ...», pp. 55, 62 (proposta de alteração do artigo 933.º do Anteprojecto de 1988).

II
MATÉRIAS EM QUE HOUVE ALTERAÇÃO DO REGIME ANTERIOR

15. As diferenças mais salientes entre o regime anterior e o sistema actual em matéria de revisão e confirmação de sentenças estrangeiras consistem, por um lado, **A)** nas alterações que foram introduzidas nas alíneas c), e) e f) do artigo 1096.º do Código, e, **B)** por outro lado, na passagem da doutrina que constava da alínea g) do artigo 1096.º para o n.º 2 do artigo 1100.º do CPC, o que implica que um importante requisito que era necessário para a confirmação da sentença revidenda foi despromovido e relegado para o mero papel de fundamento de impugnação do pedido, que pode ou não ser invocado pela parte a quem aproveita, isto é, por aquela contra quem é pedida a revisão, se ela tiver nacionalidade portuguesa e se se verificarem as demais condições previstas no artigo 1100.º, n.º 2, do CPC.

16. A) Analisaremos, nesta rubrica, sucessivamente, as alterações que foram introduzidas nas alíneas c) [**a)**], e [**b)**] e f) [**c)**].

17. a) A alínea c) do artigo 1096.º do CPC, que antes exigia, para que a sentença estrangeira revidenda fosse confirmada, que esta proviesse «de tribunal [considerado] competente segundo as regras de conflitos de jurisdições da lei portuguesa», limita-se agora tão-somente a prescrever «que [ela] provenha de tribunal estrangeiro cuja competência não tenha sido provocada em fraude à lei e [que ela] não verse sobre matéria [que seja] da exclusiva competência dos tribunais portugueses». Em ambos os textos está em causa tão-só o controle da *competência internacional* do tribunal *a quo* e não a sua competência interna [72].

---

[72] Neste sentido, na doutrina portuguesa, cf. A. Machado Villela, *Tratado ...*, I, pp. 669-671; «Notas ...». *Boletim da Faculdade de Direito [de Coimbra]*, vol. XVIII, 1942, p. 38 ss.; J. Alberto dos Reis, *Processos ...*, II, p. 165; A. Ferrer Correia, *Lições ... Aditamentos*, pp. 69 ss., 106-107; «La reconnaissance ...», in *Estudos vários ...*, p. 167 ss.; «Breves reflexões sobre a competência internacional indirecta», in *Estudos vários...*, p. 193 ss.; «O reconhecimento ...», in *Temas ...*, p. 293; I. Magalhães Collaço, *Revisão ...*, p. 37; J. Castro Mendes, «Alguns problemas sobre revisão de sentença estrangeira», *Revista da Faculdade de Direito da Universidade de Lisboa*, vol. XIX, 1965, pp. 158-159.

Com esta modificação, passa-se da doutrina da *bilateralidade* em matéria de *competência internacional indirecta* (segundo aquilo que era afirmado pela doutrina por longos anos dominante entre nós) para a chamada teoria da *unilateralidade atenuada*, que já vinha sendo defendida, por boa parte da doutrina, mesmo perante o texto anterior, mas que agora adquire foros de plena consagração legislativa. Com esta alteração muito significativa, no que toca à fiscalização da competência internacional indirecta dos órgãos jurisdicionais estrangeiros, muito ganhou, segundo o nosso modo de ver, o regime nacional de reconhecimento de sentenças proferidas por tribunais estrangeiros em universalismo, relativamente ao regime anterior.

Fala-se de competência internacional *indirecta* para referir o facto de um tribunal *estrangeiro* ser considerado, no país do foro, competente para emanar a decisão revidenda, ao passo que a competência internacional *directa* se reporta à circunstância de os órgãos jurisdicionais *portugueses* serem internacionalmente competentes para proferir uma qualquer decisão [73].

A formulação da alínea c) do artigo 1096.º do CPC que foi introduzida em 1939 e que durou até à reforma actual era, de um modo geral, interpretada, entre nós, no sentido da *bilateralidade*, ou seja, no sentido de que o tribunal estrangeiro era competente internacionalmente se, em circunstâncias homólogas, modificado em concreto o elemento de conexão, fosse competente um tribunal português, o que significa que se vão aplicar ao tribunal *a quo* os mesmos factores de que depende a competência internacional do tribunal *ad quem* (*teoria*

---

[73] Neste sentido, cf. A. Ferrer Correia, *Lições... Aditamentos*, p. 71; «La reconnaissance ...», in *Estudos vários* ..., p. 168; «Breves reflexões ...», in *Estudos vários* ..., p. 200; A. Ferrer Correia-R. M. Moura Ramos, *Um caso de competência internacional dos tribunais portugueses*, Lisboa, Cosmos/Arco-Íris, 1991, p. 30; V. Taborda Ferreira, *Sistema do Direito Internacional Privado segundo a lei e a jurisprudência*, Lisboa, Ática, 1957, pp. 147-148; J. Baptista Machado, «La compétence internationale en droit portugais», *Boletim da Faculdade de Direito [de Coimbra]*, vol. XLI, 1965, p. 97; Ana Maria Peralta, «A competência internacional indirecta no direito português», in Ana Maria Peralta-J. Curado Neves, *A Competência internacional indirecta em Direito Processual Civil*, Lisboa, AAFDL 1988, p. 10; J. Curado Neves, «Sobre a competência internacional indirecta», *ibidem*, pp. 83, 87 ss.; A. Marques dos Santos, *As normas de aplicação imediata no DIP* ..., vol. I, p. 460, nota 1469; M. Teixeira de Sousa, *A competência declarativa dos tribunais comuns*, Lisboa, LEX, 1994, p. 32; D. Moura Vicente, «A competência internacional no Códi-

do espelho [74]), não se exigindo – segundo se proclama – aos órgãos de aplicação do direito estrangeiros mais do que aquilo que se prescreve para a competência internacional (directa) dos órgãos jurisdicionais portugueses [75], dando desta maneira às regras de conflitos de jurisdições que foram adoptadas pela ordem jurídica portuguesa carácter *bilateral* e lançando mão delas para determinar quer a competência (directa) dos tribunais portugueses quer a competência (indirecta) dos seus homólogos estrangeiros [76].

Na fórmula actual da alínea c) do artigo 1096.º do Código revisto consagra-se, pelo contrário, o princípio inverso da unilateralidade, na sua versão de *unilateralidade atenuada*, o que significa que se reconhece às regras de conflitos de jurisdições natureza unilateral, quer se trate das regras do sistema jurídico português, quer das normas de cada um dos ordenamentos jurídicos estrangeiros: se as regras do artigo 65.º e seguintes do CPC Português delimitam, unilateralmente, os casos em que os tribunais portugueses têm competência internacional (directa) para dirimir um litígio, as regras homólogas que, nos demais países, delimitam idêntica competência dos respectivos tribunais hão-de ter a mesma natureza unilateral, o que significa que ela deve ser *reconhecida*, em princípio, na ordem jurídica do foro (doutrina da *unilateralidade*).

---

go de Processo Civil revisto: aspectos gerais», conferência proferida em 23.1.1997, no âmbito do *Curso sobre o Novo Processo Civil* organizado pela Faculdade de Direito da Universidade de Lisboa, publicado em *Aspectos...*, pp. 71-72.

A competência internacional directa é uma competência *de decisão* (*Ent-scheidungs*zuständigkeit), ao passo que a competência internacional indirecta é uma competência *de reconhecimento* (*Anerkennungs*zuständigkeit): G. Kegel, *IPR*, p. 815.

[74] «Spiegelbildlich», diz G. Kegel, *IPR*, p. 815, a propósito de idêntica teoria, consagrada no § 328, I, n.º 1, da ZPO.

[75] Este era um dos argumentos fundamentais do eminente jurista grego Ch.-N. Fragistas: cf. A. Ferrer Correia, *Lições ... Aditamentos*, p. 74; cf. igualmente E. Vitta, *Corso ...*, p. 88; «Ciò in base al ragionamento per cui, se così può dirsi, 'quello che va bene per me è da ritenere che, dal mio punto di vista, vada bene anche per te'». Note-se que o argumento, pretensamente internacionalista, implica, no fundo, a imposição do critério do sistema do foro ao ordenamento jurídico do tribunal sentenciador.

[76] Tal doutrina era igualmente seguida em Itália na vigência do artigo 797.º, 1), do *Codice di Procedura Civile* (cf. E. Vitta, *Corso ...*, pp. 87-88); este artigo foi revogado pelo artigo 72.º, n.º 2, da Lei n.º 218, de 31.5.1995, mas a alínea a) do n.º 1 do artigo 64.º da Lei mantém, no essencial, o mesmo texto anterior, referindo-se aos «princìpi sulla competenza giurisdizionale *propri* dell'ordinamento italiano», enquanto o preceito anterior remetia para os «princìpi sulla competenza giurisdizionale *vigenti* nell'ordinamento italiano» (sublinhados nossos).

Mas esta construção doutrinal nem sempre é interpretada da mesma maneira: enquanto, segundo alguns autores, se um tribunal estrangeiro se considerar internacionalmente competente, tal competência deve ser reconhecida, sem mais, na ordem jurídica do foro, salvo o caso de intervenção em concreto da reserva de ordem pública internacional do Estado do tribunal *ad quem* (teoria da *unilateralidade simples*) [77], para outros juristas, tal competência do tribunal *a quo* só deve ser reconhecida no ordenamento do foro se não colidir com uma competência internacional *exclusiva* dos tribunais do foro (trata-se agora da doutrina da *unilateralidade atenuada*) [78].

Como já se disse acima, a doutrina dominante entre nós ia no sentido da bilateralidade [79], só tendo começado a ser defendida a unilateralidade atenuada, *de jure condito* [80], em 1965, após o trabalho pioneiro

---

[77] Cf. A. Ferrer Correia, *Lições ... Aditamentos*, pp. 78-79.

[78] Cf. A. Ferrer Correia, *Lições ... Aditamentos*, pp. 75-78.

[79] Cf. A. Machado Villela, *Tratado ...*, I, p. 671 (relativamente ao Código de 1876); «Notas ...», *Boletim da Faculdade de Direito [de Coimbra]*, vol. XVIII, 1942, pp. 38-39 (relativamente ao Código de 1939); J. Alberto dos Reis, *Processos ...*, II, pp. 165-167, onde se explica, em pormenor, como é que a posição unilateralista atenuada do n.º 5 do artigo 914.º do Projecto do Código de 1939 foi alterada pela Comissão Revisora; J. M. Barbosa de Magalhães, *Estudos sobre o novo Código de Processo Civil*, 2.º vol., *Da competência internacional*, Coimbra, Coimbra Editora, 1947, pp. 302-305 (sobre o Código de 1939); V. Taborda Ferreira, *Sistema ...*, pp. 148, 160; I. Magalhães Collaço, *Direito Internacional Privado*, vol. I, Lisboa, AAFDL, 1958, copiograf., p. 59, nota 1; A. Ferrer Correia, *Lições ... Aditamentos*, p. 107; «La reconnaissance ...», *in Estudos vários ...*, p. 168 e nota 2; «Breves reflexões ...», *in Estudos vários ...*, p. 200 e nota 3; «O reconhecimento ...», *in Temas ...*, p. 293; J. Baptista Machado, «La compétence ...», pp. 107-109; Ana Maria Peralta, «A competência ...», p. 60 ss., e J. Curado Neves, «Sobre a competência ...», p. 125 ss., em especial pp. 136-142, continuam a defender, em 1988, um sistema de bilateralidade (embora atenuada).

[80] *De jure condendo*, havia posições anteriores neste sentido: como se explicou na nota anterior, o n.º 5.º do artigo 914.º do Projecto do Código de 1939 consagrava uma posição de unilateralidade atenuada *avant la lettre*, pois estabelecia: «Que a sentença provenha de tribunal competente segundo as regras de conflitos de jurisdição do país a que pertence esse tribunal, salvo se para a acção fosse exclusivamente competente a jurisdição portuguesa segundo as regras de conflitos do direito português ...»: cf. J. Alberto dos Reis, *Processos ...*, II, p. 165; também A. Machado Villela, «Observações sobre a execução das sentenças estrangeiras», *Boletim do Ministério da Justiça*, n.º 32, 1952, p. 43 ss., defendeu, *de jure condendo*, uma posição unilateralista, no sentido da unilateralidade simples, pois nem sequer ressalvava os casos de competência exclusiva dos tribunais do foro, como o faz a doutrina da unilateralidade atenuada.

do Professor João Castro Mendes [81], sendo esta teoria posteriormente sufragada pelo Professor A. Ferrer Correia, após a entrada em vigor da Lei n.º 21/78, de 3 de Maio, a qual introduziu o artigo 65.º-A do CPC, em que se passa a definir de modo taxativo os casos de competência internacional *exclusiva* dos tribunais portugueses [82].

Na elaboração da disposição actual da alínea c) do artigo 1096.º teve especial importância, segundo julgamos, a proposta do Dr. Castro Lopo, apresentada na sessão de 17 de Fevereiro de 1987 da Comissão de Revisão do Código de Processo Civil [83], nos termos da qual a alínea c) do artigo 1096.º passava a ter a seguinte redacção:

> «c) Que provenha de tribunal estrangeiro cuja competência decorre de fundamentos iguais ou semelhantes aos previstos nas regras sobre conflitos de jurisdições da lei portuguesa, ou de tribunal estrangeiro que se tem por competente e a matéria não é da competência exclusiva dos tribunais portugueses e ela não foi estabelecida em fraude à lei, e, também, segundo as concepções do direito português, essa competência não é manifestamente exorbitante».

---

[81] Cf. J. Castro Mendes, «Alguns problemas ...», p. 164 ss., *maxime* p. 166 [«não sendo os tribunais portugueses exclusivamente competentes do ponto de vista internacional para a acção, o tribunal estrangeiro, *qualquer que ele seja*, é-o sempre para os efeitos do artigo 1096.º, alínea c)»] e p. 169 [«... *nada interessa que o tribunal sentenciador seja internacionalmente competente, pela sua lei ou pela nossa*; só interessa que os tribunais portugueses o não sejam a título exclusivo»] (sublinhados nossos).

Em rigor, como acentua, com razão, J. Curado Neves, «Sobre a competência ...», pp. 126-127 e nota 63, J. Castro Mendes não defendeu uma doutrina de unilateralidade atenuada; a nosso ver, advogou tão-somente uma doutrina que permitia, na prática, chegar muitas vezes (*mas sem sempre*) aos mesmos resultados que a unilateralidade atenuada, já que não exercia qualquer controlo sobre a competência internacional do tribunal *a quo* e só se preocupava com a não ofensa da competência exclusiva do tribunal *ad quem*.

[82] Cf., neste sentido, A. Ferrer Correia, «La reconnaissance ...», in *Estudos vários* ..., p. 176; «Breves reflexões ...», in *Estudos vários* ..., p. 203 e nota 2; «O reconhecimento ...», in *Temas* ..., p. 295; para uma crítica desta interpretação, cf. J. Curado Neves, «Sobre a competência ...», p. 131 ss.

M. Teixeira de Sousa, *A competência declarativa* ..., pp. 60-61, parece adoptar uma posição mais próxima da construção de J. Castro Mendes (cf. a nota anterior) do que da doutrina da unilateralidade atenuada; na prática, porém, o seu modo de ver coincidirá, o mais das vezes, com essa teoria.

[83] Cf. «Actas das sessões da Comissão de Revisão do Código de Processo Civil – Acta n.º 90 [de] 17.2.1987», *BMJ*, n.º 417, Junho de 1992, p. 63 ss.

A seguir, tendo em conta críticas do Cons. Campos Costa e do então Des. Cardona Ferreira, o proponente simplificou o teor da disposição, eliminando, designadamente, a referência que era feita, *in fine*, às competências exorbitantes, por ser considerada de difícil interpretação, e propôs o texto seguinte:

«c) Que provenha de tribunal estrangeiro que se teve por competente e a matéria não é da exclusiva competência dos tribunais portugueses nem foi estabelecida em fraude à lei» [84].

Na fundamentação que fez da sua posição, o autor da proposta invocou, designadamente, o *«respeito internacional pelos direitos adquiridos»*, o qual postularia que se regulamentasse, «de modo mais flexível, o sistema de revisão de sentenças estrangeiras» e citou abundantes referências a convenções internacionais, a opiniões doutrinais e a decisões jurisprudenciais, nacionais e estrangeiras [85], entre as quais avultam o acórdão *Mack Trucks* da *Cour d'appel de Paris*, de 10 de Novembro de 1971, e o aresto *Simitch*, da *Cour de cassation* francesa, de 6 de Fevereiro de 1985, bem como o caso da Princesa *Bauffremont*, em matéria de fraude à lei em Direito Internacional Privado [86].

---

[84] Cf. «Actas ...», *ibidem*, pp. 68 e 64. Note-se que a referência à exclusão das *competências exorbitantes*, por desconformes com os valores universalmente reconhecidos do Direito Internacional Privado, já havia sido feita, entre nós, por A. Ferrer Correia, *Lições ... Aditamentos*, p. 81 ss; «La reconnaissance ...», in *Estudos vários...*, p. 176 ss.

[85] Cf. «Actas ...», *ibidem*, pp. 64-67: além de várias obras de A. Ferrer Correia, o proponente citou ainda H. Batiffol, H. Valladão, J.-P. Niboyet, A. Pillet, Ph. Francescakis, P. Lagarde, Dominique [e não Danielle, como vem referido] Holleaux, P. Mayer, P. Lepaulle, bem como o importante trabalho de M. Fernandes Costa, «Direitos adquiridos e reconhecimento de sentenças estrangeiras (Da interpretação da alínea g) do art. 1096.º do Código de Processo Civil)» – Separata do n.º especial do *Boletim da Faculdade de Direito de Coimbra – Estudos em homenagem ao Prof. Doutor António de Arruda Ferrer Correia*, Coimbra, 1983.

[86] *Ibidem*, pp. 67-68. No acórdão *Mack Trucks*, a *Cour d'appel de Paris* afirmou, em 10 de novembro de 1971, «qu'il suffit pour qu'un tribunal étranger soit reconnu *compétent* que le litige se rattache d'une manière *suffisante* au pays dont le juge a été saisi, c'est-à-dire que le *choix de la juridiction* ne soit ni *arbitraire*, ni *artificiel* ni *frauduleux*» [cf. B. Ancel-Y. Lequette, *Grands arrêts ...*, p. 493, e p. 489, onde este passo é retomado pela *Cour de cassation*, no acórdão *Simitch* (sublinhados nossos)]; no aresto *Simitch*, a *1ère Chambre civile* da *Cour de cassation* declarou, em 6

Na discussão que se seguiu, o Cons. Campos Costa teve uma importante intervenção em que referiu que a «solução bilateral», antes adoptada entre nós, se devia «à dificuldade de os tribunais portugueses conhecerem as leis estrangeiras», acrescentando que os autores nacionais acabaram, todavia, por vir «a inclinar-se para a doutrina unilateral..., que, na verdade, parece mais razoável.... *Se um tribunal estrangeiro, no exercício do seu poder de soberania, julgou uma acção e se os tribunais portugueses não são exclusivamente competentes para aquele tipo de questões, parece não haver razões para não conceder a revisão à sentença*», aludindo, por fim, às dificuldades que a nova teoria acarretava: «*Claro que consagrando a teoria unilateral se cria aos tribunais a dificuldade de saber se o tribunal estrangeiro era ou não competente segundo a sua lei nacional. Elimina-se, porém, este problema aceitando que se o tribunal julgou a matéria de fundo, foi porque se considerou competente, não devendo ser posta em causa essa sua apreciação*» [87].

No seguimento desta intervenção decisiva, o Desembargador Cardona Ferreira propôs a supressão do membro de frase «*que se te[ve] por competente*», por desnecessário, e o Dr. Castro Lopo reafirmou «que a sua proposta tinha tido em vista consagrar expressamente a doutrina unilateral, na linha da jurisprudência mais moderna», vindo a concordar com a seguinte redacção, que foi entretanto apresentada pelo Dr. Carlos Mourisca:

«'c) Que provenha de tribunal cuja competência não tenha sido estabelecida em fraude à lei e a matéria não seja de exclusiva competência dos tribunais portugueses'».

---

de Fevereiro de 1985: «Toutes les fois que la règle française de solution de conflits de juridictions *n'attribue pas compétence exclusive aux tribunaux français*, le tribunal étranger doit être reconnu *compétent*, si le litige se rattache *d'une manière caractérisée* au pays dont le juge a été saisi et si le choix de la juridiction *n'a pas été frauduleux*» [cf. B. Ancel-Y. Lequette, *Grands arrêts* ..., p. 488 e p. 489 (sublinhados nossos)]:note-se que o primeiro destes acórdãos, ao contrário do segundo, não ressalvava a competência exclusiva dos tribunais franceses. Finalmente, no acórdão *Bauffremont*, a *Chambre civile* da *Cour de cassation* declarou, em 18 de Março de 1878, em substância: «Il y a fraude à la loi en droit international privé lorsque les parties ont volontairement modifié le rapport de droit dans le seul but de le soustraire à la loi normalement compétente» [cf. B. Ancel-Y. Lequette, *Grands arrêts* ..., p. 24 ss.].

[87] *Ibidem*, pp. 68-69 (sublinhados nossos).

Seguiu-se uma discussão iniciada pelo Conselheiro Campos Costa sobre a correcção da referência à fraude à lei em relação com a supressão de um dos requisitos inicialmente exigidos na proposta do Dr. Castro Lopo, em que intervieram o Prof. Antunes Varela, o Cons. Manso Preto, o Dr. Castro Lopo e o Des. Cardona Ferreira, posto o que, «[v]*erificando ser geral a rejeição do critério da bilateralidade, bem como a convicção de ser impossível controlar a competência do tribunal estrangeiro que julgou de mérito*, o Prof. Antunes Varela colocou à votação o seguinte texto para a alínea c):

«'c) Que provenha de tribunal cuja competência não tenha sido *provocada* em fraude à lei... [sendo o resto igual à proposta do Dr. Carlos Mourisca, segundo cremos]'.

Este texto foi aprovado por unanimidade» [88].

O Anteprojecto de 1988 do Ministério da Justiça apresenta, na alínea c) do artigo 928.º, a seguinte formulação:

«c) Que provenha de tribunal *estrangeiro* cuja competência não tenha sido provocada em fraude à lei e *não verse sobre* matéria da exclusiva competência dos tribunais portugueses» [89].

Em relação ao último texto aprovado na Comissão de Revisão, foi acrescentado o adjectivo *estrangeiro* — que já constava das propostas do Dr. Castro Lopo — e melhorou-se a redacção da segunda parte da proposta («*e não verse sobre*»), mas, no essencial, foi mantida a formulação anterior, salientando-se, nomeadamente, o desaparecimento do passo da segunda proposta do Dr. Castro Lopo «[tribunal estrangeiro] *que se teve por competente*», cuja eliminação fora proposta pelo Des. Cardona Ferreira e pelo Dr. Carlos Mourisca.

Na apreciação que fizeram ao Anteprojecto de 1988, o Prof. A. Ferrer Correia e o Dr. F. A. Ferreira Pinto, depois de terem analisado a controvérsia anterior acerca da consagração, no nosso direito positivo, da bilateralidade ou da unilateralidade e de terem feito uma breve referência às soluções estrangeiras — em que citaram nomeadamente os acórdãos *Mack Trucks* e *Simitch* [90] —, entenderam que o Anteprojecto

---

[88] *Ibidem*, pp. 69-70 (sublinhados nossos).

[89] Sublinhados nossos a assinalar as alterações em relação à anterior versão aprovada na Comissão de Revisão.

[90] Estes acórdãos já haviam sido citados, entre nós, anteriormente, entre outros, por Ana Maria Peralta, «A competência ...», p. 31 e nota 30.

se parecia orientar decididamente no sentido da doutrina unilateralista, «numa perspectiva sem dúvida corajosa e aberta, mas que não tem paralelo em algumas das legislações mais significativas» [91], acabando por concluir que a solução constante do Anteprojecto era «justa e razoável», devendo, no entanto, ser complementada «com uma norma que, em sede de 'fundamentos de oposição', previsse a possibilidade de denúncia das chamadas 'competências exorbitantes'» [92], o que acabou por não ser aceite na versão final, tal como o não foi a inclusão da alínea c) do artigo 1096.º, proposta pelos autores, nas matérias de averiguação oficiosa pelo tribunal português de revisão [93]. Mas, na proposta de articulado que apresentaram, estes autores não sugeriram qualquer alteração relativamente ao texto constante do Anteprojecto de 1988.

Este último texto manteve-se sem alterações no Anteprojecto de 1993 [94], no Projecto de 1995 [95] e na versão final, que consta actualmente da alínea c) do artigo 1096.º do CPC de 1997.

Para além do que já ficou dito a este respeito, cabe agora manifestar aqui a nossa adesão à teoria unilateralista atenuada, inquestionavelmente inscrita no preceito em análise. A posição bilateralista, que antes dominava na doutrina e na jurisprudência portuguesas e que correspondia ao texto do Código de 1939, sob a aparência de universalismo, implica uma imposição inadmissível dos pontos de vista do Estado do foro aos ordenamentos jurídicos estrangeiros, sendo certo que o tribunal *a quo* não pode nunca obedecer a outras regras de competência internacional (directa) que não sejam as do sistema a que pertence [96]. Esta atitude de

---

[91] Cf. A. Ferrer Correia-F. A. Ferreira Pinto, «Breve ...», pp. 50-51.

[92] Cf. A. Ferrer Correia-F. A. Ferreira Pinto, *ibidem*, p. 52.

[93] Pontos estes que mereceram, por isso, as críticas de D. Moura Vicente, «A competência internacional ...», *Aspectos...*, p. 91, n. 39 e p. 92; sobre esta última questão, cf. *supra*, nota 69 e texto correspondente.

[94] Artigo 983.º, [n.º 1], alínea c), do *Código de Processo Civil (Anteprojecto)*, Lisboa, Ministério da Justiça, 1993 (a seguir, Anteprojecto de 1993).

[95] Artigo 1096.º, alínea c), da obra *Revisão do Processo Civil – Projecto*, Lisboa, Ministério da Justiça, 1995 (a seguir, Projecto de 1995).

[96] Cf., neste sentido, A. Machado Villela, «Observações ...», p. 44; J. Castro Mendes, «Alguns problemas ...», pp. 162-163; A. Ferrer Correia, «La reconnaissance ...», in *Estudos vários ...*, pp. 170-171; «Breves reflexões ...», in *Estudos vários ...*, p. 201; «O reconhecimento ...», *in Temas ...*, p. 294. Cf. também P. Mayer,«Droit international privé et droit internacional public sous l'angle de la notion de compéten-

«imperialismo» [97] da teoria bilateralista ignora que aquilo de que aqui se trata é a elaboração de uma *regra de reconhecimento* da competência que, a si mesmas, se atribuem as jurisdições estrangeiras, podendo o sistema jurídico do tribunal *ad quem* fixar as condições em que aceita essa competência unilateralmente fixada [98]: no presente caso, é necessário que não haja *fraude à lei* – isto é, que não existam situações de facto ou de direito criadas com o intuito fraudulento de evitar a competência do tribunal que, noutras circunstâncias, seria internacionalmente competente (cf. artigo 21.º do Código Civil, *mutatis mutandis*) [99] – nem que se trate de matéria da exclusiva competência dos órgãos jurisdicionais portugueses [100].

---

ce», *Revue critique de droit international privé*, 1979, p. 15: «L'État n'a de compétence (au sens du droit international public) que pour délimiter les cas dans lesquels ses propres juridictions sont habilitées à prononcer un jugement; *il ne peut habiliter les juridictions étrangères*» (sublinhado meu).

Foi isto mesmo que reconheceu o legislador português no preâmbulo do Decreto-Lei n.º 329-A/95, de 12 de Dezembro: «... no que toca aos requisitos da competência internacional indirecta, consagrou-se na alínea c) do artigo 1096.º, a mesma tese da *unilateralidade*, atribuindo-se especial relevo ao requisito da competência internacional do tribunal sentenciador» [*D. R.*, I Série-A, n.º 285/95, Suplemento, 12.12.1995, p. 7780 (23), 2.ª coluna, *in fine* (sublinhado nosso)].

[97] Cf. B. Ancel-Y. Lequette, *Grands arrêts* ..., p. 492: «Trop restrictive dans ses effets, trop fragile dans ses fondements, cette doctrine [de la bilatéralisation] qui fait de la compétence indirecte l'"épreuve renversée' de la compétence directe française manifeste un *esprit d'impérialisme peu adapté aux réalités du contentieux international*» (sublinhado nosso).

[98] Sobre esta noção de *regra de reconhecimento*, a propósito do artigo 7.º, n.º 1, da Convenção de Roma de 19.6.1980 sobre a Lei Aplicável às Obrigações Contratuais, cf. A. Marques dos Santos, *As normas de aplicação imediata no DIP* ..., vol. II, p. 1046 ss.

[99] A *fraude à lei* já havia sido mencionada entre nós, neste contexto, por A. Ferrer Correia, *Lições ... Aditamentos*, p. 81.

[100] No fundo, trata-se da doutrina do acórdão *Simitch* (cf. *supra*, nota 86) com uma ligeira diferença quanto à necessidade da ligação «*d'une manière caractérisée*» com o país do tribunal de origem, que não consta expressamente do texto português, talvez porque, verificando-se as circunstâncias lá enunciadas (ausência de fraude à lei e não desrespeito de uma competência exclusiva dos tribunais portugueses), se considere que a ligação com o Estado do tribunal sentenciador é bastante; veja-se também, neste contexto, a decisão proferida pela Câmara dos Lordes, em 1969, no caso *Indyka v. Indyka*, que considerou ser de reconhecer a sentença estrangeira de divórcio se o tribunal *a quo* tinha com a causa uma «*real and substantial connection*» (cf. *Cheshire & North's PIL*, p. 686); não cremos que o preceito português em causa se afaste desta ideia fundamental.

Não julgamos que seja muito grave que não haja uma referência expressa à exclusão das competências exorbitantes [101], pois cremos que parece dever adoptar-se, por razões de praticabilidade do sistema, a posição do Conselheiro Campos Costa, segundo a qual se deve presumir, em princípio, a competência do tribunal estrangeiro que se pronunciou sobre o mérito da causa [102], como acontecerá quase necessariamente nesta matéria.

Também não pensamos que fosse desejável a inserção de uma *cláusula de excepção*, que exceptuasse o reconhecimento da sentença estrangeira «sempre que o tribunal [português] verificasse ser a conexão existente na espécie manifestamente insuficiente de acordo com os [critérios de competência aceites na ordem interna e internacional]» [103], o que equivaleria, no fundo, a afastar a competência internacional (indirecta) do tribunal estrangeiro, sempre que este fosse considerado, *à tort ou à raison*, pelo órgão português de aplicação do direito, um forum *non conveniens* [104].

Quanto aos adversários mais encarniçados do unilateralismo, lembraremos que a porção de unilateralismo já existente no CPC aumentou com a presente reforma [105]; no que respeita às *cláusulas de excepção*, além de não constituírem um mecanismo muito fácil de manejar [106],

---

[101] Cf., sobre esta questão, *supra*, notas 84, 92 e 93 e o texto que lhes corresponde.

[102] Cf. *supra*, nota 87 e texto correspondente.

[103] Como propõe D. Moura Vicente, «A competência internacional ...», *Aspectos ...*, p. 92.

[104] Cf., implicitamente neste sentido, embora a outro propósito, A. Ferrer Correia, «La reconnaissance ...», in *Estudos vários* ..., p. 170, último §.

[105] Cf. o novo texto do artigo 65.º, n.º 1, alínea d), do Código, comparado com a versão anterior do mesmo preceito; o acrescento da fórmula «*ou não ser exigível ao autor a sua propositura no estrangeiro*», inspirada no artigo 3.º da LDIP suíça de 18.12.1987, que foi sugerido por A. Ferrer Correia-F. A. Ferreira Pinto, «Breve ...», pp. 39, 58 [alínea d) do artigo 27.º] e aceite desde o Projecto de 1995 [artigo 65.º, n.º 1, alínea d)] implica, em nosso entender, um exame ou, pelo menos, uma *tomada em consideração* (*Berücksichtigung*) do direito estrangeiro em matéria de competência internacional (directa).

[106] Cf. A. Marques dos Santos, *As normas de aplicação imediata no DIP* ..., vol. I, p. 488 ss.; sobre as cláusulas de excepção, cf. ainda, de um modo geral, R. M. Moura Ramos, «VIII. Les clauses d'exception en matière de conflits de lois et de conflits de juridictions», in *XIVème Congrès International de Droit Comparé – Rapports portugais – Athènes, 31 juillet-6 août 1994*, Separata do Boletim *Documentação e Direito Comparado*, n.º duplo 57/58, 1994, p. 293 ss.

também recordaremos que o legislador não aceitou, na reforma actual, uma sugestão de cláusula de excepção proposta noutra matéria [107], o que revela, a nosso ver, uma certa falta de disponibilidade da sua parte, para já, no sentido de aceitar este mecanismo, pelo menos em matéria processual [108].

Feita esta análise assaz pormenorizada da elaboração da alínea c) do artigo 1096.º do CPC, cabe agora fazer referência ao novo preceito constante da alínea e) do mesmo artigo.

18. b) A alínea e) do artigo 1096.º do CPC prescrevia antes, para que a sentença estrangeira fosse confirmada, «[q]ue o réu tenha sido devidamente citado, salvo tratando-se de causa para que a lei portuguesa dispensaria a citação inicial; e, se o réu foi logo condenado por falta de oposição ao pedido, que a citação tenha sido feita na sua própria pessoa».

De um modo muito mais simples e elegante, o preceito actual exige «[q]ue o réu tenha sido regularmente citado para a acção, nos termos da lei do país do tribunal de origem, e que no processo hajam sido observados os princípios do contraditório e da igualdade das partes».

Consultando novamente os trabalhos preparatórios, podemos verificar que o Dr. Castro Lopo apresentou uma proposta de alínea e) do artigo 1096.º assim concebida:

«e) Que hajam sido suficientemente garantidos às partes na acção estrangeira os direitos de actuação processual [ou 'os direitos de defesa' ou 'os direitos processuais']», admitindo que esta alínea pudesse vir depois da alínea f), relativa à ordem pública portuguesa [109].

---

[107] Assim, não foi aceite na versão final do artigo 65.º, n.º 1, alínea c), do Código, a proposta, apresentada por A. Ferrer Correia-F. A. Ferreira Pinto, «Breve ...», pp. 34, 58 [alínea c) do artigo 27.º], de cláusula de excepção [«*a menos que se verifique que, a despeito disso, a conexão existente entre a situação controvertida e a ordem jurídica nacional não é suficiente, segundo um critério de razoabilidade, para fundar a competência dos tribunais portugueses*»].

[108] Quanto à relevância das cláusulas de excepção em matéria de *direito da nacionalidade*, cf. A. Marques dos Santos, «Nacionalidade e efectividade», *in Estudos em memória do Professor Doutor João de Castro Mendes*, Lisboa, Faculdade de Direito da Universidade de Lisboa, [1995], p. 447 ss.

[109] Cf. «Actas das sessões da Comissão de Revisão do Código de Processo Civil – Acta n.º 90 [de] 17.2.1987», *BMJ*, n.º 417, Junho de 1992, pp. 63-64.

O Dr. Castro Lopo justificou a eliminação de toda e qualquer referência à citação, afirmando que o que importava sobremaneira era salvaguardar os direitos da defesa, do que discordou o Cons. Campos Costa, que considerava fundamental a referência à citação, como constava, aliás, do n.º 2 do artigo 697.º [na realidade, é o artigo 797.º] do CPC italiano, além de entender que «as fórmulas propostas são demasiado vagas, dando azo a muitos abusos», ao passo que o Des. Cardona Ferreira e o Dr. Carlos Mourisca abundaram no sentido do proponente, que voltou a reiterar a sua posição [110].

Tendo em conta as diversas intervenções, o Professor Antunes Varela sugeriu a seguinte fórmula de compromisso:

«'e) Que o réu tenha sido devidamente citado e que lhe tenham sido assegurados os direitos de defesa'»,

a que o Conselheiro Manso Preto preferia estoutra formulação, que propôs:

«'e) [Que o réu tenha sido devidamente citado] ou não tenha sido postergado qualquer direito fundamental da defesa'».

Tendo-se procedido à votação, foi aprovada, por unanimidade, a redacção seguinte, que corresponde, no essencial, à proposta que fora inicialmente apresentada pelo Dr. Castro Lopo:

«'e) Que tenham sido assegurados os direitos de defesa ao réu'»,

tendo-se, pois, finalmente, julgado ser «desnecessária a referência autónoma à citação, dado que se constam do processo índices seguros de que o réu exerceu o seu direito de defesa é porque ele foi citado» [111].

No Anteprojecto de 1988, apareceu um texto que era ligeiramente diferente deste último, embora tivesse a preocupação de conservar a mesma estrutura concisa e simplificada, sem fazer referência à citação:

«e) Que na acção hajam sido garantidos às partes os direitos fundamentais de defesa» [112].

---

[110] Cf. «Actas ...», *ibidem*, pp. 70-71.
[111] Cf. «Actas ...», *ibidem*, p. 71-72.
[112] Cf. Anteprojecto de 1988, artigo 928.º, alínea e).

A propósito desta fórmula, o Prof. A. Ferrer Correia e o Dr. F. A. Ferreira Pinto, embora a aprovem, em tese geral, não deixam de acentuar a sua «vaguidade» e as dificuldades de concretização que pode suscitar, salientando a necessidade de se fazer uma menção expressa dos «princípios fundamentais do contraditório e da igualdade das partes [, o] que pressupõe... que o réu tenha sido devidamente citado», e acabam por propor uma nova formulação para o preceito:

«e) Que [o réu tenha sido regularmente citado para a acção, nos termos da lei do país do tribunal de origem, e que] no processo hajam sido observados os princípios do contraditório e da igualdade das partes» [113].

Esta formulação começou por ser parcialmente admitida no Anteprojecto de 1993 [114] e no Projecto de 1995 [115], em que se aceita tão-só a ideia fundamental da proposta do Prof. A. Ferrer Correia e do Dr. F. A. Ferreira Pinto, omitindo-se, porém, a parte essencial de concretização relativa à citação, que aparecia entre parêntesis rectos; a formulação adoptada nestas fases da elaboração do texto legislativo era a seguinte:

«e) Que na acção hajam sido observados os princípios do contraditório e da igualdade das partes».

Finalmente, a proposta dos ilustres autores acabou por ser integralmente acolhida na versão final do preceito tal como agora consta do CPC de 1997.

Parece-nos avisada a formulação que o legislador consagrou, não só relativamente à versão do preceito no Código anterior, mas também relativamente às fórmulas que foram sugeridas na Comissão de Revisão ou que constavam dos anteprojectos de 1988 e de 1993 e do Projecto de 1995.

A formulação que vinha já do Código de 1939 pecava, a nosso ver, por estar demasiado apegada a conceitos próprios do processo civil português, enquanto, no texto actual, se esclarece que a citação

---

[113] Cf. A. Ferrer Correia-F. A. Ferreira Pinto, «Breve ...», pp. 52-53, 60 [alínea e) do artigo 928.º].
[114] Artigo 983.º, [n.º 1], alínea e).
[115] Artigo 1096.º, alínea e).

para a acção se deve efectuar *nos termos da lei do país do tribunal de origem*, como, aliás, já entendia a doutrina, embora o preceito o não dissesse claramente [116].

O Professor A. Ferrer Correia defendia, porém, na vigência da legislação anterior, que a questão de saber se a citação era ou não necessária devia «pôr-se e resolver-se em face da lei portuguesa», pouco importando «que a citação do réu pudesse não ter lugar segundo a lei do país do tribunal de origem» [117].

Cremos, porém, hoje em dia, perante a formulação actual do preceito da alínea e) do artigo 1096.º do CPC, que a exigência fundamental da nossa lei se reporta à salvaguarda dos *direitos essenciais da defesa* [118] – os quais se reconduzem, no fundo, aos *princípios do contraditório e da igualdade das partes* [119] –, isto é, ao respeito de uma *ordem pública processual* [120], para além da ordem pública material mencionada na alínea f) do artigo 1096.º, e não tanto que a exigência de *citação* tenha necessariamente de ser aferida pela bitola da lei processual portuguesa; pode haver no sistema jurídico do tribunal de origem um acto com outro nome que não o de citação, que desempenhe,

---

[116] Cf. J. Alberto dos Reis, *Processos* ..., II, pp. 171-172; tendo Botelho de Sousa proposto que se acrescentasse, no n.º 5 do artigo 1102.º do Código de 1939, que a citação devia ser feita «segundo a lei do país onde se efectuar», o Prof. J. Alberto dos Reis entendeu que «o aditamento era desnecessário, pois nunca se pôs em dúvida que pela lei do país da citação é que se há-de apreciar se esta foi bem feita» (p. 171); cf. igualmente A. Ferrer Correia, *Lições ... Aditamentos*, p. 109.

Note-se, aliás, que tanto o antigo artigo 797.º, alínea 2), do *Codice di Procedura Civile* italiano, como a alínea b), do n.º 1, do artigo 64.º, da Lei n.º 218, de 31.5.1995, se referem à *«legge del luogo dove si è svolto il giudizio* [ou *il processo*]».

[117] Cf. A. Ferrer Correia, *Lições ... Aditamentos*, p. 109; no mesmo sentido, J. Alberto dos Reis, *Processos* ..., II, p. 172.

[118] Como se diz na alínea b), do n.º 1, do artigo 64.º, da Lei italiana n.º 218, de 31.5.1995: «e non sono stati violati i *diritti essenziali della difesa*» (sublinhado nosso).

[119] Que vêm expressamente referidos na 2.ª parte da alínea e) do artigo 1096.º do CPC, na sua versão actual.

[120] Cf. A. Ferrer Correia-F. A. Ferreira Pinto, «Breve ...», p. 53. O próprio legislador se refere a esta noção no preâmbulo do Decreto-Lei n.º 329-A/95, de 12 de Dezembro: «[o]utra inovação a apontar consta da alínea e) do mesmo preceito, onde se consagra, em termos amplos, a necessidade de observância dos princípios do contraditório e da igualdade das partes, deixando claro que também a *ordem pública processual* – e não só a material – pode constituir obstáculo ao reconhecimento das sentenças estrangeiras [*D. R.*, I Série-A, n.º 285/95, Suplemento, 12.12.1995, p. 7780 (23), 2.ª coluna, *in fine* (sublinhado nosso)].

mutatis mutandis, a mesma função e isso será, em nosso entender, bastante para satisfazer o requisito da primeira parte da actual alínea e) do artigo 1096.º do CPC, como o comprovam, aliás, as formulações da nova Lei italiana de Direito Internacional Privado [121] ou da própria Convenção de Bruxelas [122].

É essa ideia fundamental de respeito dos direitos da defesa, inscrita, aliás, claramente na Declaração Universal dos Direitos do Homem [123], que nos parece essencial no preceito que acabámos de analisar.

Após termos estudado sucintamente a alínea e) do artigo 1096.º do CPC, temos de examinar o teor do novo preceito que agora consta da alínea f) do mesmo artigo.

19. c) A alínea f) do artigo 1096.º do CPC estabelecia antes como requisito necessário para a confirmação da sentença emanada por um órgão jurisdicional estrangeiro que ela não contivesse «decisões contrárias aos princípios de ordem pública portuguesa», ao passo que a versão actual do preceito exige, de uma maneira muito mais pormenorizada, que ela «não contenha decisão cujo reconhecimento conduza a um resultado manifestamente incompatível com os princípios da ordem pública internacional do Estado Português».

Voltando mais uma vez à análise dos trabalhos preparatórios, ficamos a saber que o Dr. Castro Lopo submeteu igualmente uma proposta de alínea f) do artigo 1096.º, cujo teor era o seguinte:

«f) Que não seja contrária aos princípios de ordem pública portuguesa», admitindo que esta alínea pudesse vir antes da alínea e), relativa ao respeito dos direitos da defesa [124].

---

[121] Enquanto o antigo artigo 797.º, alínea 2), do *Codice di Procedura Civile* italiano falava de «citazione», a alínea b), do n.º 1, do artigo 64.º, da Lei n.º 218, de 31.5.1995, refere-se ao «atto introdutivo del giudizio».

[122] Cf. o artigo 20.º, 2.º §, da Convenção de Bruxelas (*supra*, nota 3), que fala de «acto que iniciou a instância, ou acto equivalente», bem como a anotação de M. Teixeira de Sousa-D. Moura Vicente, *Comentário* ..., p. 130.

[123] Cf., para o que aqui importa, sobretudo o artigo 10.º: «Toda a pessoa tem direito, em plena igualdade, a que a sua causa seja equitativa e publicamente julgada por um tribunal independente e imparcial que decida dos seus direitos e obrigações ...»; o artigo 11.º, n.º 1, fala expressamente de «todas as garantias necessárias de defesa» em caso de acusação da prática de um acto delituoso.

[124] Cf. «Actas das sessões da Comissão de Revisão do Código de Processo Civil – Acta n.º 90 [de] 17.2.1987», *BMJ*, n.º 417, Junho de 1992, p. 63.

Na breve discussão travada na Comissão de Revisão, o Dr. Castro Lopo esclareceu que o sentido da sua proposta era o de que só relevava uma ofensa dos princípios de ordem pública que se reflectisse na sentença final, com o que o Cons. Campos Costa concordou, tendo em conta a alteração já aprovada na Comissão para a alínea c) [125], pois entendia que a ofensa à ordem pública tinha agora que «ser apreciada na globalidade». O Professor Antunes Varela, embora sem discordar da proposta, fez notar que «a aprovação deste texto pode vir a ter como consequência a recusa de revisão com base em simples fundamentos», tendo o Dr. Carlos Mourisca tomado posição em sentido idêntico, posto o que, o Dr. Castro Lopo, perante as observações formuladas pelos seus pares, houve por bem retirar a sua proposta [126].

Do Anteprojecto de 1988 constava o seguinte texto:

«f) Que não contenha decisões contrárias aos princípios de ordem pública portuguesa» [127],

que era a formulação em vigor na altura e traduzia o resultado algo inconclusivo dos trabalhos da Comissão de Revisão.

O Professor A. Ferrer Correia e o Dr. F. A. Ferreira Pinto, ao examinarem este texto, foram de opinião que se devia frisar «a exigência do carácter ostensivo da violação», bem como salientar que o reconhecimento das decisões constantes da sentença a rever não devia acarretar «um resultado (manifestamente) incompatível com [a] ordem pública», mas deixaram em aberto a questão de saber se a intervenção da ordem pública se devia cingir tão-só à parte decisória ou se devia também incidir sobre os fundamentos da sentença objecto de revisão.

Na sua proposta de articulado, estes autores sugeriram a seguinte formulação:

«f) Que não contenha decisões cujo reconhecimento conduza a um resultado manifestamente incompatível com os princípios da ordem pública internacional do Estado Português» [128].

---

[125] Cf. *supra*, nota 88 e texto correspondente.
[126] Cf. «Actas ...», *ibidem*, p. 72.
[127] Cf. Anteprojecto de 1988, artigo 928.º, alínea f).
[128] Cf. A. Ferrer Correia-F. A. Ferreira Pinto, «Breve ...», pp. 53-54, 60 [alínea f) do artigo 928.º].

O Anteprojecto de 1993 foi nitidamente influenciado por esta proposta, como se pode ver pela fórmula que acolheu:

«f) Que não contenha decisões cujo reconhecimento *tenha por efeito solução* manifestamente incompatível com os princípios da ordem pública internacional do Estado Português» [129].

Substituiu-se aqui tão-somente a expressão *«conduza a um resultado»* pelo passo *«tenha por efeito solução»*, com o que o texto não ficou certamente nada a ganhar.

O Projecto de 1995 apresentou uma fórmula com algumas alterações relativamente à anterior:

«f) Que não contenha *decisão* cujo reconhecimento tenha por efeito solução manifestamente incompatível com *a* ordem pública internacional do Estado Português» [130].

Em relação à versão do Anteprojecto de 1993, substituiu-se *«decisões»* por *«decisão»* e sobretudo eliminou-se, sem proveito visível, a referência aos *princípios*, deixando apenas a *«ordem pública internacional do Estado Português»*.

O texto final seguiu fielmente a formulação proposta pelo Professor A. Ferrer Correia e pelo Dr. F. A. Ferreira Pinto, com a única diferença de ter substituído *«decisões»* por *«decisão»*, como constava do Projecto de 1995.

Descrita a génese do novo preceito, que pode agora dizer-se do seu teor?

É incontroversa, a nosso ver, a superioridade da fórmula actual em relação ao texto que datava do Código de 1939.

Em primeiro lugar, não só se vem esclarecer, caso pudesse haver dúvidas [131], que se trata dos princípios da ordem pública *internacional* e não da ordem pública *interna*, mas também se vem unificar a termi-

---

[129] Artigo 983.º, [n.º 1], alínea f) (sublinhado nosso).
[130] Artigo 1096.º, alínea f) (sublinhado nosso).
[131] Tais dúvidas, porém, não existiam: cf. J. Alberto dos Reis, *Processos ...*, II, p. 175; no mesmo sentido, A. Ferrer Correia, *Lições ... Aditamentos*, pp. 89-90 e 110; trata-se aqui da ordem pública *material* e não da *ordem pública processual*: cf. *supra*, nota 120 e texto correspondente.

nologia relativamente ao artigo 22.º do Código Civil e ao artigo 6.º, n.º 1, *in fine*, do Código do Registo Civil, só sendo de lamentar que, no texto ora em análise, se não tivesse acrescentado o adjectivo «*fundamentais*» ao substantivo «*princípios*», tal como consta dos preceitos referidos do Código Civil e do Código do Registo Civil, para que a unificação da terminologia passasse a ser completa. Como quer que seja, parece-nos indubitável que estão aqui igualmente em causa apenas os *princípios fundamentais da ordem jurídica portuguesa* que, de tão decisivos que são, não podem ceder, nem sequer nas relações jurídico-privadas plurilocalizadas, ou seja, naquelas que têm elementos de contacto com ordenamentos jurídicos estrangeiros, para além das suas conexões com o sistema português [132].

Em segundo lugar, é de aplaudir a referência a um *resultado* concreto, pois que isso constitui um elemento fundamental da própria noção de ordem pública internacional, a qual só intervém caso a caso, quando o resultado do reconhecimento da sentença estrangeira não for, de todo em todo, admissível, *in casu*, para a ordem jurídica portuguesa [133].

Em terceiro lugar, parece-nos também judiciosa a limitação da intervenção da reserva de ordem pública internacional através da adjunção do advérbio *manifestamente* ao adjectivo *incompatível*, proposta

---

[132] Cf. A. Ferrer Correia, *Lições ... Aditamentos*, p. 90: «A ordem pública internacional reveste neste domínio a mesma natureza que em matéria de conflitos de leis: é uma excepção, uma barreira, um limite à eficácia no Estado do foro das decisões proferidas em país estrangeiro»; no mesmo sentido, I. Magalhães Collaço, *Direito Internacional Privado*, vol. II, Lisboa, AAFDL, 1959, copiograf., pp. 423-424 e notas; J. Baptista Machado, *Lições de Direito Internacional Privado*, 2.ª edição, Coimbra, Almedina, 1982, pp. 267-268 (implicitamente).

O § 328, I, n.º 4, da ZPO refere-se à incompatibilidade com «os princípios essenciais do direito alemão, em especial com os direitos fundamentais».

[133] Cf. A. Ferrer Correia, *Lições ...*, p. 570; A. Ferrer Correia-F. A. Ferreira Pinto, «Breve ...», p. 54; I. Magalhães Collaço, *DIP*, vol. II, p. 420; J. Baptista Machado, *Lições ...*, pp. 259, 270.

O § 328, I, n.º 4, da ZPO fala igualmente no «resultado» («Ergebnis») a que o reconhecimento da sentença estrangeira conduz, fórmula em que se inspirou manifestamente o legislador português, ao seguir a sugestão do Prof. A. Ferrer Correia e do Dr. F. A. Ferreira Pinto; o artigo 64.º, n.º 1, alínea g), da Lei italiana n.º 218, de 31.5.1995, determina que a sentença estrangeira é reconhecida quando «le sue disposizioni non producono *effetti* contrari all'ordine pubblico» (sublinhado nosso).

pelo Prof. A. Ferrer Correia e pelo Dr. F. A. Ferreira Pinto [134], que não só consta de várias leis estrangeiras [135], mas também figura já há várias décadas nas convenções da Conferência da Haia de Direito Internacional Privado [136].

Em quarto lugar, parece-nos que a referência expressa à *decisão* (em vez de *decisões*, como constava dos Anteprojectos de 1988 e de 1993) vai no sentido de se dever tão-somente tomar em linha de conta a *decisão contida na sentença estrangeira* e *não os respectivos fundamentos*, como era geralmente entendido na vigência da versão anterior do preceito [137], não só por tal ser mais compatível com o nosso sistema

---

[134] Cf. A. Ferrer Correia-F. A. Ferreira Pinto, «Breve ...», pp. 53 e 54; o preâmbulo do Decreto-Lei n.º 329-A/95, de 12 de Dezembro, diz a este propósito: «... aperfeiçoa-se o teor da alínea f) do referido preceito, pondo-se a tónica no carácter *ofensivo* da incompatibilidade *de* decisão com a ordem pública internacional do Estado Português» [*D. R.*, I Série-A, n.º 285/95, Suplemento, 12.12.1995, pp. 7780 (23)--7780 (24) (sublinhado nosso)]; onde se lê «carácter *ofensivo* da incompatibilidade *de* decisão», deve ler-se, a nosso ver, «carácter *ostensivo* da incompatibilidade *da* decisão», pois trata-se sem dúvida de um lapso; cf. *supra*, nota 128 e texto correspondente, onde pode ver-se que o Prof. A. Ferrer Correia e o Dr. F. A. Ferreira Pinto defenderam que se devia frisar «a exigência do *carácter ostensivo* da violação» (sublinhado nosso).

[135] O § 328, I, n.º 4, da ZPO utiliza a expressão «manifestamente incompatível» («offensichtlich unvereinbar»), tal como o artigo 27.º, n.º 1, da LDIP suíça, de 18.12.1987 («offensichtlich unvereinbar», na versão oficial alemã; «manifestement incompatible», na versão oficial francesa; «manifestamente incompatibile», na versão oficial italiana).

[136] Uma das primeiras – senão mesmo a primeira – dessas convenções a utilizar a fórmula «manifestemente incompatível com a ordem pública» terá sido a Convenção Relativa à Competência das Autoridades e à Lei Aplicável em Matéria de Protecção de Menores, concluída na Haia em 5.10.1961 [aprovada para ratificação pelo Decreto-Lei n.º 48.494, de 22.7.1968 (*D. G.*, I Série, n.º 172, de 22.7.1968); o instrumento de ratificação foi depositado em 6.12.1968, tendo a Convenção entrado em vigor para Portugal em 4.2.1969, conforme Aviso de 9.1.1969 (*D. G.*, I Série, n.º 20, de 24.1.1969); cf. o respectivo texto em A. Ferrer Correia-F. A. Ferreira Pinto, *DIP* ..., p. 313 ss.].

O artigo 16.º desta Convenção reza assim: «As disposições da presente Convenção não podem ser afastadas nos Estados contratantes a não ser que a respectiva aplicação seja *manifestamente incompatível com a ordem pública*» (sublinhado nosso).

[137] Cf., neste sentido, J. Alberto dos Reis, *Processos* ..., II, pp. 179-181; A. Ferrer Correia, *Lições ... Aditamentos*, pp. 99-100; J. Baptista Machado, *Lições* ..., pp. 267-268; no mesmo sentido, no que toca ao entendimento dominante do preceito anterior, mas deixando a questão em aberto quanto ao futuro, na fase de análise do

de controle das sentenças estrangeiras, que é fundamentalmente de revisão formal (ou de delibação), mas também porque o ter-se acrescentado o advérbio *manifestamente* tem por fito, como já se viu, limitar a intervenção da reserva de ordem pública internacional aos casos que assumam um grau particularmente grave de desconformidade do resultado concreto a que se chega com os valores fundamentais da ordem jurídica do foro. Se se entendessem as coisas de outro modo, estar-se-ia, segundo o nosso modo de ver, a deixar sair pela janela aquilo que se fizera entrar pela porta.

Analisadas que foram as alíneas do artigo 1096.º em que se registaram alterações no Código revisto, é altura de examinarmos agora sucintamente o desaparecimento da antiga alínea g) do mesmo artigo, que passou a constituir o n.º 2 do artigo 1100.º.

20. B) O desaparecimento da alínea g) do artigo 1096.º e o novo preceito do n.º 2 do artigo 1100.º do CPC de 1997.

Na alínea g) do artigo 1096.º do CPC em vigor antes de 1 de Janeiro de 1997, estabelecia-se um último e importante requisito necessário para a confirmação da sentença revidenda, que já vinha de 1939 (n.º 7 do artigo 1102.º) e tinha por antecedente o n.º 6 do artigo 1088.º do Código de 1876 [138]:

> «g) Que, tendo sido proferida contra português, não ofenda as disposições do direito privado português, quando por este devesse ser resolvida a questão segundo as regras de conflitos do direito português».

No Código novo, o disposto na alínea g) do artigo 1096.º transitou, com importantes alterações, para o n.º 2 do artigo 1100.º, o que significa que passou a ser tão-somente um simples fundamento de impugnação do pedido, que pode ou não ser invocado pela parte interessada, e que deixou obviamente de constar do elenco de condições a verificar oficiosamente pelo tribunal de revisão, nos termos do artigo 1101.º [139].

Anteprojecto de 1988, cf. A. Ferrer Correia-F. A. Ferreira Pinto, «Breve ...», p. 54, e *supra*, nota 128 e texto correspondente; cf. ainda *supra*, nota 126 e texto correspondente.

[138] Cf. J. Alberto dos Reis, *Processos* ..., II, pp. 181-182.

[139] Cf. *supra*, nota 68 e texto correspondente.

O texto actual do n° 2 do artigo 1100.° do CPC determina o seginte:

«2 – Se a sentença tiver sido proferida contra pessoa singular ou colectiva de nacionalidade portuguesa, a impugnação pode ainda fundar-se em que o resultado da acção lhe teria sido mais favorável se o tribunal estrangeiro tivesse aplicado o direito material português, quando por este devesse ser resolvida a questão segundo as normas de conflitos da lei portuguesa».

Regressando, uma última vez, aos trabalhos da Comissão de Revisão do Código de Processo Civil, verificamos que o Dr. Castro Lopo apresentou uma proposta de alteração da alínea g) do artigo 1096.°, nos seguintes termos:

«g) Que, tendo sido proferida contra português, não ofenda, pelo seu resultado, o direito substantivo português, quando por este devesse ser resolvida a questão segundo as normas de conflito da lei portuguesa» [140].

O proponente acrescentava em nota: «Uma solução radical e sem qualquer prejuízo podia ser a simples eliminação desta alínea, pois a alínea f) dá protecção bastante. Outra solução, a ver-se a utilidade da alínea, poderia ser 'Que, tendo sido proferida contra português e não sendo ele o requerente da revisão, ...'» [141].

Na brevíssima discussão havida, o Dr. Castro Lopo afirmou que, mais do que a aplicação do direito português, importava que o resultado final da acção fosse conforme com o direito nacional, sugerindo que talvez fosse preferível a última alternativa que propusera, porque – segundo afirmava – se é o português que pede a revisão, «não há razão para esta protecção». O cons. Campos Costa concordou com esta solução, «muito embora lhe repugnasse a eliminação pura e simples da alínea».

O Professor Antunes Varela resumiu a discussão dizendo que haviam sido propostas duas alterações na alínea g): «em primeiro lugar, exige-se agora que a ofensa se meça pelo resultado e não pela simples

---

[140] Cf. «Actas das sessões da Comissão de Revisão do Código de Processo Civil – Acta n.° 90 [de] 17.2.1987», *BMJ*, n.° 417, Junho de 1992, p. 63.

[141] Cf. «Actas ...», *ibidem*, p. 64.

circunstância formal de não ter sido aplicado o direito português; em segundo lugar, que não seja o cidadão português o requerente. Feita a votação, foi aprovada esta solução por unanimidade» [142].

No seguimento desta proposta e da respectiva discussão, o Anteprojecto de 1988 apresentou uma formulação que tinha em conta os parâmetros definidos na Comissão de Revisão:

«g) Que, tendo sido proferida contra português e não sendo ele o requerente da revisão, não ofenda, pelo seu resultado, o direito substantivo português, quando por este devesse ser resolvida a questão, segundo as normas de conflito da lei portuguesa» [143].

Com base neste texto, o Prof. A. Ferrer Correia e o Dr. F. A. Ferreira Pinto propuseram que, a não ser pura e simplesmente abolido este «privilégio de nacionalidade», como acontecera na Alemanha, com a nova Lei de DIP, de 25 de Julho de 1986, se devia, pelo menos, inseri-lo no artigo relativo aos fundamentos de impugnação do pedido, por ser esse o regime mais consentâneo com a ideia subjacente a esta doutrina, pois o que aqui está em causa é um interesse meramente disponível — e renunciável — do cidadão português que decaiu na acção, o qual não deve obviamente ser tido em conta se for ele quem pede a revisão ou se ele vier a aceitar a sentença estrangeira «através de factos concludentes».

Na proposta de articulado que apresentaram, estes autores fizeram a sugestão mais importante nesta matéria, que acabou por ser aceita, no essencial, pelo legislador:

«A parte contra a qual se pretende o reconhecimento só poderá impugnar o pedido por um dos fundamentos seguintes:

...

d) Tendo sido a sentença proferida contra pessoa singular ou colectiva de nacionalidade portuguesa, verificar-se que o resultado da acção lhe teria sido mais favorável se o tribunal estrangeiro tivesse aplicado o direito material por-

---

[142] Cf. «Actas ...», *ibidem*, pp. 72-73.
[143] Cf. Anteprojecto de 1988, artigo 928.º, alínea g).

tuguês, sendo por este que devia ser resolvida a questão segundo as normas de conflitos da lei portuguesa» [144].

Esta sugestão foi tomada em consideração no Anteprojecto de 1993, que já não continha a alínea g) no artigo 983.º, [n.º 1], mas cujo artigo 986.º, relativo aos «fundamentos da impugnação», determinava o seguinte, na parte que aqui interessa:

«A pretensão do requerente só pode ser impugnada com base na falta de algum dos requisitos exigidos no artigo 983.º, na verificação de algum dos factos previstos nas alíneas ... ou na circunstância de, sendo a revisão requerida contra português, a decisão ofender as disposições do direito privado português, quando a questão devesse ser resolvida por este, segundo as regras de conflitos do direito português» [145].

Finalmente, o Projecto de 1995 também eliminou a alínea g) do artigo 1096.º, enquanto, no artigo 1100.º, estabelecia o seguinte:

«O pedido só pode ser impugnado com fundamento na falta de qualquer dos requisitos mencionados no artigo 1096.º ou por se verificar algum dos casos de revisão especificados nas alíneas a), c) e g) do artigo 771.º, ou *na circunstância de, sendo a revisão requerida contra português, a decisão ofender as disposições do direito privado português, quando a questão devesse ser resolvida por este, segundo as regras de conflitos do direito português»* [146].

Vista que foi, a traços muito largos, a génese e a evolução desta importante disposição, interessa agora tecer alguns breves comentários acerca dela.

Ao deslocar o disposto na alínea g) do artigo 1096.º do CPC para o artigo 1100.º, o legislador de 1997 atenuou e minimizou, como já antes se viu, o regime discriminatório que constava da versão anterior dessa disposição.

---

[144] Cf. A. Ferrer Correia-F. A. Ferreira Pinto, «Breve ...», pp. 54-55, 61 [alínea d) do artigo 930.º].
[145] Artigo 986.º (sublinhado nosso).
[146] Artigo 1100.º (sublinhado nosso).

Trata-se, com efeito — no dizer do próprio legislador —, de um *privilégio de nacionalidade* [147], de uma disposição que estabelece uma *discriminação* entre cidadãos portugueses e estrangeiros [148] — de constitucionalidade duvidosa face ao princípio geral de equiparação inscrito no artigo 15.º da Constituição da República Portuguesa —, mas trata-se também, a nosso ver, de um regime de protecção ao direito português [149], quer material, quer conflitual, pondo, de certo modo, em causa a paridade de tratamento entre o direito nacional e o direito estrangeiro — já que este não beneficia da mesma protecção —, do mesmo passo que estabelece, neste caso, um regime arcaico de *revisão de mérito* das sentenças estrangeiras [150], que pressupõe o controle da lei aplicável, na causa julgada no estrangeiro, pelo tribunal *a quo* [151].

Com efeito, o órgão jurisdicional português vai ter que verificar se, sendo, *in casu*, aplicável a lei material portuguesa, de acordo com o que prescrevem as normas do Direito Internacional Privado português, o resultado alcançado pelo órgão jurisdicional estrangeiro — no fundo, *o modo como ele decidiu em relação ao cidadão português* — se compagina ou não com a solução a que um tribunal português, que aplicasse o direito pátrio a tal caso, chegaria.

Este regime já fora, aliás, relativizado anteriormente, mediante uma interpretação doutrinal e jurisprudencial que lhe reduzira o alcance.

---

[147] Cf. A. Ferrer Correia-F. A. Ferreira Pinto, «Breve ...», p. 54, e *supra*, o texto correspondente à nota 144; cf. igualmente o preâmbulo do Decreto-Lei n.º 329--A/95, de 12 de Dezembro, onde se afirma: «O designado '*privilégio da nacionalidade*' — aplicação das disposições do direito privado português quando fosse este o competente segundo as regras de conflitos do nosso ordenamento —, constante da alínea g) do mesmo preceito, deixou de ser considerado requisito do reconhecimento para ser configurado como obstáculo ao reconhecimento, cuja invocação fica reservada à iniciativa da parte interessada» [*D. R.*, I Série-A, n.º 285/95, Suplemento, 12.12.1995, p. 7780 (24), 1.ª coluna, *in initio* (sublinhado nosso)].

[148] Cf. A. Ferrer Correia, «O reconhecimento ...», in *Temas* ..., p. 289; A. Ferrer Correia-F. A. Ferreira Pinto, «Breve ...», p. 50.

[149] Em sentido contrário, cf. A. Ferrer Correia, *Lições ... Aditamentos*, pp. 110--111, e «O reconhecimento ...», in *Temas* ..., pp. 288-289, bem como o acórdão do Supremo Tribunal de Justiça de 23.4.1992, *BMJ*, n.º 416, Maio de 1992, pp. 572 (III), 576, mas, a nosso ver, sem razão, pois só há protecção do cidadão português se, *cumulativamente*, o direito conflitual português considerar competente o direito material português.

[150] Cf. A. Ferrer Correia, «O reconhecimento ...», in *Temas*..., p. 289.

[151] Cf. A. Ferrer Correia, *Lições ... Aditamentos*, pp. 55, 58 e nota 1, 101.

Entendia-se que a disposição se não aplicava se fosse o português que decaíra na acção a requerer a revisão ou se, de modo concludente, ele se houvesse conformado com a sentença estrangeira [152].

De igual modo, nos casos de aplicação do artigo 31.º, n.º 2, do Código Civil (em vez do artigo 31.º, n.º 1) a divórcios decretados contra portugueses no estrangeiro, de acordo com a lei (estrangeira) do país da residência habitual, nos termos de uma versão muito ampla da doutrina do reconhecimento internacional dos direitos adquiridos, reduzia-se o âmbito de aplicação da alínea g) do artigo 1096.º do Código de Processo Civil, já que, em tais casos, as normas de conflitos portuguesas acabavam por conduzir à aplicação de uma lei material estrangeira e não do direito substantivo português, como postulava a alínea g) do artigo 1096.º do Código antigo [153].

Passando a analisar com alguma detença o novo preceito, que é tributário, em boa parte, como já se viu, da proposta do Prof. A. Ferrer Correia e do Dr. F. A. Ferreira Pinto [154], verifica-se que agora se vem esclarecer que o *«português»* contra quem a sentença foi proferida é uma *«pessoa singular ou colectiva de nacionalidade portuguesa»*, trecho este que tem, designadamente, a enorme importância de deixar bem claro que, não obstante a revogação do artigo 110.º do Código Comercial, em que se entendia que estava consagrado, entre nós, o critério geral de atribuição da nacionalidade portuguesa às pessoas colectivas [155], o conceito de *nacionalidade das pessoas colectivas* se

---

[152] Cf. A. Ferrer Correia, *Lições ...Aditamentos*, p. 112: «O reconhecimento ...», in *Temas* ..., p. 289, nota 65 *a*; A. Ferrer Correia-F. A. Ferreira Pinto, «Breve ...», p. 55, e nota 88, e *supra*, texto correspondente à nota 144; cf. também as decisões jurisprudenciais citadas *ibidem*, p. 54, nota 85, e, por último, o acórdão do Supremo Tribunal de Justiça de 23.4.1992, *BMJ*, n.º 416, Maio de 1992, p. 572 ss., bem como todas as referências doutrinárias e jurisprudenciais aí citadas.

[153] Cf. M. Fernandes Costa, «Direitos adquiridos ...», p. 49 ss.; A. Ferrer Correia, «O reconhecimento ...», in *Temas* ..., p. 289 ss.; cf. também *supra*, nota 85 e texto correspondente. Cf. ainda, entre muitos outros, o recente acórdão do Tribunal da Relação de Coimbra de 23.10.1996, *Colectânea de Jurisprudência*, Ano XXI, Tomo IV, 1996, p. 40 ss.

[154] Cf. *supra*, nota 144 e texto correspondente: no fundo, o texto actual do n.º 2 do artigo 1100.º corresponde à proposta destes autores, embora, na parte final do preceito [«... quando ... portuguesa»], se tivesse seguido a formulação do Dr. Castro Lopo (cf. *supra*, nota 140 e texto correspondente).

[155] Cf. A. Ferrer Correia, *Lições* ..., p. 112 ss.; I. Magalhães Collaço, *DIP – Sistema de normas de conflitos portuguesas – Direito dos estrangeiros* (apontamentos

mantém intangível no nosso direito, como, de resto, não podia deixar de ser [156].

O preceito em causa exige, seguidamente, que *o resultado* da acção fosse *mais favorável* [157] ao português se o tribunal *a quo* tivesse aplicado o direito *material* [158] português, competente, no caso *sub judice* estrangeiro, segundo as *normas de conflitos* [159] da lei portuguesa.

---

coligidos por P. Vasconcelos e J. Pimentel), Lisboa, AAFDL, 1970, copiograf., p. 8 ss.; *DIP*, Parte II - *Sistema de normas de conflitos portuguesas* – Título I - *Direito das pessoas* – § 2.º - *Pessoas colectivas* (apontamentos coligidos por J. B. Macedo), Lisboa, AAFDL, 1971, copiograf., p. 30; M. A. G. Fernandes Costa, *Da nacionalidade das sociedades comerciais*, Coimbra, Faculdade de Direito, 1984, p. 218 ss.; A. Marques dos Santos, *Algumas reflexões sobre a nacionalidade das sociedades em Direito Internacional Privado e em Direito Internacional Público*, Coimbra, Faculdade de Direito, 1985, p. 69, nota 189, pp. 93-94 ss.; *Direito Internacional Privado – Sumários*, Lisboa, AAFDL, 1987, copiograf., p. 268 ss.

[156] Cf., neste sentido, A. Marques dos Santos, *DIP – Sumários*, pp. 269-270.

[157] Não se trata, propriamente, da teoria da aplicação da *lei mais favorável* (*better law approach*), que se deve, nos tempos mais recentes, ao autor americano R. A. Leflar, embora tenha antecedentes bastante remotos (cf., sobre esta corrente, A. Marques dos Santos, *As normas de aplicação imediata no DIP* ..., vol. I, p. 607 ss.); mas, na prática, a destrinça pode não ser fácil, pois sempre haverá que comparar o resultado a que se chegou com a aplicação da lei estrangeira com aquele que se teria obtido através da lei portuguesa, o que pode suscitar dificuldades, dado a aplicação de uma lei poder conduzir a um resultado mais favorável, em certos aspectos, e, em outros, menos favorável do que o recurso a outra lei: cf., de um modo geral, sobre esta questão, R. M. Moura Ramos, «La protection de la partie contractuelle la plus faible en droit international privé portugais», *in Droit International et Droit Communautaire, Actes du Colloque, Paris 5-6 avril 1990*, Paris, Fondation Calouste Gulbenkian – Centre Culturel Portugais, 1991, p. 100 ss.; cf. também, no mesmo contexto [«aplicação da lei mais vantajosa para o agente»], sobre o artigo 38.º do Decreto-Lei n.º 178/86, de 3 de Julho, com as modificações introduzidas pelo Decreto-Lei n.º 111/93, de 13 de Abril, C. Lacerda Barata, *Anotações ao novo regime do contrato de agência*, Lisboa, LEX, 1994, pp. 94-97; cf. ainda A. Ferrer Correia, «O reconhecimento ...», *in Temas* ..., p. 289, e *supra*, nota 144 e texto correspondente.

[158] A fórmula «direito *material*» é mais correcta do que aquela que constava da antiga alínea g) do artigo 1096.º, [«direito *privado*»], sendo equivalente à expressão «direito *substantivo*», sugerida pelo Dr. Castro Lopo e adoptada pelo Anteprojecto de 1988 (cf. *supra*, notas 140 e 143 e texto que lhes corresponde); provavelmente porque há outras acepções da expressão «direito substantivo», o legislador preferiu-lhe, porém, «direito *material*», que se deve ao Prof. A. Ferrer Correia e ao Dr. F. A. Ferreira Pinto (cf. *supra*, nota 144 e texto correspondente).

[159] Teria sido mais correcto, a nosso ver, que se tivesse utilizado a expressão «*direito internacional privado*», de modo a abranger outras normas [*as normas de*

Mais uma vez, como acontece na nova alínea f) do artigo 1096.º, tem-se em conta o *resultado substancial* alcançado [160], o que significa que não é tanto o mero facto formal de aplicar o direito substantivo português que releva, mas, antes, o resultado concreto a que a aplicação deste permitiria chegar.

Assim, cremos que, se o tribunal sentenciador recorrer a uma lei estrangeira quando deveria ter aplicado o direito material português mas, não obstante isso, alcançar o mesmo resultado a que conduziria, *in casu*, o direito pátrio, o n.º 2 do artigo 1100.º se não aplicará, por força do chamado princípio da *equivalência das soluções* [161].

Inversamente, uma aplicação errónea do direito português, que conduza a um resultado a que um órgão português de aplicação do direito manifestamente não chegaria, não impede a invocação do fundamento constante deste preceito [162].

Passadas em revista as questões que nos propusemos tratar em matéria de revisão e confirmação de sentenças estrangeiras, caberá tecer mais algumas considerações, à guisa de conclusão.

CONCLUSÃO

21. Não obstante Portugal ter ratificado vários *tratados ou convenções internacionais* que têm evidentes implicações em matéria de reconhecimento em Portugal de decisões judiciais ou arbitrais estrangeiras e de haver *leis especiais* com a mesma incidência [163], esta matéria mantém um enorme interesse prático, visto que, por um lado, continua

---

aplicação imediata], para além das regras de conflitos, que podem igualmente conduzir à aplicação do direito material português: sobre essas normas, cf. *supra*, texto correspondente às notas 45 e 46, e A. Marques dos Santos, *As normas de aplicação imediata no DIP* ..., vol. II, p. 691 ss., bem como as diversas referências aí indicadas.

[160] Cf. *supra*, notas 125, 126, 128 e 133 e texto que lhes corresponde.

[161] Cf. A. Ferrer Correia, *Lições ... Aditamentos*, p. 98, notas 1 e 2; sobre uma aplicação desta mesma ideia de *equivalência de soluções* em matéria de forma dos negócios jurídicos (*equivalência de formas*), cf. A. Marques dos Santos «Testamento público», *Colectânea de Jurisprudência – Acórdãos do Supremo Tribunal de Justiça*, Ano III, Tomo II, 1995, p. 9, 2.ª coluna e referências citadas na nota 16.

[162] Cf. A. Ferrer Correia, *Lições ... Aditamentos*, p. 99.

[163] Cf. *supra*, n.º 6 e seguintes.

a haver um amplo espaço para a aplicação do regime comum de revisão e confirmação de sentenças constante do artigo 1094.º e seguintes do CPC e, por outro lado, em princípio, sem estarem revistas, as sentenças estrangeiras não produzirão a maior parte dos seus efeitos, além de que, de entre as matérias do âmbito do DIP, esta é, sem sombra de dúvida, a que mais frequentemente chega até aos tribunais e aos demais órgãos de aplicação do direito (*v.g.*, cônsules, notários, conservadores do registo civil).

O efeito de *caso julgado* [164] depende da revisão (cf. o artigo 1094.º, n.º 1, do CPC), bem como o efeito *executivo* (cf. os artigos 49.º, n.º 1; 95.º; 813.º) e *os efeitos constitutivos, extintivos ou modificativos* em matéria de estado das pessoas (cf. o artigo 7.º, n.ᵒˢ 1 e 2, do Código de Registo Civil); os *efeitos da sentença como simples meio de prova* produzir-se-ão independentemente de revisão (artigo 1094.º, n.º 2, do CPC).

Por interpretação extensiva deste último preceito, parece dever entender-se que uma sentença estrangeira pode produzir certos *efeitos secundários ou laterais*, sem que, para tal, careça de revisão e confirmação (por exemplo, seria possível exibir uma sentença de divórcio não revista e confirmada para demonstrar, num processo relativo à sucessão de *A*, que *B* não era o seu cônjuge sobrevivo e, portanto, não era herdeiro de *A*, por o casamento ter sido dissolvido por divórcio num país estrangeiro): neste casos, a sentença estrangeira é *tomada em consideração* como um *facto* que entra na hipótese da norma de direito sucessório (trata-se do fenómeno, já referido, de *Berücksichtigung*, na terminologia alemã) [165].

Quanto aos efeitos dos *actos de jurisdição voluntária* que hajam sido praticados por autoridades estrangeiras, relativamente aos quais a doutrina portuguesa se encontra dividida [166], pelo nosso lado, propen-

---

[164] Quer se trate do efeito *positivo* do caso julgado (invocação pelo autor da sentença estrangeira como fundamento de uma pretensão) quer se trate do efeito *negativo* (excepção de caso julgado invocada pelo réu): neste sentido, cf. J. Alberto dos Reis, *Processos* ..., II, p. 150; A. Ferrer Correia, *Lições ... Aditamentos*, p. 95.

[165] A sentença estrangeira produziria efeitos para resolver uma *questão prévia* (a subsistência ou não do vínculo conjugal entre *A* e *B*, à data da morte de *A*); neste sentido, cf. A. Ferrer Correia, *Lições ... Aditamentos*, pp. 34-36; A. Ferrer Correia-F. A. Ferreira Pinto, «Breve ...», p. 49; cf. ainda *supra*, nota 105.

[166] Enquanto A. Machado Villela, *Tratado* ..., I, pp. 662-663, admitia o reconhecimento dos actos de jurisdição voluntária independentemente de revisão, J. Alberto dos Reis, *Processos* ..., II, pp. 156-157, perfilhava opinião contrária, baseado no

demos a considerar que, não se tratando de verdadeiras sentenças contenciosas, eles devem produzir efeitos, em princípio, em Portugal, independentemente de revisão ou de confirmação [167].

Em nosso entender, o sistema português de reconhecimento das sentenças estrangeiras acentuou, com esta reforma, o seu carácter de sistema de revisão predominantemente *formal*, dada a menor importância que a lei reconhece ao «privilégio de nacionalidade» que constava da antiga alínea g) do artigo 1096 [168].

Com efeito, os actuais requisitos que são necessários para a confirmação das sentenças estrangeiras que constam do artigo 1096.º do CPC têm praticamente todos carácter extrínseco ou formal e não há nenhum deles que implique qualquer controle do direito material que foi aplicado pelo tribunal sentenciador ou da apreciação da matéria de facto.

Quanto aos restantes preceitos actualmente em vigor, só o artigo 1100.º, n.º 2, do CPC, correspondente à antiga alínea g) do artigo

---

facto de a Comissão Revisora do Código de 1939 ter alterado o artigo 912.º do Projecto, que só se referia a decisões estrangeiras proferidas em *processo contencioso*, retirando a expressão *processo contencioso* e dando a entender que a revisão se aplicava a todas as decisões estrangeiras, contenciosas ou não; A. Ferrer Correia, *Lições ... Aditamentos*, pp. 31-32, 96, embora com dúvidas, prescinde, se bem entendemos, da revisão em tais casos.

[167] Essa é a solução do direito alemão [cf. A. Ferrer Correia, *Lições ... Aditamentos*, p. 31; J. Kropholler, *Internationales Privatrecht*, 2.ª edição revista, Tübingen, J. C. B. Mohr (Paul Siebeck), 1994, p. 533; K. Firsching-B. von Hoffmann, *Internationales Privatrecht*, 4.ª edição revista, Munique, Verlag C. H. Beck, 1995, p. 151], do direito francês (cf. Y. Loussouarn-P. Bourel, *DIP*, p. 566, e *supra*, nota 16) e, ao que parece, do direito espanhol (cf. J. C. Fernández Rozas-S. Sánchez Lorenzo, *Curso ...*, pp. 578 ss., 585) e do novo direito italiano (cf. o artigo 66.º da Lei n.º 218, de 31.5.1995, e *supra*, nota 20, 2.º §, *in fine*); mas não é o caso na Suíça, onde o artigo 31.º da LDIP, de 18.12.1987, manda aplicar, por analogia, os artigos relativos ao reconhecimento e execução das decisões estrangeiras (25.º a 29.º) «à la reconnaissance et à l'exécution d'une décision ou d'un acte de la juridiction gracieuse», havendo, portanto, um processo de reconhecimento e execução destes actos e decisões: cf., neste sentido, *IPRG Kommentar*, p. 314 ss. (anotações de P. Volken).

Se se tratar de convenções internacionais que consagram o reconhecimento de medidas de jurisdição voluntária como a que vem referida *supra*, na nota 136, é evidente que elas sempre prevalecerão sobre o direito interno comum, como acontece, *mutatis mutandis*, com os demais tratados e convenções internacionais cujas soluções, como se viu, têm precedência sobre o regime comum de revisão de sentenças estrangeiras (cf. *supra*, n.º 7 ss.).

[168] Cf. *supra*, a parte final da nota 147.

1096.º – mas agora com uma margem de intervenção muito reduzida – e o artigo 771.º, alínea c), do CPC – por força do artigo 1100.º, n.º 1, do mesmo diploma – consagram *dois casos residuais de revisão de mérito*: o primeiro, porque acarreta um reexame da matéria de direito e o segundo, porque implica, nos limites da hipótese aí contemplada, uma reavaliação da matéria de facto.

Se o sistema português de revisão e confirmação das decisões judiciais e arbitrais estrangeiras já era considerado, aliás, com toda a razão, «eminentemente aberto e progressista» [169], mesmo antes da última reforma da lei processual, julgamos poder afirmar-se, sem risco de exagero, que, com a entrada em vigor do Código de Processo Civil de 1997, ele se tornou ainda mais universalista e mais atento às exigências e necessidades do tráfico jurídico-privado internacional, como cremos ter ficado demonstrado ao longo deste estudo [170].

Lisboa, Fevereiro de 1997

---

[169] Cf. A. Ferrer Correia-F. A. Ferreira Pinto, «Breve ...», p. 48.

[170] Este texto foi elaborado pelo autor a partir da exposição oral proferida, no âmbito do *Curso sobre o Novo Processo Civil*, na Faculdade de Direito da Universidade de Lisboa, em 27 de Janeiro de 1997.

BIBLIOGRAFIA CITADA

«Actas das sessões da Comissão de Revisão do Código de Processo Civil – Acta n.º 90 [de] 17 de Fevereiro de 1987», *Boletim do Ministério da Justiça*, n.º 417, Junho de 1992, pp. 5, 53 ss.

«Actas das sessões da Comissão de Revisão do Código de Processo Civil – Acta n.º 91 [de] 24 de Fevereiro de 1987», *Boletim do Ministério da Justiça*, n.º 419, Outubro de 1992, p. 5 ss.

ANCEL, B.-LEQUETTE, Y. – *Grands arrêts de la jurisprudence française de droit international privé*, Paris, Sirey, 1987.

ANDRADE, Manuel A. D. de – *Noções elementares de processo civil* (com a colaboração de J. M. Antunes Varela; edição revista e actualizada por Herculano Esteves), 3.ª edição, Coimbra, Coimbra Editora, 1976.

Aspectos do novo Processo Civil, Lisboa, LEX, 1997.

AUDIT, B. – *Droit international privé*, Paris, Economica, 1991.

BAPTISTA MACHADO, J. – «La compétence internationale en droit portugais», *Boletim da Faculdade de Direito [de Coimbra]*, vol. XLI, 1965, p. 97 ss.

BAPTISTA MACHADO, J. – *Lições de Direito Internacional Privado*, 2.ª edição, Coimbra, Almedina, 1982.

BARBOSA DE MAGALHÃES, J. M. – *Estudos sobre o novo Código de Processo Civil*, 2.º vol., *Da competência internacional*, Coimbra, Coimbra Editora, 1947.

CASTRO MENDES, J. – «Alguns problemas sobre revisão de sentença estrangeira», *Revista da Faculdade de Direito da Universidade de Lisboa*, vol. XIX, 1965, p. 133 ss.

CHAVES E CASTRO, M. O. – *A organização e competencia dos tribunaes de justiça portuguêses*, Coimbra, França Amado, 1910.

Cheshire & North's Private International Law, 11.ª edição, por P. M. North e J. J. Fawcett, Londres, Butterworths, 1987.

Código de Processo Civil (Anteprojecto), Lisboa, Ministério da Justiça, 1988.

Código de Processo Civil (Anteprojecto), Lisboa, Ministério da Justiça, 1993.

CURADO NEVES, J. – «Sobre a competência internacional indirecta», *in* Ana Maria PERALTA-J. CURADO NEVES, *A Competência internacional indirecta em Direito Processual Civil*, Lisboa, AAFDL, 1988, p. 81 ss.

DROZ, G. A. L. – «La Convention de Lugano parallèlle à la Convention de Bruxelles concernant la compétence judiciaire et l'exécution des décisions en matière civile et commerciale», *Revue critique de droit international privé*, 1989, p. 1 ss.

FERNANDES COSTA, M. – «Direitos adquiridos e reconhecimento de sentenças estrangeiras (Da interpretação da alínea g) do art. 1096.º do Código de Processo Civil)» – Separata do número especial do *Boletim da Faculdade de Direito de Coimbra – Estudos em Homenagem ao Prof. Doutor António de Arruda Ferrer Correia*, Coimbra, 1983.

FERNANDES COSTA, M. A. G. – *Da nacionalidade das sociedades comerciais*, Coimbra, Faculdade de Direito, 1984.

FERNÁNDEZ ROZAS, J. C.-SÁNCHEZ LORENZO, S. – *Curso de Derecho Internacional Privado*, 3.ª edição, Madrid, Civitas, 1996.

FERREIRA DE ALMEIDA, C. – *Introdução ao Direito Comparado*, Coimbra, Almedina, 1994.

FERRER CORREIA, A. – *Lições de Direito Internacional Privado*, Coimbra, 1973, copiograf.

FERRER CORREIA, A. – *Lições de Direito Internacional Privado – Aditamentos – Do reconhecimento e execução das sentenças estrangeiras*, Coimbra, 1973, copiograf.

FERRER CORREIA, A. – «La reconnaissance et l'exécution des jugements étrangers en matière civile et commerciale (droit comparé)», in *Estudos vários de direito*, 2.ª tiragem, Coimbra, 1982, p. 105 ss.

FERRER CORREIA, A. – «Breves considerações sobre a competência internacional indirecta», in *Estudos vários de direito*, 2.ª tiragem, Coimbra, 1982, p. 193 ss.

FERRER CORREIA, A. – «Da arbitragem comercial internacional», in *Temas de Direito Comercial e Direito Internacional Privado*, Coimbra, Almedina, 1989, p. 171 ss.

FERRER CORREIA, A. – «O reconhecimento das sentenças estrangeiras no direito brasileiro e no direito português», in *Temas de Direito Comercial e Direito Internacional Privado*, Coimbra, Almedina, 1989, p. 253 ss.

FERRER CORREIA, A.-FERREIRA PINTO, F. A. – «Breve apreciação das disposições do anteprojecto de código de processo civil que regulam a competência internacional dos tribunais portugueses e o reconhecimento das sentenças estrangeiras», *Revista de Direito e Economia*, 1987, p. 25 ss.

FERRER CORREIA, A.-FERREIRA PINTO, F. A. – *Direito International Privado – Leis e projectos de leis – Convenções internacionais*, Coimbra, Almedina, 1988.

FERRER CORREIA, A.-MOURA RAMOS, R. M. – *Um caso de competência internacional dos tribunais portugueses*, Lisboa, Cosmos/Arcos-Íris, 1991.

FIRSCHING, K.-HOFFMANN, B. von – *Internationales Privatrecht*, 4.ª edição revista, Munique, Verlag C. H. Beck, 1995.

GONÇALVES PEREIRA, A.-QUADROS, Fausto de – *Manual de Direito Internacional Público*, 3.ª edição, Coimbra, Almedina, 1993.

IPRG Kommentar – Kommentar zum Bundesgesetz über das Internationale Privatrecht (IPRG) vom 1. Januar 1989, publicado por A. Heini, M. Keller, K. Siehr, F. Vischer e P. Volken, Zurique, Schulthess Polygraphischer Verlag, 1993.

KEGEL, G. – *Internationales Privatrecht*, 7.ª edição, Munique, Verlag C. H. Beck, 1995.

KROPHOLLER, J. – *Internationales Privatrecht*, 2.ª edição revista, Tübingen, J. C. B. Mohr (Paul Siebeck), 1994.

LACERDA BARATA, C. – *Anotações ao novo regime do contrato de agência*, Lisboa, LEX, 1994.

LEBRE DE FREITAS, J. – *Introdução ao Processo Civil – Conceito e princípios gerais à luz do Código revisto*, Coimbra, Coimbra Editora, 1996.
LOUSSOUARN, Y.-BOUREL, P. – *Droit international privé*, 5.ª edição, Paris, Dalloz, 1996.
MACHADO VILLELA, A. – *Tratado elementar (teórico e prático) de Direito Internacional Privado*, Livro I - *Princípios gerais*, Coimbra, Coimbra Editora, 1921.
MACHADO VILLELA, A. – «Notas sobre a competência internacional no novo Código de Processo Civil», *Boletim da Faculdade de Direito [de Coimbra]*, vol. XVII (1940-1941), p. 274 ss. e vol. XVIII (1942), p. 1 ss.
MACHADO VILLELA, A. – «Observações sobre a execução das sentenças estrangeiras», *Boletim do Ministério da Justiça*, n.º 32, 1952, p. 31 ss.
MAGALHÃES COLLAÇO, I. – *Direito Internacional Privado*, vol. I, Lisboa, AAFDL, 1958, copiograf.
MAGALHÃES COLLAÇO, I. – *Revisão de sentenças estrangeiras*, Apontamentos coligidos por Lucas Filipe da Cruz, Lisboa, AAFDL, 1963, copiograf.
MAGALHÃES COLLAÇO, I. – *DIP – Sistema de normas de conflitos portuguesas – Direito dos estrangeiros* (apontamentos coligidos por P. Vasconcelos e J. Pimentel), Lisboa, AAFDL, 1970, copiograf.
MAGALHÃES COLLAÇO, I. – *DIP*, Parte II - *Sistema de normas de conflitos portuguesas* – Título I - *Direito das pessoas* - § 2.º - *Pessoas colectivas* (apontamentos coligidos por J. B. Macedo), Lisboa, AAFDL, 1971, copiograf.
MAGALHÃES COLLAÇO, I. – «L'arbitrage international dans la récente loi portugaise sur l'arbitrage volontaire (Loi n.º 31/86, du 29 août 1986) – Quelques réflexions», in *Droit International et Droit Communautaire, Actes du Colloque, Paris 5-6 avril 1990*, Paris, Fondation Calouste Gulbenkian – Centre Culturel Portugais, 1991, p. 55 ss.
MARÍN LÓPEZ, A. – *Derecho internacional privado español* – vol. I, *Parte general*, 9.ª edição, Granada, 1994.
MARQUES DOS SANTOS, A. – *Algumas reflexões sobre a nacionalidade das sociedades em Direito Internacional Privado e em Direito Internacional Público*, Coimbra, Faculdade de Direito, 1985.
MARQUES DOS SANTOS, A. – *Direito Internacional Privado* – Sumários, Lisboa, AAFDL, 1987, copiograf.
MARQUES DOS SANTOS, A. – «Nota sobre a nova Lei portuguesa relativa à arbitragem voluntária – Lei n.º 31/86, de 29 de Agosto», *Revista de la Corte Española de Arbitraje*, 1987, p. 15 ss.
MARQUES DOS SANTOS, A. – *As normas de aplicação imediata no Direito Internacional Privado – Esboço de uma teoria geral*, 2 vols., Coimbra, Almedina, 1991.
MARQUES DOS SANTOS, A. – «II. B. - Le statut des biens cuturels en droit international privé», in *XIVème Congrès International de Droit Comparé – Rapports portugais – Athènes, 31 juillet-6 août 1994*, Separata do Boletim *Documentação e Direito Comparado*, n.º duplo 57/58, 1994, p. 7 ss.
MARQUES DOS SANTOS, A. – «Nacionalidade e efectividade», in *Estudos em memória do Professor Doutor João de Castro Mendes*, Lisboa, Faculdade de Direito da Universidade de Lisboa, [1995], p. 427 ss.
MARQUES DOS SANTOS, A. – «Testamento público», *Colectânea de Jurisprudência – Acórdãos do Supremo Tribunal de Justiça*, Ano III, Tomo II, 1995, p. 5 ss.

MAYER, P. – «Droit international privé et droit international public sous l'angle de la notion de compétence», *Revue critique de droit international privé*, 1979, pp. 1-29, 349-388, 537-583.

MOURA RAMOS, R. M. – «L'adhésion du Portugal aux conventions communautaires en matière de droit international privé», separata do vol. LXIII (1987) do *Boletim da Faculdade de Direito da Universidade de Coimbra*, Coimbra, 1988.

MOURA RAMOS, R. M. – «La protection de la partie contractuelle la plus faible en droit international privé portugais», in *Droit International et Droit Communautaire, Actes du Colloque, Paris 5-6 Avril 1990*, Paris, Fondation Calouste Gulbenkian – Centre Culturel Portugais, 1991, p. 97 ss.

MOURA RAMOS, R. M. – «VIII. Les clauses d'exception en matière de conflits de lois et de conflits de juridictions», in *XIVème Congrès International de Droit Comparé – Rapports portugais – Athènes, 31 juillet-6 août 1994*, Separata do Boletim *Documentação e Direito Comparado*, n.º duplo 57/58, 1994, p. 293 ss.

MOURA VICENTE, D. – *Da arbitragem comercial internacional – Direito aplicável ao mérito da causa*, Coimbra, Coimbra Editora, 1990.

MOURA VICENTE, D. – «L'évolution récente du droit de l'arbitrage au Portugal», *Revue de l'arbitrage*, 1991, p. 419 ss.

MOURA VICENTE, D. – «Da aplicação no tempo e no espaço das Convenções de Bruxelas de 1968 e de Lugano de 1988 (Anotação de jurisprudência)», *Revista da Faculdade de Direito da Universidade de Lisboa*, vol. XXXV, 1994, p. 461 ss.

MOURA VICENTE, D. – «Applicable Law in Voluntary Arbitrations in Portugal», *International and Comparative Law Quarterly*, 1995, p. 179 ss.

MOURA VICENTE, D. – «A Convenção de Bruxelas de 27 de Setembro de 1968, Relativa à Competência Judiciária e à Execução de Decisões em Matéria Civil e Comercial e a arbitragem», *Revista da Ordem dos Advogados*, 1996, p. 595 ss.

MOURA VICENTE, D. – «A competência internacional no Código de Processo Civil revisto: aspectos gerais», in *Aspectos do novo Processo Civil*, Lisboa, LEX,1997, p. 71 ss.

OLIVEIRA ASCENSÃO, J. – *O Direito – Introdução e Teoria Geral – Uma Perspectiva Luso-Brasileira*, 9.ª edição, Coimbra, Almedina, 1995.

PERALTA, Ana Maria – «A competência internacional indirecta no direito português», in Ana Maria PERALTA-J. CURADO NEVES, *A Competência internacional indirecta em Direito Processual Civil*, Lisboa, AAFDL, 1988, p. 7 ss.

PERALTA, Ana Maria-CURADO NEVES, J. – *A competência internacional indirecta em Direito Processual Civil*, Lisboa, AAFDL, 1988.

PICONE, P. – *Ordinamento competente e diritto internazionale privato*, Pádua, CEDAM, 1986.

PICONE, P. – «La teoria generale del diritto internazionale privato nella legge italiana di riforma della materia», *Rivista di Diritto Internazionale*, 1996, p. 289 ss.

PIMENTA COELHO, Maria Cristina – «A Convenção de Nova Iorque de 10 de Junho de 1958 Relativa ao Reconhecimento e Execução de Sentenças Arbitrais Estrangeiras», *Revista Jurídica*, AAFDL, n.º 20, Nova Série, Novembro de 1996, p. 37 ss.

REIS, J. Alberto dos – *Processos especiais*, vol. II, reimpressão, Coimbra, Coimbra Editora, 1982.

Revisão do Processo Civil – Projecto, Lisboa, Ministério da Justiça, 1995.

TABORDA FERREIRA, V. – *Sistema do Direito Internacional Privado segundo a lei e a jurisprudência*, Lisboa, Ática, 1957.

TEIXEIRA DE SOUSA, M. – *A competência e a incompetência nos tribunais comuns*, 3.ª edição revista, Lisboa, AAFDL, 1990.

TEIXEIRA DE SOUSA, M. – *A competência declarativa nos tribunais comuns*, Lisboa, LEX, 1994.

TEIXEIRA DE SOUSA, M.-MOURA VICENTE, D. – *Comentário à Convenção de Bruxelas*, Lisboa, LEX, 1994.

VALLINDAS, P. G. – «Droit international privé 'lato sensu' ou 'stricto sensu'» in *Mélanges offerts à Jacques Maury*, tome I - *Droit international privé et public*, Paris, Dalloz & Sirey, 1960, p. 509 ss.

Vitta, E. – *Corso di Diritto Internazionale Privato e Processuale*, 3.ª edição, Turim, UTET, 1988.

PRINCIPAIS SIGLAS E ABREVIATURAS UTILIZADAS

AAFDL	– Associação Académica da Faculdade de Direito de Lisboa.
AELE/EFTA	– Associação Europeia de Comércio Livre/European Free Trade Association
BMJ	– *Boletim do Ministério da Justiça*
CPC	– Código de Processo Civil, Codice di Procedura Civile
D. G.	– *Diário do Governo*
DIP	– Direito International Privado, Droit international privé
D. R.	– *Diário da República*
EFTA/AELE	– European Free Trade Association/Associação Europeia de Comércio Livre
IPR	– Internationales Privatrecht
IPRG/LDIP	– Bundesgesetz über das Internationale Privatrecht/Loi fédérale sur le droit international privé [Suíça]
LDIP/IPRG	– Loi fédérale sur le droit international privé/Bundesgesetz über das Internationale Privatrecht [Suíça]
L. E. C.	– Ley de Enjuiciamiento Civil [Espanha]
p., pp.	– página, páginas
PIL	– Private International Law
ss.	– seguinte(s)
ZPO	– Zivilprozeβordnung [Alemanha]

ÍNDICE

NOTA DE APRESENTAÇÃO 3

I
DIREITO INTERNACIONAL PRIVADO

As migrações de trabalhadores e o Direito Internacional 7

Breves considerações sobre a adaptação em Direito Internacional Privado 51

Les règles d'application immédiate dans le droit international privé portugais 129

Sur une proposition italienne d'élaboration d'un Code européen des contrats (et des obligations) 159

Le statut des biens culturels en droit international privé 167

Recensão bibliográfica 203

Testamento público 207

Projecto de Convenção do UNIDROIT sobre a restituição internacional dos bens culturais roubados ou ilicitamente exportados 221

II
DIREITO PROCESSUAL CIVIL INTERNACIONAL

Nota sobre a nova Lei portuguesa relativa à arbitragem voluntária 255

Revisão e confirmação de sentenças estrangeiras no novo Código de Processo Civil de 1997 (Alterações ao regime anterior) 307